U0452969

中国社会科学院老学者文库

守选制与唐代文人的诗歌创作研究

陈铁民 ◎著

中国社会科学出版社

图书在版编目（CIP）数据

守选制与唐代文人的诗歌创作研究／陈铁民著. —北京：中国社会科学出版社，2021.3

（中国社会科学院老学者文库）

ISBN 978-7-5203-8313-4

Ⅰ.①守⋯ Ⅱ.①陈⋯ Ⅲ.①文官制度—研究—中国—唐代②唐诗—诗歌创作—研究 Ⅳ.①D691.42②I207.227.42

中国版本图书馆CIP数据核字（2021）第076154号

出 版 人	赵剑英
责任编辑	张　潜
责任校对	王丽媛
责任印制	戴　宽
出　　版	中国社会科学出版社
社　　址	北京鼓楼西大街甲158号
邮　　编	100720
网　　址	http://www.csspw.cn
发 行 部	010-84083685
门 市 部	010-84029450
经　　销	新华书店及其他书店
印　　刷	北京君升印刷有限公司
装　　订	廊坊市广阳区广增装订厂
版　　次	2021年3月第1版
印　　次	2021年3月第1次印刷
开　　本	710×1000　1/16
印　　张	24
字　　数	313千字
定　　价	138.00元

凡购买中国社会科学出版社图书，如有质量问题请与本社营销中心联系调换
电话：010-84083683
版权所有　侵权必究

目　录

导　言 …………………………………………………… 1

第一章　唐代守选制的形成与发展 ……………………… 8
第一节　守选制形成的历史背景与发展进程 …………… 8
第二节　文职六品以下前资官守选 ……………………… 20
第三节　及第进士守选 …………………………………… 34
第四节　及第明经守选 …………………………………… 61
第五节　门荫与流外出身的选人待选 …………………… 78

第二章　唐代文官摆脱守选的途径 ……………………… 100
第一节　何谓摆脱守选和摆脱守选之难 ………………… 100
第二节　如何才能摆脱守选 ……………………………… 120
第三节　唐代文官摆脱守选的途径之一：科目选 ……… 139
第四节　唐代文官摆脱守选的途径之二：制举 ………… 159
第五节　唐代文官摆脱守选的途径之三：荐举 ………… 190
第六节　唐代文官摆脱守选的途径之四：入使府 ……… 206
第七节　文官并用各种摆脱守选途径与各种途径
　　　　作用的消长 ……………………………………… 236

第三章 守选制与唐代文人的生活风尚和诗歌创作 ………… 251
- 第一节 守选制与隐逸之风和山水田园诗 ………… 251
- 第二节 守选制与漫游之风和山水行旅诗 ………… 276
- 第三节 守选制与入使府之风和使府诗歌 ………… 296
- 第四节 守选制与干谒之风和干谒诗 ………… 325
- 第五节 守选制与交友之风和表现友情的诗 ………… 344
- 第六节 结束语：守选制与文人终生学文和唐诗的繁荣 ………… 364

后　记 ………………………………………………………… 376

导　言

我对守选制的研究兴趣，是在读了王勋成先生的《唐代铨选与文学》①之后。《唐代铨选与文学》是"一部全面论述唐代士人如何通过吏部铨试而进入仕途以及在职官吏如何进行铨选的著作"，尤其是书中对守选制的研究，"这在过去似没有人提出过"（《王书》傅璇琮序）。赖瑞和《唐代基层文官》也说《唐代铨选与文学》"在'关试'、'吏部试'、'释褐试'、'科目选'、'制授'、'敕授'等方面，厘清了许多过去含糊不清的观念和事例。尤其难得的是，此书第一次探讨过去几乎无人研究的唐代'守选'制度，为我们解开了唐代科举和铨选制度中的许多'谜团'，澄清了史料中的许多疑点，贡献良多。"② 这些评价都非过誉。唐代有两项对士人生活影响最大的制度：科举制与铨选制。守选制虽只是吏部铨选中的一个环节，却非常重要。守选制的实质是，六品以下文官不能连续为官，必须轮流休官，而且往往是任职的时间少，休官的时候多，赖瑞和先生称之为"严重就业不足"③。这种情况必定对文人的生活，并进而对其创作，产生重大影响，所以值得研究。唐时除个别特敕授官者外，一般入仕者（包括高官子弟）都要从八、九品官做起，所以守选制具有普遍的意义。本书

---

① 王勋成《唐代铨选与文学》，中华书局2001年版。
② 赖瑞和《唐代基层文官》，中华书局2008年版，第4页。
③ 《唐代基层文官》，第11页。

主要研究唐代守选制对文人生活及其诗歌创作的影响，为此，必须首先尽可能地把守选制本身的一些问题（包括细节）弄清楚。本书第一章即为此而作。

第一章讨论唐代守选制的形成与发展，其中第一节先谈什么是守选制，接下谈守选制形成的历史背景，并扼要地综述其发展进程，提出应区分守选与待选，认为在守选制形成以前，存在着待选的现象，并说明这两者之间的不同之处。第二节谈文职六品以下前资官守选，主要探讨"循资格"的内涵和前资官守选制成立的标志，以及其成立后是否曾被废除的问题，又举若干实例说明前资官守选制成立以前普遍存在的待选现象，与成立后在实行过程中的发展变化。第三节谈及第进士守选，对及第进士守选制的形成时间作了探索，提出了与《唐代铨选与文学》不同的看法，认为《唐代铨选与文学》提出的初、盛唐时及第进士已有守选制的证据不能成立，及第进士的守选制大抵形成于肃宗、代宗之际；又对新及第进士铨选授官的机制和关试开始实行的时间等作了考述。第四节谈及第明经守选，也对及第明经守选制的形成时间，提出了自己的不同看法，认为及第明经的守选制也形成于肃宗、代宗之际，而不是像《唐代铨选与文学》所说的那样，贞观年间就有了，但是盛唐时存在着新及第明经须按惯例待选一定年限才能授官的现象；又对及第明经授散当番制度的变迁等作了探讨。第五节谈门荫与流外出身的选人待选，这个问题至今尚无人涉及，文中提出了一些自己的看法，认为门荫与流外出身者获得参加吏部铨选的资格后，往往还要待选一定年限，才能授官。全章只探讨守选制以及与守选制有关的铨选问题，而不对唐代的整个铨选制作研究，关于唐代的铨选制，《唐代铨选与文学》已作了全面论述，此前学术界也已有不少的研究成果，读者可自参阅。

本书第二章探讨唐代文官摆脱守选的途径，其中第一节谈所谓摆脱守选，是指文官不用再参加吏部的铨选即可授官（也即成为五品以上官员或六品以下常参官），并举出不少各种出身的官员和在当时颇有影响的十个诗人的实例，说明唐代文官中的大多数，实际上皆未能摆脱守选，而在六品以下的官职之中流转，并且长时间休官。第二节谈如何才能摆脱守选，先从唐代制度的层面论证，实行守选制以后，各种出身的官员仅凭吏部铨选授官的常制，难以摆脱守选，成为五品以上官员，接下重从多个方面（包括唐代制度、唐人自己的论述和若干实例等）论证，先成为拾遗、监察御史等六品以下常参官，是唐代文官摆脱守选，升为五品以上官员的一条最为重要和快捷的路线。第三节讨论科目选在唐代文官摆脱守选，升为五品以上官员上的作用，着重列举许多实例证明，博学宏词和书判拔萃科的作用，主要是能使登科者快速成为拾遗、监察御史等六品以下常参官，并进而成为五品以上官员；又就博学宏词、书判拔萃的设置时间等学术界存在争议的问题，发表自己的意见。第四节说明制举和科目选一样，是唐代文官摆脱守选的途径之一，着重列举许多各种身份的应举者登科后的授官实例和唐人自己的论述，证明制举登科者一般都能快速成为拾遗、监察御史等六品以下常参官，并进而升为五品以上官员；又论证唐代文士连应制科与否的原因，在于登科后或登科后的一段较短时间，有没有成为六品以下常参官，或五品以上官员。第五节主要讨论六品以下低层文官如何通过荐举的途径摆脱守选，列举了大量的实例证明，荐举也和科目选登科、制举中第一样，是使受举者成为拾遗、监察御史等六品以下常参官并进而快速升进的一条捷径；又就唐代荐举制度的若干问题，作了一些必要的说明。第六节论述入使府为僚佐，是唐代后期（"安史之乱"以后）文官摆脱守选、快速地升为五品以上官员的一条重要途径，列举了许多的实例说明，使府僚佐升进的路线主要有二：一是受府主荐举或被朝廷征召入朝为六品以下常参官，而后继续升进，二为在使府内受提拔自下僚渐升为上佐，然后再迁为州刺史或节度使；

又对唐后期使府的辟署、荐举制度作了若干必要的介绍。第七节指出唐代文官出仕后，往往不是只用一种摆脱守选的途径以求升进，而是并用二至三种摆脱守选的途径以求升进，同时列举大量实例，说明在唐代的不同时期，科目选、制举、荐举、入使府这四种升迁途径的作用，各有其消长变化，自德宗以后，入使府已成为唐代宰相与大臣们升进的一条最为主要的途径。

本书第三章谈守选制与唐代文人的生活风尚和诗歌创作，分别从几个方面论述守选制对唐代文人的生活及其诗歌创作的影响。其中第一节探讨守选制与隐逸之风的形成和山水田园诗的创作的关系，首先将隐逸分成六种类型，然后列举十多个诗人的实例，揭示守选制对唐代隐逸之风的形成和山水田园诗的创作，具有不可忽视的促进作用；又结合守选制的背景，对唐代若干诗人的生平事迹作了改写。第二节研究守选制与漫游之风的形成和山水行旅诗的创作的关系，首先根据漫游士人的不同身份，将唐代的漫游分成三种类型，然后列举八个诗人的实例，着重论述守选或待选期间的漫游，对唐代山水行旅诗的创作，具有促进的作用；本节也结合守选制的背景，对唐代若干诗人的生平事迹作了改写。第三节从唐代文官摆脱守选的途径方面着笔，探讨唐代各个时期文人入使府与摆脱守选的关系，以及他们在使府中的诗歌创作。首先就初唐时期文人入行军幕府、盛唐时期入边镇幕府、中晚唐时期入边地幕府三个方面，各列举若干有代表性的诗人为例，阐明他们入幕与摆脱守选的关系，以及在幕府中的边塞诗创作，并进而勾勒出了整个唐代边塞诗的发展历程和总体面貌。对于中晚唐时期入内地幕府文人的诗歌创作，则分成个人创作与群体创作两个方面作分析、说明。本节也结合守选制的背景，对若干诗人入幕的时地，进行了新的考证。第四节也主要从唐代文官摆脱守选的途径方面着笔，探讨干谒与摆脱守选和快速升进的关系。首先从干谒的目的考虑，将干谒分为为登科第而干谒、为铨选授官而干谒、为获得荐举而干谒、为入使府而干谒、直接干谒宰相和皇帝等五类，分别各举出若干典型例子，说明摆脱守选和快速升进与干谒的关系。接着阐述以上各种投赠诗文式的干谒，是唐代制度造成的，是制度所允许的，正因为这样，唐人一般不以这种投赠诗文式的干谒为非。最后谈对唐代干谒诗的评价问题。在本节所举的若干诗人的例子中，也结合守选制的背景，对其生平事迹进行了新的考证。第五节也从唐代文官摆脱守选的途径方面着笔，探讨交友与荐举的密切关系以及交友在唐诗里的表现。首先谈交友在干谒中的作用，接下将交友分成上交、下交、平交三类，分别各举出若干例子，说明它们与荐举的密切关系。然后扩大探讨范围，研究唐诗中对于交友之道的表述，以及唐代离别、赠答、怀友、悼友等类诗中表现友情的作品，最后对这类作品的思想、艺术价值，作扼要说明。第六节为结束语，探讨守选制与文人终生学文和唐诗的繁荣问题，说明文人终生学文（包括诗赋）包括入仕前学文与入仕后学文两个方面，入仕前学文的目的是为了进入仕途，所学的具体内容主要是诗赋；入仕后继续学文的目的，是为了走通摆脱守选、快速进身的各种途径。指出文人的终生学文，形成了社会上浓厚的重文风气，导致了唐人某些观念的改变。最后讨论以诗赋取士对于唐诗的繁荣是否具有促进作用的问题，认为有的学者以徐松的说法为根据推出的结论，并不符合客观事实，又提出入仕后学文，对于唐诗的繁荣也具有一定促进作用的新看法。

笔者主要研究唐代文学，对历史研究不内行，所以第一章初稿写出后，曾征求唐史专家的意见。其中有一条意见说："作者以归纳事例来研究制度问题的方法值得商榷。因为，很多制度问题在历史上有一定的因循沿革，而制度本身又有相当的系统性。有些问题在当时的典章制度里有明确的规定，相关的规定互相照应。"我觉得笼统地说，这个意见不错，但未必适用于对守选制的研究；研究方法应根据不同的研究对象而定，不能一成不变，这应该是一条原则。准确地说，笔者所采用的，是有关当时典章制度的直接记载加上间接材料与具体事例三者结合相互印证的方法。由于典章制度里的明确规定往往是静态的，不见得皆得以施行，施行时也不见得都无所改变，所以不能光看那些直接记载，还应辅以间接材料与具体事例。举一个简单的例子：《通典》卷一五《选举三》说南选"以京官五品以上一人充使就补"①，然而我们从两《唐书》记载的实例中却可以发现，中晚唐时主持南选的选补使，实际上多为从六品上的员外郎，说见拙作《再谈考证古代作家生平事迹易犯的几种错误》②。又，典章制度里的规定往往很简略，详情和细节不得而知，如关于前资官的守选制，《通典》里的记载只有二百字上下，欲知这些记载的具体涵义和守选制的细节、详情，只有进而求之于间接材料和具体事例。还有，有的具体制度今存的载籍中未见有直接、明确的记载，或根本就没有记载，如及第明经的守选制何时成立，及第明经应守选几年，就属于此种情况，这只有通过对间接材料和具体事例的分析研究以寻找答案；又如门荫出身者守选和待选，则连间接的材料也很少，只能通过对若干具体事例的分析来寻找答案。既然及第进士、明经都须守选和待选，门荫出身者自然也要守选和待选，此即所谓"系统性"。我觉得从许多具体事例中归纳出来的结论，其可靠性未必都比《通典》等的记载差。如果事例很少，那是孤证，不能据以下判断，如果事例多，那就具有一定的普遍性，可以得出一些结论。笔者在对第一章的初稿进行修改的时候，读到了《唐代基层文官》一书，书里说："若单以此类材料（指《唐六典》、《通典》等的记载）来处理和考察唐代官职，那必将沦于平板、片面的描述，所呈现的只是一个制度的空架子。本书的做法是：

---

① 《通典》，中华书局1988年版，第361页。
② 载《南京师范大学文学院学报》2007年第2期。

尽量摆脱这种制度空文的描写，尽量从唐人的生平经历，从众多唐人的官历着手，去梳理出最具体的事例和细节。这种研究途径，无以名之，姑且称之为'在传记中考掘制度史'。此法非笔者发明。早在三、四十年前，严耕望先生即以此法考史见重于世。他的《唐仆尚丞郎表》及《唐史研究丛稿》中的许多论文，莫不竭力在史传和墓志中挖掘制度史的材料，'竭泽而渔'。……但这样一来，研究难度便大大提高，因为两《唐书》的列传部分，也成了研究官职的重要材料，需要全面彻底'考掘'。同理，近世出土的大量墓志和神道碑文，也需仔细爬梳，因为它提供很有用的素材。"① 所言可谓深得我心。要从大量的列传、墓志中找到几个传主或墓主曾否守选的实例，并不是一件容易的事，因为在这些列传、墓志中，极少有一一交代传主或墓主的官历及其年代的，更没有谈到他们何时曾守选过，所以一些事例，还往往须作一番比较复杂的考证，才能用它来说明守选制是否存在。很显然，所谓"归纳事例"的方法，并非研究的捷径，也不能说它是一种无效的值得商榷的方法。况且若无具体事例，所谓历史，便成为干巴巴的了，其真实性也就值得怀疑。

---

① 《唐代基层文官》，第7页。

第一章

唐代守选制的形成与发展

第一节 守选制形成的历史背景与发展进程

什么叫守选？《唐代铨选与文学》说："所谓守选，就是在家守候吏部的铨选期限。……在唐代，凡属吏部、兵部的选人都得守选，对吏部而言，主要是指及第举子和文职六品以下考满罢秩的前资官。"① 此说大致不差。由于宋代仍实行守选制，所以在宋人的文章中，经常出现守选一语。如苏洵《嘉祐集》卷一三《上韩丞相书》："今且守选数年，然后得窥尚书省门。"② 范仲淹《范文正公政府奏议》卷上《答手诏条陈十事》："自唐以来，及第人皆守选限。"③ 但在唐人的文章中，守选一语出现的次数却并不多，时间也较晚。如《唐会要》卷五九《尚书省诸司下·兵部侍郎》："大中五年（851）十月，中书门下两省奏：应赴兵部武选门官驱使官等，今年新格，令守选二年。"④《全唐文》卷八〇二杜去疾《大唐故过少府墓志铭》："公讳讷……以大中十二年明经

---

① 王勋成《唐代铨选与文学》，第46页。
② 苏洵《嘉祐集》，文渊阁《四库全书》本。
③ 范仲淹《范文正公政府奏议》，文渊阁《四库全书》本。
④《唐会要》，中华书局1955年版，第1032页。

擢第，当守选时，潜修拔萃。"① 《全唐诗》卷七○五黄滔《宿李少府园林》："一壶浊酒百家诗，住此园林守选期。"② 以上所能举出的不多例子，都出现在晚唐。"守"有等待、等候之意，从上面的例子可以看出，守选即守选限或守选期，就是指选人要在家等待吏部的铨选授官之期。守选开始时只是一种现象，后来则发展成为一种制度，具有明确的规定性。从及第举子方面来说，就是举子登第后不能立即授官，必须等待一定的年限，才允许参加吏部的铨选以获得官职；从文职六品以下任职期满的前资官来说，就是不能连续为官，在完成一个任期后，必须等待一定的年限，才允许再次参加吏部的铨选以获得新的职务。

关于守选产生的原因，《唐代铨选与文学》说："守选的根本原因是选人多而官缺少。"③ 所论甚是。所谓选人，是指获得出身或任职期满有资格参加吏部和兵部铨选的人。《全唐文》卷四七二陆贽《请许台省长官举荐属吏状》："国朝之制，庶官五品以上，制敕命之，六品已下，则并旨授。制敕所命者，盖宰相商议奏可而除拜之也；旨授者，盖吏部铨材署职，然后上言，诏旨但画闻以从之，而不可否者也。"④ 唐时六品以下文官的铨选，由吏部负责，六品以下武官的铨选，由兵部负责；而五品以上文武官员的选拔，则由宰相主管，不属于吏部和兵部的职权范围。本书只涉及由吏部负责的与士人生活有着极其密切关系的六品以下文官的铨选。所谓官缺，是指官吏编制中的缺员。《新唐书》卷四五《选举志下》："凡官员有数，而署置过者有罚，知而听者有罚，规取者有罚。"⑤ 《唐律疏议》卷九《职制》："诸官有员数，而署置过限及不应置而置（注：谓非奏授者），一人杖一百，三人加一

---

① 《全唐文》，中华书局 1983 年版，第 8432 页。
② 《全唐诗》，中华书局 1960 年版，第 8116 页。
③ 《唐代铨选与文学》，第 102 页。
④ 《全唐文》，第 4818 页。
⑤ 《新唐书》，中华书局 1976 年版，第 1171 页。

等，十人徒二年。"疏："议曰：官有员数，谓内外百司，杂任以上，在令各有员数。而署置过限及不应置而置，谓格、令无员，妄相署置。注云谓非奏授者，即是视六品以下及流外杂任等。所司判补一人杖一百，三人加一等，十人徒二年。"① 所谓"诸官有员数"，即指唐代职事官有固定的编制，《唐六典》《通典·职官》《旧唐书·职官志》《新唐书·百官志》中，对每个职事官的员数，都有明确的记载，这就是唐代官吏的编制；吏部官员即根据这一编制来铨选授官，如果他们超编设置官职和任用官吏，就会得到杖刑、徒刑的严厉处罚。另外，唐代官员实行任期制，《通典》卷一五《选举三》："凡居官以年为考，六品以下四考为满。"② 即谓六品以下官员四年秩满，这也就是说，他们任某职满四年后就必须离任，而后再到吏部参加铨选，才可能获得新的官职。官员任职期满离任后，原任的官位就空缺了出来，还有官员老病离职或辞世、致仕、遭遇父母之丧，以及违法乱纪被查办等，都会使原任的官位空缺出来，吏部每年都要将这些空缺的官位汇集到一起，以作为当年铨选授官的依据和出发点。

关于唐代选人与官缺这一对矛盾的形成、发展和变化过程，以及唐朝廷为缓解选人与官缺的矛盾所采取的措施，宁欣《唐代选官研究》③ 第二章第一节已作了阐述；下面笔者只想就守选制形成的历史背景和原因，作一些说明。

选人多而官缺少的矛盾，太宗贞观（627—649）初年已经出现。《通典》卷一五《选举三》载：

> 初，武德中，天下兵革方息，万姓安业，士不求禄，官不充员，吏曹乃移牒州县，课人应集，至则授官，无所退遣。

---

① 《唐律疏议》，中华书局1983年版，第182页。
② 《通典》，中华书局1988年版，第361页。
③ 宁欣《唐代选官研究》，台北文津出版社1995年版。

四五年间，求者渐多，方稍有沙汰。贞观时，京师谷贵，始分人于洛州选集，参选者七千人，而得官者六千人。①

唐高祖武德年间，士人求仕者尚少，所以不存在选人多官缺少的矛盾以及选人守选的现象。随着社会的安定，经济的发展，求仕者渐多，于是便产生了选人多官缺少的矛盾。这条记载说"参选者七千人，而得官者六千人"，则那一千个没有得官的人，就只好等待下一年的铨选了（其中有些人，很可能在下一年的铨选中仍然得不到官做），这样也就出现了一小部分选人守选的现象。

唐高宗以后，每年的选人有增无减，越来越多。《唐会要》卷七四《选部上·掌选善恶》载："总章二年（669）……参选者岁有万人。"②又《封氏闻见记校注》卷三《铨曹》载："则天如意元年（692），李至远掌选……曰：'今年铨覆数万人，总知姓字。'"③张鷟《朝野佥载》卷一："张文成曰：乾封（666—667）以前选人，每年不越数千；垂拱（685—688）以后，每岁常至五万。"④《资治通鉴》卷二〇九中宗景龙二年（708）载："秋，七月……西京、东都各置两吏部侍郎，为四铨，选者岁数万人。"⑤《通典》卷一七《选举五》载开元三年（715）张九龄上书说："今则每岁选者动以万计，京师米物为之空虚。"⑥上述数字未必都很准确，但初唐时代（高宗以后）每年的选人，至少有一万多，当无疑问。

选人大增，官缺少选人多的矛盾便显得非常突出。《旧唐书》

---

① 《通典》，第362—363页。
② 《唐会要》，第1344页。
③ 《封氏闻见记校注》，中华书局2005年版，第21页。
④ 《朝野佥载》，中华书局1979年版，第6页。
⑤ 《资治通鉴》，中华书局1956年版，第6623页。
⑥ 《通典》，第414页。

卷八一《刘祥道传》载,高宗显庆二年(657),刘祥道"知吏部选事",上疏说:"又常选放还者,仍停六、七千人,更复年别新加,实非处置之法。"①谓当年吏部铨选被放还的人达到六、七千,加上以后每年另外新增的被放还者,落选的人数当越来越多。又《通典》卷一七《选举五》载武后垂拱(685—688)中,纳言魏玄同上疏说:"诸色入流,年以千计。羣司列位,无复新加,官有常员,人无定限。选集之始,雾积云屯,擢叙于终,十不收一。"②谓官吏的编制固定不变,而参选者如"雾积云屯",最终是十个选人里得官的不到一个。《通鉴》卷一一〇睿宗景云元年(710)载,这年吏部铨选,"集者万余人,留者三铨不过二千"③,则落选者超过十分之八。《唐会要》卷七四《选部上·论选事》云:

> 开耀元年(681)四月十一日敕:吏部、兵部选人渐多,及其铨量,十放六、七,既疲于来往,又虚费资粮,宜付尚书省集京官九品已上详议。④

在交通不便的古代,大批选人从全国各地长途跋涉来到长安参加铨选,其结果却是"十放六、七",多数选人落选,"既疲于来往,又虚费资粮";估计矛盾已颇尖锐,选人的不满情绪高涨,所以唐高宗才命令会集长安九品以上的官员详议对策。当时崇文馆直学士崔融建议道:"选人每年长名,常至正月半后,伏望速加铨简,促以程期。"⑤关于"长名",《通典》卷一五《选举三》说:"自高宗麟德(664—665)以后,承平既久,人康俗阜,求进者

---

① 《旧唐书》,中华书局1975年版,第2752页。
② 《通典》,第408页。
③ 《资治通鉴》,第6660页。
④ 《唐会要》,第1335页。
⑤ 《唐会要》,第1335页。

众，选人渐多。总章二年（669），裴行俭为司列少常伯（吏部侍郎），始设长名姓历榜，引铨注之法。"唐时铨选，"始于孟冬，终于季春"，延续的时间很长；设长名榜就是将铨选分为两步，第一步先确定落选者，在正月将其名单张长榜公布，称为长名榜。①长名榜公布后，在选人中占居多数的落选者就可以提前回家，不必在长安一直滞留到季春，这样既可减少京师物资供应的压力，又能减轻选人自己的经济负担。崔融的建议是要求加速铨选进程，将长名榜公布的时间再提前一些。这些措施无疑都是积极的，但并不能从根本上缓解选人多官缺少的矛盾。

要缓解选人多官缺少的矛盾，主要应从两方面着手，一是增加官员的编制和数量，二是减少每年参加铨选的选人数量。《通典》卷一九《职官一》："贞观六年（632），大省内官，凡文武定员，六百四十有三而已。"② 这是说贞观时中央朝廷的文武官员只有六百多人，而地方官员的数量则不详。至高宗显庆二年（657），刘祥道上疏说："今内外文武官一品以下，九品已上，一万三千四百六十五员。"③ 又《通鉴》卷二一三玄宗开元二十一年（732）载："夏，六月……是时，官自三师以下一万七千六百八十六员。"④《通典》卷四〇《职官二十二》："大唐官品（注：开元二十五年制定）……右内外文武官员凡万八千八百五（注：文官万四千七百七十四，武官四千三十一，内官二千六百二十，外官州县、折冲府、镇、戍、关、庙、岳、渎等万六千一百八十五）。"⑤以上就是官府格、令中明文规定的编制，从中不难看出，随着时间的推移，其员数逐渐有所增加。应该说，官员的编制，随着社会经济的发展和人口的增长而适当增加，是合理的。

---

① 参见《唐代铨选与文学》，第107页。
② 《通典》，第471页。
③ 《旧唐书》卷八一，第2751页。
④ 《资治通鉴》，第6802页。
⑤ 《通典》，第1106页。

除增加固定的编制外，武后、中宗时代，还增设了不少编制定员以外的试官、员外官等。《通典》卷一九《职官一》："天授二年（691），凡举人，无贤不肖，咸加擢拜，大置试官以处之。试官盖起于此也。"注："试者，未为正命。……太后务收物情，其年二月，十道使举人，并州石艾县令王山耀等六十一人并授拾遗、补阙；怀州录事参军崔献可等二十四人，并授侍御史；并州录事参军徐昕等二十四人，并授著作郎；魏州内黄县尉崔宣道等二十二人，并授卫佐、校书、御史等。……试官自此始也。"① 根据此注，当时被任命为试官的共有一三一人，估计他们多是已任职期满或就要任职期满的六品以下官员。试官指暂时试用之官，而非正式任命的官员。试官都不是编制中固有的定员，如侍御史的定员原本只有四人②，而武后却一下子任命了二十四人。《通鉴》卷二〇六则天后神功元年（697）："冬，闰十月……凤阁舍人李峤知天官（吏部）选事，始置员外官数千人。"③ 又同上卷二〇八中宗神龙二年（706）："三月……大置员外官，自京司及诸州凡二千余人。"④ 这事也是李峤所为，《旧唐书》卷九四《李峤传》说："神龙二年，代韦安石为中书令。初，峤在吏部时，志欲曲行私惠，冀得复居相位，奏置员外官数千人。"⑤ 所谓员外，是指正员以外的官员，亦非编制中固有的定员。前面谈过，唐代法律不允许吏部超编设置官职和任用官吏，但李峤所为，曾事先奏请天子批准，所以不算违法。《通鉴》卷二〇九中宗景龙二年（708）："安乐、长宁公主及皇后妹郕国夫人、上官婕妤、婕妤母沛国夫人郑氏、尚宫柴氏、贺娄氏、女巫第五英儿、陇西夫人赵氏，皆依势用事，请谒受赇，虽屠沽臧获，用钱三十万，则别降

---

① 《通典》，第471—472页。
② 见《唐六典》卷一三，中华书局1992年版，第379页。
③ 《资治通鉴》，第6525页。
④ 《资治通鉴》，第6601页。
⑤ 《旧唐书》，第2995页。

墨敕除官，斜封付中书，时人谓之斜封官。……其员外、同正、试、摄、检校、判、知官凡数千人。……时斜封官皆不由两省而授，两省莫敢执奏，即宣示所司。"① 这些斜封官，全都是编制定员之外的官位。

如何评价上述试官、员外官的设置和任命？所谓斜封官，明显是唐中宗纵容他的女儿和嫔妃、外戚、宫官甚至女巫公开卖官；只要出钱三十万，"虽屠沽臧获"也给官做，这违反了唐朝廷关于入仕资格的规定，无疑是紊乱纲纪、破坏铨选制的行为。所以后来"玄宗御极，宰相姚元崇、宋璟兼吏部尚书"，便革除了这一弊政②。至于武则天称帝后，为了收揽人心，大肆任命试官，显然也暴露出了过滥的弊病，好在她一旦发现不称职的官员，就立即革免或杀戮，又自己作了补救。关于大置员外官的弊病，李峤自己后来作了检讨。据《通典》卷一九、《通鉴》卷二〇八载，神龙二年九月李峤为相后，"自觉铨衡失序，官员倍多，府库由是减耗也"；"乃更表言滥官之弊，且请逊位"③。所谓"铨衡失序"，应包含才者不用、用者不才和官员升迁的快慢失衡等内容；而府库减耗，则指员外官太多，给国家财政造成过重负担。虽然如此，试官、员外官的设置，毕竟增加了官员的数量，有助于缓解选人多官缺少的矛盾。《通典》卷四〇《职官二十二》载建中（780—783）中杜佑上议曰：

> 神龙中，官纪隳紊，有司务广集选人，竞收名称。其时无阙注授，于是奏署员外官者二千余人，自尔遂为常制。当开元、天宝之中，四方无虞，百姓全实，大凡编户九百余万。吏员虽众，经用虽繁，人力有馀，帑藏丰溢，纵或枉费，不

---

① 《资治通鉴》，第6623—6625页。
② 见《通典》卷一九《职官一》，第473页。
③ 《资治通鉴》，第6606页。

足为忧。①

这段话说明，设置和任命员外官，后来成为常制。之所以能成为常制，与它有助于缓解选人多官缺少的矛盾，不无关系。员外官不是固定编制，它的设置和任命具有很大的灵活性、伸缩性，只要它的员数不是过多，能够与国家的财政收入相适应，社会的各个方面还是能够承受的。

限于国家的财力，官员的编制与数量当然不可能无限制地增加，所以，要想从根本上缓解选人多官缺少的矛盾，不能单靠增加官员的编制与数量，还得想方设法减少每年参加铨选的选人的数量。选人依惯例守选现象的出现和守选制的形成，就是减少每年参加铨选的选人数量的有效方法。前面谈到，唐太宗贞观初年，已出现一小部分选人守选的临时性现象；到了唐高宗以后，选人大增，而官缺很少增加，每年落选的选人往往超过选人总数的十分之八，这样选人守选的现象也就变得非常普遍；在选人守选现象普遍存在的情况下，为了使吏部的铨选有序地进行，开始形成一些不成文的铨选惯例，例如先给那些去职时间长、参选次数多的"选深人"注授官职，而初次参加铨选的人和"选浅人"则要等待一定年限才能给官做等；后来又由按惯例守选进而发展到守选制正式成立，这两者的区别主要在于：前者尚未制度化，不仅守选的年限不确定，是否守选也不确定（仍存在个别人或少数人不守选即授官的情形），而后者则已制度化，具有明确的规定性。上述发展进程，在六品以下前资官守选制的形成中，清楚地显现了出来。关于这个问题，本章第二节将作详细论述。

守选制成立以前普遍存在的守选现象与守选制成立以后的守选，是不相同的，为了不使这二者混淆，下面我们将守选制成立

---

① 《通典》，第1108页。

以前的守选现象称为"待选"。待选一词也是从唐人的文章中拈出的。《唐会要》卷七四《选部上·论选事》说:"苏氏议曰:冕(苏冕,德宗贞元时人,两《唐书》有传)每读国史,未尝不废卷叹息。……嗟乎!士子三年守官,十年待选,欲吏有善称,野无遗贤,不可得也。"① 又说:"宝历二年(826)十二月,吏部奏:……近者入仕岁增,申阙日少……至有待选十馀年,裹粮千馀里,累驳之后,方敢望官,注拟之时,别遇敕授。"② 待选与守选的字面意思一样,但是为了便于说明问题,下面我们还是依照实际情况,将这二者的内涵加以区分,即:守选是一种正式的制度,有自己的形成过程,待选则是守选制度形成以前,社会上存在的一种较为普遍的现象;从及第举子方面来看,守选是举子及第后,必须等待一定的年限才许参加吏部的铨选,只要参加了铨选一般就能得官,待选则是举子及第后,当年就可以参加吏部的铨选,但不一定马上就能得官,有时要参加多次铨选、等待了许多年后才能得官;从文职六品以下前资官方面来看,守选是任职期满后必须等待一定的年限,才允许再次参加吏部的铨选,只要参加了铨选,多数人就能得官,待选则是听任前资官每年参加铨选,但参选后往往不能马上获得新的官职,必须按照不成文和具有伸缩性的惯例,等待若干年后再参加铨选,或接连参加了几次铨选之后,才能获得新的官职。刘后滨《唐代文官铨选制度的改革与完善》说:"(玄宗开元十八年侍中裴光庭制定'循资格'以前)对于任满等候重新任命的所谓前资官,还没有待选的规定,'吏部求人,不以资考为限,所奖拔惟其才'(《新唐书》卷一〇八《裴光庭传》)。随着高宗武则天时期铨选制度的调整,铨试录取的比例越来越小,待选的问题已实际存在,选官过程中普遍存在'限以资次'的情况。到开元十七年三月敕,鼓励选人担任边

---

① 《唐会要》,第 1335 页。
② 《唐会要》,第 1342 页。

远地区的判官，随阙补授，而且'秩满量减三两选与留，仍加优奖'（《唐会要》卷七五《杂处置》）。说明前资官有了固定的选数，然后才有选可减。但是，从实际情况看来，在开元十八年制定'循资格'之前，前资官停官待选的选数规定尚未制度化，执行起来也不严格。大量的史传和碑志都反映出，唐前期许多官员都是'秩满调选'而不停官待选的。"①"循资格"制定之前，待选问题已实际存在，但还没有制度化，只是依不成文的惯例施行，这就是本文所说的"待选"；"循资格"制定之后，前资官停官待选的选数规定已成文并制度化，这就是本文所说的"守选"。宁欣《唐代举士与选官的分合》说："唐初未立格限、选限，后合格、选满者方能赴选。"② 格谓选格，格限指选格（铨选条例）规定的守选年限，《通鉴》卷二〇一总章二年："（唐之选法）人有格限未至，而能试文三篇，谓之宏词。"③ 选满指守选年限已满，《新唐书》卷四五《选举志下》："选未满而试文三篇，谓之宏辞。"④ "合格、选满者方能赴选"，当是"循资格"制定以后的事，而"循资格"制定之前，则"未立格限"，不过存在着按惯例待选的现象。宁欣《唐代选官研究》："唐初赴选没有限制，只要获得出身或前资官等，都可参选，'随才铨擢'，都有获取当年官阙的希望。"⑤《唐六典》卷二《尚书吏部》："其前官及常选人每年任选。"⑥ 指的是"循资格"制定之前，听任前资官和已获得出身的选人每年参加铨选，这就是守选制形成以前的情况。关于守选与待选的不同，下面各节还将作进一步说明。

---

① 见教育部考试中心编《中国考试史专题论文集》，高等教育出版社1999年版，第521页。
② 见《晋阳学刊》1993年第1期。
③ 《资治通鉴》，第6362页。
④ 《新唐书》，第1172页。
⑤ 见《唐代选官研究》，第24页。
⑥ 《唐六典》，第35页。

唐时，每年参加吏部六品以下文官铨选的选人，共包括四类人，一是任职期满或因故停职的官员（前资官），二是常举（明经、进士等）及第后尚未授官的的士人，三是门荫出身获得参选资格的人，四是流外出身获允参选入流的人。唐时明经及第者每年大约一百人左右，进士则只有二十到三十人[1]，而第三、第四两类人的数量，大抵是常举及第者的十倍上下。《通典》卷一七《选举五》载大历（766—779）中洋州刺史赵匡《举选议》曰："举人大率二十人中方收一人，故没齿而不登科者甚众，其事难，其路隘也如此。而杂色之流，广通其路也。此一彼十，此百彼千，揆其秩序，无所差降。"[2] 至于参选的前资官数量，假如按每年选人一万名计算，则当有八千多人。由于参选的前资官数量在吏部选人中占绝大多数，所以想要减少每年参加铨选的选人数量，首先就必须减少参加铨选的前资官数量，正因此，文职六品以下文官的守选制，便首先在六品以下前资官的铨选中制定和施行。前资官中含有科举、门荫、流外三种出身的官员，在所有六品以下文官（包括在职文官）中也占多数；文职六品以下前资官守选制的制定和施行，对于减少每年参加铨选的选人数量，缓解选人多官缺少的矛盾，起着极为重要的作用。在六品以下前资官守选制施行以前普遍存在着的前资官待选的现象，对于减少每年参加铨选的选人数量，也有着重要的作用。

唐代的守选制，最先在文职六品以下前资官的铨选中制定和实施，而后逐渐推及于上面所说的第二、第三、第四类选人。文职六品以下前资官的守选制在玄宗开元十八年（730）制定和实施，新及第进士、明经的守选制则大抵形成于肃宗、代宗之际，由于进士科为时所重，其录取人数比明经科少许多，考试难度比明经科大许多，因此新及第进士的守选时间也比新及第明经少许

---

[1] 参见傅璇琮《唐代科举与文学》，陕西人民出版社1986年版，第124页。
[2]《通典》，第420页。

多；在新及第进士、明经的守选制施行之前，新及第进士、明经也像当时的文职六品以下前资官那样，存在着应按惯例待选一定年限才授官的情形。虽然根据现有的材料，门荫出身的选人的守选制什么时候形成，还难以确定，但已有很多具体事例可以证明，门荫出身的选人的待选现象，唐初就已普遍存在。至于流外出身的选人，则也像门荫出身的选人那样，必须待选一定年限，才能授给流内职事官。

以下各节，分别考察和论述上述四类吏部选人的守选和待选情况。

第二节　文职六品以下前资官守选

文职六品以下前资官的守选制，制定于开元十八年（730）。《通典》卷一五《选举三》载：

> 至玄宗开元中，行俭子光庭为侍中，以选人既无常限，或有出身二十馀年而不获禄者，复作"循资格"，定为限域。凡官罢满以若干选而集，各有差等，卑官多选，高官少选，贤愚一贯，必合乎格者，乃得铨授。自下升上，限年蹑级，不得逾越。久淹不收者，皆荷之，谓之"圣书"。虽小有常规，而抡材之方失矣。其有异才高行，听擢不次，然有其制，而无其事，有司但守文奉式，循资例而已。①

《资治通鉴》卷二一三玄宗开元十八年载：

> 夏……四月……乙丑，以裴光庭兼吏部尚书。先是，选

---

① 《通典》，第361页。

司注官，惟视其人之能否，或不次超迁，或老于下位，有出身二十馀年不得禄者。……光庭始奏用"循资格"，各以罢官若干选而集（胡注：谓罢官之后，经选凡几，各以多少为次而集于吏部。），官高者选少，卑者选多，无问能否，选满即注，限年蹑级，毋得逾越，非负谴者，皆有升无降；其庸愚沉滞者皆喜，谓之"圣书"，而才俊之士无不怨叹。①

所谓"循资格"，即循资之格（资格一词后出），格为条例、制度之意，资指官阶品级，"循资格"就是按官阶品级逐级晋升的铨选条例、制度之意。综合以上两条记载，其主要内容有以下三项：（一）六品以下文官任职期满后，须等待一定的年限（所谓"限年"），才允许再次参加吏部的铨选，以获得新的官职。关于等待的具体年限，则须按任职期满时官职的品级来定（"循资"的内容之一），"卑官多选，高官少选"。《新唐书》卷四五《选举志下》："凡一岁为一选，自一选至十二选，视官品高下以定其数，因其功过而增损之。"② 则最卑的官须等待十二年，最高的官要等待一年。至于不同品级的各种官员各须等待多少年，由于今存的史料不足，已难详知。（二）只要符合参加铨选的条件，得以参选，大抵就能获得新的官职（"无问能否，选满即注"）。"必合乎格者，乃得铨授"，格指选格，它大抵每年修订一次，于五月份颁布，内容是规定选人参加本年铨选的条件要求。③ 对于前资官来说，主要的条件要求就是等待铨选的年限已满（所谓"选满"）。（三）选人拟选授的官职，据缺循资而定，即根据当年官缺的具体情况，依照选人任职期满罢秩时的官阶品级，蹑级而上，不得逾越，贤愚一样。选人授官后又是期满罢秩，还家守选，选满再次

---

① 《资治通鉴》，第6789页。
② 《新唐书》，第1174页。
③ 参见《唐代铨选与文学》，第147—149页。

参加铨试，循资注授，如此周而复始，直至出选门（升入五品以上职事官或进入六品以下常参官）为止。

根据"循资格"的上述内容，不难看出，它虽未使用"守选"一语，却标志着文职六品以下前资官的守选制已经正式成立。所谓"定为限域"、"小有常规"，也说明它具有相对的稳定性和明确的规定性，已制度化和规范化了。这个制度的建立，使每年参加铨选的选人的数量减少不少，这样也就缓解了选人多官缺少的矛盾，既减轻了京师物资供应的压力，又免除了一大批选人的"疲于往来"与"虚费资粮"之苦。

下面探讨一下文职六品以下前资官的守选制在开元十八年正式成立之后的执行情况。《唐会要》卷七四《选部上·吏曹条例》载：

> 开元十八年四月十一日，侍中兼吏部尚书裴光庭奏用"循资格"，至二十一年，光庭薨，中书令萧嵩与光庭不协，以"循资格"取士不广，因奏事言之。六月二十八日诏："……顷者有司限数，及拘守循资，遂令铨衡不得拣拔天下贤俊，屈滞颇多。凡人三十始可出身，四十乃得从事，更造格限，分品为差，若如所制之文，六十尚不离一尉。有材能者，始得如此，稍敦朴者，遂以终身，由是取人，岂为明恕？自今以后，选人每年总令赴集，依旧以三月三十日为限。其中有才优业异、操行可明者，一委吏部临时擢用。贵于取实，何限常科……。"①

按照唐玄宗的这一诏令，"循资格"只实行了三年，就被罢除。"自今以后，选人每年总令赴集"，则六品以下文官任职期满后就

---

① 《唐会要》，第1348页。

用不着守选了，守选制也就等于被罢除。但《通鉴》卷二一三玄宗开元二十一年载："夏六月，癸亥，制：'自今选人有才业操行，委吏部临时擢用……。'虽有此制，而有司以'循资格'便于己，犹踵行之。"① 六月癸亥即六月二十八日，《通鉴》作者认为玄宗六月二十八日的诏令实际上没有执行，则"循资格"未被罢除。唐封演《封氏闻见记》卷三《铨曹》说："侍郎裴光庭始奏立条例，谓之'循资格'，自后皆率为标准。"② 《旧唐书》卷四二《职官志一》云："开元中，裴光庭为吏部尚书，始用'循资格'以注拟六品以下选人。其后每年虽小有移改，然相承至今用之。"③ 都认为循资格未被罢除。那么，实际的情况到底是怎样的呢？从今存的资料看，唐玄宗此后再也不曾就文职六品以下前资官的守选问题发布过诏令，所以我们只能从对一些相关的间接资料的分析入手，来找寻这个问题的答案。

《旧唐书》卷八四《裴光庭传》载："初，光庭与萧嵩争权不协。及为吏部，奏用'循资格'，并促选限至正月三十日令毕……。光庭卒后，嵩又奏请一切罢之，光庭所引进者尽出为外职。"④ 则玄宗罢除循资格的诏令，是应萧嵩的奏请发布的；萧嵩极力反对循资格，但他于开元二十一年十二月罢中书令⑤，已难以成为罢除循资格的执行者，加上一项制度的建立与罢除，须有一个过程，并不是发布一道命令罢除，就马上能够罢除得了的，所以开元二十一年冬至二十二年春的吏部铨选，完全有可能仍按循资格的办法执行。《新唐书》卷一二六《张九龄传》："明年，迁中书令。……上言废循资格，复置十道采访使。"⑥ 张九龄迁中书

---

① 《资治通鉴》，第6802页。
② 《封氏闻见记校注》，第23页。
③ 《旧唐书》，第1805页。
④ 《旧唐书》，第2807页。
⑤ 见两《唐书·玄宗纪》。
⑥ 《新唐书》，第4428页。

令在开元二十二年五月二十七日①，则他"上言废循资格"，当在二十二年下半年，必定当时循资格仍在执行，才有其废循资格的上言。《唐会要》卷七四《选部上·吏曹条例》载："（开元）二十四年（736）十二月二十四日敕：'王子未出阁者，侍讲、侍读、侍文、侍书，并取见任官充，经三周年放选与处分；习艺馆诸色内教，通取前资及常选人充，经二年以上，选日各于本色量减两选与处分。'"②"经三周年放选与处分"，说的是小王子的侍讲等官在任满三年，任其参加吏部铨选，此即给予侍讲等不守选的特殊优待，正说明当时仍有守选的制度存在；"选日各于本色量减两选与处分"，是说习艺馆的内教任职满二年以上之后，得以参加铨选的时间是在原本规定的守选年限内减去两年，同样说明当时仍有守选的制度存在。《新唐书》卷五八《艺文志二·职官类》："《唐循资格》一卷，天宝中定。"③说明天宝中循资格并未废止。《唐会要》卷七五《选部下·杂处置》："（天宝）九载（750）三月十三日敕：'吏部取人，必限书判，且文学政事，本自异科，求备一人，百中无一，况古来良宰，岂必文人！又限循资，尤难奖擢；自今以后简县令，但才堪政理，方圆取人，不得限以书判及'循资格'注拟。'"④因为县令直接治民，对维护社会的安定至为重要，所以唐统治者颇重视县令的选拔；这条敕令规定，为了选出真正有政治才能的县令，采用一条特殊的办法，即不得"循资格"注授县令之职，可见当时一般官员的选授，仍沿用循资格之制。大历中，洋州刺史赵匡在其《举选议》中曾提出一条建议："其前资官及新出身，并请不限选数任集，庶有才不

---

① 见明成化九年（1473）韶州刊本《唐丞相曲江张先生文集》附录《加银青光禄大夫中书令制》。
② 《唐会要》，第1349页。
③ 《新唐书》，第1477页。
④ 《唐会要》，第1361页。

滞，官得其人。"① 前资官"不限选数任集"，是说对任职期满的前资官，不要给予守选若干年的限制，而听其参加吏部每年的选集，这实际是要求废除前资官的守选制，正说明守选制在当时仍然实行着。《册府元龟》卷六三一《铨选部·条制三》载："（元和八年）十二月，吏部奏：比远州县官请量减选，四选、五选、六选请减一选，七选、八选、九选各请减两选，十选、十一选、十二选各减三选。"② 这是请求对边远地区的州县官给予减少守选年限的照顾；由这条材料不难看出，当时（813年）任职期满的前资官还实行着守选一至十二年的规定。又《新唐书·艺文志二·职官类》："王涯《唐循资格》五卷。"③ 王涯元和十四年（819）为吏部侍郎④，掌铨选，《唐循资格》当即作于此时，可见元和时循资格还在执行。姚合《武功县中作三十首》其二十五："戚戚无所思，循资格上官。"⑤ 此诗约作于长庆中。根据以上资料大致可以断定，从开元十八年（730）起至五代止，前资官的守选制一直实行着，并没有被罢除。前资官守选制的实质是，六品以下的文官，定期分批地轮流休官，以此减少每年参加吏部铨选的选人数量，减轻京师物资供应的压力，缓解社会的矛盾。由于这个制度符合社会的实际需要，所以虽不断有人想罢除它，最终还是罢除不了。

循资格虽然一直实行着，但是在实行的过程中，也有若干发展变化。《新唐书》卷一四〇《裴遵庆传》："频擢吏部员外郎，判南曹。天宝时，选者岁万计，遵庆性强敏，视簿牒，详而不苛，

---

① 《通典》卷一七，第425页。
② 《册府元龟》，中华书局1960年影印本，第7563页。
③ 《新唐书》，第1478页。
④ 见严耕望《唐仆尚丞郎表》卷一〇《辑考三下》，中华书局1986年版，第599页。
⑤ 《全唐诗》卷498，第5658页。

世称吏事第一。"① 本文第一节曾谈到，开元初"每岁选者动以万计"，而到了天宝时实行前资官的守选制已经有多年，为什么这时每年赴选的选人数量并没有明显减少？我们知道，循资格的主要规定是，根据官资确定每个前资官的守选时间，只要他们的守选年限一满（"选满"），就可以参加吏部的铨选，所以每年前资官的参选人数，同当年的官缺数量并没有必然联系（但前资官参选后能否得官，则与当年的官缺数量有很大关系）；循资格实行之初，每年参选的前资官人数会有明显减少，而实行了多年之后，则可能出现如下情况：每年因守选而减少的参选前资官人数，同每年因守选期满而增加的参选前资官人数相差无几，再加上累积的每年参选后落选的前资官人数，就形成了"天宝时，选者岁万计"的情况。根据宁欣的研究，唐代每年的官缺数量只在二千至四千之间②，所以天宝时参选者"岁万计"的人数显然过多，循资格之"选满即注"的规定已无法实现。面对这种情况，朝廷不得不考虑对策。《新唐书》卷四五《选举志下》："初，吏部岁常集人，其后三数岁一集，选人猥至，文簿纷杂，吏因得以为奸利，士至蹉跌，或十年不得官，而阙员亦累岁不补。陆贽为相，乃惩其弊，命吏部据内外员三分之，计阙集人，岁以为常。"③ 所谓"计阙集人"，是说根据当年的官缺数量来制定选格，确定参加当年铨选的选人的数量。如果当年守选年限已满的前资官和其他符合参选条件的选人的数量多于官缺，则选格就要规定部分符合参选条件的选人以后再赴吏部参加铨选。由于选人的数量只是略多于官缺，所以凡参加铨选的人，一般都能得官；不能得官的只有极少数的选人：一种是经吏部审查，所交纳的选解等文书存在错

---

① 《新唐书》，第 4646 页。
② 《唐代选官研究》，第 16—20 页。
③ 《新唐书》，第 1179 页。

漏、作假等现象的人①；另一种是试判成绩甚拙的人。《新唐书·选举志下》："凡试判登科谓之'入等'，甚拙者谓之'蓝缕'。"试判是吏部铨试的一项核心内容，在实行"循资格"之前，由于选人太多，试判成为淘汰选人的一个重要手段，而实行"循资格"之后，试判已丧失这一作用，赵匡《举选议》说："今选司并格以年数，合格者，判虽下劣，一切皆收。"但试判蓝缕者还是不收的。② 陆贽德宗贞元八年（792）四月至十年十二月为相③，则自这时直到唐末，应该都实行着"计阙集人"的铨选方法（所谓"岁以为常"）。实行"计阙集人"的结果，导致每年赴选的选人的数量大减，《唐代选官研究》说："到唐末，每年大约也就数千人赴选。"④ 同时部分符合参选条件的选人的守选时间也延长了。

文职六品以下前资官的守选制，有自己的形成过程。在它于开元十八年正式成立以前，社会上已存在着一种比较普遍的前资官待选的现象。《唐会要》卷七四《选部上·论选事》载：

> 开耀元年四月十一日……尚书右仆射刘仁轨奏曰："谨详众议，条目虽广，其大略不越数途，多欲使常选之流，及负谴之类，递立年限，如不（此字原无，据《册府元龟》卷六二九补）令赴集，便是拥自新之路，塞取进之门。……应选者暂集，远近无聚粮之劳；合退者早归，京师无索米之弊，既循旧规，且顺人情，如更有不便，随事厘革。其殿负及初选，及选浅自知未合得官者等色，情愿不集，即同选部曹司商量，望得久常安稳。"⑤

---

① 参见《唐代铨选与文学》，第152—161页。
② 参见《唐代铨选与文学》，第177页。
③ 见《旧唐书》本传。
④ 《唐代选官研究》，第20页。
⑤ 《唐会要》，第1335、1336页。

以上是开耀元年（681）唐高宗为解决选人过多的矛盾，下令会集九品以上京官详议对策时，刘仁轨提出的建议。所谓"使常选之流，及负谴之类，递立年限"，是说为了减少每年参选的选人数量，有人建议对获得常年参加吏部铨选资格的常选人，以及获罪的官员，交替制定待选的年限，这实际上是类似于守选的建议。刘仁轨不赞成这个主张，认为这样做会阻塞常选人等的自新之路、取进之门。接下"应选者"四句，是建议缩短选人在长安的逗留时间。下面"殿负"是指犯有过错考课成绩居下的官员，"初选"指初次参加铨选的选人，"选浅"指任期届满后去职的时间不长或参加铨选的次数尚少的选人，按照规定，这些人每年都有资格参加吏部的铨选，但由于选人多官缺少，吏部铨选授官时已形成如下的惯例：先给那些去职时间长、参选次数多的"选深人"注授官职，于是"选浅人""自知未合得官"，也就"情愿不集"，即自愿在家等待若干年后，再去参加吏部的铨选。对于这种自愿待选的做法，刘仁轨表示赞同，认为选人可"同选部（吏部）曹司商量"，以达成先在家待选若干年而后再去参加铨选的约定。下面看一个自愿在家待选的例子：

> 君讳思敬，字安俨……总章（668—669）中，以仁勇校尉守左卫率府翊卫。秩满，以文艺优长，简入吏部。后解褐承奉郎，行幽州新平县尉。虽时以为美，心非所好，故跬步之间，无因骋马也。秩满，停家积年。……辞满之后，遂以丘壑为心。垂拱之初，天命已改，则天皇帝摄行君政……二年（686），授高陵县主簿，以旧德起也。
> ——《文苑英华》卷九三〇员半千《蜀州青城县令达奚君神道碑》①

---

① 《文苑英华》，1966年中华书局影印本，第4891页。

所谓"停家",是指官员任期届满罢职后闲居家中;"积年",多年、累年之意。这条材料说明,达奚思敬在任幽州新平县尉秩满后,并没有马上去赴吏部的铨选,而是主动回家闲居多年,直到垂拱二年,才再次前去参加吏部的铨选,从而获得了高陵主簿的新职。由这个例子还可以说明,在守选制正式成立之前四五十年,已经存在着前资官待选的现象。

《唐大诏令集》卷一一〇唐隆元年(710)七月十九日唐睿宗《诫励风俗敕》云:

> 食为人天,农为邦本,绥抚氓庶,劝课农桑,牧宰之政,莫过乎此。刺史县令有课最尤异,委观察使名闻,当别加甄擢。县令字人之本,明经为政之先,不稍优异,无以劝奖。县令考满,考词使状有清字,无负犯;明经及第,每至选时,量加之赏,若属停选,并听赴集。①

以上这段敕文主要谈对县令的奖励措施。奖励的条件是,任职期满("考满")的县令中,考课成绩优异者("考词使状有清字"),以及明经及第出身者;奖励的内容是,每至吏部铨选时,量加奖赏(如注授好官之类),和"若属停选,并听赴集"。停选,指由于选人多官缺少而暂停参加铨选,类似于北魏崔亮的"停年格"。由此可见,当时任职期满的县令中,已有停选的现象(即先停止参加铨选若干年,而后再参选以获取新职),此种停选大抵是按惯例实行的,也是前资官待选现象的一种。"若属"二句是说,如果适逢符合上述条件的县令停选,则听任其参加吏部的选集。即按惯例该停选的不停选,这就是一种奖励。《册府元龟》卷六三五《铨选部·考课一》载:

---

① 《唐大诏令集》,见《适园丛书》四集。

(玄宗开元三年)六月诏:"……吏部铨选,委任尤重,比虽守职,务在循常,既限之以选劳,或失之于求事,选日拔擢一二十人(或作"一二千人"、"一二人"),不须限以资次,必须究其声实,不得妄相汲引。自古乡举里选,实课人之淑慝,其明经、进士擢第者,每年委州长官访察,行业修谨、书判可观者,三选听集。"①

这段诏令谈吏部铨选之事,发布于开元三年(715)。文中所谓"限之以选劳",是说吏部的铨选授官,往往拘限于选人待选或参选的年数("选劳"),即根据选人的选深与选浅来决定留(入选)放(落选)。这反映了在当时的铨选中,有一种前资官待选的惯例在起着作用。这段诏令要求吏部打破这一惯例、常规,在每年的铨选中,不拘年资次第地擢拔一二十个真正有才能的人。接下"其明经"四句,是说明经、进士及第的前资官(说详下节),经州长官访察,如果能做到"行业修谨、书判可观",那么只需待选三年,就听其再次参加吏部的选集。这是对部分明经、进士及第的前资官的特别优待。由此可知,一般前资官的待选年限应多于三年,由于当时守选制尚未正式成立,所以前资官的待选年限,当是根据不成文的惯例来确定的。又《唐会要》卷七五《选部下·杂处置》载:"(开元)十七年三月敕:边远判官多有老弱,宜令吏部每年选人内,简择强干堪边任者,随缺补授。秩满,量减三两选与留,仍加优奖。"② 所谓"秩满,量减三两选与留",是说边远判官任职期满后,应酌量减少三两年的待选时间予以留任。这是为了鼓励"强干堪边任者"继续留在边远地区任职而采取的措施。由这条敕令可以看出,当时边地的判官任职期满后,也要按惯例待选一定年限才能继续任职。

---

① 《册府元龟》,第7622页。
② 《唐会要》,第1361页。

下面，举出若干在开元十八年前资官守选制正式成立以前，前资官待选的实例，以进一步说明上述问题：

1. 周绍良主编《唐代墓志汇编》① 贞观一三二《唐故忠州垫江县令上护军王君墓志铭》："君讳才……贞观元年（627），迁弘静令。十年（636），转黔州都督府户曹参军事。十七年（643），又转垫江县令。"依"六品以下四考为满"计算，王才任弘静令，当于贞观五年秩满，待选五年，至贞观十年，方转任黔州都督府户曹参军；在黔州于贞观十四年秩满，又待选三年，才转为垫江县令。

2. 《唐代墓志汇编》调露〇一〇《大唐故幽州都督府参军事朱府君墓志铭》："君讳宪……皇朝永徽四年（653），释褐营州参军，秩满柳城，旋车洛浦。显庆四年（659），又授幽州参军。"柳城为营州治所，朱宪在那里为官秩满后，回到洛阳待选两年，才又得到幽州参军的新职。

3. 《唐代墓志汇编》永淳〇二三王允元《大唐故淄州高苑县丞赵君墓志铭》："君讳义……显庆元年（656），授洺州曲周县尉。……乾封二年（667），授淄州高苑县丞。"赵义任曲周县尉，当于显庆五年（660）秩满，则他待选的时间达到七年。

4. 《唐代墓志汇编》垂拱〇一三《大唐故颍州颍上县令独孤府君墓志铭》："君讳守义……以龙朔元年（661）授君括州司法参军事。……秩满，以咸亨三年（672）授君汝州鲁山县令。"独孤守义和赵义一样，任括州司法参军秩满后，也待选七年，才转任鲁山县令。

5. 《唐代墓志汇编》长寿〇一五《大周张君墓志铭》："君讳道……咸亨二年（671），授江王府户曹。仪凤三年（678），授滕王府法曹参军事。……以垂拱三年（687）擢授万州武宁县令。"

---

① 《唐代墓志汇编》，上海古籍出版社1992年版。

张道为江王府户曹,当于上元二年(675)秩满,待选三年,才转任滕王府法曹;任法曹当于永淳元年(682)秩满,又待选五年,方擢授武宁县令。

6.《唐代墓志汇编》证圣〇〇四《大周故朝请郎行石州方山县令申府君墓志铭》:"君讳守……乾封二年(667),释褐授利州绵谷主簿。仪凤二年(677),授润州延陵主簿。文明元年(684),授沧州饶安县丞。"申守为绵谷主簿,当于咸亨二年(671)秩满,待选六年,授延陵主簿,秩满后,又待选三年,方授饶安县丞。

7.《全唐文》卷九九三阙名《唐太原节度使韦凑神道碑》:"永淳元年(682),解褐授婺州司兵参军。致远之渐,发于初筮。延载元年(694),授资州司兵参军。"① 韦凑任婺州司兵,当于垂拱二年(686)秩满,待选八年,方授资州司兵。

8.《唐代墓志汇编》开元一九一孙晃口《大唐骑都尉行濮州临濮县尉董府君墓志铭》:"君讳神宝……以文明元年(684)四月十八日起家德林郎,行相州尧城县尉,周长安二年(702)四月十三日迁濮州临濮县尉。"董神宝为尧城县尉,当于垂拱四年(688)秩满,待选十四年,方迁任临濮县尉。

9.《唐代墓志汇编》开元一九七《大唐故朝散郎行薛王府国令张君墓铭》:"君讳嘉福……长安四年(704)五月五日,擢授澧州慈利县尉。……开元七年(719)四月五日,又拜薛王府国令。"张嘉福为慈利县尉,当于景龙二年(708)秩满,待选十一年,方拜薛王府国令。

10.《唐代墓志汇编》天宝〇六二《口故桂阳郡临武县令王府君墓志铭》:"公讳训……垂拱四年(688),以神童擢第。先天二载(713),拜和义郡参军。开十四(726),转延安郡肤施县

---

① 《全唐文》,第10287页。

丞。"王训任和义郡参军，当于开元五年（717）秩满，待选九年，方转任肤施县丞。

通过以上实例，不难看出，初、盛唐时代文职六品以下前资官按惯例待选的现象相当普遍。前资官守选制的成立，不过是这种现象的延续和制度化而已；前资官的守选制之所以难以罢除，与这种前资官的待选现象越来越普遍，以及其待选的时间越来越长，也有着密切的关系。但开元十八年正式成立的前资官守选制，与这以前普遍存在的前资官待选现象，还是有不同的。其不同主要表现在：前者是明文规定的制度，具有明确的规定性；后者则按不成文的惯例待选，具有较大的伸缩性与不确定性。例如上面举出的十个实例中，其待选的年限就不确定，颇具有伸缩性，如有的只待选二、三年，有的则待选八、九年，甚至十馀年。另外，开元十八年守选制成立以前，刚任职期满的前资官，依照规定，每年都有资格参加吏部的铨选，虽然他们知道选浅人很难中选并授官，但不少人还是积极参选，其中也竟有个别人因此而获得了新职。如周绍良、赵超主编《唐代墓志汇编续集》[①] 长寿〇〇五《大周故前尚方监中山县开国伯王公墓志铭》："府君讳基……以（贞观）十八年（644）随牒授岐州岐阳县尉。……以廿三年（649）授蒲州猗氏县尉。……以永徽五年（654）授汾州盐山县丞。"唐时吏部铨选，"始于孟冬，终于季春"，选人授官的时间，一般都在三、四月间；所以王基当于贞观十八年三、四月间授岐阳县尉，廿二年三、四月间秩满，随即他参加了当年吏部的冬集，所以在廿三年三、四月间授猗氏县尉，由此可见王基并未待选。又他过了五年授盐山县丞，也同样未曾待选。《唐代墓志汇编》神龙〇四八《大唐中兴成王府参口杨府君墓志》："君讳承胤……长安元年（701），释褐为海州参军。……神龙二年（706），升为成

[①] 《唐代墓志汇编续集》，上海古籍出版社2001年版。

王府参军事。"杨承胤任海州参军与任成王府参军之间，相隔五年，则他同王基一样，也未曾待选。《唐代墓志汇编》天宝〇〇二《唐故右威卫兵曹参军王府君墓志铭》："公讳泠然……以秀才擢第，授东宫校书郎。满秩，移右威卫兵曹参军。其调补也，皆登甲科选，天下以为美谈。……以开元十二年（724）十二月十八日不禄于位，享年卅有三。"王泠然于开元五年（717）登进士第，九年（721）授太子校书郎，说见傅璇琮主编《唐才子传校笺》第一册卷一《王泠然》①。唐时中央官署官员的任期比地方官员短，太子校书郎的任期是几年，现在已很难考知，从这篇墓志看，当是两年；王泠然开元九年三、四月间授太子校书郎，至十一年三、四月间"满秩"，当年冬天即参加吏部的铨选（"调补"即选补之意），所以在十二年三、四月间授右威卫兵曹参军，而同年十二月即卒于位。可见，王泠然也不曾待选。大部分前资官任职期满后都要待选，却有一些人任职期满后不必待选，这同样是具有伸缩性与不确定性的表现。

前资官待选现象的普遍存在与守选制的建立，导致的结果是，六品以下的文官，大都任职的时间少，休官的时间多，这对于他们的生活，无疑将产生重大的影响。

第三节　及第进士守选

《唐代铨选与文学》说："及第举子有了出身，成了吏部的选人后，仍不能即刻授官，得先守选数年。如进士及第守选三年，明经（明二经）及第守选七年，明法及第守选五年……。守选期间，世称他们为前进士、前明经、前明法等。及第举子的守选制自唐初贞观年间就开始了。……在唐代，进士及第不守选即授官，

---

① 《唐才子传校笺》第一册，中华书局1987年版，第180—185页。

可以说是没有的。"① 此说涉及唐代及第进士守选制的基本内容，很有必要弄清楚。应该说，唐代确实存在着及第进士的守选制，但它的形成、发展过程如何，所称及第进士必须守选三年才能授官，是否初、盛唐时就已存在，都需要作进一步的研究。而且，这个问题还涉及唐代许多诗人、文学家、政治家登第后释褐时间的确定，所以不弄清楚也是不行的。

《唐会要》卷七五《贡举上·帖经条例》云："贞观九年（635）五月敕：自今以后，明经兼习《周礼》并《仪礼》者，于本色内量减一选。"②《唐代铨选与文学》说："所谓'于本色内量减一选'，就是在明经及第后应守选的年数中，可适当减免一年。唐人将守选一年称作'一选'。只有守选，才能减选。由是知，贞观九年，明经已有守选制了，则进士和其他及第举子也应同时存在着这一制度。"③ 按，实际上《唐会要》这段话有误字，不足为凭。重庆师大研究生谭庄曾将他撰写的《初盛唐及第进士守选制指疵》一文（未刊）寄给我，文中说："《唐会要》卷七五所引贞观九年五月敕文，亦见《册府元龟》卷六三九《贡举部·条制一》，而其实际上与《册府元龟》卷六四〇《贡举部·条制二》、《唐大诏令集》卷一〇六所引贞元九年五月《条流习礼经人敕》……是相同的。"④ 先将《册府元龟》卷六四〇的敕文引录于下："（贞元）九年五月诏曰：王者设教，劝学攸先；生徒肄业，执礼为本。故孔子曰：不学礼，无以立。……自今以后，明经习《礼记》及第者，亦宜冬集。如中经兼习《周易》若（及）《仪礼》者，量减一选。"⑤ 文中《周易》应为《周礼》之误，因为《周易》是小经，《周礼》才是中经，而且此敕全篇均谈"习礼经

---

① 《唐代铨选与文学》，第2—4页。
② 《唐会要》，第1375页。
③ 《唐代铨选与文学》，第47、48页。
④ 此文后刊载于《宁波大学学报》2011年第3期。
⑤ 《册府元龟》，第7679页。

人"之事，不当忽然插入《周易》。将《唐会要》与《册府元龟》的敕文作一番比较，可以看出它们确实"是相同的"，不仅内容相同（但《唐会要》依其编纂体例，对原敕文作了节录），发布的时间也一样（"九年五月"），事情应当不会如此巧合，所以我们断定它们本应属同一敕文，只是《唐会要》的编者在节录原敕时，将"贞元"误作"贞观"罢了。类似例子在古书中并不罕见，如《唐会要》卷八二《冬荐》："贞观五年六月十一日敕：准贞观四年正月一日制，春秋举荐官。"两处"贞观"均为"贞元"之误，说见《唐代选官研究》①。又如《册府元龟》卷六三九《贡举部·总序》："德宗贞观十六年，又罢别头举人。"②"贞观"明显为"贞元"之误。这一敕文旨在鼓励习明经生徒研读《周礼》《仪礼》，应是针对当时社会上存在着的生徒罕有研习《周礼》《仪礼》之现象而发的。《册府元龟》卷六三九《贡举部·条制一》："（开元）八年（720）七月国子司业李元瓘上言：'……今明经所习，务在出身，咸以《礼记》文少，人皆谙读，《周礼》经邦之轨则，《仪礼》庄敬之楷模，《公羊》、《谷梁》历代宗习，今两监及州县以独学无友，四经殆绝。……并贡人预试之日，习《周礼》、《仪礼》、《公羊》、《谷梁》，并请帖十通五，许其入策，以此开劝，即望四海均习，九经该备。'从之。"③由这条材料可以看出，生徒罕有研习《周礼》《仪礼》的现象，是到了开元初年才出现并引起注意的；开元八年对研习二礼者所采取的鼓励措施力度很小，只是将二礼帖经考试的及格标准略降（其他经的及格标准不降），由每经帖十通六，降为每经帖十通五而已。同上："（开元）十六年（728）十二月……遂下制：明经习《左氏》及通《周礼》等四经（指二礼及《公羊》、《谷梁》）者，出身免任

---

① 见《唐代选官研究》，第30页。
② 《册府元龟》，第7662页。
③ 《册府元龟》，第7670页。

散官。"① 看来，开元八年的鼓励措施作用很小，所以过了八年，又出台了新的鼓励措施：选取《周礼》《仪礼》二中经应试的明经，及第后无须先授散当番（参见下一节），这一鼓励措施的力度明显加大。而到了贞元九年五月的敕文，除进一步规定明经习《礼记》的及第者，也不用再授散当番外（"亦宜冬集"），对兼习《周礼》和《仪礼》的明经及第者，又颁布了新的鼓励措施：守选的时间可减少一年。自开元初至贞元九年，对研习二礼的明经及第者的鼓励逐渐增多增大，颇符合事物自身渐进的发展逻辑，从这个角度看，《唐会要》之"贞观"应作"贞元"，也无疑问。既然"观"字有误，那么据《唐会要》的这条材料，来证明初、盛唐时已有及第明经和进士的守选制，也就不能成立。

《唐代铨选与文学》提出初、盛唐时及第进士已有守选制的另一个证据是："《资治通鉴》卷二〇三载：'（裴）行俭有知人之鉴，初为吏部侍郎，前进士王勔、咸阳尉栾城苏味道皆未知名，行俭一见谓之曰：二君后当相次掌铨衡，仆有弱息，愿以为托。'裴行俭为吏部侍郎在高宗总章二年（669）；王勔为初唐四杰王勃之兄。前进士是及第进士在守选期间的称呼，若及第进士关试后即授官，当然就没有必要存在这一名称了。正是因为及第进士从关试后到授官前有一段较长的待选时间，这一段时间就是及第进士的守选期限。既然高宗总章二年就已经存在'前进士'这一名称了，则当时及第进士也就已经有守选制了。"② 上述推论实际上很难成立。首先，仅据《通鉴》的上述记载，难以证成"总章二年就已经存在'前进士'这一名称了"。关于裴行俭鉴识苏味道、王勔之事，在《通鉴》成书之前已有多种记载，如：

在选曹……见苏味道、王勔，叹曰："十数年外，当居衡

---

① 《册府元龟》，第 7670 页。
② 《唐代铨选与文学》，第 48 页。

石。"后各如其言。

——《全唐文》卷二二八张说《裴行俭神道碑》①

裴行俭……为吏部侍郎,赏拔苏味道、王勮,曰:"二公后当相次掌钧衡之任。"

——刘肃《大唐新语·知微》②

行俭……兼有人伦之鉴。……是时,苏味道、王勮未知名,因调选,行俭一见,深礼异之,乃谓曰:"有晚年子息,恨不见其成长。二公十数年当居衡石,愿记识此辈。"其后相继为吏部,皆如其言。

——《旧唐书》卷八四《裴行俭传》③

裴行俭为吏部侍郎时,赏拔苏味道、王勮,谓曰:"二公后当相次掌知均衡之任。"

——《册府元龟》卷八四三《总录部·知人二》④

此事又见于《唐会要》卷七五《选部下·藻鉴》、《太平御览》卷四四四引《唐书》、《新唐书》之《裴行俭传》及《文艺传上》,诸书皆未称王勮为"前进士",则"前进士"三字,很可能是《通鉴》作者根据王勮"进士及第而于时无官"的情况酌加的,所以据此不能证明总章二年就已存在"前进士"这一名称。从现存的唐代资料看,"前进士"之称最早大致出现在唐玄宗开元、天宝年间。如《唐代墓志汇编》开元〇三七《大唐净域寺故大德法藏禅师塔铭》(作于开元四年)署"京兆府前乡贡进士田休光撰文",同上开元二二六《寇塄墓志铭》:"大唐开元十四年正月癸未,前国子进士上谷寇塄卒。"同上天宝一四一《博陵崔氏墓志

---

① 《全唐文》,第2306页。
② 《大唐新语》,中华书局1987年版,第114页。
③ 《旧唐书》,第2805页。
④ 《册府元龟》,第10011页。

铭》署"前乡贡进士弘农杨绾述",同上天宝二五六《房自省墓志铭》署"前国子进士房由撰";又成书于天宝末年的《国秀集》①,其目录有"前进士常建"、"前进士樊晃",等等。

其次,不能说"前进士"之称和及第进士的守选制无法分离,若无守选制,"前进士"之称也"就没有必要存在"。及第举子的守选制与非守选制的区别在于:前者是举子及第后必须守选数年,才允许参加吏部的冬集铨选,只要守选期满,参加铨选时一般都能获得官职;后者是举子及第后不必守选,听其参加吏部每年的冬集铨选,但参选时未必都能顺利得到官职。关于"前进士",李肇《唐国史补》卷下说:"进士为时所尚久矣。……其都会谓之举场,通称谓之秀才。……得第谓之前进士。"②《蔡宽夫诗话》"唐制举情形":"关试后始称前进士。"③《通鉴》卷二五三僖宗广明元年三月胡三省注:"进士及第而于时无官,谓之前进士。"④总之,"前进士"大抵是进士及第者通过关试取得在吏部参加铨选资格后的称呼,一旦经过吏部铨选授给官职,就再也不能称作"前进士"了。如果当时实行及第举子的守选制,则及第进士在守选期间,当称作"前进士",从这个角度说,"前进士"之称与守选制有联系。但如果当时无守选制,"前进士"之称也并非就没有存在的必要,因为其一,从通过关试到铨选授官之间,总有一段距离,即便只有短短几个月,这时对及第进士的称呼,也只能是"前进士";其二,新及第进士参加铨选,往往有被吏部黜落者,玄宗开元中,就已"有出身二十馀年而不获禄者"⑤,对于这类人,显然也只能称作"前进士"。

《唐代铨选与文学》提出初、盛唐时及第进士已有守选制的又

---

① 《唐人选唐诗(十种)》,上海古籍出版社1958年版,第128、129页。
② 《唐国史补》,上海古籍出版社1957年版,第55页。
③ 见《宋诗话辑逸》卷下,中华书局1980年版,第418页。
④ 《资治通鉴》,第8222页。
⑤ 《通典》卷一五《选举三》。

一个证据是:"《册府元龟》卷六三五《铨选部·考课一》载有玄宗开元三年(715)六月的诏文:'其明经、进士擢第者,每年委州长官访察,行业修谨、书判可观者,三选听集。并诸色选人者,若有乡闾无景行,及书判全弱,选数纵深,亦不在送限。'所谓'三选听集',就是守选三年,才可任其参加冬集。因找不到记载,在此之前,进士及第者的守选年限不详。但很可能也是三年。开元初,玄宗为了励精图治,革除不实,就特意强调,只有'行业修谨、书判可观'的明经、进士及第者,才可'三选听集'……可见此前进士及第,不管德行、书判进修程度如何,只要三年一到,就都可以参选了。由此可以推断,初、盛唐时期,进士及第的守选年限一般为三年,也就是三选。"① 按,《唐代铨选与文学》对开元三年诏文的理解有可商之处,为了便于说明问题,先将这篇诏文完整地引录于下:

> 每年十月委当道按察使较量理行殿最,从第一等至五等奏闻。较考使乃吏部长官,总详覆。诸州亦比类定为五等奏闻,上等为最,下等为殿,中间三等,以次定优劣,改转日凭为升降。县令每年选举人内准前条访择补置,在任有术一任申,使状有两请(当作清)兼户口复业带上考者,选日优与内官,其使状有一请(清)兼带上考者,满日不限选数听集,优与处分。刺史第一等,量与京官,若要在州未可除改者,紫微、黄门简勘闻奏,当加优赏。京官不曾任州县官者,不得拟为台省官。吏部铨选,委任尤重,比虽守职,务在循常,既限之以选劳,或失之于求事。选日拔擢一二十人,不须限以资次,必须究其声实,不得妄相汲引。自古乡举里选,实课人之淑慝,其明经、进士擢第者,每年委州长官访察,

---

① 《唐代铨选与文学》,第52页。

行业修谨、书判可观者，三选听集。并诸色选人者，若有乡闾无景行及书判全弱，选数纵深，亦不在送限。崇化致理，必在得人，奖善劝能，义资师古，皆有烦滥，未闻厘革，循名责实，其道不行，为人择官，人蠹犹在，既复政理，不可因循，须加简勘，以正颓弊。①

此文又见于《全唐文》卷二七，作唐玄宗《整饬吏治诏》，《册府元龟》则编入"考课"类。诏文开头即先叙对现任地方官的考核督察及奖善劝能之事；次述吏部对六品以下文官的铨选，特别要求吏部打破常规、惯例，不拘年资次第地擢拔一二十个真正有才能的人；接下仍叙吏部铨选事，提出州长官要对本州的吏部选人（最主要的是六品以下的前资官）的善恶加以访察，正属于所谓"整饬吏治"的内容。诏文将吏部选人分成两类，一类是"明经、进士擢第者"，主要指科举及第出身的前资官，另一类是"诸色选人者"，即各种非科举出身（包括诸色门荫入仕及流外入流等）的选人，主要指非科举出身的前资官。诏文规定，科举出身的前资官秩满离任后，只要"行业修谨、书判可观"，则待选三年，就可再次赴吏部参加冬集铨选；如果这些前资官中有的人达不到"行业修谨、书判可观"的要求怎么办？诏文没有说，估计是仍按旧规或旧例办（待选时间当多于三年）。诏文又规定，非科举出身的前资官，如果在乡里无高尚德行"及书判全弱"，则待选的年数即使很多，也不可送他到吏部参加铨选（前资官到吏部参加铨选，须先在州府取得选解，若州府不给选解，便不能赴选）；假如这些前资官中有的人并非"无景行及书判全弱"怎么办？诏文没有说，估计也是仍按旧规或旧例办（待选期满即听其赴选）。综上所述，我认为这篇诏文并没有涉及新及第进士的守选问题。如果按照

---

① 《册府元龟》，第7721、7722页。

《唐代铨选与文学》所说，诏文中的"三选听集"，是指新及第进士要守选三年，才可以任其参加冬集，那么就要出现以下几个难以回避的问题：第一，新及第明经同进士及第者一样，也守选三年，这同《唐代铨选与文学》所说明经及第者的守选年限长于进士及第者，唐时"进士科最为吃香"的"最主要原因"，是进士科"守选较其他科年限短"①，不是互相矛盾吗？第二，守选的新及第进士尚未参加吏部的铨选（试书判），州长官凭借什么判断其书判的优劣？当然，新及第进士过关试时曾"试判两节"，但正如《唐代铨选与文学》所说，关试试判"只是新及第举子向吏部履行报到的一种手续"，关试判词较吏部铨试中的判词"要简单短小得多，一般只有几十字"，根据它是难以见出作者的真正水平的。② 第三，进士及第者"守选三年"是以"行业修谨、书判可观"为附加条件的，如果进士及第者做不到"行业修谨、书判可观"，那要守选几年？既然守选的年限尚可伸缩，能够说进士及第者守选三年已成为定制了吗？对上述问题如果不能给予回答，那么《唐代铨选与文学》对这篇诏文的理解也就难以说是准确的了。

《唐代铨选与文学》提出初、盛唐时及第进士已有守选制的最后一个证据是："《全唐文》卷二九四收有王泠然《论荐书》一文，云：'将仕郎守太子校书郎王泠然谨再拜上书相国燕公阁下：……长安令裴耀卿于开元五年掌天下举，擢仆高第，以才相知；今尚书右丞王丘于开元九年掌天下选，授仆清资，以智见许。'……王泠然是按吏部常调铨选的。他于开元五年春进士及第，至开元八年（820）春守选期满，是年十月赴吏部参加冬集，于第二年即开元九年春被吏部侍郎王丘铨选为太子校书郎。由开元五年进士及第到开元八年冬集，这中间三年就叫'三选'，即守

---

① 《唐代铨选与文学》，第63页。
② 《唐代铨选与文学》，第6页。

选三周年。"① 按，《唐代铨选与文学》所言，只是一种可能性，不能排除还有另一种可能性，即在开元八年冬以前，王泠然已参加过吏部的铨选，只是未被选中和授官，直到开元八年冬至九年春再次参加铨选时，才获得官职。《唐摭言》卷二《恚恨》："王泠然与御史高昌宇书曰：'仆之怪君，甚久矣。……去年冬十月得送，今年春三月及第。往者虽蒙公不送，今日亦自致青云。天下进士有数，自河以北，唯仆而已。……君是御史，仆是词人，虽贵贱之间，与君隔阔，而文章之道，亦谓同声。而不可以富贵骄人，亦不可以礼义见隔。且仆家贫亲老，常少供养，兄弟未有官资，嗷嗷环堵，菜色相看，贫而卖浆。值天凉，今冬又属停选……意者，望御史今年为仆索一妇，明年为留心一官。幸有余力，何惜些些！'"② 据"今年春三月及第"、"值天凉"等语，王泠然这封信当作于他进士及第的开元五年秋天；信中云"今冬又属停选"，意思是今冬本可参加铨选求仕却因停选而未能，由于家贫亲老所以急切地要求高御史"明年为留心一官"；御史并不掌管官吏的选授，所谓"为留心一官"，无非是请其向吏部的有关官吏介绍和推荐自己；唐时新及第进士释褐必须经过吏部的铨选，如果明年（开元六年）王泠然仍没有资格参加吏部铨选（守选期未满），又何必特意求人"明年为留心一官"？所以王泠然直到开元九年才释褐，恐怕是属于上文所说的"另一种可能性"。

下面，笔者拟举出若干及第进士未曾守选三年即释褐的例子，以证明初、盛唐时并不存在进士及第后必须守选三年才能授官的定制：

1. 《唐代墓志汇编》咸亨○七四《唐故德州平原县丞毕君墓志铭》："讳粹……贞观五年（631），蒙召预本州进士。一枝升第，七步呈材，利用虽骋亨衢，敏学犹精通诰。其年遂授密州博

---

① 《唐代铨选与文学》，第54页。
② 《唐摭言》，古典文学出版社1957年版，第21、22页。

士……至十年，又任石州定胡县尉。"毕粹贞观五年登进士第，当年即授官，并未守选三年。

2.《唐代墓志汇编》仪凤〇二九郎馀令《唐故尚书吏部郎中张府君墓志铭》："君讳仁祎……郭泰神仙，俯游于槐肆；郄诜秀茂，爰标于桂林。以对策甲科，起家岐州参军事，即贞观十八年（644）也。"据墓志，张仁祎仪凤三年（678）卒，年五十八；其登进士第与授官均在贞观十八年（时仁祎年二十四），亦未守选。

3.《唐代墓志汇编续集》神龙〇一九岑羲 郑愔《大唐故黄门侍郎赠礼部尚书韦府君墓志铭》："公讳承庆……年甫廿有三，太学进士，对策高第。邓林一枝，方膺大厦之构；昆山片玉，郁为连城之宝。自是价重天下，声高海内。廿四，随牒授雍王府参军。"据墓志，韦承庆神龙二年（706）卒，年六十七，其廿三岁在龙朔二年（662），当时进士科"止试策"，故云"对策高第"；韦承庆廿三岁登进士第，廿四岁即授官，并未守选三年。

4. 据陈冠明《苏味道李峤年谱》考证，苏味道于咸亨元年（670）登进士第，咸亨二年参加铨选，为吏部侍郎裴行俭所赏识，授县尉之职。①

5.《全唐文》卷二三三张说《兵部尚书代国公赠少保郭公行状》："公名震，字元振……十八擢进士第，其年判入高等，时辈皆以校书、正字为荣，公独请外官，授梓州通泉尉。"②《唐代铨选与文学》说："然《唐摭言》卷三《今年及第明年登科》则云：'郭代公，十八擢第，其年冬，制入高等。'一为'判入高等'，一为'制入高等'。虽是一字之差，但前者却属吏部铨选试，后者属皇帝制举试。按理说，张说与郭元振为同时代人，行状所言当信，然按唐制，进士及第后，得守选三年，当年不能参加铨选……由是知，行状所说'判入高等'，当为'制入高等'之讹，

---

① 《苏味道李峤年谱》，中央文献出版社2000年版，第10—14页。
② 《全唐文》，第2353页。

因后人传抄所误,《唐摭言》所言为是。"① 其实,作"判入高等"并不误,作"制入高等"系形近而误。理由是:其一,行状谓郭震开元元年(713)卒,年五十八,以此推算,其擢进士第当在咸亨四年(673);《唐代铨选与文学》谓郭震是年又应制举登第,而稽之史籍,是年并不曾有制举。其二,行状谓"时辈皆以校书、正字为荣,公独请外官",这正与唐代进士及第者授官的情形相合,而与制举及第者授官的情形不大相合。《唐代铨选与文学》说:"一般来说,进士及第,守选合格后,只能授以州府参军和紧县簿、尉。而制举登科,则多是校书郎、正字和畿县簿、尉。……尤其制举登科,等第高,还会授与拾遗、补阙等敕授官,这是进士及第者按吏部常调铨选永远也不会达到的。"② 吴宗国《唐代科举制度研究》也说:"制科出身者……起家即可比进士高两阶。个别成绩突出,或碰上特殊的机遇,还可获得七、八品的官职。"③ 唐时进士及第一般授以紧县簿、尉,如授以校书郎、正字,即视为美职,故云"时辈皆以校书、正字为荣";而制科登第,授以校书郎、正字,是很一般的事,谁也不会特别以为荣耀的。其三,唐代制举只试策,所以唐人称述应制举登第,有"射策甲科""对策高第""策试擢第""举制策乙第""制策入殊等""策入高科"等说法,如果郭震十八岁时确实应过制举,则应称"策入高等",笔者翻查过不少书,尚未见到唐人有"制入高等"这种说法。另外,《文苑英华》卷九七二录张说此文,亦作"判入高等",所以郭震当是在擢第的当年,即参加吏部的铨选试(试判)并授官的。

6.《唐代墓志汇编》开元二三七《唐银青光禄大夫太子宾客陈公墓铭》:"公讳宪……年卅,乡贡进士,对策上第,其年解褐

---

① 《唐代铨选与文学》,第281页。
② 《唐代铨选与文学》,第262—263页。
③ 《唐代科举制度研究》,辽宁大学出版社1997年版,第90页。

荥泽主簿。"陈宪亦当年登第当年授官。据墓志，陈宪开元十三年（725）卒，年七十八，其登第时三十岁，为仪凤二年（677）。

7.《全唐文》卷三四三颜真卿《有唐开府仪同三司行尚书右丞相宋公神道碑铭》："公讳璟……年十六七时，或读《易》旷时不精，公迟而览之，自亥及寅，精义必究。明年，进士高第，补上党尉。转王屋主簿。"铭曰："通夕究《易》，冲龄擅场。胜冠结绶，历政洋洋。"① 据此碑，宋璟开元二十五年（737）卒，年七十五，则他十八岁进士及第时，为调露二年（680）。胜冠，犹弱冠，古时男子二十岁为成年，可加冠；结绶，佩系印绶，谓出仕为官，则宋璟当在二十岁时（永淳元年，682）解褐为上党尉，也就是登第两年即授官，并未守选三年。

8.《唐代墓志汇编》开元三六三《大唐故亳州谯县令梁府君之墓志》："公讳玘……明《谷梁传》，入太学。逮乎冠稔，博通经史，诸所著述，众挹清奇。制试杂文《朝野多欢娱诗》、《君臣同德赋》及第，编在史馆；对策不入甲科，还居学。间岁，举进士至省，莺迁于乔，鸿渐于陆；属皇家有事拜洛、明堂，简充斋郎，逾奔执豆。其年放选，郑部雄藩，原武大县，公牵丝作尉。"据笔者考证，梁玘首次应进士试在垂拱二年（686）：第一场试杂文及第，第二场试策落第；隔一年再试（垂拱四年再试），遂登进士第，并于永昌元年（689）释褐为郑州原武县尉，说详拙作《梁玘墓志与唐进士科试杂文》②，则梁玘登第后次年即授官，亦未守选三年。

9.《唐代墓志汇编续集》天宝〇六八《唐故国子祭酒赵君圹》："府君讳冬曦……（著书）凡十七篇。景龙中，河南黜陟使卢怀慎览而钦叹，特表上闻，天子嘉焉，虚己详问。执政者党同妒异，遂赏文辞而已。奏以进士试，对策甲科。是岁调集有司，

---

① 《全唐文》，第3477、3480页。
② 载《北京大学学报》（哲学社会科学版）2006年第6期。

即授校书郎，旌异等也。"按，《通鉴》卷二〇八中宗神龙二年二月载："选左、右台及内外五品以上官二十人为十道巡察使，委之察吏抚人，荐贤直狱……监察御史灵昌卢怀慎、卫尉少卿滏阳李杰皆预焉。"① 则卢怀慎钦叹冬曦所著之书，"特表上闻"，事当在神龙二年（706）；至于"奏以进士试，对策甲科"，则应发生于景龙元年（707），因为卢怀慎任河南黜陟使（巡察使）时，当年的进士试已考过，所以赵冬曦只能参加下一年（景龙元年）的进士试。据此文，可知赵冬曦于景龙元年登第，当年就参加了吏部的铨选（"调集"即选集之意）并授官。

10. 王翰于景云元年（710）登进士第，说见傅璇琮《唐代诗人丛考·王翰考》。② 《封氏闻见记校注》卷三《铨曹》："开元初，宋璟为尚书，李乂、卢从愿为侍郎，大革前弊，据阙留人，纪纲复振。时选人王翰颇攻篇什，而迹浮伪，乃窃定海内文士百有余人，分作九等，高自标置，与张说、李邕并居第一，自馀皆被排斥。陵晨于吏部东街张之，甚于长名。观者万计，莫不切齿。"《唐代诗人丛考》谓"开元初"当为"景云初"之误，"宋璟为吏部尚书，李乂、卢从愿为吏部侍郎，三人共同铨试的时间，当在景云元年秋冬至景云二年二月"。③ 可见，景云元年王翰已成为吏部的选人，则他登第的当年便参加了吏部的铨选，并没有守选。

11. 储光羲开元十四年（726）登进士第，随即授冯翊主簿，赴任途中有《赴冯翊作》诗；开元十八年（730），转任安宜尉，有《大酺得长字韵》诗，这说明储光羲登第后亦不曾守选。说见拙作《储光羲生平事迹考辨》。④

---

① 《资治通鉴》，第6598页。
② 《唐代诗人丛考》，中华书局1980年版，第37、38页。
③ 《唐代诗人丛考》，第39—41页。
④ 载《文史》第十二辑，中华书局1981年版。

12. 王昌龄开元十五年（727）进士及第（见《全唐文》卷五二八顾况《监察御史储公集序》），解褐秘书省校书郎（据《旧唐书·王昌龄传》）。如依《唐代铨选与文学》守选三年之说，王昌龄要等到开元十九年春才能解褐，然而有证据可以证明，他在开元十六、七年已做了校书郎的官。孟浩然《初出关旅亭夜坐怀王大校书》云："向夕槐烟起，葱笼池馆曛。……永怀蓬阁友，寂寞滞扬云。""蓬阁"谓秘书省，"王大校书"即指时任校书郎的王昌龄。据《旧唐书·孟浩然传》和唐王士源《孟浩然集序》，浩然于开元十六年四十岁时在长安参加进士试，落第；后出潼关东行赴洛阳，又自洛阳出发往游吴越，此诗即作于初出潼关时。孟浩然《奉先张明府休沐还乡海亭宴集》："自君理畿甸，余亦经江淮。万里音信断，数年云雨乖。""理畿甸"谓张明府为奉先令（奉先属京畿之地），"经江淮"指自己"自洛之越"（浩然有《自洛之越》诗）。张明府，张愿。《唐会要》卷七〇《州县分望道·关内道》："新升赤县……奉先县，开元十七年十一月十日升，以奉陵寝，以张愿为县令。"愿为张柬之之孙，浩然的襄阳同乡，说见陶敏《全唐诗人名考证》。① 据浩然此诗，知浩然游吴越与张愿为奉先令同时，皆始于开元十七年，则《初出关旅亭夜坐怀王大校书》诗最晚也应作于此年，当时王昌龄已任校书郎。

13. 《全唐文》卷五一四殷亮《颜鲁公行状》："公姓颜，名真卿……开元二十二年（734），进士及第，登甲科。二十四年，吏部擢判入高等，授朝散郎、秘书省著作局校书郎。"② 《唐语林校证》卷八："开元二十四年，置平判入等，始于颜真卿。"③ 关于"平判入等"，《唐代铨选与文学》认为是科目选④，《唐代科举

---

① 《全唐诗人名考证》，陕西人民教育出版社1996年版，第171页。
② 《全唐文》，第5224页。
③ 《唐语林校证》，中华书局1987年版，第713页。
④ 《唐代铨选与文学》，第298页。

制度研究》则据《通典》卷一五《选举三》"（选人试判）佳者登于科第，谓之入等"的记述，认为："平判入等是从选人所试判中评出佳者登于科第。选人是通过正常的铨选程序参加试判的，因此不能称之为科目选。只有不到应选年限，提前申请试文、试判的宏词、拔萃……等科目，才可以称之为科目选。""平判入等和拔萃科虽然在考试内容上都是试判，但是二者的区别还是很明显的。一是应试者的情况不同，拔萃科是选限未至者，平判入等则是在应选者之中选拔。……二是试判道数不同。拔萃科'试判三条'，而平判入等所试即铨选时所试之判，故为二道。"① 笔者觉得后一种意见正确，试以具体事例说明之。元稹《酬哥舒大少府寄同年科第》自注："同年科第，宏词吕二炅、王十一起，拔萃白二十二居易，平判李十一复礼、吕四颖、哥舒大恒、崔十八玄亮逮不肖，八人皆奉荣养。"② 按，白居易、元稹皆于贞元十八年（802）冬参加吏部试，十九年春俱登科第并授官。白居易在贞元十六年进士及第，至十八年守选年限尚未满（《唐代铨选与文学》关于及第进士必须守选三年方能参加吏部铨选的说法符合中晚唐的实际，是正确的），不能参加吏部的常选，只好应属于科目选的拔萃科试以求仕；元稹贞元九年（793）十五岁时明经及第，至十八年守选年限已过（《唐代铨选与文学》谓及第明经须守选七年），理应参加吏部的常选以求仕，假如他不参加吏部的常选而去应科目选，那就是避易趋难，不很合乎情理了。因为科目选试题难，录取的名额又少（如拔萃科一般每年只录取三人），且要先在州府参加考试并取解，一般应试者都是守选年限还未到的。所以平判入等应属于吏部常选的范围，是从吏部常选人所试判中选出

---

① 见《唐代科举制度研究》，第97—102页。
② 见《全唐诗》卷411，第4560页。

尤佳者给予科第，并在授官上加以优待。①《通典》卷一七《选举五》载赵匡《举选议》曰："其平选判入第二等，亦任超资授官。"平选即常选，平判盖指平选之判，"平选判入第二等"，也就是平判入等。综上所述，颜真卿也并未守选三年，他在登第后两年就参加了吏部的常选并授官。

14. 据傅璇琮先生考证，崔曙（或作署）于开元二十六年（738）登进士第，二十七年辞世，曾任河内尉，参见《唐才子传校笺》第一册卷二《崔署》②。这样看来，崔曙登第后当立即授官，并未守选三年。

根据以上例子，不难看出，初、盛唐时并不存在新及第进士必须守选三年才能授官的定制。上述各例，或登第当年，或登第后一至二年，即授官。另一方面，初、盛唐时，又有不少进士及第后经历多年尚未授官的例子，例如：

1. 《全唐文》卷三一三孙逖《宋州司马先府君墓志铭》："府君讳嘉之……天册（695）中以进士擢第，与崔日用、苏晋俱为考功郎中李迥秀特所标赏。久视（700）初，预拔萃，与邵炅、齐澣同升甲科，解褐蜀州新津县主簿。"③ 据墓志，孙嘉之进士及第五年尚未授官，又应制举拔萃出类科（"拔萃"即"拔萃出类"之省称，说见岑仲勉《登科记考订补》④）中第，方解褐为新津主簿。

2. 李昂开元二年（714）登进士第（见《唐才子传校笺》第一册卷一《李昂》），直到开元九年（721）方授官。《唐会要》卷七五《选部下·藻鉴》："开元八年七月，王丘为吏部侍郎，拔擢

---

① 附及：卞孝萱《元稹年谱》（齐鲁书社1980年版）、朱金城《白居易年谱》（上海古籍出版社1982年版）皆谓贞元十九年（803）元稹登书判拔萃科，将平判入等混同于书判拔萃，非是。

② 见《校笺》第一册，第276—278页。

③ 《全唐文》，第3182页。

④ 见岑仲勉《郎官石柱题名新考订》，上海古籍出版社1984年版，第504页。

山阴尉孙逖、桃林尉张镜微、湖城尉张普明、进士王泠然、李昂等，不数年，登礼闱，掌纶诰焉。"① 按，王丘实掌开元八年冬至九年春的吏部铨选（见前），《唐会要》称李昂为"进士"，则他参加王丘主持的铨选时尚未释褐，至开元九年春铨选结束时方授官。

3.《全唐文》卷三四三颜真卿《中散大夫京兆尹汉阳郡太守鲜于公神道碑》："公讳向，字仲通……开元二十年（732），年近四十，举乡贡进士高第。二十六年（738），调补益州新都尉。"②则鲜于仲通在擢第后六年方选授为新都尉。

4.《唐代墓志汇编》天宝一七一窦公衡《□□故前东京国子监太学进士上骑都尉李府君墓志铭》："公讳华，字华……天宝春，阶名太学，小宗伯韦公曰：'君之才，类能以达。'当时所誉，称到于今。……虽文行忠信，而犹未入仕进之门，中路阻颠，曾不寿考，天宝九载（750）六月十日遘疾，乃十六日，奄终私第，盖春秋卌有四。"据"前东京国子监太学进士"之称，知李华当时已进士及第而尚未授官；"小宗伯韦公"，指礼部侍郎韦陟，他执掌了天宝元年（742）的贡举（说见徐松《登科记考》卷九③），李华当即于此年登第。由这篇墓志可知，李华于天宝元年登第后，直到天宝九载六月辞世时，仍未授官。

上述进士及第后多年尚未授官的例子，同样可以证明，初、盛唐时，并未实行《唐代铨选与文学》所说的及第进士的守选制。因为如果实行这一制度的话，新及第进士就不应该待选五至八年尚未授官。那么，《唐代铨选与文学》所说新及第进士必须守选三年方能授官的定制，又是何时形成的呢？《册府元龟》卷六四一《贡举部·条制三》载：

---

① 《唐会要》，第1357页。
② 《全唐文》，第3483页。
③ 《登科记考》，中华书局1984年版，第302页。

（大和）九年十二月，中书门下奏："……伏以国家取士，远法前代，进士之科，得人为盛，然于入仕，须更指擒，必使练达，固在经历。起来年进士及第后，三年任选，委吏部依资尽补州府参军，紧县簿、尉。官满之后，来年许选，三考后听诸使府奏用……。"①

所谓"三年任选"，是说新及第进士只要守选三年，就任其参加吏部的铨选。这是今存的关于唐时新及第进士必须守选三年的最早的明确记载。在上面这段话中，有两个地方值得注意，一个地方是"起来年"三字，这说明"三年任选"的制度，从明年开始实行，则此前似乎尚未实行，或实行的不是守选三年的制度，也有可能只是依惯例而行，尚未形成守选的定制，关于这个问题，下面将作进一步的论述；另一个地方是"尽补"二字，这说明新及第进士只要守选三年，吏部铨选时一般就都能获得官职。但是，守选三年的"三年"，是从何时算起，又到何时为止的呢？对此，《唐代铨选与文学》以中唐诗人孟郊为例作了说明：孟郊贞元十二年（796）春进士及第，到贞元十五年春守选三年期满，同年冬天参加吏部的铨选，贞元十六年春选事毕，授溧阳县尉之职②，则自及第至授官实际为四周年。此说我认为是可信的。

《册府元龟》所载之事，发生于唐文宗大和九年（835），那么在这一年以前，新及第进士必须守选三年才能授官的制度是否存在呢？由于今存的有关载籍对这个问题缺少明确的记载，所以我们只能根据若干具体的事例来对它作分析和推断。例如《全唐文》卷七五六杜牧《唐故银青光禄大夫浙江西道都团练观察处置等使赠吏部尚书崔公行状》："公讳郾……贞元十二年中第，十六

---

① 《册府元龟》，第7684页。
② 《唐代铨选与文学》，第55页。

年平判入等,授集贤殿校书郎。"① 也是登第后守选三年,第四年参加吏部的铨选并授官,则德宗贞元(785—804)年间,应该是存在着新及第进士必须守选三年才能授官的制度或惯例的。又如韩愈贞元八年(792)进士及第,接着连应贞元九、十、十一三年的博学宏词试,皆落第(参见宋洪兴祖《韩子年谱》②);博学宏词是吏部的科目选,规定守选年限未到的新及第举子和前资官均可应试,中第即授官,贞元九至十一年正是韩愈的守选期,不允许参加吏部的常选,所以就应了宏词试。三次应试失利后,韩愈于贞元十一年(795)正月至三月,接连三次上书宰相求官,皆无回音,失望之馀,遂于这年五月东归河阳。本来到贞元十一年春韩愈的守选期已满,可以参加贞元十一年冬至贞元十二年春的吏部常选,但他却放弃了,而决定改走其他入仕的门路。他的《答崔立之书》说:"四举(进士)而后有成,亦未即得仕。闻吏部有以博学宏辞选者,人尤谓之才,且得美仕,就求其术,或出所试文章,亦礼部之类。……凡二试于吏部,一既得之,而又黜于中书。虽不得仕,人或谓之能焉。……既已为之,则欲有所成就……因复求举,亦无幸焉。……然仕进者岂舍此而无门哉?足下谓我必待是而后进者,尤非相悉之辞也。……方今天下风俗尚有未及于古者,边境尚有被甲执兵者,主上不得怡,而宰相以为忧。仆虽不贤,亦且潜究其得失,致之乎吾相,荐之乎吾君,上希卿大夫之位,下犹取一障而乘之。"(《韩昌黎集》卷一六③)此文作于贞元十一年韩愈第三次宏词试失利之后,从文中可以看出,作者之所以连应三次宏词试,是由于它的中第者,既可获才名,又能"得美仕",因为唐时对宏词试的登科者,往往授以中央官署的校书郎、正字之职,有较多的机会摆脱守选,进入常参官系列;

---

① 《全唐文》,第 7840 页。
② 见《韩愈年谱》,中华书局 1991 年版,第 15—82 页。
③ 《韩昌黎集》,商务印书馆《国学基本丛书》,1958 年重印本。

而新及第进士通过吏部常选入仕者，一般只能授以地方上的州府参军，紧县簿、尉一类官职。由此文还可看出，作者已有意放弃由吏部铨选入仕的门路（包括吏部宏词选与常选）；文中的"边境尚有被甲执兵者"、"下犹取一障而乘之"等语，已透露出作者有入幕府任职的意图。果然，贞元十二年（796）七月，韩愈受汴州刺史、宣武军节度使董晋之辟，出任汴宋等州观察推官（参见《韩子年谱》）。入幕府较之由吏部常选入仕，有其优越之处，关于这一点，可参见本书第二章第六节。再如裴度贞元五年进士及第，贞元八年宏词登科；柳宗元贞元九年进士及第，贞元十二年宏词登科（参见《登科记考》卷一二、一三、一四），两人皆在三年的守选期内应宏词试中第并释褐。以上的例子大抵都可以说明，贞元年间，是存在着新及第进士必须守选三年才能授官的制度或惯例的。

大历（766—779）中，赵匡在其《举选议》中提出一条建议："其前资官及新出身，并请不限选数任集，庶有才不滞，官得其人。"（见《通典》卷一七《选举五》）所谓"新出身"，盖指新及第的进士、明经等，"并请不限选数任集"，是说对他们不要给予守选若干年的限制，而听其参加吏部每年的铨选，这实际上是要求废除新及第进士、明经必须守选若干年才能参选授官的制度或惯例，正说明当时已有了这个制度或惯例。当然，从这条建议里，我们无法知道新及第进士的守选年数。新及第进士的守选制度或惯例，大抵形成于安史之乱发生后，肃宗、代宗之际。这是有原因的。《新唐书》卷三五《选举志下》说："是时，河西、陇右没于虏，河南、河北不上计，吏员大率减天宝三之一，而入流者加一，故士人二年居官，十年待选，而考限迁除之法寖坏。"[①] 所谓"河西、陇右没于虏"，是指代宗广德元年（763），

---

① 《新唐书》，第1179页。

吐蕃尽取河西、陇右十九州六十县之地；而"河南、河北不上计"，则指安史之乱后形成的藩镇割据，其中为害最烈的河北三镇（魏博、成德、幽州），占有十九州一百一十三县，割据长达一百五六十年，淄青镇占有十二州六十三县，割据凡五十四年，此外还有淮西、泽潞等一些较弱的割据者，他们都"以土地传子孙"，"擅署吏"（《新唐书》卷二一〇《藩镇传序》），以上这两者相加，即有数十州数百县之地非朝廷所有，于是造成吏部得以署授的官吏员额大减。前面我们谈过，吏部的铨选授官，都是以当年的官员缺额为依据的，官员缺额大减，吏部铨选授官的压力也就大增，新及第进士必须守选若干年才能授官的规定，显然就是在这样的背景下作出的。

下面谈谈自大和九年以后直至唐亡，新及第进士必须守选三年才能授官的制度，是否一直存在？应该说，它是一直存在着的。如《册府元龟》卷六三二《铨选部·条制四》："（会昌）二年（842）四月制：'……其进士宜至合选年，许诸道依资奏授试官充职。'"① 所谓"进士宜至合选年"，是说新及第进士，适合于到了应当参加吏部铨选的年份，允许"诸道依资奏授试官"，则进士及第后，必须经过一定的年限，才许参加吏部的铨选，说明守选的制度仍然存在。又如《全唐诗》卷六〇四许棠《讲德陈情上淮南李仆射八首》其八："丹霄空把桂枝归，白首依前着布衣。……东风乍喜还沧海，栖旅终愁出翠微。应念无媒居选限，二年须更守渔矶。"② 首二句谓己已擢第而尚未授官，考许棠咸通十二年（871）擢进士第，此诗作于咸通十三年春，当时作者在淮南（参见《唐才子传校笺》第四册卷九③），登第后已经守选了一年；末二句说，由于无人援引荐举（此诗含有希望李仆射援引自己入幕

---

① 《册府元龟》，第7575页。
② 《全唐诗》，第6894、6895页。
③ 《校笺》第四册，中华书局1990年版，第25、26页。

之意），自己处于守选期限（"居选限"），还要有二年时间，则进士及第后，仍然要守选三年才能授官。

《唐代铨选与文学》说："前已论及，开元三年六月玄宗就下诏说，进士、明经及第后'三选听集'，而且已规定进士守选三年，明经等科及第举子在当番后也定有守选年限。'循资格'规定六品以下官员守选当是吸取了及第举子的守选制的。"① 实际上，情况恰好相反，及第进士的守选制，应来自于文职六品以下前资官的守选制。这并不奇怪，在每年参加吏部铨选的选人中，前资官占绝大多数，所以要从根本上缓解选人多官缺少的矛盾，首先就必须减少每年参加铨选的前资官的数量，为此也就必须实行前资官的守选制；而实行及第进士的守选制，对于缓解选人多官缺少的矛盾，减少每年参加铨选的选人数量，所能起的作用则微乎其微（唐时进士及第者每年只有二十至三十人）。至于及第明经的守选制，等下一节我们再作讨论。总之，新及第进士必须守选三年才能授官的制度，肯定有自己的形成、发展过程，自唐初至唐末一成不变的现象是不可能存在的。

前面我们列举的不少具体事例中，有若干当年登第当年即参加铨选并授官的例子。我们知道，吏部的铨选由吏部尚书、侍郎主持，"尚书典其一"（称尚书铨），"侍郎分其二"（侍郎二人所典之铨称中铨、东铨），故又称为三铨，举行的时间是"始于孟冬，终于季春"（《通典》卷一五《选举三》）；而进士科发榜的时间一般为二月②，那时三铨已近尾声，是否新及第进士也由它铨选授官？此问题涉及新及第进士铨选授官的具体机制，今存的历史资料对此无任何明确记载，当代学者也没有人对它作过论述。下面，笔者想试着对它作一些探索。

《唐会要》卷七五《选部下·选限》："（贞元）十五年六月

---

① 《唐代铨选与文学》，第119页。
② 见《唐代科举与文学》，第289、290页。

敕：吏部奏，选人依前三月三十日已前团奏毕；其流外，兵部、礼部举人等，专委郎官，恐不详审，共为取舍，适表公平，每至留（原作"流"，据《册府元龟》、《全唐文》改）放之时，皆尚书、侍郎对定，既上下检察，务在得人。"① 这篇敕令又见于《册府元龟》卷六三〇《铨选部·条制二》、《全唐文》卷五三唐德宗《命兵礼部留放人就尚书侍郎对定诏》。由此诏可知，贞元十五年（799）六月以前，新及第进士、明经的铨选授官，由"郎官"全权负责，而非由三铨负责；贞元十五年六月以后，仍由"郎官"负责，但最后是留（入选授官）是放（落选），都由吏部尚书、侍郎决定。《新唐书》卷四五《选举志下》："至于铨选，其制不一，凡流外，兵部、礼部举人，郎官得自主之，谓之小选。"②《文献通考》卷三五《选举考八》③ 所载同。这段记载说的也是流外官和新及第进士、明经的铨选，由"郎官"自己掌管，称为小选；这与由吏部尚书、侍郎主持的三铨是不同的。负责流外官铨选的"郎官"是吏部郎中，《唐六典》卷二《尚书吏部》："（吏部）郎中一人，掌小选。凡未入仕而吏京司者，复分为九品，通谓之行署。其应选之人，以其未入九流，故谓之流外铨，亦谓之小铨。"④《通典》卷二三《职官五》、《旧唐书》卷四三《职官志二》、《新唐书》卷四六《百官志一》、《文献通考》卷五二《职官考六》所载同，则吏部郎中二人中，有一人专掌流外官的铨选，称为小选，或小铨。这样看来，小选应有两种，还另有一种专门负责新及第进士、明经铨选的"小选"。据诸书所载，吏部郎中并不拥有掌管这另一种"小选"的职权；那么，拥有掌管这另一种"小选"职权的又是什么"郎官"呢？

---

① 《唐会要》，第1356页。
② 《新唐书》，第1180页。
③ 《文献通考》，中华书局1986年版。
④ 《唐六典》，第36页。

韩愈《唐故朝散大夫尚书库部郎中郑君墓志铭》："君讳群……以进士选吏部考功，所试判为上等，授正字。"(《韩昌黎集》卷三二）屈守元、常思春主编《韩愈全集校注》云："此谓郑群既登进士第，复应吏部考功选举之宏辞拔萃科试。《新唐书·选举志下》云：'凡试判登科谓之入等。……选未满而试文三篇，谓之宏辞；试判三条，谓之拔萃。中者即授官。'"① 按，这条注释有明显错误。首先，博学宏辞科试文三篇（诗、赋、论各一），与韩愈文中所说的"试判"不合。其次，书判拔萃科虽也试判，但与宏辞科同属吏部科目选，都由吏部尚书或侍郎主试，并由吏部提名委派考官②，这就与韩愈文中所说的"以进士选吏部考功"不合。所谓"以进士选吏部考功"，是说郑群以新及第进士的身份，参加了吏部考功司（长官为郎中，副长官为员外郎）的铨选，唐时吏部铨选皆须试判两道，所以下文有"所试判为上等"之语。联系上文笔者所作的分析和推断，郑群所参加的，应该就是专门负责新及第进士、明经铨选的"小选"，而掌管这一种"小选"的，明显就是吏部的考功郎中。考郑群贞元四年（788）进士及第（见《登科记考》卷一二），当时已实行着新及第进士必须守选三年才能授官的制度或惯例（见前），所以郑群参加吏部"小选"并授官，应当在贞元八年。这与上面提到的贞元十五年六月以前新及第进士的铨选授官由"郎官"全权负责的记载相合。另外，这一年又恰在"复置吏部小选"之后。《旧唐书》卷一二《德宗纪上》："（贞元三年七月）癸酉，复置吏部小选。"③《唐会要》卷七五《选部下·杂处置》所载同，《册府元龟》卷六三〇《铨选部·条制二》"贞元三年"作"贞元元年"。有"复置"自有罢除，可惜吏部小选何时罢除，史书中没有任何记载；又，"复置"

---

① 《韩愈全集校注》，四川大学出版社1996年版，第2478页。
② 参见《唐代科举制度研究》第107页。
③ 《旧唐书》，第358页。

和罢除的小选，属哪一种？是吏部郎中掌管的流外官铨选，还是考功郎中掌管的新及第进士、明经的铨选？对此史书中同样没有记载，我们只能作一些合理的推测。我们知道，唐代中央机构的流外官数量众多，大约是流内官的十多倍①，官府机构的诸多具体政务与各种杂事，都要依仗这些流外官来办理，流外官的铨选，如果像流内官的铨选那样，由于战争频繁，"遂三数年一置选"②，倒很有可能；而倘若说要完全罢除它，则可能性不大，因为如果那样的话，整个官府机构就会处于瘫痪状态。所以笔者认为，罢除和"复置"的小选，应该是考功郎中所掌管的新及第进士、明经的铨选。这一种"小选"的罢除时间，估计应在"安史之乱"发生后，因为那时新及第进士的守选制度或惯例已经形成；依照它，进士及第之后，不允许参加当年吏部的铨选并获得官职，而却能在三年后参加吏部三铨的全过程，所以也就无必要为他们另外设置由考功郎中掌管的"小选"了。

写到这里，已可对新及第进士的铨选授官机制作如下大致推断：1. "安史之乱"以前，新进士及第后，皆听其参加吏部当年的铨选，由于进士科发榜时，吏部的三铨已近尾声，所以便为进士们特置了"小选"以授官；如果新及第进士参加了吏部当年的"小选"后未被授官，那么从第二年开始，就必须转而参加吏部的三铨以获得官职。2. 自"安史之乱"之后，至贞元三年以前，由于新及第进士的守选制度或惯例已经形成，所以为新及第进士特置的"小选"也就罢除，此时新及第进士的铨选授官，改由吏部三铨负责。3. 贞元三年复置"小选"后，新及第进士在守选期满后的首年，即可参加由吏部考功郎中掌管的"小选"以授官；依照守选制度的规定，新及第进士只要守选期满参加了铨选，一般就能得官；至于个别或少数未能得官的人，估计也是必须转而参

---

① 参见《通典》卷四〇《职官二十二》。
② 见《唐会要》卷七五《选部下·选限》。

加吏部的三铨才能得官。由于有关的资料缺乏，以上意见尚存在一些推测成分，只好俟以后有新的资料发现，再续作考订。

最后，附带讨论一下关试设立的具体时间。关于关试，王定保《唐摭言》卷三《关试》云："吏部员外，其日于南省试判两节，诸生谢恩，其日称门生，谓之'一日门生'。自此方属吏部矣。"① 胡震亨《唐音癸签》卷一八《诂笺三·进士科故实》："关试，吏部试也。进士发榜敕下后，礼部始关吏部。吏部试判两节，授春关，谓之关试，始属吏部守选。"② 《唐代铨选与文学》说："所谓'始关吏部'，就是用关牒通知吏部。关试后，及第举子就算脱离了礼部，而成了吏部的选人。……关试不过是一种交接手续：对礼部来说，是移交手续；对吏部来说，是接纳手续；对新及第举子来说，又是向吏部履行的报到手续。"③ 则关试是由礼部贡举向吏部铨选的中转；然而，在开元二十四年（736）以前，知贡举者为吏部考功员外郎，二十五年以后，才改成礼部侍郎（参见《通鉴》卷二一四玄宗开元二十四年），而且二十四年以前新及第进士的铨选，由考功郎中掌管，这也就是说，进士自应试至铨选授官，皆不出吏部考功司之门，这样，关试这么一个中转还有必要设立吗？所以，开元二十四年以前，是否有关试，是值得怀疑的。笔者查考过今存唐人诗文中提及"关试"与"春关（唐人有时以春关代指关试）"的文字，发现它们都出自中、晚唐人之手，至今尚未发现初、盛唐人的诗文中，有"关试"或"春关"之语，因此我们有理由相信，关试应该是开元二十五年以后才有的。

---

① 《唐摭言》，古典文学出版社1957年版，第27页。
② 《唐音癸签》，上海古籍出版社1981年版，第198页。
③ 《唐代铨选与文学》，第2页。

第四节　及第明经守选

《全唐文》卷八〇二杜去疾《大唐故过少府墓志铭》："公讳讷……以大中十二年明经擢第，当守选时，潜修拔萃。"① 这条材料说明，唐宣宗大中年间（847—859），已存在着新及第明经的守选制。那么，这一制度是从什么时候开始实行的呢？《唐代铨选与文学》说，及第举子（包括进士、明经等）的守选制，贞观九年（635）就已存在，并提出自初、盛唐以至于整个唐代，都实行着及第举子的守选制。为此《唐代铨选与文学》提出了四条证据。笔者在上一节中已经指出，这四条证据都各有问题，由它们不能证明，初、盛唐时已存在着及第举子的守选制，则初、盛唐时是否已实行及第明经的守选制，还是一个需要研究和论证的问题。

《唐会要》卷七六《贡举中·三传》："长庆二（《旧唐书·穆宗纪》作"三"）年二月，谏议大夫殷侑奏：……伏以《左传》卷轴文字，比《礼记》多校一倍，《公羊》、《谷梁》，与《尚书》、《周易》多校五倍，是以国朝旧制，明经授散，若大经中能习一传，即放冬集。"② 所谓"明经授散"，是说明经及第后，只先授给散官，尚须在吏部服役当差一段时间并通过考核，才允许参加吏部的冬集铨选，授给职事官。这个"国朝旧制"，大抵自唐初至玄宗开元中，一直实行着。例如《唐代墓志汇编》万岁通天〇二八《大周洛州永昌县故赵府君墓志铭》云："君讳元智……父浚，唐明经及第，授文林郎（文散官从九品上）。"据墓志，赵元智万岁通天二年（697）卒，年五十七；其父浚明经及第后授散的时间，估计当在太宗贞观年间（627—649）。万岁通天〇〇七《大周将仕郎宋氏墓志铭》："君讳智亮……年叁拾玖，明经擢第，

---

① 《全唐文》，第 8432 页。
② 《唐会要》，第 1398 页。

拜将仕郎（文散官从九品下）。"据墓志所载宋氏的卒年与享年推算，他年三十九为仪凤三年（678）。景龙○四二寇淑《大唐故梓州铜山县尉弘农杨府君墓记》："君讳承福……垂拱（685—688）中，年弱冠，州举孝廉（即明经），太常对策，拜文林郎；调选授灵州回乐县主簿。"这也是一个明经及第后先授散，而后参加吏部的铨选并授给职事官的例子。

明经授散后，尚须通过什么程序，经历多长时间，才允许参加吏部的铨选？《唐六典》卷二《尚书吏部》："凡（文）散官四品已下、九品已上，并于吏部当番上下。"注："其应当番四十五日。若都省须使人送符及诸司须使人者，并取兵部、吏部散官上。经两番已上，听简入选；不第者依番，多不过六也。"① 所谓"于吏部当番上下"，是说这些散官应在吏部服杂役，比如尚书都省需有人送公文，诸司需有人干杂务，吏部就派他们前去；服役一次称一番，一番四十五日，正在服役称番上，服役期满叫番下；服役两番后，经吏部选拔合格，即允许参加吏部的铨选（"听简入选"）；如果考核不合格，最多服役六番，也可参加吏部的铨选。不愿意番上者，允许纳钱替代，《新唐书》卷四六《百官志一》："自（文散官）四品，皆番上于吏部；不上者，岁输资钱，三（当作"五"）品以上六百，六品以下一千。"② 根据以上记载，及第明经授散并服役两番后，应该来得及参加当年吏部的冬集铨选（明经例于每年春二月发榜）；而如果授散后服役六番，就只有参加第二年吏部的冬集铨选了。

下面谈谈新及第明经授散当番制度的变迁。《唐会要》卷七五《贡举上·明经》："开元十六年（728）十二月，国子祭酒杨玚奏：今之明经，习《左氏》者十无一二，恐《左氏》之学废；又《周礼》、《仪礼》、《公羊》、《谷梁》亦请量加优奖。遂下制：明

---

① 《唐六典》，第31页。
② 《新唐书》，第1187页。

经习《左氏》及通《周礼》等四经者,出身免任散官。"① 按,唐之明经,一般指明二经。《新唐书》卷四四《选举志上》:"凡《礼记》、《春秋左氏传》为大经,《诗》、《周礼》、《仪礼》为中经,《易》、《尚书》、《春秋公羊传》、《谷梁传》为小经。通二经者,大经、小经各一,若(或)二中经。"② 依照开元十六年十二月的这一制书,习明经者如选取二中经,当有三种组合(《诗》加《周礼》、《诗》加《仪礼》与《周礼》加《仪礼》),不管是哪一种组合,及第后皆不必授散当番;如选取大经、小经各一,当有八种组合(大经选取《左传》者有四种组合,选取《礼记》者也有四种组合),其中只有两种组合(《礼记》加《易》与《礼记》加《尚书》),及第后应授散当番。由此看来,自开元十七年以后,及第明经中授散当番的人数已大为减少。《唐会要》卷七五《选部下·冬集》:"大历十一年(776)五月敕:礼部送进士、明经、明法……道举等,准式,据书判、资荫,量定冬集、授散,其《春秋》(《春秋左氏传》)、《公羊》、《谷梁》、《周礼》、《仪礼》业人,比缘习者校少,开元中敕一例冬集,其《礼》(《礼记》)业每年授散;自今以后,《礼》人及道举、明法等,有试书判稍优,并荫高及身是勋官、三卫者,准往例注冬集,馀并授散。"③ 则自大历十一年后,上述两种应授散当番组合里的明经及第者中,有一部分符合"试书判稍优"等条件的人,可以不再授散当番。又《册府元龟》卷六四〇《贡举部·条制二》贞元九年五月敕:"自今已后,明经习《礼记》及第者,亦宜冬集。"④ 则上述两种组合中的所有及第者,都不必再授散当番。这样,及第明经须先授散当番的制度,到这时也就不复存在了。

---

① 《唐会要》,第1373页。
② 《新唐书》,第1160页。
③ 《唐会要》,第1373页。
④ 《册府元龟》,第7679页。

《唐代铨选与文学》认为，当及第明经须先授散当番的制度实行着的时候，及第明经在完成了授散当番的任务后，还必须守选若干年，才允许参加吏部的冬集铨选；及第明经不复授散当番后，也同样要守选若干年，才可以参加吏部的铨选并授官。① 前面我们谈到，及第明经的守选制，在唐代确实存在，但这个制度是从什么时候开始实行的，则是一个还没有解决的问题。由于文献中对这个问题没有任何直接、明确的记载，所以我们只好通过对若干间接材料和实例的仔细分析，来寻求这个问题的答案。

先看看初唐时的一些实例：

1.《唐代墓志汇编》乾封〇〇六《大唐故左卫长史颜君墓志铭》："公讳仁楚……弱冠州举孝廉，射策高第，授文林郎，贞观十有八年（644）也。……廿二年（648），授汾州孝义县尉。"则颜仁楚明经及第后四年，吏部即授给职事官。

2.《唐代墓志汇编》天授〇〇九《唐故儒林郎行魏州馆陶县主簿皇甫君墓志》："君讳玄志……贞观十九年（645）明经及第。……解褐授蜀王府参军事。……秩满，永徽三年（652）授恒州九门县主簿。"题中之"儒林郎"，为文散官正九品上，这当是皇甫玄志迁任馆陶县主簿时所带的散官阶；志文中未叙及玄志明经及第后授散事，这是志文择要记事，略去一些次要的事不提，不说明玄志及第后不先授散。假设玄志明经及第授散后，于贞观廿一年（647）授蜀王府参军，按照"六品以下，四考为满"计算，他当于永徽二年（651）秩满，同年冬参加吏部铨选，于永徽三年春末授九门县主簿，这与志文所言正相合，则玄志明经及第之后二年，吏部即授给职事官。

3.《唐代墓志汇编》天授〇三五《唐遂州方义县主簿河南元府君墓志铭》："公讳罕……以唐贞观十九年（645）州辟孝廉，

---

① 《唐代铨选与文学》，第55—60页。

射策上第；解褐任商州上雒县尉。……俄而考绩课最，黜幽陟明，改授遂州方义县主簿。……而九秋未至，千日犹赊，倏共朝露同晞，奄与夜舟俱逝，以唐永徽元年（650）十月一日寝疾，终于官第。"据墓志，元罕当在贞观十九年明经及第后不久即释褐；据"俄而"一语，可知他任上雒县尉没多久（不到四年秩满），即改授方义县主簿；又，任方义县主簿不到秩满，离一千日尚远，即卒于方义县官舍。九秋，九年；《尚书·舜典》："三载考绩，三考黜陟幽明。"孔氏传："三年有成，故以考功；九岁则能否幽明有别，黜退其幽者，升进其明者。"① 谓舜时每三年对官吏考核一次，经三考（九年）决定官吏的升降赏罚；而唐时对官吏则一岁一考，四考（四年）秩满，决定其升降赏罚，故此处借用"九秋未至"以指不到四年秩满。假设元罕贞观二十一年（647）解褐任上雒县尉，则他因考核成绩优异而升任方义县主簿，最早也只能在贞观二十三年（649）春末（吏部授官，一般都在铨选结束之时，即每年的春末夏初），因为唐初官吏任职的头一年，都不计考，所以元罕应到贞观二十二年（648）年末，方有考绩，而等这一考绩经朝廷最后核准认定，已经到了二十三年春了；由元罕任方义县主簿到他于永徽元年十月一日去世，有一年多时间，这与志文中"千日犹赊"之语正好相合。这样看来，元罕也是明经及第后二年即授官。

4.《唐代墓志汇编》开元〇三二《唐故冀州武强县主簿天水赵府君墓志之铭》："君讳保隆……年廿，以明经入贡升第。以贞观廿二年（648）始授瀛州乐寿尉。……春秋七十，以周永昌元年（689）正月三日终于私第。"据墓志所载，赵保隆廿岁为贞观十三年（639），则他明经及第后九年方授官。

5.《唐代墓志汇编续集》神功〇〇二徐彦伯《大周故韶州乐

---

① 《尚书》，世界书局1935年影印阮刻《十三经注疏》本，第132页。

昌县令王府君墓志铭》："府君讳师协……弱冠明经，射策高第；授常州江阴县尉，时年廿三。"据墓志，王师协神功元年（697）卒，年六十七，则他二十岁明经及第在永徽元年（650）。王师协明经及第后三年即授官。

6. 《唐代墓志汇编》永淳〇二三王允元《大唐故淄州高苑县丞赵君墓志铭》："君讳义……永徽元载（650），应试甲科，选部随班，爰从散秩，授文林郎。显庆元年（656），授洺州曲周县尉。"据赵义及第后先授散，可知他应试的科目应是明经；依志文所言，赵义明经及第后六年方授官。

7. 《唐代墓志汇编》久视〇〇四韩思复《大周故承奉郎吴府君墓志之铭》："君讳续……以永徽三年（652）明经擢第……授承奉郎（文散官从八品上）……。俄丁内忧，勺饮不入口，哀号无昼夜……终从灭性之讥，遽迫在辰之兆，以显庆四年（659）六月十一日奄终于温柔坊里第，春秋三十。"知吴续明经及第授散后六、七年未授官，因丁内忧过度哀伤而遽逝。

8. 《唐代墓志汇编》景龙〇一五郎南金《大唐永州刺史束君墓志铭》："君名良……惟君弱冠乡贡明经及第，即授江王府仓曹。"据墓志，束良景龙元年（707）卒，年六十八，则他弱冠明经及第之年为显庆四年（659）。志文所云"即授"，盖谓束良及第后立即授官。

9. 《唐代墓志汇编》咸亨〇三五《大唐故承务郎前相州林虑县丞奇府君墓志铭》："君讳玄表……升第厕于匡衡，利用侔于敬仲。永徽（650—655）之际，蒙授登仕郎（文散官正九品下）。……至麟德二年（665）冬选，蒙拟相州林虑县丞。""升第厕于匡衡"，指奇玄表登明经第（汉匡衡精通儒经，尝"射策甲科"，事见《汉书》本传）；据志文所云，玄表明经及第授散后，历十馀年方授官。

10. 《唐代墓志汇编》垂拱〇三四《大唐故宣州参军事许君

墓志》："君讳坚……年廿五，本州明经举，对策高第，授儒林郎，崇文德也。……后以选补授宣州参军事。……以调露元年（679）六月廿五日终于私馆，春秋卅有三。"据墓志所载，许坚年廿五为咸亨二年（671）；假设他明经及第授散后，于上元二年（675）春末授宣州参军事，则当在调露元年春末秩满；但他同年六月末即卒，因当时尚未获得新职，所以志文说他"终于私馆"。这个假设与志文所言相合，故知许坚当于明经及第后四年授官。

11. 上文叙及之宋智亮（见本节），自仪凤三年（678）三十九岁明经及第后，至"春秋伍拾有三，如意元年（692）柒月拾捌日，卒于渑池千秋里之第"时，皆未授官；则他明经及第授散后，历十四年尚未授官。

12. 《唐代墓志汇编》开元三一八《唐故银青光禄大夫行光禄少卿高府君墓志铭》："公讳惩……弱冠以太学明经擢第；调补豫州参军。会越王贞以诛错为名，勒兵观衅，亦既部署，先威斧资……。"按，豫州刺史越王贞垂拱四年（688）八月于豫州起兵反武则天，凡二十日而兵败自杀，事见《通鉴》卷二〇四。据墓志，高惩开元十七年（729）卒，年六十六，则他弱冠明经及第之年为弘道元年（683）；依墓志所云，高惩任豫州参军时，适值越王贞于豫州起兵，则高惩始任豫州参军之时间，大抵当在垂拱三年（687）或四年春末，这也就是说，高惩明经及第后四至五年方授官。

上述各例中的新及第明经，及第后或一二年，或三四年，或五六年，即授官；但也有长达八九年，甚至十余年才授官的。这种情况说明，初唐时的新及第明经，在完成了授散当番的任务后，并非如《唐代铨选与文学》所说，必须守选一定的年限（《唐代铨选与文学》认为当守选七年），才允许他们参加吏部的铨选。这也就是说，初唐时并不存在新及第明经必须守选一定年限才能铨选授官的定制，其情况与初唐时的新及第进士没有多少不同。

下面，再看看盛唐时的一些实例：

1.《唐代墓志汇编》大历〇五九崔祐甫《有唐朝散大夫行秘书省著作佐郎崔公墓志铭》："公讳众甫……年十有五，嗣祖爵安平男。踰年，明经擢第。弱冠，参怀州军事。"据墓志，崔众甫宝应元年（762）卒，年六十五，则他十六岁明经及第之年为开元元年（713），弱冠出任怀州参军事在开元五年（717），也就是说他明经及第后四年即授官。

2.《唐代墓志汇编》开元一八二《大唐故前乡贡明经上谷寇君墓志铭》："寇钊字尼丘……年十八，郡举孝廉，射策甲科。……勤学不倦，浸成心疾，春秋廿三，以开元十一年（723）十月廿七日终于洛阳审教里之私第。"据墓志所言，寇钊年十八为开元六年（718），自这一年他明经及第后至辞世，凡历五年，尚未授官。

3.《唐代墓志汇编》天宝〇二五张越《唐故河南府告成县主簿上谷县开国子寇公墓志铭》："公讳鐈……弱冠以孝廉及第；明年，授崇文馆校书郎。"据墓志，寇鐈天宝二年（743）卒，年四十二，则其弱冠明经及第在开元九年（721）。寇氏登第后仅一年即授官。

4.《唐代墓志汇编》天宝〇五三《故夜郎郡夜郎县尉清河崔府君墓志铭》："公讳泌……载廿七，辟孝廉擢第；卅六调授宣城郡宣城县主簿。"据墓志，崔泌天宝二年（743）卒，年四十八，则他年廿七为开元十年（722），年卅六为开元十九年（731）。崔氏明经及第后九年方授官。

5.《唐代墓志汇编》大历〇二七李系《唐故相州成安县主簿张府君墓志》："府君讳倜……其年十四，以明经擢第；自孝廉郎解褐相州成安主簿。其第一年……第三年，台阁食声，思与辑穆。如是惠囗广物，清节苦心，决黩听殷，行修闻远，三考如雪，四人备恩，德辅中朝，声扬河北。未三二年，以清状减考，见许赴集，于前年冬十月铨授笔砚，书判高出万人，拭目于时。吏部简阙，制命俟行，岂谓坐对金门，韶轩不就！以天宝十载（751）正月三日不起，微疾返真于长安客舍，春秋卌有二。"据墓志所记张倜之卒年与享年推算，他年十四为开元十一年（723）；而他解褐成安主簿的时间，则在天宝六载（747）春末。因为据志文所言，张倜任成安主簿经"三考"（即三年，唐时每年对官吏考核一次），政绩优异（有"清状"），获得了"减考"（指减一考的优待，唐时规定，六品以下官吏四考秩满）和"见许赴集"（即不必待选，可马上参加吏部的冬集铨选）的优待，所以得以在"天宝十载"的前一年十月（"于前年冬十月"），赴吏部参加冬集铨选（试书判）；十载正月，张倜正在长安客舍等待吏部授给新职，谁知却忽然暴病身亡！根据这篇墓志，可知张倜明经及第后，历二十四年方授官。

6.《唐代墓志汇编》显圣〇〇一郑齐冉《大燕故朝议郎前行大理寺丞司马府君墓志铭》："公讳望……公弱冠专经，以孝廉擢第。廿八筮仕，授同州参军。"据墓志，司马望显圣元年（761）卒，年五十七，则他弱冠明经及第在开元十二年（724），"廿八"授同州参军在开元二十年（732），也即及第后八年方授官。

7.《唐代墓志汇编续集》贞元〇三七《唐故昭武校尉延州金明府折冲上柱国武君墓志铭》："君讳龙宾……十九明经擢第，廿七授汝州鲁山县主簿。"据墓志，武龙宾贞元十二年（796）卒，年七十八，则他"十九明经擢第"为开元二十五年（737），年廿七授官在天宝四载（745）。武龙宾也是明经及第后八年方授官。

8.《全唐文》卷三四一颜真卿《河南府参军赠秘书丞郭君神道碑铭》："君讳揆……年十七，崇文生明经及第。……后调集，侍郎李彭年嗟君所判，足冠后生……授太常寺太祝。……无何，改授河南府参军。天宝五载（746）……遂得气疾……以天宝八载

(749)二月十八日,终于安兴之私第,时年二十四。"① 据碑铭所载卒年与享年推算,郭揆十七岁明经及第为天宝元年(742);考李彭年任吏部侍郎在天宝二载冬至八载冬②,其授郭揆太祝当约在天宝三载或四载春末,则郭揆明经及第后两三年即授官。

9. 《唐代墓志汇编》元和一四六《唐故大理评事赐绯鱼袋范阳卢府君墓志》:"府君讳偁……弱冠为太学生,明经甲科;释褐豫州上蔡县尉,转左司御兵曹参军,授大理评事赐绯鱼袋。……天宝中,深为时贤所重,期以百姓休戚刑政安危于府君。无何,羯胡勃天,中夏摇扰……。"据墓志,卢偁贞元六年(790)卒,年六十四,则他弱冠明经及第在天宝五载(746);"羯胡勃天",指天宝十四载(755)安禄山反叛朝廷。据志文所言,卢偁自明经及第至"羯胡勃天"的九年中,曾连任三个职务,所以他及第之后,当没等多少年即授官。

10. 《唐代墓志汇编》贞元〇二六孙绛《唐故中大夫守桂州刺史兼御史中丞孙府君墓志铭》:"君讳成……髫岁崇文馆明经及第;参调选部,年甫志学,考判登等,耸听一时,解褐授左内率府兵曹参军。"据墓志,孙成贞元五年(789)卒,年五十三;志文谓孙成幼年("髫岁")明经及第,十五岁(为天宝十载,751年)解褐为左内率府兵曹参军,则他明经及第后,也没等多少年即授官。

以上各例中的新及第明经,及第之后授官的具体年限,有长有短,相差颇大。这种情况说明,初、盛唐时,须先授散当番的新及第明经在完成了授散当番的任务后,以及无须授散当番的新及第明经在及第后,应该是有资格马上参加吏部的铨选的,而不是必须先守选若干年,才允许他们参加吏部的铨选。《唐代墓志汇编续集》万岁通天〇一一《大周故陕州桃林县博士杨君墓志铭》:

---

① 《全唐文》,第3465页。
② 见严耕望《唐仆尚丞郎表》卷十,第579页。

"君讳政……唐显庆年（656—660）中，明经擢第。拂衣高蹈，习前代之风，每有常调，皆无赴集。……至麟德二年（665），被本州刺史卢承业追召补桃林县博士（流外官）。"所谓"常调"，盖指每年举行的吏部常选；"每有"二句说明，杨政明经及第后，当有资格参加吏部每年举行的铨选，只是因为他有高蹈之志，无意于前去参选罢了。但是，新及第明经参加吏部常选后，未必都能在当年获得官职，不少人往往要参加多次铨选，或先在家待选若干年再参加铨选，才能获得官职，所以他们及第后的具体授官年限，就有了相当大的差距。这种状况也说明，盛唐时代尚不存在新及第明经必须守选一定年限，才能铨选授官的定制。

然而有种种迹象表明，初、盛唐时代的新及第明经，也如同当时的文职六品以下前资官那样，存在着应当按惯例待选一定年限才能授官的情况。《册府元龟》卷六四〇《贡举部·条制二》："（天宝）七载（748）五月诏曰：……天下诸色人中，有通明《道德经》及《南华》等四经，任于所在自举，各委长官考试申送，其崇玄生出身，自今以后，每至选，宜减于尝（常）例，以为留放。"①《唐会要》卷七七《贡举下·崇元（玄）生》："（天宝）七载五月十三日：崇元生出身，至选时，宜减于常例一选，以为留放。"② 按，唐开元二十九年置崇玄学与道举，其学习和考试的内容都是《道德》、《南华》等四经，并"准明经例考试，通者准（明经）及第人处分"（《唐会要》卷七七）③；所以，上述诏令是说，崇玄学学生出身的道举及第者，到了参加吏部的铨选时，应给予优待，"宜减于常例一选"。常例，也就是惯例，当指及第明经待选的惯例；所谓"减于常例一选"，是说应比及第明经依惯例待选的年限减少一年。这样看来，新及第明经中，是存在着应

---

① 《册府元龟》，第7673页。
② 《唐会要》，第1404页。
③ 同上注。

按惯例待选一定年限才能授官的情形的。这里必须指出，惯例多是不成文的，具有较大的伸缩性与不确定性，因而就会有若干的例外出现，如上面所列举的实例中，就很有一些及第后待选的年限颇短便授官的例子（大抵说来，门荫高者待选的年限就较短）。

前面我们谈到，唐宣宗大中年间（847—859），已存在着新及第明经的守选制；那么，在大中年间以前，是不是已有这一制度？它又是从何时开始实行的呢？《册府元龟》卷六三一《铨选部·条制三》："（文宗大和元年）五月礼部奏：山陵挽郎，准光陵合补二百二十人……取前弘文、崇文馆生及已考满太庙斋郎充，如人数不足，兼取前明经充，其中有未过者（疑指选数未过格者），请放冬集，仍减两选，已定各集者，减二选。从之。"① 这一记载谈及以新及第明经充任山陵挽郎之事。所谓"已定各集者"，是说明经及第后，已确定各自参加吏部冬集铨选时间的（确定各自参加冬集铨选之时间，正是已实行守选制的标志，未实行守选制时，允许新及第明经参加吏部每年的铨选，根本无必要确定各自参加冬集铨选之时间）；"减二选"，是说对充任挽郎的新及第明经给予优待，将其已定下的守选时间减去两年。由这两句话，即可看出大和元年（827），已实行着新及第明经的守选制。又《唐会要》卷七五《贡举上·明经》："贞元二年（786）六月诏：其明经举人，有能习律一部以代《尔雅》者，如帖经俱通，于本色减两选，合集日与官。"② 所谓"合集日与官"，是说明经及第后，在已确定的应该参加吏部冬集铨选的时日授给官职，与"已定各集者"意近；"于本色减两选"，是说在明经之本业该守选的时间里减去两年。由这个诏令，也可看出当时已实行着新及第明经的守选制。又，大历（766—779）中，赵匡在其《举选议》中提出一条建议："其前资官及新出身，并请不限选数任集，庶有才不

---

① 《册府元龟》，第 7566 页。
② 《唐会要》，第 1375 页。

滞，官得其人。"前一节已论及，据这条建议，即可看出大历中，已实行着新及第进士、明经必须守选若干年才能授官的制度。前一节谈到，新及第进士的守选制，大抵形成于安史之乱发生后，肃宗、代宗之际。新及第明经的守选制形成的时间大抵也差不多，但二者的守选时间不同，新及第明经的守选时间长于新及第进士的守选时间。

关于新及第明经的守选时间，文献中未见有明确、直接的记载。《唐代铨选与文学》说："元稹，贞元九年（793）明二经及第。他所写的《莺莺传》中的张生，文学界已公认为就是他本人。传中写张生与崔莺莺之事发生在'贞元庚辰'即贞元十六年（800），这年，'张生俄以文调及期，又当西去'。'明年，文战不胜，张遂止于京'。所谓'文调及期'，是指文书中所规定的常调年限到期，即春关中所规定的冬集期限已到。这就是说，贞元十六年元稹明经守选期满，是年仲冬当去长安参加冬集。他于第二年春应吏部的科目选，却'文战不胜'而未能授官。由贞元九年到贞元十六年为七年，那么，唐时明二经及第者的守选年限似是七年。"① 按，"文调"即文选（调者，选也，见《史记·袁盎传》裴骃《集解》），指吏部文官的铨选。《新唐书》卷四五《选举志下》："凡选有文、武，文选吏部主之，武选兵部主之。"② 张生因"文选及期"，于贞元十六年仲冬去长安参加吏部的冬集铨选，如此就必须等到第二年春末才能得知铨选的结果，在尚未得知铨选结果的情况下，他怎么可能"于第二年春"去应吏部的科目选？况且《唐代铨选与文学》自己说过："守选已满的出身人和前资官，既有条件参加常规铨选，也可参加科目选，但二者必居其一，不能同时参加。"③ 实际上所谓"文战不胜"，不过说张

---

① 《唐代铨选与文学》，第60页。
② 《新唐书》，第1171页。
③ 《唐代铨选与文学》，第270页。

生参加铨选（试判）失利而已。将确知的元稹事迹与《莺莺传》中所写张生的事迹作比较，二者并不一致：首先，元稹贞元九年明经及第，而《莺莺传》中并没说张生于贞元九年明经及第；其次，元稹实于贞元十八年（802）仲冬参加吏部铨选，第二年三月试判入等，授秘书省校书郎（参见前一节所述）；目前尚没有任何证据（包括史传记载和元稹诗文集中的自述）可以证明，元稹曾于贞元十六年仲冬赴长安参加吏部铨选，并于第二年春应吏部科目选。因此以小说中的描述，来证明唐时明经及第者的守选年限为七年，是缺乏说服力的。

《旧五代史》卷一四八《选举志》载后唐闵帝应顺元年（934）正月中书门下奏："……况孤贫举士，或年四十，始得经举及第，八年合选，方受一官，在任多不成三考，第二选渐向蹉跎。"①《唐代铨选与文学》说："所谓'经学（四库本作举）及第'，就是明经及第……那些势孤家贫的举子，既无显亲可以因依，也无门路可以进取，至四十岁才明经及第，又得老老实实按规定守选，八年后铨选时，方能得到一个小官。一般铨选授官，是在守选期满的第二年，也就是冬集的第二年春，'八年合选'即指此。……由此可见，五代时明经及第到其冬集为七年，也就是守选七年。五代因承唐制，守选之制一般来说变化不大，故可推断唐明经及第也是守选七年。"② 认为守选七年，实际是八周年（自及第至授官时），犹如新及第进士守选三年，实际为四周年一样（参见前一节）。这一条是由五代时的情况往前推及唐朝的情况，有一定的道理，但毕竟是间接的材料，如果没有其他证据，很难证成它。

下面我们就找到的若干中晚唐新及第明经守选的实例，进行一些分析。《唐代墓志汇编》大和○三一卢枢《唐故泗州司仓参

---

① 《旧五代史》，文渊阁《四库全书》本。
② 《唐代铨选与文学》，第60页。

军诸道盐铁转运等使巡覆官刘府君墓志》:"公讳茂贞……年廿一,明经登第。……年廿九,释褐补洪州建昌县尉。"据墓志,刘茂贞大和四年(830)卒,年四十四,则他年廿一为元和二年(807)。刘茂贞明经及第后八年授官,这与《唐代铨选与文学》的说法相合。大和〇七七侯琎《唐故鄂州永兴县尉汝南周君墓志铭》:"周君讳著……公早岁穷二经,举孝廉。贞元十六年(800),擢上第。元和(806—820)中,释褐补晋州霍邑尉。"虽未载明周著释褐的具体年份,但与《唐代铨选与文学》的说法也大抵相合。白居易《唐故武昌军节度处置等使赠尚书右仆射河南元公墓志铭》:"公讳稹……九岁能属文,十五明经及第。二十四调判入四等,署秘省校书。"① 按,"调判"谓铨选试判;前面已谈到,元稹贞元九年十五岁明经及第,十八年二十四岁参加吏部铨选,十九年三月授校书郎,则他自明经及第至授官为十年,但这与《唐代铨选与文学》的说法并不矛盾。因为选格(铨选条例)虽然规定守选七年,但选人由于各种原因,往往不能在守选期满之时如期赴吏部参加铨选,这些不能如期赴选的人,被称为"选数过格人",唐代制度规定,过格不超过十年,仍允许赴选②,则元稹只是选数过格两年而已,不能因此认为这与《唐代铨选与文学》的说法矛盾。《唐代墓志汇编续集》元和〇二三元仲容《唐故鄂岳观察推官监察御史裏行元公墓铭》:"公讳衮……十四擢明经第。贞元初(785—787),调补汝州参军事。"据墓铭,元衮元和四年(809)卒,年五十二,则他十四岁为大历六年(771);元衮于这一年明经及第后,历十馀年方授官,则他同元稹一样是一个"选数过格人"。《唐代墓志汇编》咸通〇五三孙奭《苏州昆山县令乐安孙公府君墓志铭》:"君讳嗣初……年十八,登明经第。释褐授苏州参军,刺史李道枢性严执法,官吏不可犯……后因事,李公召与语,

---

① 《白居易集笺校》卷七〇,上海古籍出版社1988年版,第3736页。
② 参见《唐代铨选与文学》,第159、160页。

大奇之，一州六曹七县事务，无不委任。"据墓志，孙嗣初咸通七年（866）卒，年五十七，则他年十八明经及第在大和元年（827）；又，孙嗣初为苏州参军时，李道枢正任苏州刺史，据郁贤皓《唐刺史考》卷一三九考证，李自开成二年（837）五月至四年（839）闰正月为苏州刺史①，则孙嗣初释褐的时间，当在其明经及第后十年或十一年，他同样也是一个"选数过格人"。大和一〇〇刘轲《唐故朝议郎行陕州硖石县令侯公墓志铭》："公讳绩……贞元十二年（796），明经出身。十五年（799），丁先府君忧，柴毁骨立。元和三年（808），释褐授常州义兴县尉。"据志文所言，侯绩明经及第后十二年方释褐，但在这十二年中，他曾守父丧三年（实际为二十七月），必须减除。《唐律疏议》卷十《职制》："即妄增年状，以求入侍及冒哀求仕者，徒一年。"疏："及冒哀求仕者，谓父母之丧，二十五月大祥后，未满二十七月，而预选求仕。"②知唐时不允许及第举子、前资官在守父母之丧期间参加吏部铨选。《册府元龟》卷六三二《铨选部·条制四》载后唐明宗天成二年（927）十二月制："据长定格，选人中有隐忧者，殿五选。……自今后，诸色官员内有隐忧冒荣者，勘责不虚，终身不齿。"③所谓长定格，指长期固定不变的铨选条例、规定；隐忧，谓隐瞒父母之丧；殿五选，指守选年限延长五年。依照这个长定格，及第举子、前资官在守选期间若遭父母之丧，必须主动报告，如果隐瞒不报，将二十七月的守丧时间计算在守选期限之内，就要受到"殿五选"的处罚。这个长定格应沿袭自唐代（天成二年距唐亡仅二十年），所以前面所说的十二年当减除二十七月，这样侯绩就和元稹一样，也是选数过格两年。《唐代墓志汇编续集》大中〇〇四王鲁复《唐故吉州司法参军黄府君墓志铭》：

---

① 《唐刺史考》，江苏古籍出版社1987年版，第1688、1689页。
② 《唐律疏议》，第208页。
③ 《册府元龟》，第7582页。

"吉州前司法黄弘远……元和中举明经，由太学，熏风沛然。穆宗二年（822）擢第，光焕庭闱。大和元年（827）选福唐主簿。"黄弘远明经及第后五年授官，则他守选的年限实际只有四年，这与《唐代铨选与文学》的说法不合。本节开头提到的《过讷墓志》，称讷"以大中十二年（858）明经擢第。当守选时，潜修拔萃。虚窗弄笔，研几自愧于雕虫；予夺在心，可否讵由乎甲乙？于咸通四年（863），授棣州蒲台县尉。"按，拔萃即书判拔萃，属科目选，允许守选年限未到的及第举子和前资官应试，中第即授官；志文只说过讷"潜修拔萃"，未明言他应拔萃试是否中第。我们细审"虚窗"以下四句之意，可知过讷应拔萃试当未中第。其中"研几"句意谓，穷究精微之理，而自愧于撰作诗文词赋（"雕虫"），这是对"文战"失利的委婉说法；"可否"句是说，一个人能与不能，哪里由科第（"甲乙"，甲科、乙科）决定？这是对应试落第的慰藉之词。这样看来，过讷的蒲台县尉之职，并非应拔萃试所得，乃参加吏部的正常铨选所授。因此过讷也和黄弘远一样，守选的年限实际只有四年。综上所述，大抵可以说，中、晚唐时代新及第明经的守选年限，一般为七年。至于守选四年例子的出现，估计属于特殊情况：其中的一种可能是，该年官吏的员缺较多，而选人较少，所以减少了某些人的守选年限；另外的一种可能是，属于个别例外，我们知道，任何制度在执行过程中，都难以完全避免例外的出现。当然，由于我们能够找到的实例有限（在今存的大量唐代墓志中，一一载明墓主人登第和释褐年份的墓志实在很少），因此上述的结论未必都准确无误，之所以冒昧地把它写出来，是希望得到专家与读者们的指正。

吴宗国《唐代科举制度研究》指出："开元以后，明经在政治上的地位已经开始下降，明经出身的高级官吏已大大低于进士科。……明经地位的明显下降是在安史之乱以后。"① 这与"安史之乱"以后及第明经守选的年限长达七年不无关系,虽然明经地位下降的原因很多,很复杂。及第明经守选的年限长于及第进士,是明经地位下降的一个反映;反过来及第明经守选的年限之长,又加速了明经地位的下降。关于这个问题,以后有机会将另撰文论述,这里就不多谈了。

第五节 门荫与流外出身的选人待选

前面我们谈到,每年参加吏部六品以下文官铨选的选人,共包括四类人,其中第三类是门荫出身获得参选资格的人,第四类是流外出身获允参选入流的人。这两类人的数量,大抵是每年进士与明经及第者的十倍上下。所以,想要减少每年参加铨选的选人的数量,缓和选人多而官缺少的矛盾,也必须减少每年参加铨选的这两类选人的数量,延迟他们参选与入仕的时间。

先谈门荫出身的选人待选。所谓门荫出身者,主要是指皇亲国戚、有封爵者和五品以上官员的子孙,他们具有以资荫入仕的资格,用不着科举及第,就可以获得官职。但在唐代,门荫出身者并非一到成年,就能马上入仕;他们大都必须经过一定的程序,参加一些考试,待选或守选若干年,才可以正式入仕,其中还有的人,甚至一辈子都没有获得做官的机会。

《旧唐书》卷四二《职官志一》:"凡九品已上职事,皆带散位,谓之本品。职事则随才录用……散位则一切以门荫结品,然后劳考进叙。"② 唐时有资荫者能获得散品,其中少数资荫高者,可以通过在吏部当番(参见上一节),获取参加吏部铨选的资格,

---

① 见《唐代科举制度研究》,第188页。
② 《旧唐书》,第1785页。

然后得到职事官。① 而大多数门荫入仕者，主要通过以下两种途径入仕：第一种是经过在学馆的学习而后入仕，第二种是通过充任皇帝或太子的侍卫然后入仕。门荫入仕者入习的学馆，是弘文馆、崇文馆、国子学和太学。《新唐书》卷四四《选举志上》："凡馆二：门下省有弘文馆，生三十人；东宫有崇文馆，生二十人。"② 两馆学生入学的资格是：皇帝宗族中服丧期在三个月以上的亲属，皇太后、皇后服丧期在九个月以上的亲属，散官一品、宰相、六部尚书、功臣身食实封者、京官职事正三品、供奉官三品的子孙，京官职事从三品、中书侍郎（正四品上）、门下侍郎（同前）之子。③ 两馆学生学习的内容为经史，学成后经馆试合格（馆试的合格标准低于国子学和太学），上于礼部，参加进士、明经考试，如果及第（两馆生的及第标准，低于一般的进士、明经，参见陈飞《唐代试策考述》第六章第四节④），可加阶授官，待选或守选的时间也比一般的进士、明经短。例如上一节述及的郭揆、孙成，皆崇文馆明经及第，待选二至三年即授官。又如《唐代墓志汇编》开元一七四《大唐故银青光禄大夫守工部尚书崔公墓志铭》："公讳泰之……年十有二，游昭文馆（即弘文馆），对策高第。明年，调补雍州参军事。" 及第后待选一年即授官。有的两馆生虽然未曾登第（未曾应举或应举落第），由于"资荫全高"，仍能很快授官。如同上天授〇三一《故朝议郎行辰州司仓参军事屈突府君墓志铭》："君讳伯起……年甫弱冠，以门荫补弘文馆学生。……以咸亨元年（670）敕授宣德郎、太子宫门丞裹行。"据墓志所载屈突伯起的卒年与享年推算，其"弱冠"即在咸亨元年，则他于入馆的当年即授官。天宝一四八邢宙《唐故南充郡司马高府君墓志

---

① 参见《唐代选官研究》131、132 页。
② 《新唐书》，第 1160 页。
③ 参见《唐六典》卷八《门下省》，第 255 页。
④ 《唐代试策考述》，中华书局 2002 年版，第 203—210 页。

铭》:"公讳琛……年十有六,以门子补弘文生,居三岁而参泾州军事。"则高琛在弘文馆学习三年即授官。天宝一五五《故詹事府司直张君墓志铭》:"有唐清河张府君讳椅……君为天官(吏部尚书)少子,稚而孤,十四学礼弘文馆……廿典校秘书省。"张椅十四岁入学,二十岁成年即授官。元和〇〇三房寅《大唐故河南府氾水县尉巨鹿魏公墓志铭》:"公讳和……弱冠以门荫之重,补弘文馆学生,解褐怀州修武县尉。……贞元(785—804)中,调补宣州宣城尉。……选授河南府氾水县尉……以元和元年(806)正月……告终于氾水官舍,享年五十六。"据墓志所载魏和的卒年与享年推算,其"弱冠"为大历五年(770),解褐修武县尉估计在这一年之后五年左右(详下)。应该指出,这些未曾登第的两馆生,虽能很快授官,但当过首任职务后,仍要依前资官的惯例待选,或按"循资格"的制度参加铨选,而在铨选的试判方面,这些两馆生往往处于劣势,所以他们当中,除少数父辈是当朝的势要者外,多数人终其一生,也不能当上五品以上的高官。如前面谈到的屈突伯起,据墓志,仅官至辰州司仓参军事(正八品下),当然,他只活了三十九岁,也可置而不论;再如高琛,据墓志,他享年七十二,却只做到南充郡司马(正六品下),他因祖父高偘(左武卫大将军,正三品)之荫而为弘文馆生,估计后来由于祖父辞世而失去庇荫,所以也就难以高升;张椅,据墓志,享年四十八,仅官至詹事府司直(正七品上),其父为吏部尚书张嘉福,睿宗景云元年(710)六月三日,嘉福以吏部尚书同中书门下平章事,同月二十三日被杀[1],这时张椅只有八岁,失去父亲庇荫又无特殊才华的他,难以顺利升迁是很自然的事。又如魏和,据墓志,他一生活了五十六岁,只当过修武、宣城、氾水三任县尉,他自修武尉转任宣城尉和由宣城尉转任氾水尉(正九品下)之间,守

---

[1] 参见严耕望《唐仆尚丞郎表》卷九《辑考三上》,第500页。

选的时间估计都长达十年左右；又他因祖父魏少游之荫而入弘文馆，少游历任卫尉卿（从三品）、京兆尹（从三品）、刑部侍郎（正四品下），大历二年（767）出为江西观察使，四年（769）加封赵国公（从一品），六年（771）卒于任①，魏少游卒时，魏和只有二十一岁，这以后他即失去庇荫，因而难以当上高官。

唐国子学学生三百人，取文武三品以上子孙及从二品以上曾孙入学；太学学生五百人，取文武五品以上子孙及三品以上曾孙入学。国子学学生与两馆生入学资格的不同在于，两馆生的三品必须是京官和供奉官（如侍中、中书令、左右散骑常侍、御史大夫等，皆京官），而国子生的三品则包括外官（如节度使、观察使、都督、上州刺史等）；又，由于两馆生的员额很少（合计只有五十名），朝廷并不允许三品以上京官的所有子孙都充当两馆生，而只能一荫一人或两人，如前面谈到的身任京官职事正三品的高偘，只能"一荫一人"（《新唐书》卷四五《选举志下》），所以除其长孙高琛一人受荫为弘文生外，其馀的子孙顶多就只能当国子生了（如诗人高适的祖父也是高偘，由于高琛已当了弘文生，他就没有资格再当两馆生了）。国子学和太学对学生的要求都很严格，一般要经过五年的刻苦学习，才能通过国子监试，然后上于礼部，参加进士、明经考试。无论是监试还是礼部试，及第的标准均高于两馆生，并不给予任何优待。国子生、太学生如果登进士、明经第，也可依资荫加阶授官，但在守选或待选的年限上，和一般的进士、明经及第者并无差别。譬如根据一些实例，可知初、盛唐时的国子生、太学生进士或明经及第后授官的具体年限，也是有长有短，相差颇大，和一般的进士、明经及第者并无不同。如第三节谈到的韦承庆、梁珣，均太学进士及第，待选一年即授官；而窦公衡亦太学进士及第，却过了八年仍未授官。再如《唐

---

① 见《旧唐书》卷一一五《魏少游传》。

代墓志汇编》天宝二五四宇文暹《大唐故信都郡武强县尉朱府君墓志》："年卅，国子进士擢第，以才举也。居无何，署信都郡武强县尉，以判选也。……洎解印于归，家无私积，卜筑伊洛，琴书自娱……天宝十三载（754）七月囗日寝疾，遂终于睦仁里之私第，春秋卌九。"朱氏"年卅"为开元二十三年（735），他自登第至辞世凡十九年，其间只当了一任任期四年的县尉，而其馀的十五年时间，则都在待选（及第后任职前，约七年，唐于天宝元年改冀州为信都郡，朱氏任信都郡武强县尉，约在此年）和守选（任县尉秩满后，约八年，那时已实行前资官的守选制）中度过。根据有关记载，唐代国子监诸学（国子学、太学、四门学）学生每年考中进士、明经的只有一二十人①，则应举的国子生、太学生中及第者甚少，但这些学生中的落第者以及通过（国子）监试后未再参加科举考试的国子生、太学生，仍然有机会出仕。《唐六典》卷二一《国子监》："凡六学生有不率师教者，则举而免之。其频三年下第，九年在学及律生六年无成者，亦如之。"注云："假违程限及作乐、杂戏亦同。唯弹琴、习射不禁。"②《新唐书》卷四四《选举志上》："（六学生）既罢，条其状下之属所，五品以上子孙送兵部，准荫配色。"③ 这是说对违犯学校纪律和学业无成（未通过监试）的学生，给予退学的处分；其中文武五品以上的子孙（即国子生和太学生），由国子监发文书送交兵部，由其根据学生父祖的资荫选配每人充任皇家侍卫的种类（亲卫、勋卫或翊卫等），也即改走上面说过的第二种以门荫入仕的途径。连没完成学业被罢归的国子生、太学生，尚且有入仕的机会，则已完成学业通过监试而未曾登第的国子生、太学生，理应可以获得较之退学的学生更为优厚一些的安排。如《唐代墓志汇编》贞观一五

---

① 《通典》卷一七《选举五》开元十七年国子祭酒杨玚上言，见第415页。
② 《唐六典》，第558、559页。
③ 《新唐书》，第1161页。

八《唐故鄆州参军事胡府君墓志铭》："公讳宝……至于弱冠，任国学生，议允治方，识通时务。……以贞观十九年（645）诏授登仕郎，行鄆州参军。……以廿二年（648）卒于京，春秋卅有五。"据墓志，胡宝"弱冠"为贞观七年（633），则他自任国学生至授官历时共十二年；前面说过，学生由入学至业成通过监试，一般须五年，最多为九年，所以胡宝完成学业后，大致待选三至七年方授官。再如同上开元五二一陈众甫《唐故朝议郎行郴州义章县尉上柱国张府君墓志铭》："君讳守珍……弁髦岁补国子生，经律坟典，靡不该览。弱冠后，预仙曹选……未遇孔明之鉴。解褐授将作监左校署丞。"据墓志所载的卒年与享年推算，张守珍"弱冠"为先天元年（712）；志文说他幼年补国子生，二十岁后应举（时掌贡举者为吏部考功员外郎，故曰仙曹）落第，其后即解褐授官。估计因为通过监试的国子生、太学生已在国学中辛苦地学习了五至九年，所以朝廷没有安排他们像被罢退的学生那样，必须先在宫中宿卫若干年，才许参加吏部的铨选并授官，而是让他们按惯例在家待选一定年限，而后再参加铨选并授官。此外，还应指出，未曾登第的国子生、太学生，也像未曾登第的两馆生一样，多数人终其一生，也无法当上五品以上的高官。

　　与第一种以门荫入仕的途径相联系的，有斋郎、挽郎等。斋郎主要隶属太常寺，是掌宗庙社稷祭祀之事的小吏，共八百六十二人，数量不少。关于担任斋郎的资格，《新唐书》卷四五《选举志下》载：其中的太庙斋郎"以五品以上子孙及六品职事并清官子为之，六考而满"，"六品职事并清官子"，《唐会要》卷五九《尚书省诸司下·太庙斋郎》作"六品清资常参官子"，当是；郊社斋郎"以六品职事官子为之，八考而满"[①]。则充任太庙斋郎六年，或郊社斋郎八年，就能获得出身（即参加吏部铨选的资格），

[①] 《新唐书》，第1174页。

这对于五、六品官员的子孙来说，似乎是一条相当便捷的入仕之途，然而有一个问题首先应该说明，即无论是斋郎的选用，还是斋郎的考满获得出身，都要经过国家考试。《唐六典》卷二《尚书吏部》："应简（选）斋郎，准贡举例帖试。"① 卷四《尚书礼部》："太庙斋郎亦试两经，文义粗通，然后补授；考满简试。其郊社斋郎简试亦如太庙斋郎。"② 所谓"考满简试"，是说太庙斋郎"六考而满"、郊社斋郎"八考而满"后，都要经过选拔、考试，考试合格者才能给予出身。这是以考试的办法来淘汰一部分人，从而减少每年参加吏部铨选的选人的数量。其次，斋郎经考试合格获得出身后，往往不能马上授官，而是有的待选或守选若干年，才能够参加吏部的铨选并授官，有的则经多次参加吏部的铨选，才得以授官。《唐会要》卷一七《缘庙裁制上》："（开元）二十一年（733）二月十日敕：太庙九室，室长各三人，于见任斋郎中，拣择有景行、谙闲仪注者，送名礼部奏补，仍给厨食，满十年与官。"③ 太庙室长是从现任太庙斋郎中选拔出来的佼佼者，他们当室长必须满十年才能与官，如果加上其当室长前任斋郎的时间，则须经十多年才能有官做；假如太庙斋郎"六考而满"后就能立即授官，岂不比室长得官的时间还要短七、八年？若真的这样么还有谁情愿去当那个室长？《册府元龟》卷三四《帝王部·崇祭祀三》："（大和）九年（835）二月丁丑诏曰：……其斋郎委中书门下商量，量与减选。"④ 这个时候及第进士、明经的守选制已经实行（见前二节），所以"减选"当指守选的年限减少，而非指按惯例待选的年限减少，由此可见，当时也实行着已考满斋郎的守选制，只是已考满斋郎当守选多少年，这个制度是从什

---

① 《唐六典》，第46页。
② 《唐六典》，第110页。
③ 《唐会要》，第358页。
④ 《册府元龟》，第370页。

么时候开始实行的,我们现在还搞不清楚。《唐代墓志汇编》天宝〇三三姚通理《唐故朝散郎行临海郡乐安县尉姚君墓志铭》:"君讳晅……公袭宿荫太庙斋郎,缙绅选授临海郡乐安县尉。清白干济,郡县推揩,四考一秩,恒摄邻县……天宝元年(742)十一月六日,公春秋五十,寝疾薨于所部。郡县百姓……倍增酸鲠。"据墓志,姚晅天宝元年五十岁卒于临海郡乐安县,当时他为官已"四考"(四年),则他始任乐安县尉的时间,应在开元二十六年(738);又斋郎"限年十五以上、二十以下"(《新唐书·选举志下》),假设姚晅年二十(先天元年,712)始任太庙斋郎,则其"六考而满"的时间为开元六年(718),这样姚晅任太庙斋郎考满后,直等了二十年方授官。同上大和〇二四裴简《唐故朝请郎行太原府文水县尉裴府君墓志铭》:"公讳諠……祖迥,皇河南尹赠工部尚书。……弱冠入国学,应孝廉科,数举而不登第。……元和九年(814),以荫第斋郎出身,选授许州长葛县尉。……至大和二年(828),又选授太原府文水县尉,才过一考……以大和三年六月十六日倾逝于文水县官舍,享年六十七。"生活于中唐时代的裴諠,所行有点特别,他二十岁(建中三年,782)入国学,后数次应明经举皆落第,虽然唐时未曾登第的国学生也可参加吏部的铨选并授官,但是裴諠却不走此途,而改以斋郎的出身参选授官;裴諠数次应举落第后,当早已超过任斋郎的规定年龄,估计是因为他资荫高(其祖父任从三品之河南尹),又已通过了监试,所以给予特殊照顾,然而等到裴諠以斋郎的出身获得许州长葛县尉的职务时,却已经五十二岁(元和九年)了。这个事例说明,中唐时代以落第的国学生的身份入仕,相当艰难;而以斋郎的出身入仕,也并非就那么便捷。

上面谈到的斋郎都是常设的,此外,还有一种非常设性质的斋郎。《通鉴》卷二〇六则天后圣历二年(699):"太后自称制以来……因郊丘,明堂,拜洛,封嵩,取弘文、国子生为斋郎,因得选补。"①《唐代墓志汇编》开元二八六《唐故朝散郎行苏州嘉兴尉谈君墓志铭》："君讳昕……年十五，志乎学，以亲卫附读于成均（国子监），频举考功，以无媒被摈。圣朝有事于泰山（指开元十三年玄宗东封泰山），选君执司俎豆（指充任斋郎），有制量才擢用，调补苏州嘉兴尉。"拜洛水、封嵩山、封泰山等，都是国家罕见的特殊典礼，其斋郎自然是临时设置的。看来典礼一结束，这些斋郎都能够较快授官；不过这些典礼选用的斋郎，均是原来具有入仕资格的人（弘文、国子生等），入仕的范围并没有因此而扩大。

挽郎也是非常设性质的。所谓挽郎，是指皇帝、皇后、太子等出殡时牵引灵车并唱挽歌的人。当过挽郎的人，可以获得出身，并参加铨选授官。如《唐代墓志汇编》景云〇一四《大唐故左屯卫将军卢府君墓志铭》："君讳玢……上元（674—675）中，敬皇（高宗太子孝敬皇帝李弘，卒于上元二年）上仙，以门选为挽郎。复土之后，授相州参军。"《旧唐书》卷一四〇《韦皋传》："韦皋……大历（766—779）初，以建陵（唐肃宗）挽郎调补华州参军。"② 充任挽郎的资格也是资荫，《旧唐书》卷一九〇中《贺知章传》："（开元）十三年，迁礼部侍郎……俄属惠文太子薨，有诏礼部选挽郎，知章取舍非允，为门荫子弟喧诉盈庭。知章于是以梯登墙，首出决事，时人咸嗤之。"③ 看来，挽郎已成为门荫子弟们争抢的一个目标，而挽郎的选拔，也属于国家级的正规选拔（故由礼部侍郎负责）。《册府元龟》卷六三一《铨选部·条制三》："（文宗大和元年）五月礼部奏：山陵挽郎，准光陵合补二百二十人……取前弘文、崇文馆生及已考满太庙斋郎充，如人数

---

① 《资治通鉴》，第6542页。
② 《旧唐书》，第3821页。
③ 《旧唐书》，第5034页。

不足，兼取前明经充。"① 据此，知挽郎的入选对象，也都是原本具有入仕资格的人。然而，当了挽郎后，并不一定能马上授官，往往还要待选或守选若干年，才得以参选授官。《唐代墓志汇编续集》永昌〇〇三口胤《大唐故益州大都督府成都县令韦府君墓志》："君讳綝……解褐除太宗文武圣皇帝挽郎，显庆五年（660）授虢王府典签。"按，挽郎不是官职，"解褐"纯属誉词；唐太宗于贞观二十三年（649）八月下葬，韦綝为挽郎即在此时，则他为挽郎后历时十一年方授官。《唐代墓志汇编》天宝二五九李混然《大唐故临淮郡录事参军李君墓志铭》："君讳詥……年廿二，忠宣太子挽郎出身，天宝十三载（754）调授临淮郡录事参军事……以天宝十三载遘疾，终于官舍，春秋卌四。"李詥年廿二为挽郎，直至四十四岁方授官，待选达二十二年之久。《唐大诏令集》卷七七《光陵优劳德音》："……其挽郎放出身，后七选许集。"末署"长庆四年（824）十月"②。这个诏令是说，担任光陵（唐穆宗）挽郎的人，可马上获得出身（"放出身"）；但其后必须在家守选七年，才许参加吏部的冬集铨选（"后七选许集"）。至于是否参加一次铨选就能马上授官，据现有的材料尚难以作出判断。由这一条材料大致可知，穆宗长庆年间，存在着已获得出身挽郎的守选制度。

下面谈第二种以门荫入仕的途径，即通过充任皇帝或太子的侍卫然后入仕。据《唐六典》卷五《尚书兵部》等载，皇帝与太子的侍卫主要有以下几种：千牛备身、备身左右、进马、太子千牛，以三品以上职事官子孙、四品清官（诸司侍郎、左右庶子等）子充任；左、右卫亲卫，以三品以上子、二品以上孙充任；左、右卫勋卫及太子左右率府亲卫，以四品子、三品孙、二品以上曾孙充任；左、右卫翊卫及率府勋卫，以四品孙、五品职事官子孙

---

① 《册府元龟》，第7566页。
② 《唐大诏令集》，见《适园丛书》四集。

等充任；诸卫及率府之翊卫，以五品及上柱国之子孙等充任。《旧唐书·职官志二》："凡左右卫亲卫、勋卫、翊卫，及左右率府亲、勋、翊卫，及诸卫之翊卫，通谓之三卫。"① 以上千牛备身等及三卫，五至八考而满（即任侍卫的时间为五至八年），其中资荫高者考数少，资荫低者考数多，如千牛备身等，五考；诸卫及率府之翊卫，八考。《唐六典》卷五《尚书兵部》说：千牛备身等"五考，本司随文、武简试听选。""（三卫）考满，兵部校试，有文，堪时务，则送吏部；无文，则加其年阶，以本色迁授。"② 《新唐书》卷四五《选举志下》："凡千牛备身、备身左右，五考送兵部试，有文者送吏部。"③ 根据这些记载，可知各种侍卫考满后，到兵部参加考试（其内容应包括文、武两个方面），合格者即获得出身，其中"有文者"送吏部，听其参加吏部的铨选；无文者则参加兵部的铨选（武选），加阶授给武职。

那么，"有文者"送吏部后，是否能立即参加吏部的铨选？又，参加铨选时，能不能就在当年授官？抑或须参加多次铨选方能授官？由于这些问题，文献中未见有直接、明确的记载，所以我们只能通过对一些具体实例的分析，来寻找它们的答案。从目前我们掌握的实例来看，有考满后不久即参加吏部的铨选并授官的，如《唐代墓志汇编》开元〇九一《大唐故锦州参军上柱国太原王府君墓志铭》："君讳庭芝……长安四年（704），以宿卫考毕，调补锦州参军。……以开元七年（719）十月廿日构疾，终于怀仁里之私第，春秋卌有四。"据墓志所载卒年与享年推算，长安四年王庭芝任锦州参军时二十九岁；又庭芝"祖赞，皇任右骁卫潞城府果毅都尉（从五品下）；父哲，皇任辰州参军。"（见墓志）据庭芝之祖荫，他可任左右卫翊卫及率府之勋卫，六考而满（见

---

① 《旧唐书》，第 1833 页。
② 《唐六典》，第 154、155 页。
③ 《新唐书》，第 1174 页。

《唐六典》卷五），另"凡三卫皆限年二十一以上"（《唐六典》卷五）①，则庭芝宿卫宫中，当于二十七岁左右考满，其后二年即授官。又如大历〇三四钱庭筱《唐故太中大夫太常寺丞兼江陵府仓曹张公墓志铭》："公讳锐……未弱冠入仕，以门荫宿卫，解褐授右司御率府兵曹。至德（756—757）中，充四镇节度随军判官知支度事。……以宝应二年（763）正月廿五日夭殁于江陵府之官舍，春秋廿有七。"根据以上记载，张锐解褐为率府兵曹的时间当在天宝十四载（755）十九岁时，估计他所任为千牛备身等无年龄限制的侍卫，考满后也未曾待选就立即授官。但是，这样的实例实属少见，更多的情况是，考满后待选多年方能参加吏部的铨选并授官，还有的参加了多次铨选才得以授官，甚至有的屡次参选仍不得授官，至死还是个"吏部常选"。如《唐代墓志汇编》垂拱〇一三《大唐故颍州颍上县令独孤府君墓志铭》："君讳守义……起家左金吾卫引驾。……以龙朔元年（661）授君括州司法参军事。"按，唐时引驾以三卫充任，《唐六典》卷五云："凡左右卫、左右率府三卫经三考已上者，得补引驾、细引；考满，简试如三卫。"又云："凡左右卫之三卫分为五仗……其五仗上下及引驾、细引考以五。"同书卷二五《诸卫府》云："（左右金吾卫）又置引驾三卫六十人，并于左右卫取明闲队仗法用，兼能纠弹事者充。"② 根据以上材料，如果独孤守义按规定于二十一岁为三卫，当在二十五、六岁时考满，又墓志载，守义卒于垂拱元年（685），享年七十五，则他龙朔元年授官时年已五十一，这也就是说，他任三卫考满后，待选二十多年方授官。又《唐代墓志汇编》开元一八四《大唐故肥乡县丞田府君墓志铭》："君讳灵芝……自勋卫授兖州瑕丘县尉……以清白闻，寻授洺州肥乡县丞。亦既至止，果于从政……何神理不忱，愆我介福，以开元十年（722）九

---

① 《唐六典》，第155页。
② 《唐六典》，第155、638页。

月十日春秋六十有一，遘疾终于廨宇（官舍）。"据墓志，田灵芝一生只当过两任官职，六十一岁时卒于肥乡县丞任上，当时他任县丞尚未秩满（唐时六品以下官吏四年秩满），则他始任县丞的时间应为五十九岁上下；假设田灵芝年二十一为勋卫，六考而满（见《唐六典》卷五），则他当于二十六、七岁时考满获得出身，自获得出身至始任肥乡县丞，相距约三十二年，其间曾当过四年瑕丘县尉，这样他前后待选的时间，就有二十八年之久；这二十八年中，可分为前后两段，前一段是获得出身后待选，后一段为任瑕丘县尉秩满后待选，据墓志"以清白闻，寻授……"之语，可知田灵芝任县尉考课成绩优异，秩满后待选（当时尚未实行前资官的守选制）时间不长①，而他获得出身后待选的时间则颇长，当有二十多年。开元二一七《大唐故登州司仓杜君墓志》："君讳济……将身许国，翊卫勤王，孙弘久沉，释之方调，悲夫！……开元十二年（724）五月一日君春秋五十二，终于登州官舍。"杜济一生只当过一任官职，年五十二卒于登州司仓任上，则他始任司仓的时间应为五十岁上下，这样他自任翊卫考满（八考而满）后至为登州司仓，有二十年左右。天宝一○五柳芳《唐故通议大夫守太子詹事源府君墓志铭》："府君讳光乘……神龙（705—706）中，以门荫自左卫亲卫补陕州硖石、同州白水二县丞。"按，墓志谓源光乘天宝五载（746）卒，年七十七，则神龙中他释褐任硖石县丞时已经三十六、七岁；如果光乘按规定在二十一岁时为左卫亲卫，就当于二十五、六岁时考满（五考而满），则他虽然资荫高，考满后待选的时间也达十一年。开元四五三《大唐故吏部常选杨府君墓志铭》："公讳偘……皇朝起家授右金吾引驾。……寻即简过，调选吏部，屡历铨衡，频移岁稔。……以开元廿五年（737）七月廿八日卒于河南县道政坊私第，春秋卌四。"则杨偘

---

① 参见《唐代铨选与文学》，第130、131页。

为引驾（三卫）五考而满经选拔（"简过"）合格获得出身后，屡次参加吏部的铨选，都没有获得官职，至死仍是个"吏部常选"。类似的情况在唐代并不鲜见。如开元二五一《大唐故陪戎校尉太原王君墓志铭》："父本，居家闻孝，在邦怀节，宿卫功成，吏部常选。"天宝〇〇九《唐故吏部常选荥阳郑公墓志铭》："公讳璿……少以祖荫，补左卫勋卫……命恒屈于铨衡，几乎强仕而不偶。"据墓志，郑璿开元廿九年（741）三十九岁时卒；他为左卫勋卫考满后，也是多次参加吏部的铨选而不遇，年近四十，还只是个"吏部常选"。《新唐书》卷四九上《百官志四上》云："武德、贞观世重资荫……其后入官路艰，三卫非权势子弟辄退番，柱国子有白首不得进者；流外虽鄙，不数年给禄禀，故三卫益贱，人罕趋之。"① 可见唐代后期，通过充任三卫而后入仕的道路，已越来越难走；而实际上即便是在初唐时代，这条道路也并不那么平坦，这从上述王庭芝、独孤守义、田灵芝、源光乘等实例中不难看出。

唐时文武分途，通过充任三卫而后进入文官系列之难已如上述；而自三卫进入武职系列，相对而言则容易一些。因为任文官必须参加吏部的铨选（文选），而在吏部铨选的试判方面，这些充任三卫的贵族高官子弟，往往由于缺少文才，处于劣势；而兵部的铨选（武选）则主要考武艺，并不试判。当然，任三卫考满后，参加兵部的铨选出任武职，也并不是都那么顺畅便捷。如《唐代墓志汇编》神龙〇〇九《大唐中兴弘农郡杨使君墓志铭》："君讳思玄……唐麟德元年（664），解褐授右卫翊卫。天授二年（691），授游击将军（武散官）、右监门卫长上（从九品下）。"据墓志，杨思玄神龙元年（705）年七十二时卒，则其充任右卫翊卫时，已三十一岁，而他为右卫翊卫考满的时间（右卫翊卫六考而

---

① 《新唐书》，第1181、1182页。

满,见《唐六典》卷五),应在咸亨元年(670);这样杨思玄考满后,一直待选了二十一年方授官。又如天宝一四二《大唐故右金吾卫翊卫兵部常选张公墓志铭》:"公讳孝节……蕴三端之妙能,工七札之穿彻。……以开元十五载三月十一日,终于思恭里之第,享年六十有三。"知张孝节右金吾卫翊卫出身,终生不曾获得一官半职,至六十三岁辞世时,仍只是个"兵部常选"。

与第二种以门荫入仕的途径相联系的,有品子。品子谓品官之子,这里是指充任亲事、帐内及其他杂掌的文武官六品以下与勋官三品以下五品以上子(见《新唐书·选举志下》)。《唐六典》卷五:"凡王公以下皆有亲事、帐内(注:六品、七品子为亲事,八品、九品子为帐内。),限年十八以上。"亲事、帐内是亲王等的侍卫、陪从,品子充任亲事、帐内等,"皆限十周年则听其简试,文理高者送吏部,其馀留本司,全下者退还本色。"(《唐六典》卷五)① 就是说,充任亲事、帐内的品子,服番役满十周年,听其参加兵部的"简(选)试",这一简试的具体内容,当与三卫考满后的考试接近。简试后,文理高者送吏部,可参加吏部的铨选并授文职;其馀的留兵部("本司"),许其参加武选并授武职;而简试不合格者,则退回本来的行业。此外,还有一种本贯或居住地距长安、洛阳较远的品子,可以纳钱代替服番役,称"纳课品子"。《新唐书·选举志下》:"凡纳课品子……纳课十三岁而试,第一等送吏部,第二等留本司,第三等纳资二岁,第四等纳资三岁;纳已,复试,量文武授散官。"② 则纳课品子比服番役的品子要多等三年,才能参加兵部的简试;所谓"第一等送吏部,第二等留本司",意近《唐六典》之"文理高者送吏部,其馀留本司";至于第三等、第四等,则还要再纳资二至三年后,才许又一次参加简试,其中简试合格的人,授给散官(由授散至授职事

---

① 《唐六典》,第 155、156 页。

② 《新唐书》,第 1174 页。

官,还要经过许多周折);不合格者,当照例"退还本色"。兵部通过对服番役和纳课的品子的简试,可淘汰掉一些人,从而减少每年参加铨选的选人的数量。那么,那些未被淘汰而得以参加吏部或兵部铨选的人,能不能立即授官?根据我们现在掌握的一些实例,估计他们还要待选若干年,或者参加多次铨选,才得以获得官职。例如《唐代墓志汇编》长寿〇一五《大周张君墓志铭》:"君讳道……起家任赵王府执仗。……咸亨二年(671),授江王府户曹。"据墓志,张道长寿二年(693)卒,年六十八,则咸亨二年他四十六岁;执仗,即执仗亲事,是诸王亲事府亲事的一种,《新唐书》卷四九上《百官志四上》:"王府执仗亲事、执乘亲事,每月番上者数千人。"[①] 如果张道按规定于十八岁任赵王府执仗亲事,则至二十八岁时服番役已满,他从服番役已满至参加吏部铨选授江王府户曹,相距十八年;这十八年应该就是他授江王府户曹之前的待选时间。这样看来,品子这一文武官六品以下子的入仕之途,也并不那么顺畅便捷。

唐朝廷之所以让未曾登第的两馆生、国子生、太学生,以及已考满的斋郎、获得出身的挽郎,还有已考满的三卫、品子等,待选或守选一定的年限再参加铨选,是为了延迟这些人参选与入仕的时间,减少每年参加铨选的选人的数量,从而缓和选人多而官缺少的矛盾。

下面谈流外出身的选人待选。流外即流外官。关于流外官,《唐六典》卷二《尚书吏部》云:"凡未入仕而吏京司者,复分为九品,通谓之行署。其应选之人,以其未入九流,故谓之流外铨,亦谓之小铨。其校试铨注,与流内铨略同。"注:"谓六品已下九品已上子及州县佐吏;若庶人参流外选者,本州量其所堪,送尚书省。"[②] 这就是说,流外官是指在中央各部门负责办理诸种具体

---

① 《新唐书》,第1282页。

② 《唐六典》,第36页。

事务的胥吏，具体地说，也就是"诸台、省、寺、监、军、卫、坊、府"之录事、令史、书令史、谒者、掌固、亭长、府、史等等；流外官和流内官一样，也分为九品，即勋品（最高品）、二品以至九品①；流外官的铨选，由吏部郎中二人中的一人负责，有资格应流外官选拔的是六品以下九品以上官员之子、州县的佐吏（不能"入流"的非流内官）、各州府选送的庶人。流外官的录取条件是：工书法、工计算、晓时务，"三事中，有一优长，则在叙限"（《旧唐书·职官志二》）②。流外出身者入流（经参加铨选成为流内官），为唐代流内官的主要来源之一。《唐会要》卷七四《选部上·论选事》："显庆二年（657），黄门侍郎知吏部选事刘祥道上疏曰：今之选司取士伤多且滥，每年入流数过一千四百人。"③ 可见当时流外出身者每年入流的数量相当多。流外入流的数量过多，必然加剧选人多而官缺少的矛盾，所以如何控制流外入流的数量，始终是唐代统治者必须认真对待的一个问题。

那么，唐代的流外官须通过什么程序，经历多长时间，才能参选入流呢？《唐六典》卷二说："每经三考，听转选，量其才能而进之；不，则从旧任。"注："其考满，有授职事官者，有授散官者。"④ 这是说，流外官每经三年，听其参加流外铨，根据参选者的才能而升进；流外铨和流内铨一样，也试判，《唐六典》卷一："（掌固）转入府、史，从府、史转入令史，选转皆试判。"⑤ 流外官与流内官一样，也有考课制度，《唐六典》卷二："其流外官，本司量其行能、功过，立四等考第（上、中、下、下下）而勉进之。"⑥ 既然流外铨的铨试方法"与流内铨略同"，则流外官

---

① 参见《唐六典》卷一《尚书都省》，第13页。
② 《旧唐书》，第1820页。
③ 《唐会要》，第1334页。
④ 《唐六典》，第36页。
⑤ 《唐六典》，第13页。
⑥ 《唐六典》，第44页。

的转选升进，一当看试判是否合格（如不合格，当从旧任），二则应看考第；前面叙及，流外官也分为九品，则其"考满"入流，似当在升入勋品以后一段时间。那么要当多少年流外官，才能升入勋品并考满入流呢？《唐六典》卷一："武德初，天下始定，京师谷价贵，远人不愿仕流外……故促以年考，优其叙次，六、七年有至本司主事及上县尉。"① 我们知道，武德年间，"天下兵革方息……士不求禄，官不充员"（《通典》卷一五），所以当时流外官的任职期限较短，六、七年即可入流为职事官。宋孙逢吉《职官分纪》卷八"尚书省令史书令史"条引《唐六典》云："国初限八考以上入流，若六考以上频上，七考六上（今本《唐六典》频、七二字空缺），并入流为职事。……近革选，限十（此字今本《唐六典》空缺）考六上入流。"② "国初"大抵指唐太宗、高宗时代，这时限八年以上方可入流，而且只能授散官；假如六年以上考第接连为上，或七年中考第有六年为上，这样才能入流为职事官。到了玄宗开元年间，又有了新的规定，"限十考六上入流"，就是说任流外官必须满十年，而且其考第有六年为上，才能入流；应该说这项规定并不易达到，如果任流外官满十年而考第达不到六上，或考第达到六上而任官时间不满十年，就都不能入流。由此不难想见，当有一部分流外官终生都无法入流。那么"十考六上入流"后，授什么官呢？《唐六典》没有说，大概是"有授职事官者，有授散官者"吧。授散的流外官，还得按照有关散官的一套规定在吏部"当番上下"，然后才能再次参加吏部的铨选，授给职事官（参见上一节）。唐代吏部流内文官的铨选须试判，流外官考满后参加吏部流内铨，自然也一样，高宗显庆二年（657）刘祥道上疏即称："今行署（流外官通称）等劳满，唯

---

① 《唐六典》，第13页。
② 《职官分纪》，文渊阁《四库全书》本。

曹司试判，不简善恶，雷同注官。"① 又《通典》卷二二《职官四》："总章（668—669）中，诏诸司令史考满合选者，限试一经，时人嗟异，著于谣颂。"②《唐会要》卷七五《选部下·杂处置》："乾封三年（即总章元年，《册府元龟》卷六二九《铨选部·条制一》作总章二年）十月敕：司戎（即兵部）诸色考满，又选司（指吏部）诸色考满入流人，并兼试一经一史，然后授官。"③ 则对考满参选的流外官，除了试判，还要加试一经一史。这样做的目的看来是想借考试淘汰一些人，以减少每年流外官入流的人数。

我们找到若干有关的实例，可用来和上述记载相参照。《唐代墓志汇编续集》长寿○○五《大周故前尚方监兼检校司府少卿王公墓志铭》："府君讳基……年十有四，以贞观十一年（637）擢为兰台书手。……以十八年（644）随牒授岐州岐阳县尉。"按，兰台即秘书省，唐秘书省置"楷书手八十人"，注："隋炀帝秘书省置楷书郎二十人，从第九品，掌抄写御书。皇朝所置，职同流外也。"（《唐六典》卷一○）④ "书手"即指楷书手；则王基任流外官七年，即入流为职事官，这同上述《唐六典》卷一的记载大致相合。《唐代墓志汇编》天宝○四九《大唐故左春坊录事郭公墓志铭》："公讳药师……少落经策，遂历吏途，参掌铨衡，调拜奉乘。教牧多术，察厩有方，俄荣右春坊主事。……旋迁左春坊录事。……春秋陆拾，开元廿六载（738）季春二日，终于洛阳私第。"按，少落经策，谓郭药师少应明经举落第（唐明经科试儒家经书及时务策）；遂历吏途，谓于是他充任胥吏（任流外官）；参掌铨衡，指他在吏部为胥吏，当掌管铨衡职事的官员的助手；调

---

① 《通典》卷一七《选举五·杂议论中》，第 403 页。
② 《通典》，第 610 页。
③ 《唐会要》，第 1358 页。
④ 《唐六典》，第 298 页。

拜奉乘,指其参选入流,授奉乘之职,《唐六典》卷一一《殿中省》:"尚乘局……奉乘十八人,正九品下。……奉乘掌率习驭、掌闲、驾士及秣饲之法。"① 又,右春坊主事(从九品下)、左春坊录事(从八品下),皆东宫属官。据墓志,郭药师任满三任职事官,已年近六十;若以每任四考计算,共得十二年,再加上首、二任与二、三任之间的待选时间,当共有二十多年,所以他任职事官的时间,大致当在开元时代,而任流外官,则在武则天、中宗、睿宗时代,估计他任流外官超过十年,方参选入流成为职事官。天宝一二二《唐故吏部常选广宗郡潘府君墓志铭》:"君名智昭……掌历生事,习业日久,勤事酬功,授文林郎,转吏部选,时载五十有六……病甚日笃,终于其家。……以戊子岁(天宝七载,748)实沉月五日癸酉殡于长安龙首乡,礼也。"按,唐秘书省太史局置"历生三十六人",注:"隋氏置,掌习历。皇朝因之,同流外,八考入流。"(《唐六典》卷一〇)② 掌历生事,即指充任历生;文林郎,文散官从九品上,则潘智昭为历生考满入流后,先授散官,待完成散官"当番上下"的任务后,方"转吏部选";估计他参加过多次吏部铨选,仍不得授官,所以到五十六岁辞世时,还只是个"吏部常选"。据墓志所载卒年与享年推算,开元元年(713)潘智昭二十一岁,则其任历生及授文林郎,皆当在开元年间,而转吏部选,则约在开元末,至于他任流外历生的年限,实际上恐怕应超过"八考"才对。《唐会要》卷五八《尚书省诸司中·吏部尚书》:"大中六年(852)十一月,吏部奏:条流诸司流外入流令史等,请减下四百五十四员。敕旨:应属流外铨人,所减员额,并宜依。"③ 诸司流外入流令史,盖指"尚书、中书、门下省、御史台令史",它们都属于流外勋品之职(见

---

① 《唐六典》,第330、331页。
② 《唐六典》,第303页。
③ 《唐会要》,第1005页。

《通典》卷四〇）。由这条材料可知，唐时吏部当订有流外入流的条例，其中有关于每年流外入流员额的具体规定；自大中六年十一月起，这个规定的员额一下子减少了454人，这样一来，必定会延迟一部分流外官参加流内铨与入仕的时间，还会使一部分流外官，终生无法入流。

综上所述，可以说自唐初至唐末，流外出身者入流的难度日渐增大，入流的时间愈益延迟。流外官考满后，往往要待选一定年限，或多次参加铨选，才得以授流内职事官，还有一部分流外官，终生都不能入流。唐朝廷之所以采取多种措施增大流外官入流的难度，延迟他们参选入流的时间，目的就是为了减少每年流外入流选人的数量，从而缓和选人多官缺少的矛盾。

以上分别考察和论述了吏部选人中的前资官、及第进士与及第明经、门荫与流外出身者的守选和待选情况。上面我们谈到，唐自高宗之后，选人多官缺少的矛盾非常突出，历年吏部铨选累积下来的具有任官资格却又没有获得职事官的人越来越多，这加剧了社会的矛盾，出现了铨选的混乱局面。其主要的表现是，那时候大批选人长途跋涉、糜费资财来到京师参加铨选，其结果却是落选者超过十分之八（参见第一节），这就难免使他们怨声载道，从而加剧了社会的矛盾；又，每年选人会聚京师，动以万计，不仅使京师的米物供应发生困难，也让负责铨选的吏部官吏难以招架，铨选工作因而也就没法做到杜绝渝滥、公平细致。而文职六品以下前资官守选制的建立，使得每年参加铨选的选人的数量大为减少，这样就缓和了选人多官缺少的矛盾，既减轻了京师物资供应的压力，又免除了一大批选人往来奔波的辛劳与糜费资财的负担。同时，"循资格"施行以前，吏部注官，"或不次超迁，或老于下位"（《通鉴》卷二一三），然而"不次超迁"者未必都是"才俊之士"，其中往往杂有钻营趋竞之徒、豪门势家子弟，这样铨选也就有失公平，而"循资格"的施行，即矫正了这种不公平，使那些"老于下位"，或"久淹不收者"，获得了升迁或继续为官的机会，从而使皇恩得以"普施"，社会的矛盾得到了缓解。及第进士与及第明经守选制的建立，对于减少每年参选的选人的数量，所能起的作用有限，但此一制度的建立，也改变了先前社会上长期存在着的"有出身二十馀年不得禄者"的状况，使及第进士、明经，获得了平等的参选授官机会。唐时门荫出身选人的待选或守选，对于减少每年参加铨选的选人的数量，缓和选人多官缺少的矛盾，有着重要的作用。尤其值得注意的是，这一待选或守选，减少了门荫出身选人的入仕数量，延迟了他们的入仕时间，这对于调整唐时初入仕者中各种出身的比例，减少门荫出身者在初入仕者中所占的比重，有重大作用。另外，唐时，特别是唐初，每年流外官入流的人数相当多，流外出身选人的待选，对于减少每年流外入流选人的数量，同样起了重要作用。当然，守选制的施行，"循资格"的制定，也有它的明显弊病，所谓"无问能否，选满即注"，"贤愚一贯"，确实不利于"异才高行"者脱颖而出，限制了才俊之士的升进和发挥作用。但是，唐朝廷也采取了一些补救的措施，为才俊之士提供了若干摆脱守选的途径，例如科目选（博学宏词、书判拔萃等）、制举、荐举、入使府，等等，这方面的内容也很丰富、复杂，下一章拟作专门论述。

第二章

唐代文官摆脱守选的途径

第一节 何谓摆脱守选和摆脱守选之难

何谓"摆脱守选"?"摆脱守选"就是唐五代人所说的"出选门"。《册府元龟》卷六三三《铨选部·条制五》载后唐明宗长兴二年(931)七月敕旨:"应州县官内有曾在朝行及佐幕,罢任后准前资朝官宾从例处分。其带省衔已上,并内供奉、(监察)裏行及诸已出选门者,或降授令、录者,罢任日并依出选门例处分,不在更赴常调,便与除官。"① "出选门"是指文官不用再参加吏部的常选("常调")即可授官。我们知道,唐时吏部负责六品以下文官的铨选、署职,谓之"旨授";而五品以上文官的选授不由吏部,"盖宰相商议奏可而除拜之也"②,称为"制授"。《通典》卷一五《选举三》:"凡旨授官,悉由于尚书,文官属吏部,武官属兵部,谓之铨选。唯员外郎、御史及供奉官则否。"注:"供奉官,若起居、补阙、拾遗之类,虽是六品以下官,而皆敕授,不属选司(吏部)。开元四年,始有此制。"③ 则还有一部分六品以下官员的选授不属吏部,而由宰相进拟,称为"敕授"。这部分敕授官,可统称为六品以下常参官。《唐六典》卷二《尚书吏部》:

---

① 《册府元龟》,1960年中华书局影印本,第7590页。
② 陆贽《请许台省长官举荐属吏状》,见《全唐文》卷四七二。
③ 《通典》,中华书局1988年版,第359页。

"凡京师有常参官（注：谓五品以上职事官、八品已上供奉官、员外郎、监察御史、太常博士。）、供奉官（注：谓侍中，中书令，左、右散骑常侍，黄门、中书侍郎，谏议大夫，给事中，中书舍人，起居郎，起居舍人，通事舍人，左右补阙、拾遗，御史大夫，御史中丞，侍御史，殿中侍御史。）。"① 根据以上记载，六品以下、八品以上供奉官有起居郎、起居舍人、通事舍人、左右补阙、左右拾遗、侍御史、殿中侍御史，它们都属于常参官。这样看来，六品以下常参官应包括：起居郎、起居舍人、通事舍人、诸司员外郎、侍御史（以上六品）、左右补阙、殿中侍御史、太常博士（以上七品）、左右拾遗、监察御史（以上八品）。关于常参官，《新唐书》卷四八《百官志三》云："文官五品以上及两省供奉官、监察御史、员外郎、太常博士，日参，号常参官。"② 由于他们每日朝参（节假日除外），得以接近天子，因此虽为六品以下文官，也皆"敕授"，而不由吏部署职。综上所述，"出选门"包括两种情况：一种是成为五品以上职事官，另一种是成为六品以下常参官。前一章我们谈到，由吏部负责铨选授职的六品以下文官，在守选制成立之后，都必须守选；成立之前，也要按惯例待选，而无论是升为五品以上职事官，还是成为六品以下常参官，都无须再守选或待选，而可以连续为官，这就是所谓"摆脱守选"。韩愈《寄崔二十六立之》云："不脱吏部选，可见偶与奇。"是说立之命运不济，登第二十多年还不能摆脱吏部常选，成为六品以下常参官或五品以上官员。

六品以下常参官敕授的制度，始于何时？根据有关记载，唐高宗永徽以后，已出现御史、员外郎敕授的情况，但并未形成定制，六品以下常参官敕授成为定制，当在开元四年（716）。关于这个问题，《唐代铨选与文学》第六章第一节已有论述，这里就不

---

① 《唐六典》，中华书局1992年版，第33页。
② 《新唐书》，第1236页。

多说了。

　　在唐代，一个六品以下文官能否摆脱守选，是一个关系到他未来能否连续为官，以及能否进入中、高层官员行列的问题。如果一个六品以下文官不能摆脱守选，那他就必须多次休官，而且往往是一生休官的时间多于任职的时间，以至于入仕后数十年，只能任三、四、五任，甚至一、二任低层官职（每任一般为四年）。关于唐代高、中、低层官员的划分，我认为大抵可以官员的服色来定。唐代官员三品以上服紫，堪称高层；四、五品服绯，可算中层（唐时州刺史一般服绯）；六、七品服绿，八、九品服青，都可算低层。虽然唐代官员的服色是依其散官官阶来定的，但职事官阶已到三品、五品，散阶未及三品、五品者，有赐紫、赐绯和借紫、借绯之特典，所以只要官员的职事官阶到了三品、五品，一般还是可以着紫、着绯的，说见岑仲勉《金石论丛·依唐代官制说明张曲江集附录诰命的错误》。①

　　关于六品以下文官未能摆脱守选导致的结果，唐五代人有许多论述。如开元二一年（733）六月唐玄宗的诏令说："凡人三十始可出身，四十乃得从事，更造格限，分品为差，若如所制之文，六十尚不离一尉。"（参见第一章第二节）《新唐书》卷四五《选举志下》载德宗贞元八年（792）陆贽初为宰相时的情况："士至蹉跌，或十年不得官，而阙员亦累岁不补。……是时……士人二年居官，十年待选，而考限迁除之法浸坏。"②《全唐文》卷五九六欧阳詹《上郑相公书》自称进士及第后"四试于吏部，始授四门助教。……噫！四门助教，限以四考，格以五选，十年方易一官也。自兹循资历级，然得太学助教，其考、选年数，又如四门，若如之，则二十年矣。自兹循资历级，然得国子助教，其考、选

---

① 《金石论丛》，上海古籍出版社1981年版，第461—465页。
② 《新唐书》，第1179页。

年数，又如太学，若如之，则三十年矣。三十年间，未离助教之官"①（此文作于贞元十五年②）。又贞元时人苏冕议曰："士子三年守官，十年待选，欲吏有善称……不可得也。"又曰："至有待选十余年，裹粮千馀里，累驳之后，方敢望官，注拟之时，别遇敕授。"（参见第一章第一节）后唐闵帝应顺元年（934）中书门下奏："孤贫举士，或年四十，始得经举及第，八年合选，方受一官，在任多不成三考，第二选渐向蹉跎，有一生终不至令（县令）、录（录事参军）者。"（参见第一章第四节）以上说的都是未能摆脱守选的六品以下文官，一生往往长期休官，守选的时间大大多于任职的时间，而且职卑禄微，连中层官吏也当不上。

下面，再看看若干未能摆脱守选或待选的六品以下文官的铨选授官实例：

1. 据《毕粹墓志》，毕粹贞观五年（631）四十二岁时登进士第，咸亨三年（672）卒，"春秋八十有三"；他自登第至辞世，历时四十一年，共当过密州博士、石州定胡县尉、绛州夏县主簿、蓬州安固县丞、德州平原县丞五任官职（每任任期为四年），其中最高的职务为从八品下（参见第一章第三节）。

2. 《全唐文》卷三一一孙逖《陈情表》："臣父嘉之，幸遇明时，早勤学业，出身入仕四十余年，历官五政，经考二十，未能亨通，才及令长。"据同上卷三一三孙逖《孙嘉之墓志铭》，嘉之天册（695）中进士及第，久视（700）初又应制举中第，所历五官为：蜀州新津县主簿、河南府缑氏县尉、王屋县主簿、洺州曲周与宋州襄邑二县令，其中最高的职务为从六品上的紧县县令（参见第一章第三节）。"经考二十"，则他"四十余年"中只有二十年居官。

3. 《唐代墓志汇编》天宝○一三《大唐故何府君墓志铭》：

---

① 《全唐文》，第6025页。
② 见《全唐诗》卷四七三孟简《咏欧阳行周事》诗序。

"君讳简……以进士及第,解褐扬州高邮主簿。……再授左威卫仓曹参军。丁内忧去职……以天宝元年(742)六月十九日卒于河南县敦化坊之里第,春秋五十有七。"何简进士及第后,只任过两任官职,其中最高的职务为正八品下。

4.《唐代墓志汇编》天宝二五四宇文遥《大唐故信都郡武强县尉朱府君墓志》:"年卅,国子进士擢第,以才举也。居无何,署信都郡武强县尉,以判选也。……天宝十三载(754)七月囗日寝疾,遂终于睦仁里之私第,春秋卌九。"朱府君三十岁进士及第后过了十九年,只当过一任从九品上的县尉即辞世。

5.《唐代墓志汇编》贞元〇九六陆复礼《唐故河南府河南县主簿崔公墓志铭》谓崔程"弱冠,乡举进士,擢第,解褐授秘书省正字。以书判茂异,秩满,调补河南府参军。以人物籍甚,又从常选,署河南县主簿"。又谓崔程贞元十四年(798)卒,"享年五十有一,历官三政而亡",则程自弱冠登进士第至辞世,凡三十一年,只当了三任职务,并且全都是八、九品官。

6.《赵保隆墓志铭》载,保隆贞观十三年(639)廿岁时明经及第,永昌元年(689)七十岁时卒,及第后历时凡五十年,只当过五任官职:"以贞观廿二年始授瀛州乐寿尉,次授潞州上党主簿,次授宋州襄邑丞,次授岐州岐阳主簿,次授冀州武强主簿。"其中最高的职务为从八品下的襄邑县丞(参见第一章第四节)。

7.《王训墓志铭》载,王训垂拱四年(688)应神童举擢第,先天二年(713)拜和义郡参军,开元十四年(726)转延安郡肤施县丞,天宝三载(744)迁桂阳郡临武县令,同年"终于桂阳官舍,春秋六十有八"。则王训擢第后五十六年,只当了三任官职,其中最高的职务为从七品上的中下县令(参见第一章第二节)。

8.《唐代墓志汇编》天宝一二九《唐故延王府户曹丁府君墓志铭》:"公讳韶……弱冠明经擢第,释褐授隐太子庙丞。……次授节愍陵令……转延王府户曹……以天宝七载（748）八月十七日卒于河南府洛阳县通远里之私第，时春秋有六十。"知丁韶明经擢第后，历时四十载，只当过三任官职，其中最高的职务为正七品上（王府户曹参军）。

9.《周著墓志铭》载，周著贞元十六年（800）明经擢第，"元和（806—820）中，释褐补晋州霍邑尉。秩满，次调鄂州永兴尉"，"宦才二任而终"，大和八年（834）卒，"享年六十八"。知周著明经及第后，历时三十四年，只当过两任从九品上的县尉（参见第一章第四节）。

10.《黄弘远墓志铭》载，弘远穆宗长庆二年（822）明经擢第，"大和元年（827），选福唐主簿。……又授吉州司法"，官仅两任，卒于大中元年（847），"年五十七"。则弘远明经及第后，历时二十五年，只当了两任官职，其中最高的职务是从七品下的吉州司法参军（参见第一章第四节）。

以上诸例，都属科举及第出身未能摆脱守选的六品以下文官；至于门荫出身的六品以下文官，又比科举出身者更难于摆脱守选，这方面的例子在墓志中大量存在，不可胜举，仅第一章第五节谈到的，就有屈突伯起、高琛、张椅、魏和、胡宝、张守珍、姚晅、裴誼、谈昕、韦緉、李詥、王庭芝、张锐、独孤守义、田灵芝、杜济、张道等十七人。总的说来，上述两种出身的文官，虽说摆脱守选不易，毕竟还是有可能摆脱守选的，而流外出身的文官，则几近于没有可能摆脱守选，唐代后期尤其如此。从当时普遍的社会舆论看，流外官为士流所鄙视，所以朝廷便对他们所当任的文职，设立了许多限制。《旧唐书》卷四二《职官志一》："神功元年（697）制：'勋官、品子、流外、国官出身，不得任清资要官。'"[1]《唐六典》卷二《尚书吏部》："凡出身非清流者，不注

---

[1]《旧唐书》，第1806、1807页。

清资之官（注：谓从流外及视品出身者）。"① 按，唐时"职事官资，则清浊区分"（《旧唐书》卷四二）②，所谓"清资要官""清资之官"，应该就是《唐六典》卷二、《旧唐书》卷四二所说的"清望官"和"清官"，其中"清望官"包括三品以上官及尚书左右丞、六部侍郎、太子左右庶子、秘书少监等少数四品文职；"清官"则包括部分四品以下、八品以上的各种清贵文武官职，值得注意的是，前面说过的无须守选或待选的六品以下常参官中，除了通事舍人一职外（通事舍人属"望秩常班"，流外出身者亦不得担任，说见下），都属"清官"之列，这也就是说，流外出身的人，不得担任无须守选的六品以下常参官，而先担任六品以下常参官，又正是升入"出选门"的五品以上职事官的一个最佳过渡（说见下节）。没有机会参与这种过渡，自然对于官职的升进极其不利。《唐会要》卷七五《选部下·杂处置》："（神功元年）闰十月二十五日敕：八寺丞，九寺主簿，诸监丞、簿，城门、符宝郎，通事舍人，大理寺司直、评事，左右卫……左右率府、羽林卫长史，太子通事舍人，亲王掾、属、判司、参军，京兆、河南、太原判司，赤县簿、尉，御史台主簿，校书，正字，詹事府主簿，协律郎，奉礼（郎），太祝等，出身入仕，既有殊途，望秩常班，须从甄异。其有从流外及视品官出身者，不得任前官。"③ "前官"除通事舍人外，大致都属六品以下非常参之京官（其中河南、太原判司及洛阳、太原等赤县簿、尉非京官），这些流外出身者都不得担任，可见他们的任职限制之多。同上书卷五八《尚书省诸司中·吏部尚书》："大历十四年（779）七月十九日敕：流外出身人，今后勿授刺史、县令、录事参军，诸军诸使亦不得奏请，仍

---

① 《唐六典》，第27、28页。
② 《旧唐书》，第1804页。
③ 《唐会要》，中华书局1955年版，第1359页。

委所由检勘。"① 连县令、录事参军这样的六品以下地方官，都不许流外出身人担任，则他们想升入五品以上职事官，自然是不大可能的。由今存的大量唐代墓志来看，唐初（太宗、高宗之世）尚有个别流外出身人进入五品以上职事官的例子，如《唐代墓志汇编续集》长寿〇〇五《王基墓志铭》载，王基贞观十一年（637）为兰台（秘书省）书手（流外官），十八年（644）入流为岐州岐阳县尉，后不断升迁，官至从三品的尚方监。但武后神功之后，类似的例子却很难在墓志和正史列传中找到。也许有人会举出玄宗时"从流外入流的牛仙客"②官至宰相的例子作为反证，然据《旧唐书》卷一〇三《牛仙客传》载，仙客"初为县小吏"，这属于不能入流的非流内官，他的发迹，实际上并非走了从流外入流之路，而是由于后来从戎入幕，"以军功"累迁至河西节度使，然后又由节度使入相天子。

上面所述唐代文官摆脱守选之难的情况，在两《唐书》列传中基本上看不到，而从大量出土墓志中，则可以看得很清楚，因为两《唐书》列传所收的，绝大多数是高、中层官员，世家大族和名士，而墓志中所见唐代官员，则绝大多数是低层的州县官和京官，在两《唐书》中无传，必须将这二者合观，才能了解唐代官员的全面情况。应该说，从总体上看，唐代文官的大多数，皆未能摆脱守选，而在六品以下的官职之中流转，并且长时间休官。这种状况在当时颇具有社会影响的诗人群体中，也有反映，例如：

1. 储光羲　盛唐山水田园诗人，在当时颇有诗名，唐殷璠《河岳英灵集》卷下说："储公诗格高调逸，趣远情深，削尽常言。"③《全唐诗》存其诗四卷。据拙作《储光羲生平事迹考辨》④

---

① 《唐会要》，第 1005 页。
② 《唐代科举制度研究》，第 170 页。
③ 李珍华、傅璇琮《河岳英灵集研究》附《河岳英灵集》，中华书局 1992 年版，第 213 页。
④ 载《文史》第十二辑，中华书局 1981 年版。

考证，光羲开元十四年（726）进士及第后，当了几任县佐，于开元二十一年"辞官归乡"；现在看来，说"归乡"正确，说"辞官"则欠妥，上一章我们谈到，文职六品以下前资官的守选制，于开元十八年制定并开始实施，因此光羲的归乡，应是由于守选的缘故。又据《考辨》考证，光羲于开元末离乡至秦中，曾隐于终南山，天宝九载（750）为监察御史，此前尝官太祝（正九品上）；现在看来，光羲至秦中，当是为了参加吏部的铨选，他参选后授太祝，应在开元末或天宝初，任太祝秩满后，他当再次守选（守选期间隐居于终南）和参加铨选，遂被擢为监察御史，这也就是说，光羲登第后历时二十余年，才当上暂时摆脱守选的六品以下常参官（监察御史）。① 此后他仕进的前途似乎很光明，哪知天宝十四载"安史之乱"爆发，光羲陷贼，于是前途也就被断送了。

2. 常建　存诗不多（《全唐诗》存其诗一卷）而"获大名当时"（《唐才子传》卷二）。常建开元十五年进士及第，《全唐文》卷五二八顾况《监察御史储公集序》："开元十四年，严黄门知考功，以鲁国储公（光羲）进士高第，与崔国辅员外、綦毋潜著作同时；其明年，擢第常建少府、王龙标昌龄，此数人皆当时之秀。"② 文中所称诸位唐代诗人之官职，皆其一生所任的最终官职，则常建为官，当仅止于县尉（少府），《河岳英灵集》卷上也说："高才无贵仕，诚哉是言。……今常建亦沦于一尉，悲夫！"又《国秀集》目录称"前进士常建"③，则常建登第后直到天宝三载尚未授官（《国秀集》收诗止于天宝三载），近乎"出身二十馀年而不获禄者"（《通典》卷一五）；《直斋书录解题》卷一九诗集类上著录："常建集一卷　唐盱眙尉常建撰。"④ 常建所任之"一

---

① 官监察御史秩满后，仍有可能被任为六品以下非常参官，故曰"暂时"。
② 《全唐文》，第5368页。
③ 见《唐人选唐诗》十种，上海古籍出版社1978年版，第128页。
④ 《直斋书录解题》，文渊阁《四库全书》本。

尉",似即盱眙尉,而其任职时间,当在天宝四载(745)以后。常建任盱眙尉秩满后,还得按规定守选,估计守选的期限较长,又遇上"安史之乱",所以后来他便自行隐居,不复到吏部参选求官。这样看来,常建登第后近三十年,仅止当了一任县尉的微官。

3. 李颀　盛唐著名诗人,《河岳英灵集》卷上说:"颀诗发调既清,修辞亦秀,杂歌咸善,玄理最长。"①《全唐诗》存其诗三卷。李颀开元二十三年(735)进士及第,曾官新乡尉,见《唐才子传校笺》第一册卷二。② 按,《唐代墓志汇编》大历〇一七邵说《李湍墓志铭》曰:"公始以经术擢第,署滑州匡城尉,次补瀛州乐寿丞。……时新乡尉李颀、前秀才岑参皆著盛名于世,特相友重。……以乾元元年(758)终于贝丘。""前秀才"犹言"前进士",为尚未授官的及第进士之称,考岑参天宝三载(744)登进士第,则李湍任乐寿丞的时间,当在天宝四载或五载,李颀为新乡尉,也即在此时,参见陈铁民修订《岑参集校注》附录《岑参年谱》③。又《唐代墓志汇编续集》天宝〇七一《唐故广陵郡六合县丞赵公墓志铭》:"天宝十载(751)六月十二日,广陵郡六合县丞赵公卒于洛阳客舍,春秋五十四。……颀,赵出也,亲则内兄,周旋讨论,款曲笑语,不见数日,天丧斯文。"末署"外男前汲郡新乡县尉赵郡李颀撰"。由此可知,天宝十载,李颀任新乡尉已秩满去职,正处在守选期间。李颀称赵公为内兄,则其年龄当小于赵公。又《英灵集》卷上谓"惜其伟才,只到黄绶(指县尉之职)",可见李颀官仅止于新乡尉,《英灵集》成书时(《英灵集》收诗止于天宝十二载,成书约在天宝十三、四载)他已辞世。李颀《欲之新乡答崔颢綦毋潜》云:"数年作吏家屡空,谁道黑头成老翁。男儿在世无产业,行子出门如转蓬。"(《全唐

---

① 《河岳英灵集》,第173页。
② 《唐才子传校笺》第一册,第354、355页。
③ 《岑参集校注》修订本,上海古籍出版社2004年版,第535—554页。

诗》卷一三三）① 此诗应作于李颀欲往新乡赴任之时，据"数年作吏"语，似颀任新乡尉前，还曾当过一任微官，考新乡为望县（《新唐书·地理志三》），而及第进士初次授官，一般为紧县簿、尉，所以他任新乡尉前，可能还当过一任紧县尉。这样看来，李颀自登第至辞世约二十年，只当过两任县尉（每任的任期为四年），其余时间则都在守选中渡过。

4. 严维　在肃宗、代宗时期颇著诗名，《全唐诗》存其诗一卷。严维至德二载（757）于礼部侍郎知江东贡举李希言下进士及第，同年被宰相、江淮选补使崔涣授以越州诸暨尉之职，说见《唐才子传校笺》第五册卷三陶敏补正。② 严维任诸暨尉当于上元二年（761）秩满，此后他即在故乡越州山阴（今浙江绍兴）守选，广德元年（763）或广德元年之后入浙东观察使薛兼训幕府为僚佐（唐代制度规定，节度、观察等使可自辟佐吏，秩满的前资官应辟入幕，可不守选），带金吾卫长史衔；大历五年（770）薛兼训改任河东节度使，严维遂闲居越州守选。大历十二年（777），入河南尹严郢幕府为佐吏，并兼任河南尉。十四年，入朝为秘书郎（从六品上）。建中元年（780），卒。上述严维事迹，参考《校笺》第一册卷三③、第五册卷三陶敏补正、贾晋华《皎然年谱》④ 等书而定。严维登第时，正值"安史之乱"，京师沦陷，吏部铨选不能正常举行，他在登第的当年，就被崔涣授以诸暨尉，堪称幸运；但他自离诸暨尉任后至辞世凡二十年，只当了三任职务，并且都在文职六品以下非常参的职务中流转。

5. 李端　大历十才子之一，《全唐诗》存其诗三卷。李端大历五年（770）进士及第，唐姚合《极玄极》卷上："李端……大

---

① 《全唐诗》，第1350页。
② 《校笺》第五册，中华书局1995年版，第135—137页。
③ 见《校笺》第一册，第605—609页。
④ 《皎然年谱》，厦门大学出版社1992年版，第104—107页。

历五年进士。……历校书郎，终杭州司马。"① 第一章第三节谈到，肃宗、代宗之际，已开始实行新及第进士必须先守选三年才能授官的制度，则李端释褐为秘书省校书郎，最早只能在大历九年（774）。李端有《代宗挽歌》（《全唐诗》卷二八五），作于大历十四年（779）十月代宗葬礼举行之时，当时他大概仍在长安任校书郎。这以后不久，他当即秩满守选，守选期间可能曾短期回到年轻时居住过的衡山，其《山中寄苗员外》云："鸟鸣花发空山里，衡岳幽人藉草时。……千寻楚水横琴望，万里秦城带酒思。闻说潘安方寓直，与君相见渐难期。"（《全唐诗》卷二八六）② 不过他于德宗建中三、四年（782—783）曾游凤翔（见《唐才子传校笺》第五册卷四陶敏补正③），则建中年间他又回到秦中，这样做的目的估计是为了参选求官。《极玄集》谓李端"终杭州司马"，非是。新出土《李虞仲墓志》云："父端，杭州司兵，累赠兵部侍郎。"④ 则杭州司马当为杭州司兵（从七品下）之误。又，傅璇琮《唐代诗人丛考·李端考》说："卢纶有诗题为《送李校书赴东川幕》（《全唐诗》卷二八〇）……诗题仅云李校书，当然不一定就是李端。但李端有《巫山高》诗（《全唐诗》卷二八五）：'巫山十二峰，皆在碧虚中。回合云藏月，霏微雨带风。猿声寒过涧，树色暮连空。愁向高唐望，清秋见楚宫。'……《巫山高》诗当是李端途经时所作。但至于李端何时赴东川幕，在东川几年，均不可考。"⑤ 按，"巫山高"为乐府旧题，属鼓吹曲辞汉铙歌，自齐梁以来作者甚众，《乐府诗集》卷一七《鼓吹曲辞

---

① 《唐人选唐诗》十种，第325页。
② 《全唐诗》，第3271页。
③ 见《校笺》第五册，第179、180页。
④ 见赵文成、赵君平《秦晋豫新出墓志搜佚续编》，国家图书馆出版社2015年版，第1159页。
⑤ 《唐代诗人丛考》，第519、520页。

二》① 收录唐人作此题者，计有十一人十三首，《文苑英华》卷二〇一《乐府十》收录唐人此题之作，凡有十五人十五首，这其中的大多数作者，足迹都不曾至蜀。又，李端《巫山高》题下《全唐诗》校云："一作《巫山高和皇甫拾遗》。"唐韦縠《才调集》卷九录李端此诗，正作《巫山高和皇甫拾遗》②，明曹学佺编选《石仓历代诗选》卷五二同。③ 皇甫拾遗即皇甫冉，其《巫山高》④云："巫峡见巴东，迢迢出半空。云藏神女馆，雨到楚王宫。朝暮泉声落，寒暄树色同。清猿不可听，偏在九秋中。"李诗与皇甫诗用韵同，文意亦明显相照应，则李诗诗题当以作《巫山高和皇甫拾遗》为是；考皇甫冉大历二、三年在长安为左拾遗（见《校笺》第一册卷三⑤），李端即在此时入京应进士试而落第，作有《下第上薛侍郎》诗（《全唐诗》卷二八六），薛侍郎即礼部侍郎薛邕，掌大历二至五年贡举（见《登科记考》卷一〇），可见这两诗是大历时皇甫冉、李端在长安的唱和之作。既然李端未曾入蜀，也就难以证成卢纶诗中的"李校书"就是李端了。综上所考，李端自登第至贞元二年（786）辞世凡十六年，仅止当过校书郎、杭州司兵两任微官。

6. 章八元 少从严维学诗，有诗名，号章才子。八元大历六年（771）进士及第，同年又应制举，下第，这样他就不能立即授官，而必须守选。守选期间他当居于故乡睦州桐庐（今属浙江），其《归桐庐旧居寄严长史》云："昨辞夫子棹归舟，家在桐庐忆旧丘。三月暖时花竞发，两溪分处水争流。……或在醉中逢夜雪，

---

① 《乐府诗集》，中华书局1979年版，第240—243页。
② 《才调集》，文渊阁《四库全书》本。
③ 《石仓历代诗选》，文渊阁《四库全书》本。
④ 《全唐诗》卷二四九皇甫冉集作《巫山峡》，非是；其卷一七《鼓吹曲辞》及《乐府诗集》卷一七、《文苑英华》卷二〇一录此诗俱作《巫山高》。
⑤ 《校笺》第一册，第566页。

怀贤应向剡川游。"(《全唐诗》卷二八一)① 严长史即严维，大历五年以前他在越州浙东幕府为僚佐时，带金吾卫长史衔，八元曾从严维学诗，故称之为"夫子"；此诗作于"三月"，考大历六年制举在四月举行（见《旧唐书·代宗纪》），则八元考完制举后归乡，最早只能在大历七年三月，这时严维已离浙东幕职（见前），在故乡越州山阴闲居守选，八元自长安归乡途经山阴，正可拜见严维，而后辞别严维归桐庐，此诗即作于自山阴归桐庐途中。又，刘长卿《月下呈章秀才八元》云："自古悲摇落，谁人奈此何！……向老三年谪，当秋百感多。家贫惟好月，空愧子猷过。"（《全唐诗》卷一四七）② 章八元《酬刘员外月下见寄》（《唐诗纪事》卷二六作《酬刘长卿月夜》）曰："夜凉河汉白，卷箔出南轩。……独谣闻丽曲，缓步接清言。宣室思前席，行看拜主恩。"③ 此二诗一赠一答，当作于刘长卿谪为睦州（治所在今浙江建德）司马期间；考长卿任睦州司马，在大历十一年至十四年，由此可知，大历末年八元仍居睦州，尚未授官（故刘诗称八元为"秀才"），是一个"选数过格人"（参见第一章第四节）。另，《校笺》第二册卷四据清江《宿严秘书宅简章八元》诗，考出严维在长安为秘书郎时（见前），八元亦"羁栖"在京④，则大历十四年或建中元年（780），八元又曾至长安参选求官。《唐才子传》卷四称，八元"贞元（785—804）中调（选）句容主簿"，看来他选授句容（今属江苏）主簿的时间应在贞元初，任句容主簿秩满后，他极有可能再次回乡守选，但这以后八元的事迹，已很难考知，也许他登第后仅只任过一任正九品下的县主簿（句容主簿），唐范摅《云溪友议》卷下"巢燕词"曾说："前有章八元，

---

① 《全唐诗》，第3193页。
② 《全唐诗》，第1484页。
③ 《全唐诗》，第3192页。
④ 《校笺》第二册，中华书局1989年版，第112页。

后有章孝标,皆桐庐人,名虽远而位俱不达。"①

7. 章孝标　诗才敏捷,《全唐诗》存其诗一卷。孝标元和十四年(819)进士及第。根据及第进士的守选制,他应守选三年才能授官,所以这一年春二月发榜后他就立即回故乡钱塘(今杭州市;孝标杭州钱塘人,一说桐庐人,家于钱塘),《初及第归酬孟元翊见赠》云:"何幸致诗相慰贺,东归花发杏桃春。"(《全唐诗》卷五〇六)②孝标集中有《上西川王尚书》《蜀中上王尚书》《题上皇观》等诗,说明他曾至蜀地,西川王尚书,王播,元和十三年正月至长庆元年(821)二月为剑南西川节度使;蜀中王尚书,王涯,元和十五年(820)正月至长庆三年(823)为剑南东川节度使,参见《校笺》第五册卷六陶敏补正③及《旧唐书·宪宗纪下》《穆宗纪》。孝标此次至蜀,到过西川治所成都和东川治所梓州(今四川三台),其时间应在元和十五年,因为只有这一年,王播、王涯两人都在西川和东川节度使任上。唐代制度规定,秩满的前资官和新及第进士应辟入幕,可不守选,所以孝标在守选期间赴西川、东川,想来当是为了寻找入幕的机会。《蜀中上王尚书》说:"自古名高闲不得,肯容王粲赋登楼?"④以汉末赴荆州依刘表的王粲自况,表达了想入王涯东川幕府的意愿,但由这首诗尚不能证明孝标当时已入东川幕府。《上西川王尚书》说:"下客低头来又去,暗堆冰炭在深衷。"⑤细玩诗意,他也未曾入西川幕府。估计他入西川或东川幕府的愿望未能实现,于是便又回到故乡守选。孝标守选期满,当于长庆三年(823)春末授官,《云溪友议》卷下"巢燕词"称他及第后授正字,《唐才子传》卷六则称授校书郎,按,朱庆馀有《题章正字道正新居》(《全唐

---

① 《云溪友议》,文渊阁《四库全书》本。
② 《全唐诗》,第5757、5758页。
③ 见《校笺》第五册,第308、309页。
④ 《全唐诗》,第5750页。
⑤ 《全唐诗》,第5757页。

诗》卷五一四，题下注："孝标。"），杨巨源有《送章孝标校书归杭州因寄白舍人》（《全唐诗》卷三三三），说明正字与校书郎孝标都曾当过，这两个职务都属秘书省，正字正九品下，校书郎正九品上，依唐代官员迁除常规，孝标当先任正字，后转校书郎。估计他任正字不到秩满，即转为校书郎。杨巨源诗中的"白舍人"，即中书舍人白居易，长庆二年七月，白居易自中书舍人出为杭州刺史，四年五月，召为太子左庶子，则杨诗最晚当作于长庆四年（824）五月以前；可能孝标任正字不到一年，便转为校书郎，任校书郎只有几个月，即"归杭州"。他为什么事"归杭州"，何以任校书郎不到秩满即归乡，杨诗中皆未提及，现在已很难考知。孝标《上浙东元相》云："婺女星边喜气频，越王台上坐诗人。……何言禹迹无人继，万顷湖田又斩新。"① 浙东元相，元稹，自长庆三年八月至大和三年（829）九月为浙东观察使、越州刺史。诗中"何言"二句，咏元稹在浙东兴水利事，据卞孝萱《元稹年谱》考证，元稹于浙东兴水利②，在敬宗宝历元年（825），则此诗也当作于这一年，当时孝标仍居浙东杭、越一带，并未任职。《唐诗纪事》卷四一："孝标，大和（827—835）中山南东道从事，试大理评事（从八品下）。"③ 这大概是孝标的最终官职。综上所考，可知孝标登第后十馀年，守选休官的时间多于为官的时间，而且所任都是八、九品的微官。

8. 朱庆馀　有诗名，擅长五律，《全唐诗》存其诗二卷。庆馀宝历二年（826）进士及第，寻即归故乡越州守选，姚合《送朱庆馀及第后归越》云："此庆将谁比？献亲冬集书。"（《全唐诗》卷四九六）④ 冬集书即春关，是关试后吏部发给及第举子的

---

① 《全唐诗》，第5748页。
② 见《元稹年谱》，第448—449页。
③ 《唐诗记事》，上海古籍出版社1965年版，第629页。
④ 《全唐诗》，第5626页。

出身文凭和得以参加吏部冬集铨选的资格证书（书上写有允许举子参加冬集铨选的时间）①。由诗中"此庆"二句，可以看出庆馀还乡的原因，是由于及第后尚不能立即授官，而必须守选。庆馀《上汴州令狐相公》云："恭闻长与善，应念出身迟。"（《全唐诗》卷五一四）②令狐相公，令狐楚，长庆四年（824）九月至大和二年（828）十月为宣武军节度使、汴州刺史；此诗系宝历二年庆馀自长安归越州途经汴州时所作，"恭闻"二句，委婉地表达了作者请求令狐相公任用自己为幕僚之意，然而他的目的并没有达到。在越州守选三年期满后，庆馀又于大和三年（829）赴京参加冬集铨选。其集中有《送滕庶子致仕归江南》一诗（同上），滕庶子即滕珦，《唐会要》卷六七《致仕官》："（大和）三年四月，右庶子致仕滕珦奏：伏蒙天恩致仕，今欲归家，乡在浙东……伏乞特给婺州已来券，庶使衰羸获安，光荣乡里。敕旨：滕珦致仕还乡，家贫路远，宜假公乘，允其所请。"③滕珦由长安启程归江南的时间，大致当在大和三年五月至七月，诗即作于此时，作者当时已在长安。庆馀登第后授秘书省校书郎（参见《校笺》第三册卷六④），其具体时间当在大和四年春末。《上宣州沈大夫》云："今日得游风化地，却回沧海有光辉。"（《全唐诗》卷五一四）⑤沈大夫，沈传师，大和四年九月至七年（833）四月为宣歙观察使、宣州刺史；"风化地"指宣州，"回沧海"谓己回故乡越州（越州临海），诗当作于任校书郎秩满归乡守选途中，时间为大和七年四月以前。《送（疑当作上）浙东陆中丞》云："坐将文教镇藩维，花满东南圣主知。……自爱此身居乐土，咏歌林下日忘疲。"（同上

---

① 见《唐代铨选与文学》，第28—34页。
② 《全唐诗》，第5866页。
③ 《唐会要》，第1175页。
④ 《校笺》第三册，中华书局1990年版，第189、190页。
⑤ 《全唐诗》，第5864页。

卷五一五）① 陆中丞，陆亘，大和三年九月至七年闰七月为浙东观察使、越州刺史，见《旧唐书·文宗纪上》；庆馀越州人，"居乐土"盖指居于陆亘治理下的越州，则大和七年闰七月以前，庆馀已回到越州。这样看来，他任校书郎秩满还乡守选的时间，当在大和七年或六年。庆馀后来还当过一任协律郎（正八品上），见《校笺》第五册卷六陶敏补正②，不过具体时间已难考知。综上所考，可知庆馀自登第后至辞世，仅止当过两任八、九品的微官。

9. 赵嘏　工诗，尤长七律，杜牧激赏其"残星几点雁横塞，长笛一声人倚楼"之句，谓之曰"赵倚楼"。嘏会昌四年（844）进士及第。据陶敏考证，赵嘏"及第后未授官"，"会昌末、大中初在家闲居"，居于故乡楚州山阳（今江苏淮安）③。按，陶敏所考极是，嘏及第后在故乡闲居的真正原因，是必须守选；依及第进士的守选制，嘏及第后当守选三年，其最早的授官时间为大中二年（848）春末。事实上他授官的时间尚晚于大中二年，《重阳日寄韦舍人》云："节过重阳菊委尘，江边病起杖扶身。不知此日龙山会，谁是风流落帽人。"（《全唐诗》卷五五〇）④ 韦舍人即韦瓘，会昌六年（846）至大中元年（847）冬任楚州刺史，出守前在朝廷官中书舍人，故称"舍人"，参见陶敏《全唐诗人名汇考》⑤。嘏此诗约作于大中元年重阳日，由此诗可知，大中元年秋嘏因病未能赴京参加冬集铨选，所以大中二年春末也就不可能获得官职。陶敏又云："嘏又有《山阳即席献裴中丞》诗。《新唐书》卷一八二《裴坦传》：'历楚州刺史。令狐绹当国，荐为职方郎中、知制诰。'令狐绹大中四年十月为相，裴坦为楚州刺史，当

---

① 《全唐诗》，第5883页。
② 见《校笺》第五册，第323、324页。
③ 《校笺》第五册卷七，第361—363页。
④ 《全唐诗》，第6369、6370页。
⑤ 《全唐诗人名汇考》，辽海出版社2006年版，第1056、1062页。

在大中二、三年，即韦瑾继任。"① 则起码大中二年上半年赵嘏还在楚州。又，嘏有《上令狐相公》诗，令狐相公，令狐绹，大中四年十月拜相，诗即四年十月作于长安。宋尤袤《全唐诗话》卷三："（令狐）楚自翰林学士拜相，子绹，自湖州召入翰林为学士，间岁拜相。渭南尉赵嘏献诗曰（即《上令狐相公》诗）……。"② 则大中四年嘏已解褐为渭南尉。渭南（今属陕西）属京兆府，离长安甚近，因此嘏得以至长安献诗。这样看来，嘏解褐的时间，当为大中三年或四年春末，而赴京参加冬集铨选的时间，则为大中二年或三年秋。宋晁公武《郡斋读书志》卷四中谓嘏"终渭南尉"③，则他登第后仅止任过一任县尉。估计他任渭南尉秩满后，又再次回乡守选，但这以后，他或者不再出来参选求官，或者不久即离开人世，已难以考知。

10. 聂夷中　出身贫苦，精五言古诗，《全唐诗》存其诗一卷。夷中咸通十二年（871）进士及第。《唐才子传》卷九云："夷中……咸通十二年礼部侍郎高湜下进士……时兵革多务，不暇铨注，夷中滞长安久，皂裘已弊，黄粮如珠，始得调华阴县尉，之官惟琴书而已。"周祖譔、吴在庆笺证云："按《才子传》此处所记，除夷中为华阴尉见于记载外，馀皆未有言之者。……又按《才子传》谓时属'兵革多务，不暇铨注'云云，其文意似记咸通十二年后之局势。然稽之史乘，似有未合。据《才子传》，夷中久滞长安，乃因其时兵革多务，未遑铨注，故夷中亦未能过吏部关试，以解褐授官。……今检《旧·懿宗纪》，是年及稍后并无全局性战事，且此前之战乱已告平息，故礼、吏部试亦恢复如常。……故谓咸通十二年夷中及第后，因未能参加关试而久寓长安，恐未必有据。……《才子传》所记夷中因兵革事久寓长安，

---

① 《校笺》第五册卷七，第361页。
② 《全唐诗话》，何文焕辑《历代诗话》本，中华书局1981年版，第138页。
③ 《郡斋读书志》，文渊阁《四库全书》本。

或实是咸通十一年停贡举,而夷中于是(当作十)年十二月下诏停贡举前已抵长安……故滞留长安,直至咸通十二年及第。故至过关试赴华阴尉时,裘弊粮乏,惟馀琴书而已。"① 按,《才子传》所说夷中及第后,"滞长安久",始得选授华阴县尉等事,虽不见他书记载,却未必全无根据;《聂夷中诗》原有二卷(见《新唐书》卷六〇《艺文志四》),但今存却只剩下三十首左右,可见散佚颇多,《才子传》作者所能见到的夷中诗,当比我们今日所见为多,因此他的一些说法,很有可能是根据今日见不到的夷中佚诗作出的推论。至于《才子传》称夷中"滞长安久"的原因,是"时兵革多务,不暇铨注",则正如周、吴笺证所论,与历史事实颇不相合,堪称想当然。然笺证对于关试的理解也存在问题,第一章第三节我们谈过,关试只是由礼部贡举向吏部铨选的中转,通过关试,只表明及第举子已脱离礼部,而成为吏部的选人,而不表明他已解褐授官;关试大约在礼部发榜(一般在正月末或二月)后的十天半月左右举行,它不计成绩,极其简单,只要参加,就都能通过(夷中肯定在登第当年的春天就通过关试),根本不具有授官的功能,及第举子通过关试后,还必须参加吏部的冬集铨选,才可以授官。② 及第进士的守选制实行之后,新及第进士均须先守选三年,才允许参加吏部的冬集铨选,以获得官职;这也就是说,夷中咸通十二年登第后再守选三年,其最早的授官时间只能是乾符二年(875)春末。应该说,夷中"滞长安久"的真正原因,就是必须守选;出身贫苦的他,守选期间滞留长安约四年,弄得裘弊粮乏,完全有可能。根据记载,夷中及第后授华阴尉;任华阴尉秩满后,他是否还任过别的官职,已无从考知。估计他也像赵嘏一样,登第后仅只任过一任县尉而已。

以上十人,生活于自玄宗至僖宗的时代。唐人重诗,这十人

---

① 《校笺》第四册卷九,中华书局1990年版,第9—12页。
② 参见《唐代铨选与文学》,第1—9页。

在当时都有诗名和一定的社会影响，同时又都是进士及第者，然而除储光羲一人曾当上暂时摆脱守选的六品以下常参官外，其他的人都未能摆脱守选，一生均在六品以下非常参的官职中流转，不少人登第后，甚至仅只任过一任九品的微官，由此亦可看出，唐代文官摆脱守选的困难。

以上对十位唐代诗人生平事迹的考述，除汲取学界已有的一些研究成果外，又结合守选制的背景，对这个问题作了一些新探索，并得出了一些新认识。可见关于守选制的研究，对于唐诗人的生平事迹考证，也是有意义的。

第二节　如何才能摆脱守选

前一节谈过，唐代守选制形成之后，文官们摆脱守选颇难。虽然如此，每个生活在这种制度下的官员，总会思考如何摆脱守选，因为摆脱守选之路，也就是快速成为中、高层官员的路线。凡走入仕途的人，总要朝着符合个体利益的方向发展，所谓"皆期早蹑青云路"[①]，一般不会甘心仅在六品以下的官职之中流转；同时，朝廷也为文官们提供了若干摆脱守选的途径，所以他们自然会努力追求摆脱守选，以尽快成为中、高层官员。

前一节谈到，在实际生活中，除流外出身的官员外，其他各种出身的官员，都还是有可能摆脱守选的。那么，怎么样才能摆脱守选，成为中、高层官员呢？关于这个问题，唐人自己有过一些论述。贞元年间封演所作《封氏闻见记》云：

宦途之士，自进士而历清贵，有八隽者：一曰进士出身、

---

① 李咸用《与刘三礼陈孝廉言志》，《全唐诗》第 7404 页。

制策不入①，二曰校书、正字不入，三曰畿尉不入，四曰监察御史、殿中不入，五曰拾遗、补阙不入，六曰员外郎、郎中不入，七曰中书舍人、给事中不入，八曰中书侍郎、中书令不入。言此八者尤为隽捷，直登宰相，不要历馀官也。②

封演所描述的"八隽"，是唐人眼中的一条快捷地升入高官的路线。其中校书郎、正字，品秩虽低，却属清贵之职，白居易称它们是六品以下常参官的一个主要来源（见下）。任校书郎、正字秩满后，一般授给畿、赤县簿、尉，《唐会要》卷六五《秘书省》云："元和三年三月诏：秘书省、宏文馆、崇文馆、左春坊司经局校书、正字，宜委吏部，自今以后，于平留选人中，加功访择，取志行贞退、艺学精通者注拟。……其校书、正字限考入畿县尉、簿，任依常格。"③ 可见按照常格（常例、常规），校书、正字任满一定年限后，一般迁为畿县簿、尉，据孙国栋的研究和统计，两《唐书》列传中记载由校书郎迁官的凡五十一人，其中"出为畿县簿、尉"的达二十人④；任畿、赤县簿、尉秩满后，一般即可升为监察御史或拾遗，成为六品以下常参官，《通典》卷二四《职官六》："大唐监察御史十员……职务繁杂，百司畏惧，其选拜多自京、畿县尉。"⑤ 白居易也说，御史、拾遗、补阙等官，选于"校正畿赤簿尉"（见下）。"八隽"中，四隽、五隽尤具有关键意义，因为监察御史（正八品下）、殿中（殿中侍御史省称，从七品下）、拾遗（从八品上）、补阙（从七品上）都属六品以下

---

① "不"，助词，无义。《诗·小雅·车攻》："徒御不惊。"毛传："不惊，惊也。""不入"，入也。参见蒋礼鸿《敦煌变文字义通释》，上海古籍出版社1981年版，第522—524页。

② 《封氏闻见记校注》卷三，第19页。

③ 《唐会要》，第1125页。

④ 孙国栋《唐代中央重要文官迁转途径研究》，上海古籍出版社2009年版，第7页。

⑤ 《通典》，第675页。

常参官，一旦当上这些官职，就不用再守选和参加吏部铨选，因此也就可以摆脱吏部铨选授官的模式——按部就班顺梯爬（所谓"梯"，不仅指官阶的高低，也包括吏部授官的常规），使升进速度大大加快。大致与封演同时的沈既济，在《枕中记》中写卢生"止于邸中"，"目昏思寐"，于枕上作一好梦："明年，举进士，登第，释褐秘校；应制，转渭南尉。俄迁监察御史，转起居舍人，知制诰。三载，出典同州，迁陕牧。……征为京兆尹。……转吏部侍郎，迁户部尚书兼御史大夫。……未几，同中书门下平章事。"① 晚唐陈翰所编《异闻集》，有《樱桃青衣》一文，也写"频年不第"的"范阳卢子"作一好梦："明春遂擢第。又应宏词……及榜出，又登甲科，授秘（疑当作校）书郎。……数月，敕授王屋尉。迁监察，转殿中，拜吏部员外郎，判南曹。铨毕，除郎中，馀如故。知制诰，数月即真，迁礼部侍郎。……除京兆尹，改吏部侍郎。……遂拜黄门侍郎、平章事。"② 《枕中记》中的卢生和《樱桃青衣》中的卢子，都自秘书省校书郎（正九品上）转畿县尉（渭南、王屋皆畿县），再迁监察御史，从而成为"敕授"的常参官，这以后他们的升迁，便用不着再按部就班了。我们知道，唐代的职事官，共分九品三十阶，卢子自监察御史转殿中侍御史，进二阶；自殿中侍御史拜吏部员外郎（从六品上），进五阶；由吏部员外郎迁吏部郎中（正五品上），进六阶，仅止三次迁任，即成为"出选门"的五品以上官员。卢生自监察御史转起居舍人（常参官，从六品下），进六阶；自起居舍人迁同州刺史（从三品），进十三阶，仅止二次迁任，即成为从三品的上州刺史（中唐以后，上州刺史常与郎中互相迁转）。他们的事例在现实中是存在的（参见下二节）。《太平广记》卷二五〇《诙谐六·姚贞

---

① 汪辟疆校录《唐人小说》，上海古籍出版社1978年版，第37—39页。
② 李时人编校《全唐五代小说》卷七一，陕西人民出版社1998年版，第1966—1968页。

操》云：

> 唐姚贞操云："自余以评事入台，侯承训继入，此后相继不绝，故知拔茅连茹也。"韩琬以为不然："自则天好法，刑曹望居九寺之首，以此评事多入台，讫今为雅例，岂评事之望起于贞操耶？"须议（疑当作叟）戏云："畿尉有六道，入御史为佛道，入评事为仙道，入京尉为人道，入畿丞为苦海道，入县令为畜生道，入判司为饿鬼道。故评事之望起于时君好法也，非贞操所能升降之。"①

这条材料出自唐开元时人韩琬所撰《御史台记》（已佚）。韩琬认为畿县尉（正九品下）的最佳升进目标为御史（监察御史、殿中侍御史、侍御史），其次为大理评事（从八品下），第三为京县尉（从八品下）；他这样认为的原因，大抵在于：第一，之所以称"入御史为佛道"，是由于御史为六品以下常参官，韩琬的这一说法与封演、沈既济等人完全一致；第二，之所以说"入评事为仙道"，盖由于"评事多入台（御史台）"，能很快成为六品以下常参官，根据孙国栋的研究，初唐（高祖—玄宗）及中唐（肃宗—敬宗）以后，中央官迁入监察御史的，即以大理评事为多②；第三，称"入京尉（即赤尉）为人道"的原因，是京尉高于畿尉二阶，地位也较畿尉重要，同时当了京尉后，"入御史"的可能性并不减于畿尉（参见下引白居易《大官乏人》文），只是较之由畿尉直"入御史"，成为六品以下常参官的时间要略晚几年而已。综上所述，不难看出，在盛、中、晚唐人眼中，快速升入"出选门"的五品以上官员的关键，在于首先成为监察御史、拾遗等六品以下常参官。至于韩琬所说自畿尉"入畿丞""入县令""入判司"

---

① 《太平广记》，上海古籍出版社影印《四库全书》本，1990年版。
② 孙国栋《唐代中央重要文官迁转途径研究》，第130页。

为苦海道、畜生道、饿鬼道，则不宜太当真，不能以为一旦进入此三道，升为监察御史等六品以下常参官的可能性就完全不存在；但进入前三道，升为六品以下常参官的可能性大大高于进入后三道，则无疑问。元和元年（806），白居易在《策林二·大官乏人》中也说：

> 臣伏见国家公卿将相之具选于丞（尚书左、右丞）郎（六部侍郎）给（给事中）舍（中书舍人），丞郎给舍之材选于御史遗（左、右拾遗）补（左、右补阙）郎官（郎中、员外郎），御史遗补郎官之器选于秘（秘书省）著（著作局）校（校书郎）正（正字）畿赤簿（主簿）尉（县尉）。虽未尽是，十常六、七焉。①

白居易所述，可与封演的说法相参照，同《枕中记》《樱桃青衣》的描写也基本一致。依照白居易的说法，宰相选自尚书左右丞、六部侍郎等，尚书左右丞、六部侍郎等选自御史、拾遗、补阙、员外郎等，而御史、拾遗、补阙、员外郎等，正是六品以下常参官。所以先成为六品以下常参官，是进入五品以上官员行列以至于成为宰相的一个关键性环节。

下面，我们再从唐代制度的层面，来对上述问题作进一步的研究和论证。

先考察一下守选制实行之后，一个进士及第者，能否只通过吏部铨选授官的常制，升为"出选门"的五品以上官员。《册府元龟》卷六四一《贡举部·条制三》："（大和）九年十二月，中书门下奏：'起来年进士及第后，三年任选，委吏部依资尽补州府参军，紧县簿、尉。'"② 这条材料说明，唐代进士及第者守选三

---

① 朱金城《白居易集笺校》卷六三，上海古籍出版社1988年版，第3490页。
② 《册府元龟》，第7684页。

年期满后,释褐任的第一个职事官,一般多是紧县主簿(正九品下)、县尉(从九品上),以及州府参军(上州参军从八品下,中州正九品下,下州从九品下,京兆、河南等府参军正八品下);另外也有大量的材料可以证明,进士及第者的释褐职务,还包括朝廷中的校书郎(正九品上)、正字(正九品下)等官。假设一个进士及第者的释褐官职为正九品下,则自这个职务至五品官的最低一阶(从五品下),共差十四阶。前一章我们谈过,唐代文官实行任期制,六品以下每个任期大抵为四年(四考),任满四年后必须离任守选数年,才能再次参加吏部的铨选并授官。假设这个进士及第者任过四任官职,则当历时十六年,而他及第后释褐前的三年守选时间以及每一任职务期满后的守选时间,加起来大抵也要十六年(实际上可能不止十六年;前一节谈过,唐代六品以下文官的守选时间往往多于任职的时间),那么,这样共经过三十二年,这个进士及第者能够只通过吏部铨选的常制,从正九品下的职务升为从五品下的职务吗?开元十八年(730)裴光庭制定的"循资格"规定:"自下升上,限年蹑级,不得逾越。"① 这说明唐代吏部铨选授官的常规是:依照选人任职期满罢秩时的官阶品级,自下而上,循序晋升,不得逾越。而循序晋升阶位的依据,则是前一个任期的考绩(考课成绩)、考第(考课等第)。唐时订立九等考第(上上、上中、上下、中上、中中、中下、下上、下中、下下),对官吏的治绩进行考核,称为考课,吏部铨选授官时,即据选人前一个任期的考第,以定其官阶的升降。《唐六典》卷二《尚书吏部》"有以劳考"下注云:"谓内外六品以下,四考满,皆中中考者,因选,进一阶;每二中上考,又进两阶;每一上下考,进两阶。若兼有下考,得以上考除之。"② 谓六品以下官员四考(一年为一考)秩满,四考的等第若都是中中,铨选授官时进

---

① 《通典》卷一五《选举三》,第361页。
② 《唐六典》,第32页。

一阶，若有一中上，再进一阶，有一上下，再进二阶。就是说，四考的等第若有两个中中，两个中上，铨选授官时可进三阶。在唐代，这样的考绩已堪称优良，因为综观唐时官员的考第，几乎无人能获得上上、上中考，得到上下考的也很少，多数得中中考，其次为中上考。① 假设这个进士及第者，每一个任期都进三阶，四个任期当进十二阶，则他及第后历时三十二年，仍然不能当上从五品下的官职。如果这个进士及第者及第时年龄偏大，则经过三十二年，他或许已年老或辞世，这样升为五品以上官员的可能性也就不存在了。

下面我们举出两个进士及第者在吏部参选授官的实例，以印证上述说法。

1.《全唐文》卷三一三孙逖《孙嘉之墓志铭》载：嘉之天册（695）中进士及第，久视（700）初又应制举中第，"解褐蜀州新津县主簿（正九品下），又补河南府缑氏县尉（正九品下），改王屋县主簿（正九品上）。……历洺州曲周、宋州襄邑二县令（皆从六品上），秩满之后，遂绝迹人世，屏居园林……居数岁，适长子逖拜中书舍人……特授朝散大夫、宋州司马，仍听致仕。……享年八十三，以开元二十七年四月二十四日，弃背于东都集贤里之私第。"② 按，孙逖拜中书舍人在开元二十四年（736）③，这一年嘉之致仕；而此前"数岁"，即大约为开元二十年（732），嘉之任襄邑令秩满，这时朝廷已开始实行前资官的守选制，据《唐代铨选与文学》研究，玄宗时畿县令守选三年④，而襄邑为紧县，其县令的守选时间要长一些，估计他应于开元二十四年守选期满（所谓"屏居园林"，实为在家守选），这时他年已八十，因请求

---

① 参见《唐代铨选与文学》，第96—101页。
② 《全唐文》，第3182页。
③ 见《旧唐书》卷一九〇中《孙逖传》。
④ 参见《唐代铨选与文学》，第125、126页。

致仕，正好其子逖拜中书舍人（掌草诏），求增父秩，朝廷遂给予优遇，特授宋州司马（从五品下），听其致仕。《新唐书》卷二〇二《孙逖传》："俄迁中书舍人。是时，嘉之且八十，犹为令，逖求降外官，增父秩。帝嘉纳，拜嘉之宋州司马，听致仕。"① 这样嘉之自进士及第至致仕，历时约四十一年，其中在任时间二十年（所谓"历官五政，经考二十"），待选和守选时间二十一年。嘉之进士及第，又中制举（疑非"定科"，说见本章第四节），但释褐官却只是望县（新津）主簿，后来改任次赤县（缑氏）尉、畿县（王屋）主簿，正是封演所称"八隽"之一，白居易所说御史等六品以下常参官的一个来源，然而最终他还是未能成为六品以下常参官；韩琬称自畿县簿、尉"入县令为畜生道"，不幸嘉之恰入此道，其官阶虽然一下子进了十阶，但成为六品以下常参官的希望却很渺茫，最终离从五品下的职务尚差三阶而年已八十，只好请求致仕；虽然因其子官中书舍人，朝廷特授其从五品下的职务致仕，然而究其实，他并没有任从五品下的实职，不过得了一个荣誉职衔而已。

2.《唐代墓志汇编》贞元〇九六《崔程墓志铭》："贞元十四年（798）秋九月辛酉，河南府河南县主簿崔公卒于东都福先之佛寺。……弱冠，乡举进士，擢第，解褐授秘书省正字（正九品下）。……秩满，调补河南府参军（正八品下）。……又从常选，署河南县主簿（从八品上）。……岂谓享年五十有一，历官三政而亡，呜呼哀哉！"按，崔程弱冠为代宗大历二年（767），这年他进士及第后应守选三年，至大历六年（771）才能解褐授秘书正字；任正字秩满后，崔程又当守选，待守选期满并再此参选，方得授河南府参军；自正字迁河南府参军，表面看来进了四阶，实则如同降职，因为正字在唐代属"望秩常班"，是"八隽"之一

---

① 《新唐书》，第5760页。

的清贵职务，仕进的前景好，而州府参军在唐代多为释褐之官，又是"官无职事"的"散冗"之职①，"不论是在仕途前景上，或在唐人眼中，都不如正字、校书郎和赤畿县尉"②。崔程任河南府参军秩满后，还得守选数年，然后"又从常选，署河南县主簿"；自河南府参军迁河南县主簿，表面看来降一阶，实则是一种升迁，因为河南县为赤县，赤县主簿属"望秩常班"，仕途前景好，直接升为监察御史或拾遗的可能性大。玩《墓志铭》首二句之意，崔程辞世时，当尚在河南县主簿任上；他自登第至辞世，凡三十一年，其中"历官三政"共九年（代宗广德以来，六品以下官员的任期，由四考改为三考③），而守选的时间则长达二十二年。由于守选的时间太长，崔程任赤县主簿还不到秩满，就已年过五十，随即辞世，这样他升为监察御史或拾遗的可能性也就不存在了。

上述例子，说明唐时一个进士及第者仅止通过吏部铨选的常制，是难于摆脱守选，升入五品以上官员阶层的。唐代前期（"安史之乱"以前），明经及第者的情况也是如此。这个时期他们的释褐官，和进士及第者一样，一般也多是紧县簿、尉，州府参军；他们的社会地位、仕途出路，大抵也都不逊于进士及第者。④ 而到了唐代后期（"安史之乱"以后），明经及第者摆脱守选的难度，则更甚于进士及第者。吴宗国指出："开元以后，明经在政治上的地位已经开始下降，明经出身的高级官吏已大大低于进士科。但其它社会地位，尚无明显变化。……明经地位的明显变化是在安史之乱以后。"⑤ 前一章谈过，"安史之乱"以后，施行新及第进士、明经的守选制，及第明经的守选年限长于及第进士四年，这是明经地位下降的一个反映；由于及第明经守选的年限长，在任

---

① 《册府元龟》卷四四七《将帅部·徇私》所录裴度奏疏语。
② 见《唐代基层文官》，第164页。
③ 见《通典》卷一九《职官一·历代官制总序》。
④ 参见《唐代科举制度研究》，第184—188页。
⑤ 《唐代科举制度研究》，第188页。

的时间缩短，于是升进的机会也就减少。另外，"安史之乱"以后，社会上重进士、轻明经的风气日渐显明，这对于明经出身的官吏的迁转升进，产生了不利的影响，所以也就导致他们摆脱守选的难度，甚于进士及第者。吴宗国又说，唐代后期"明经出身者多担任中下级官吏"[①]，所称"中下级官吏"，笔者认为当指六品以下官吏，可以说，这个时期明经出身者如果只通过吏部铨选的常制，而不兼走别的路径，那他就难于摆脱守选，一生只能在六品以下非常参的官职中流转。

下面谈门荫出身的入仕者只通过吏部铨选的常制，能否顺利摆脱守选，升入五品以上官员阶层的问题。门荫入仕者中有一部分资荫高者，其叙阶（散阶）虽然较科举出身者为高，但在吏部参选授职事官，也得从八、九品的低层官吏做起。如前一章第五节谈到的"资荫全高"的弘文馆生屈突伯起、高琛、张椅、魏和，他们的释褐官分别为：太子宫门丞（正八品下）裏行（非正员官之谓）、泾州参军（从八品下）、秘书省校书郎（正九品上）、修武县尉（从九品上），说明他们的释褐官与进士及第者大抵一致。宁欣《唐代选官研究》说："唐代门荫入仕者除起点大大低于门阀世袭制外，升迁速度也大大减慢，因此，上升到统治集团的决策层的比例亦逐渐减少，唐后期，这一趋势就更加明显了。……除少数宗戚近属，当朝宰相及世代亲族荣显的子弟外，绝大多数人辗转于下位。"[②] 所言符合实情。唐代门荫入仕者当过首任职务后，如果只通过吏部铨选的常制守选和授官，则他们摆脱守选的难度，当更甚于科举及第者，因为在吏部铨选的试判方面，他们较之科举及第者，往往处于劣势。

综上所述，无论是科举及第者，还是门荫入仕者，若仅止通过吏部铨选的常制，则都难以摆脱守选，成为五品以上官员。前

---

① 《唐代科举制度研究》，第203页。
② 见《唐代选官研究》，第140页。

面提到，在六品以下常参官成为"敕授"之后，快速升入"出选门"的五品以上官员的关键，在于首先成为监察御史、拾遗等六品以下常参官。监察御史、拾遗都是八品官，如果一个科举及第者或门荫入仕者，释褐后担任一、二、三任官职，即提为拾遗或监察御史，那么这以后他就很有希望快速升入"出选门"的五品以上官员阶层。原因是：首先，监察御史、拾遗等官虽然品秩不高，秩满后却可连续为官，不用再守选或待选。由上文的论述中我们不难看出，由吏部负责铨选授官的六品以下文官，未能升入"出选门"的五品以上官员的最主要原因，是守选或待选的时间很长，往往超过他们任职的时间，守选或待选耗尽了他们的时间与生命，使他们丧失了升入五品以上官员的机会。其次，监察御史、拾遗等官的实际任期短。前面我们谈过，唐时六品以下官员四年秩满，《唐会要》卷五四《省号上·中书省》："建中三年（783）闰正月十八日，中书门下奏……从今已后，刺史四考，郎中、起居、侍御史各两考，馀官各三考与转，其升进黜退，并准故事处分。"① 起居（起居郎、起居舍人）、侍御史皆六品常参官，自建中三年起，它们都改为两年秩满；《新唐书》卷四五《选举志下》："宪宗时，宰相李吉甫定考迁之格……侍御史十三月，殿中侍御史十八月，监察御史二十五月。三省官、诸道敕补、检校五品以上及台省官皆三考。"② 按，此事发生在宪宗元和二年（807）五月③，这时侍御史等六品以下常参官的任期又有所缩短；《唐会要》卷五四《省号上·中书省》："（大和三年）五月中书门下奏……伏望从今以后，内外常参官并不论年考，议事而迁位，位均以才，才均以望，位望均然后以日月班之，而第用之，则冀有司竭力尽知，务治其职，而以起功；唯御史台刑宪是司，责任颇

---

① 《唐会要》，第 928 页。
② 《新唐书》，第 1179、1180 页。
③ 见《册府元龟》卷六三一《铨选部·条制三》。

重，其三院御史，望约旧敕例比量处分。敕旨：依奏。"① 则自大和三年（829）起，除三院御史（侍御史、殿中侍御史、监察御史）仍执行元和二年规定的任期外，其他常参官均无固定任期，其职务可随时根据需要迁改。另外，据王勋成研究，唐时的常参官，改转很频繁，很少有按规定的任期改转的。② 总之，监察御史等六品以下常参官的实际任期短，而任期短，升迁的机会就较多。譬如某甲任非常参的八品官，四年秩满，其后还应守选四年，才能再次参选授官，这样他历时八年，才得到了一次升迁的机会；某乙任监察御史，二十五月秩满，其后不必守选，就可获得新职，这样他两年零一月就能得到一次升迁的机会。第三，监察御史、拾遗等官可隔品授任，越级提升。《唐会要》卷七五《选部下·杂处置》："（圣历）三年（700）正月三十日敕：监察御史，左、右拾遗，赤县簿、尉，大理评事，两畿县丞、主簿、尉，三任已上，及内外官经三任十考以上不改旧品者，选叙日，各听量隔品处分。馀官必须依次授任，不得超越。"③ 又《唐六典》卷二《吏部尚书》："若都畿、清望，历职三任，经十考以上者，得隔品授之。不然则否。"注："谓监察御史，左、右拾遗，大理评事，畿县丞、簿、尉三任十考以上，有隔品授者。"④ 这是说以前已任过两任职务的现任监察御史、拾遗秩满后，若任职时间累计在十年以上（圣历三年敕文无这项规定），即可隔品授官。同上卷二又云："凡应入三品、五品者，皆待别制而进之，不然则否。"注："应入五品者，皆须先在六品以上官（指职事官）及左、右补阙，殿中侍御史，太常博士，詹事司直，京兆、河南、太原府判司，皆限十六考以上，本阶（散阶）正六品上。……并所司勘责讫，

---

① 《唐会要》，第929、930页。
② 参见《唐代铨选与文学》，第95页。
③ 《唐会要》，第1359页。
④ 《唐六典》，第27页。

上中书门下重勘讫,然后奏闻,别敕以授焉。"① 按,补阙、殿中侍御史、太常博士都是七品常参官,根据上述规定,只要这些官员任职时间累计在十六年以上,即可超阶升入五品,这也是隔品授官。由于六品以下常参官有以上三个制度规定上的有利条件,所以就能快速升为"出选门"的五品以上官员。

可以说,先成为拾遗、监察御史等六品以下常参官,是唐代文官摆脱守选,升为五品以上官员的一条最为重要和快捷的路线。当然,唐代文官"出选门"还有其他路线。孙国栋《唐代中央重要文官迁转途径研究》(下面简称《孙著》)说:"现试作一项统计:将上章(指"第三章 中央重要文官迁转途径的综合研究")各路线合并,归纳出唐人迁官最通常经历的几个职位,亦可说是最通常的迁官途径——即由拾遗、补阙或各级御史升入员外郎、郎中、中舍(中书舍人)、给事(给事中)、再迁丞(右丞)郎(侍郎),转吏侍(吏部侍郎)、左丞,再进为尚书或宰相。然后检查两《书》列传各人的官历,凡原则上从这一途径上进的,共得四百馀人。"② 按,《孙著》是采用归纳和统计的方法来研究重要文官的迁转途径的,它先从两《唐书》列传中将每个传主(绝大多数是高、中层官员,说见前)的官历抽出,制成"一千二百馀张官历表"③,然后对这些官历表进行排比、分析,综合、归纳成几条迁转路线,再将这些路线合并,归纳出一条唐人"最通常的迁官途径"。《孙著》称"从这一途径上进的",有两《唐书》列传中的四百馀传主,说明它颇具有普遍性;又,"这一途径"和上述封演、白居易所说的快速升迁途径基本一致,并且它的升迁起点"拾遗、补阙或各级御史",正是六品以下常参官,这证明笔者上文所说先成为拾遗、监察御史等六品以下常参官,是唐代文

---

① 《唐六典》,32、33 页。
② 《唐代中央重要文官迁转途径研究》,第 231 页。
③ 《唐代中央重要文官迁转途径研究》,自序第 1 页。

官摆脱守选，升为五品以上官员的一条最为重要和快捷的路线，应该是符合实际的。

下面再列举若干实例，以印证上述说法。

1. 马怀素　《全唐文》卷九九五阙名《故银青光禄大夫秘书监马公墓志铭》载：马公怀素年十五，"举孝廉"，"年甫弱冠"，"以文学优赡，对策乙科，乃尉鄠"。其后历任麟台正字（正九品下）、左鹰扬卫兵曹参军（正八品下）、咸阳尉（正九品下）。"昔则天太后大崇谏职，授左拾遗，深尽规讽。寻改左台监察御史，历殿中（侍御史）……转詹尹丞（正六品上），朝论称屈（詹尹丞不是常参官）。迁礼部员外郎（从六品上），与范阳卢怀慎、陇西李杰俱以清白严明分为十道按察。……转授考功员外郎、修文馆直学士。迁中书舍人（正五品上），与李乂同掌黄画。踰年，检校吏部侍郎。"① 后官至秘书监（从三品）。按，据这篇墓志所载卒年（开元六年）与享年（六十岁）推算，马怀素弱冠为仪凤三年（678）。又，其为监察御史在则天后长安三年（703）、四年②；为礼部员外郎与卢怀慎等按察十道，在中宗神龙二年（706）③；任考功员外郎知贡举，在中宗景龙二年（708）④。另外，宋之问景龙二年五月以后，接替马怀素为考功员外郎，知景龙三年贡举⑤，则怀素迁中书舍人，当在景龙二年五月之后。综上所考，怀素自弱冠任鄠县尉（从九品上），至官左拾遗（从八品上，时拾遗尚非"敕授"），历时凡二十四年，均在八、九品的职务之中流转；而自官监察御史（正八品下，自高宗永徽以后，即为"敕授"），至任中书舍人，仅止五年，官职即升进三品十三阶，进入

---

① 《全唐文》，第 10305 页。
② 据《通鉴》卷二〇七长安三年九月、四年正月。
③ 据《通鉴》卷二〇八神龙二年二月。
④ 据陈尚君《登科记考正补》，见《陈尚君自选集》，广西师大出版社 2000 年版，第 219、220 页。
⑤ 《陈尚君自选集》，第 219、220 页。

"出选门"的五品以上官员行列,速度堪称迅疾。问题的关键就在于,其所任监察御史、殿中侍御史、礼部员外郎、考功员外郎等都是"敕授"的六品以下常参官,任期既短(五年中职务改转五次,平均每个任期只有一年),又不用待选,还可越级提升。

2. 孙逖 据两《唐书·孙逖传》记载及《唐才子传校笺》卷一傅璇琮笺证①,孙逖开元二年(714)应制举手笔俊拔、哲人奇士科中第,授山阴尉(从九品上);后又举贤良方正科;开元八年(720)或九年,参选吏部,侍郎王丘擢之为秘书正字(正九品下);十年,又应制举文辞宏丽科登第,授左拾遗(开元四年拾遗已定为"敕授");十一年至十四年张说为中书令时,擢为左补阙(从七品上);十六年(728)前后,"黄门侍郎李暠出镇太原,辟为从事"(《旧唐书》本传);十八年,任起居舍人(从六品上)、集贤院学士;二十一年(733),改考功员外郎;二十四年,迁中书舍人。后官至太子少詹事(正四品上)。综上所考,孙逖释褐后的前九年,仅任两任九品官;而自任拾遗后,接着又升任补阙、起居舍人、员外郎等"敕授"的六品以下常参官,不久即当上正五品上的中书舍人,其间历时十四年,升进三品十四阶,这较之他释褐后的前九年,升进速度可谓大大加快。

3. 王维 王维开元九年(721)登进士第,释褐为太乐丞(从八品下),同年谪济州司仓参军(从八品下);开元十五年(727)在淇上为官,十七年(729)后闲居长安;二十二年秋赴洛阳,献诗宰相张九龄求汲引,二十三年(735)春,九龄擢之为右拾遗。二十五年迁监察御史,并出使河西;二十八年(740)为殿中侍御史(从七品下),天宝元年(742)官左补阙,天宝四载(745)迁侍御史(从六品下),五载转库部员外郎(从六品上),七载(748)迁库部郎中(从五品上)。后官至尚书右丞(正四品

---

① 见《唐才子传校笺》第一册,第165—173页。

下）。事见拙作《王维年谱》①。王维自释褐至迁右拾遗，前后十五年，为官三任，大抵皆为八品（在淇上所任官职，难以考知，大抵为州县的低层职务）；拙作《王维年谱》原来说，开元十七年后数年王维闲居长安，现在看来应是在长安守选，因为自开元十八年起，朝廷实行了前资官的守选制。王维自任右拾遗至迁库部郎中，历时十四年，为官七任（除库部郎中外，都是"敕授"的六品以下常参官），升进三品十二阶，成为"出选门"的五品以上官员，前后升进速度的变化，同上一例一样。他的高升的关键点，显然在于擢为右拾遗。

4. 陆贽　陆贽大历八年（773）春登进士第②，又"以博学宏词登科，授华州郑县尉（从九品上）。罢秩，东归省母，路由寿州，刺史张镒有时名，贽往谒之。……又以书判拔萃，选授渭南县主簿（正九品上），迁监察御史。德宗在东宫时，素知贽名，乃召为翰林学士，转祠部员外郎（从六品上）"（《旧唐书》卷一三九《陆贽传》③）。按，陆贽进士及第后即归故乡苏州，诗人钱起有《送陆贽擢第还苏州》诗（《全唐诗》卷二三七）；其应博学宏词试，当在大历八年冬，因为博学宏词属吏部科目选，"考试时间与（吏部）铨选时间同"④，这样陆贽"博学宏词登科"与授郑县尉，都应在大历九年春（及第进士应宏词试登科，即可立即授官，不必守选）；而他任郑县尉秩满，当在大历十二年春（时六品以下官员的任期，已由四考改为三考），其"冬归省母"及谒寿州刺史张镒，也即在此年（张镒大历十二年至十四年为寿州刺史⑤）。又，书判拔萃也属吏部科目选，考试时间与宏词同，故陆贽应书判拔萃试，当在大历十二年冬，至其拔萃登科与选授渭南县主簿，

---

① 见拙著《王维论稿》，人民文学出版社2006年版，第1—44页。
② 据徐松《登科记考》（中华书局1984年版）卷一〇。
③ 《旧唐书》，第3791页。
④ 《唐代科举制度研究》，第107页。
⑤ 见《唐刺史考》第三册，江苏古籍出版社1987年版，第1554、1555页。

则应在大历十三年（778）春（前资官应拔萃试登科，也可立即授官）。而他自渭南主簿迁监察御史，大抵当在十三年末或十四年初，《全唐文》卷四九三权德舆《唐赠兵部尚书宣公陆贽翰苑集序》云："以书判拔萃调渭南主簿，御史府以监察换之。"① 知陆贽为渭南主簿不久（未秩满），即迁任监察御史。丁居晦《重修承旨学士壁记》："陆贽建中四年三月自祠部员外郎充（翰林学士）。"岑仲勉《翰林学士壁记注补》说："依本记似先转祠外，后乃召入翰林。"② 其转祠外的时间，当在建中初。《通鉴》卷二二九建中四年（783）十二月："乙丑，以翰林学士、祠部员外郎陆贽为考功郎中（从五品上）。"③ 后转谏议大夫、中书舍人、兵部侍郎，贞元八年（792）四月拜相。综上所考，陆贽自任监察御史至迁为"出选门"的考功郎中，升进三品十一阶，历时只有五年，堪称快速；而他自释褐至迁监察御史，前后还不到五年，升进速度也极快，其中的关键点是，他连应博学宏词、书判拔萃皆考中，这在唐史上颇罕见，由此不仅使他省去了多年的守选时间，还使他名扬天下，这对于他当时的"得美仕"④ 及后来的升进，都很有好处。

5. 李绅　李绅元和元年（806）登进士第。《旧唐书》卷一七三《李绅传》："元和初，登进士第，释褐国子助教，非其好也。东归金陵，观察使李锜爱其才，辟为从事。"⑤ 按，国子助教品秩高（从六品上），非释褐之官；又，当时已实行新及第进士的守选制，进士及第后不能立即授官，而且同时人白居易《赵郡李公家庙碑铭》（《白居易集笺校》卷七一）、沈亚之《李绅传》（《全唐文》卷七三八）、李浚《慧山寺家山记》（《全唐文》卷八一六）

---

① 《全唐文》，第5032页。
② 见岑仲勉《郎官石柱题名新考订》，上海古籍出版社1984年版，第221页。
③ 《资治通鉴》，第7385页。
④ 《韩昌黎集》卷一六《答崔立之书》语。
⑤ 《旧唐书》，第4497页。

皆言绅擢第后东归故乡无锡，可见并无所谓"释褐国子助教"事。元和二年，镇海军节度使李锜谋反，时在李锜幕任从事的李绅不从，被囚，同年末乱平出狱，寻即归乡守选。元和四年春守选期满后，入京参加吏部"小选"（参见第一章第三节），约于四年末或五年初，授校书郎。李绅《过吴门二十四韵》（《全唐诗》卷四八一）自注："元和七年（812），余以校书郎从役，再至苏州。"① 则他至七年仍在校书郎任上。或谓李绅"（元和）九年迁国子助教"，非是。当时李绅所任，实为太学助教②，姚合《和李绅助教不赴看花》（《全唐诗》卷五〇一）即说："太学官资清品秩，高人公事说经书。"③ 绅为太学助教（从七品上）至十一年（816）已去职④，并居长安守选。十四年（819），应山南西道节度使崔从之辟⑤，为观察判官。同年五月，除右拾遗内供奉；十五年闰正月充翰林学士并真授拾遗，二月，迁右补阙；长庆元年（821）三月，为司勋员外郎，加知制诰；二年（822）二月，迁中书舍人，以上并据丁居晦《壁记》⑥。后李绅于会昌二年（842）拜相。综上所考，李绅自任右拾遗内供奉至迁任"出选门"之中书舍人，时间不到三年，官职升进三品十四阶，这比起他登第后的前十四年，升进速度明显加快了许多。

上述各例，都是先成为拾遗、监察御史等六品以下常参官，而后摆脱守选，快速地升为五品以上官员。这是唐代文官"出选门"的一条主要路线，"虽未尽是，十常六、七焉"（白居易语，见前）。当然，唐代文官"出选门"还有其他路线，例如杜济，据颜真卿《杜公神道碑铭》（《全唐文》卷三四四）记载，他门荫

---

① 《全唐诗》，第5474页。
② 据《唐才子传校笺》第五册第272、273页，陈尚君补正。
③ 《全唐诗》，第5693页。
④ 《校笺》第五册第272、273页，陈尚君补正。
⑤ 据李绅《南梁行》诗自注，见《全唐诗》第5459页。
⑥ 参见岑仲勉《翰林学士壁记注补》，《郎官石柱题名新考订》第264—266页。

出身，天宝中参加吏部铨选，为侍郎李彭年所赏，释褐梁州南郑主簿。后累入幕府为僚佐，又当过几任地方官。乾元二年（759），"仆射裴冕为剑南节度，奏公为成都令。"宝应元年（762），"迁绵州刺史（从三品）"①。后官至剑南东川节度使、京兆尹。杜济通过入幕府和地方长官的奏荐，释褐后历时十余年，即"出选门"，成为从三品的上州刺史。关于唐代文官"出选门"的其他路线，下面各节还将作详细论述。

唐人被提拔为八品常参官拾遗或监察御史后，也未必都能顺利地经由殿中侍御史、补阙、侍御史、员外郎等七品、六品常参官，进入五品以上官员行列，而仍然有可能自拾遗、监察御史等常参官，又出为非常参官；然而他们当了非常参官后，还是有较多机会较大可能重新入为常参官的。例如孙逖（见前），曾由左补阙出为太原从事（非常参官），不久又入为起居舍人（六品常参官）；又如裴度，贞元十五年（799）左右，"迁监察御史，论权嬖梗切，出为河南府功曹参军（非常参官）。武元衡帅西川（事在元和二年，807），表掌节度府书记。召为起居舍人（常参官）。元和六年（811），以司封员外郎知制诰"（《新唐书》卷一七三《裴度传》②）。再如独孤朗，"元和九年（814），拜左拾遗。……累奏时病，有不合上意者，贬为兴元府仓曹参军（非常参官）。三年，复征入为监察御史。……迁殿中（侍御史），寻加史馆修撰。入省为都官员外郎"（《全唐文》卷六三九李翱《唐故福建等州都团练观察处置使独孤公墓志铭》③）。

前面我们谈过，六品以下常参官为"敕授"，不属于吏部铨选授官的职权范围，这也就是说，唐代文官通过吏部铨选的常制，一般不可能获得拾遗、监察御史等六品以下常参官之职。六品以

---

① 参见《唐刺史考》第五册，第2629页。
② 《新唐书》，第5209页。
③ 《全唐文》，第6449页。

下常参官之"敕授",盖由宰相进拟,而后报请皇帝批准,有时也由皇帝自己直接提名任命。"出选门"的五品以上官员的授任也是如此。《通典》卷一五《选举三》云:"凡制、敕授及册拜(三品以上官),皆宰司进拟。"① 那么,宰相是根据什么来进拟拾遗、监察御史等六品以下常参官的呢?换言之,即唐代文官要通过什么途径,才能被宰相拟为拾遗、监察御史等六品以下常参官?《唐会要》卷五四《省号上·中书省》:"其年(大和三年)五月,中书门下奏……伏以建官莅事,曰贤与能,古之王者,用此致治,不闻其积日以取贵,践年而迁秩者也。况常人自有常选,停年限考,式是旧规,然犹虑拘条格,或失茂异,遂于其中设博学宏词、书判拔萃、三礼、三传、三史等科目以待之,今(当作令)不限选数听集。是不拘年数考数,非择贤能之术也?"② 这段奏疏说明,实行守选制(所谓"限年停考")之后,唐朝廷新设博学宏词、书判拔萃等科目选,以选拔贤能之士,考中者不仅不用守选("不限选数听集"),还能"得美仕",这就是唐代文官摆脱守选,升进为拾遗、监察御史等常参官的途径之一。还有朝廷原设的制举、荐举以及入使府等,在实行守选制之后,也都成为唐代文官摆脱守选的途径。关于这个问题,下面各节将分别作论述。

第三节 唐代文官摆脱守选的途径之一:科目选

根据前一节所引《唐会要》的记载,科目选当是在开元十八年(730)实行前资官的守选制之后设立的。前一章谈过,守选制的施行,"循资格"的制定,也有它的明显弊病,即"或失茂异",不利于"异才高行"者脱颖而出,限制了才俊之士的升进

---

① 《通典》,第359页。
② 《唐会要》,第929页。

和发挥作用；而科目选的设置，正是为了纠正这一弊病而采取的一种补救措施。关于科目选，吴宗国《唐代科举制度研究》第五章、《唐代铨选与文学》第八章都已作了专门的论述，这里只想着重讨论科目选在唐代文官摆脱守选，升入五品以上官员行列上的作用，以及几个学术界存在争议的相关问题。

据前一节所引《唐会要》的记载，科目选包括博学宏词、书判拔萃、三礼、三传、三史等科目，而据《册府元龟》卷六三九《贡举部·总序》所云，尚有五经、九经、开元礼也属科目选，它们都是由吏部主持的选官考试，属于铨选范围，应选者必须是有出身人和前资官，凡未有出身未有官者，一律不得应科目选。另外，不管有出身人和前资官守选的期限是否已到，都允许他们参加科目选，如果考中的话即可马上授官，这样考中者就可省去若干年的守选时间。在诸种科目选中，数博学宏词和书判拔萃最为时人所重，它们在唐代文官摆脱守选上起的作用也最大。

博学宏词科和书判拔萃科的试制是：博学宏词试文三篇（诗、赋、论各一），书判拔萃试判三道，从开元十九年开始，这两个科目每年都举行一次考试，时间与铨选时间同，一般都在头年年底至第二年正月、二月间，应试者皆须先"诣州府求举"（韩愈《答崔立之书》）。这两个科目一般每年都只录取三人，吏部录取后，还要送中书门下审核定夺，所以考中的难度颇大。上述内容，学术界大抵都无异议。

关于宏词科和拔萃科的设置时间，学术界则存在不同看法。《唐会要》卷七六《贡举中·制科举》载："（开元）十九年，博学宏词科，郑昉、陶翰及第。"[①]《唐语林》卷八云："开元十九年，置宏词，始于郑昕。"[②]按，博学宏词为吏部科目选，非制举；"郑昕"当为郑昉之误，《册府元龟》卷六四五《贡举部·科

[①] 《唐会要》，第1388页。
[②] 《唐语林校证》，中华书局1987年版，第713页。

目》、《太平御览》卷六二九皆作郑昉，可证；《唐语林》谓博学宏词始置于开元十九年，甚是。《通典》卷一五《选举三·历代制下》："（选人试判）佳者登于科第，谓之入等；其甚拙者谓之蓝缕，各有升降。选人有格限未至，而能试文三篇，谓之宏词；试判三条，谓之拔萃，亦曰超绝。词美者，得不拘限而授职。"①所谓"格限未至"，是指选格规定的守选期限还未到，这是开元十八年前资官的守选制实行之后才有的事，《唐语林》所云与《通典》的这一记载正好相合。徐松《登科记考》卷五于开元五年（717）首列博学宏词科，注云："按博学宏词置于开元十九年，则此犹制科也。"并称登此制科者有李蒙，且在李蒙名下注云："《独异志》：'开元五年春，司天奏玄象有谪见，其灾甚重……当有名士三十人同日冤死，今新及第进士正应其数。其年及第李蒙者，贵主家婿……曲江涨水，联舟数十艘，进士毕集。蒙……方登舟移就池中，暴风忽起，画舸平沉……三十进士无一生者。'按王泠然于开元九年平判入等，则进士无一生者，其说未可信。……《太平广记》两引《定命录》，皆以蒙为宏词及第，当从之。《广异记》云：'陇西李捎云，范阳卢若虚女婿也。……明年上巳，与李蒙、裴士南、梁褒等十馀人泛舟曲江中……酒正酣，舟覆，尽皆溺死。'《定命录》云：'李蒙宏词及第，注华阴县尉。授官相贺，于曲江舟上宴会，诸公令李蒙作序。日晚序成，史翙先起，于蒙手取序看，裴士南等十馀人又争起看序。其船偏，遂覆没，李蒙、士南等并被没溺而死。'"② 按，《独异志》（卷上）所载，又见于张鷟《朝野佥载》卷一；徐松称开元五年有制科博学宏词，所据皆小说家书，而《唐会要》卷七六《贡举中·制科举》、《册府元龟》卷六四五《贡举部·科目》俱载开元五年有制举文儒异等科与文史兼优科，并无博学宏词科；实际上《独异志》

---

① 《通典》，第362页。
② 《登科记考》，第188页。

等书所载都不一致，经徐松的牵合改造，才得出了开元五年有制科博学宏词的结论。《独异志》载开元五年春李蒙进士及第，放榜后在曲江宴集时，与三十新及第进士同时溺死，这明显与事实不符，因为这一一年的进士及第者实为二十五名，这年及第的王泠然至开元十二年十一月尚在世①，因此徐松也承认"其说未可信"；《定命录》虽称李蒙"宏词及第"，却没有说他及第的时间为开元五年，而且称他溺死的时地是授官后在曲江举行的贺宴上，与《独异志》的说法显然不同；而《广异记》称李蒙之溺死，乃上巳节与友人在曲江泛舟的时候，这更与新及第进士的曲江宴集和"宏词及第"无涉。徐《考》改《独异志》所载开元五年李蒙进士及第为"宏词及第"，理由是"李蒙《藉田赋》见《文苑英华》，当是开元元年及第"，按，据陈尚君《〈登科记考〉正补》考证，开元元年进士科试题为《出师赋》《长安早春诗》；《正补》又云："徐《考》录本年（指开元元年）进士李蒙，试《藉田赋》，依据为阙名《藉田赋》有'上皇传玺之二载，圣主龙飞之四年'云云。按本年赋题已如上考，《独异志》卷上载李蒙为开元五年进士，别无反证。即以徐氏所举二句，亦当为开元三年后事，何况此赋是否为省试之作尚无他证。"② 徐《考》又谓"《太平广记》两引《定命录》，皆以蒙为宏词及第"，实际上《广记》仅只一处引《定命录》，称蒙为"宏词及第"。现将《广记》卷二一六所载《定命录·车三》的原文引录于下："车三者，华阴人，善卜相。进士李蒙宏词及第，入京注官，至华阴，县官令车三见，诳云李益，车云：'初不见公食禄。'诸公云：'应缘不道实姓名，所以不中。此是李蒙，宏词及第，欲注官去，看得何官？'车云：'公欲作何官？'蒙云：'爱华阴县。'车云：'得此官在，但见公无此禄，如何！'众皆不信。及至京，果注华阴县尉。授官相贺，

---

① 参见《唐代铨选与文学》，第282—283页。
② 《陈尚君自选集》，第221—222页。

于曲江舟上宴会……其船偏,遂覆没,李蒙、士南等并被没溺而死。"① 按,华阴在长安之东,靠近潼关,李蒙"入京注官"经过华阴,说明他当来自关东,这也就是说,李蒙宏词及第后,并没有立即授官,而是先回关东的居住地等待一段时间,然后再"入京注官",这与《独异志》所记居于长安的"贵主家婿"李蒙又不一致,而且《定命录》所记李蒙宏词及第后没有立即授官,明显与唐代的制度不合,因为唐代的博学宏词无论是作为科目选还是制举,及第后都能立即授官,所不同的,只是制举由"中书门下即与处分"②,科目选由吏部马上授官而已。这一情况说明,《定命录》不过是小说家之书,虚构的成分很大,不能当作真实的历史记载看待。综上所述,徐松称开元五年有制科博学宏词,并没有多少根据;说开元十九年以前,曾有过制科博学宏词,也难以成立。

关于书判拔萃科的设置时间,《唐语林》卷八云:"大足元年(701),置拔萃,始于崔翘。"③ 按,大足元年之拔萃,实为制科拔萃出类的省称,说见岑仲勉《登科记考订补》④;《唐会要》卷七六《贡举中·制科举》、《册府元龟》卷六四五《贡举部·科目》,亦定此年之拔萃为制科。属于制科的拔萃出类试策不试判,属于吏部科目选的书判拔萃则试判不试策,虽然这两者都可省称为拔萃,却名同而实异,宜加以区分。那么,属于吏部科目选的书判拔萃置于何时?吴宗国说:"《旧唐书》卷九九《张九龄传》云:'九龄以才鉴见推,当时吏部试拔萃选人及应举者,咸令九龄与右拾遗赵冬曦考其等第,前后数四,每称平允。开元十年,三迁司勋员外郎。'《旧唐书》在这里把拔萃选人和应举者明确加以

---

① 《太平广记》,上海古籍出版社影印《四库全书》本。
② 见《全唐文》卷六四唐穆宗《处分贤良方正等科举人制》。
③ 《唐语林校证》,第713页。
④ 见岑仲勉《郎官石柱题名新考订》,第504页。

区分,说明开元十年(722)前,拔萃科已成为科目选。"① 按,《唐代墓志汇编续集》开元〇二〇《大唐故严府君墓志铭》云:"公讳识玄……授公汴州浚仪县尉,秩满,复应拔萃选及第,授洛州武泰县尉。……久视(700)年,天后追于麟台修书。"严识玄应拔萃选的时间,当在武则天万岁通天元年(696)之后,《元和郡县图志》卷八:"(郑州)荥阳县……万岁通天元年改为武泰县,仍隶河南府(按即洛州,开元元年改为河南府)。神龙(705—706)初,复为荥阳,属郑州。"② 如果《张九龄传》之"拔萃选"是指科目选书判拔萃,那么《严识玄墓志铭》之"拔萃选"也当一样,然而若说书判拔萃早在武则天时就已设置,又颇可疑,因为据上引《通典》的记载,"试判三条"之书判拔萃科,是为"格限未至"的吏部选人设置的,这应是开元十八年前资官的守选制实行之后才有的事。笔者认为,所谓"应拔萃选及第",盖指应吏部常选(每年都举行的铨选)试判入等,也即上引《通典》所说的选人试判,"佳者登于科第,谓之入等",《通典》卷一五又说:"武太后又以吏部选人多不实,乃令试日自糊其名,暗考以定等第。"③《唐六典》卷二《尚书吏部》也说:"每试判之日……侍郎出问目,试判两道。或有糊名,学士考为等第。"④ 如第一章第三节谈到的郭震,咸亨四年(673)十八岁"擢进士第,其年判入高等"。又如《旧唐书》卷一九〇中《刘宪传》:"初,则天时,敕吏部糊名考选人判,以求才彦,宪与王适、司马锽、梁载言相次判入第二等。"⑤ 考察"拔萃"一词,除作为唐代选举科目的专门用语外,一般指出众或才能出众,如《孟子·公孙丑上》:"出于其类,拔乎其萃。"《后汉书》卷六〇下

---

① 《唐代科举制度研究》,第98页。
② 《元和郡县图志》,中华书局1983年版,第203页。
③ 《通典》,第364页。
④ 《唐六典》,第27页。
⑤ 《旧唐书》,第5017页。

《蔡邕传》："曾不能拔萃出群，扬芳飞文。"《全唐文》卷三六二徐季鸧《屯留令薛仅善政碑》："紫薇令姚公、黄门监卢公特奏有学有文，身材拔萃，起家授洪洞尉。"韩愈《韩昌黎集》卷一七《与崔群书》："诚知足下出群拔萃，无谓仆何从而得之也。"因此这里的"拔萃选"可理解为吏部铨选试判，由学士考其等第，以求才能出众的人（判文佳者），《张九龄传》之"拔萃选"同。又，《唐代铨选与文学》认为属于吏部科目选的书判拔萃置于开元十八年，根据是《全唐文》卷三九〇独孤及《高平郡别驾权公神道碑铭》云："公讳徹……初，选部旧制，每岁孟冬以书判选多士，至开元十八年，乃择公廉无私、工于文者，考校甲乙丙丁科，以辨论其品。是岁，公受诏与徐安贞、王敬从、吴巩、裴朏、李宙、张烜等十学士参焉。凡所升奖，皆当时才彦。考判之目，由此始也。"①《唐代铨选与文学》说："细绎碑铭文义，开元十八年，权徹、徐安贞、王敬从等十学士参与考校了吏部科目选的科目等第，并制定了考评标准，'考判之目，由此始也'，则书判拔萃科，也当'由此始也'。"② 按，所谓"选部旧制"云云，当指每年的吏部常选以书判选拔官吏（多士，众多贤士，也指百官）；所云十学士参与"考校甲乙丙丁科"，盖指所试判文，令"学士考为等第"，唐玄宗于开元十五年即有敕云："今年吏部选人，宜依例糊名试判，临时考等第奏闻。"③ 而"考判之目，由此始也"，则谓平判入等，始于开元十八年。《唐语林》卷八："开元二十四年，置平判入等，始于颜真卿。"说法不同。平判入等和书判拔萃都由唐高宗、武则天时已出现的铨选试判考定等第发展而来，但这两者又有明显不同：书判拔萃的应试者一般都是守选期限还未到的，平判入等的应选者则必须是守选期限已到的，它是从吏部

---

① 《全唐文》，第3972页。
② 《唐代铨选与文学》，第276页。
③ 见《册府元龟》卷六三〇《铨选部·条制二》，第7552页。

常选人所试判中选出尤佳者给以科第；书判拔萃试判三道，平判入等则试判两道；书判拔萃属科目选，平判入等则属吏部常选范围（参见第一章第三节）。下面，引一段《旧唐书》中对天宝二年（743）平判入等的记述："时天下承平，每年赴选常万馀人。李林甫为尚书……铨事唯委晋卿及同列侍郎宋遥主之。选人既多，每年兼命他官有识者同考定书判，务求其实。天宝二年春，御史中丞张倚男奭参选，晋卿与遥以倚初承恩，欲悦附之，考选人判等凡六十四人，分甲乙丙科，奭在其首。"① 所记天宝时平判入等考定书判等第的情况，与上引独孤及文所述，非常一致，说明权徹等十学士所参与考校的判文，也当属平判入等之事。又，书判拔萃由于录取的人数极少，考中的难度颇大，故而应试者少，考判官一般只要两名②，而吏部常选试判，由于参选者成千上万，考判官自然也要增加，开元十八年任命的考判官达十名，这也证明十学士所参与的，当属平判入等之事。那么，属于科目选的书判拔萃究竟置于何时？笔者认为，根据上引《通典》的记载，其设置时间当与博学宏词同，即开元十九年，但由于资料缺乏，这年的书判拔萃登科者，我们已无从考知。《旧唐书》卷一八七下《张巡传》："巡聪悟有才干，举进士，三以书判拔萃入等。"③《登科记考》卷八考出张巡为开元二十四年进士，而唐代文士每于当年进士及第，当年或第二年即应博学宏词或书判拔萃选，所以张巡首次书判拔萃登科，大约应在开元二十四年或二十五年，这是我们今日所知的最早的书判拔萃登科者。

博学宏词和书判拔萃科的作用，主要是能使登科者摆脱守选，快速成为拾遗、监察御史等六品以下常参官。虽然主持宏词、拔萃选的吏部，不能直接授予登科者"敕授"的拾遗、监察御史等

---

① 《旧唐书》卷一一三《苗晋卿传》，第3350页。
② 见《唐代铨选与文学》，第296页。
③ 《旧唐书》，第4899、4900页。

常参官，然而却为他们开启了通向拾遗、监察御史等常参官的捷径。在今存的唐代史料中，缺少朝廷关于各个时期科目选登科者如何授官的具体规定，然依据两《唐书》列传和今存的墓志所载众多科目选登科者的授官实例，我们还是可以了解到这方面的大致情况的。下面先谈谈有出身人（主要是新及第的进士、明经）宏词或拔萃登科后的授官情形。一个新及第进士、明经，如果接着又应宏词或拔萃选登科，则不仅不必守选或待选，还能"得美仕"，一般可获校书郎或正字之职，并往往沿着校书郎、正字——畿、赤县簿、尉——监察御史或拾遗——五品以上官员的路线升进（参见前一节）。例如：

1. 《旧唐书》卷一二五《刘从一传》："刘从一……少举进士，大历（766—779）中宏词，授秘书省校书郎，以调中第，补渭南尉（畿县尉），雅为常衮所推重。及衮为相，迁监察御史。……德宗居奉天，拜刑部侍郎、平章事。"① 按，常衮为相在大历十二年（777），见《新唐书》卷六二《宰相表中》；德宗居奉天、刘从一拜相在建中四年（783），见《新唐书》卷七《德宗纪》。刘从一进士及第又中宏词后，即沿着校书郎、畿县尉、监察御史的路线升进，与前一节所述"范阳卢子"做的白日梦里的升进路线一模一样。他自释褐至迁任监察御史，大抵只有五至七年，而成为监察御史后仅六年，即拜相，升进速度快速之至。

2. 《新唐书》卷一三一《李夷简传》："李夷简……以宗室子始补郑丞。……夷简弃官去，擢进士第，中拔萃科，调蓝田尉（畿县尉）。迁监察御史。坐小累，下迁虔州司户参军。九岁，复为殿中侍御史。元和（806—820）时，至御史中丞（正四品下）。……十三年（818）召为御史大夫，进门下侍郎、同中书门下平章事。"② 按，夷简擢进士第在贞元二年（786），见《登科记

---

① 《旧唐书》，第3550页。
② 《新唐书》，第4509、4510页。

考》卷一二；也许因为夷简是宗室子，曾以门荫任过郑县丞，所以进士及第又中拔萃科后，即直升为畿县尉；虽然他迁监察御史后，仕途上有过挫折，但数年后，还是又入为六品以下常参官（殿中侍御史），并很快成为五品以上官员和拜相。

3.《旧唐书》卷一六四《李绛传》："李绛……举进士，登宏词科，授秘书省校书郎。秩满，补渭南尉。贞元（785—804）末，拜监察御史。元和二年（807），以本官充翰林学士。未几，改尚书主客员外郎。踰年，转司勋员外郎。五年（810），迁本司郎中、知制诰。……六年……以绛为中书侍郎、同中书门下平章事。"① 按，李绛贞元八年（792）进士及第，见《登科记考》卷一三。他进士及第又中宏词后的升进路线，同于刘从一；自释褐至迁任监察御史的时间，约为十年，略多于刘从一；而成为监察御史后仅七、八年，即拜相，升进速度也极快。

4.《旧唐书》卷一六九《王涯传》："涯，贞元八年进士擢第。登宏辞科，释褐蓝田尉。二十年（804）十一月，召充翰林学士，拜右拾遗、左补阙、起居舍人，皆充内职。元和三年（808），为宰相李吉甫所怒，罢学士，守都官员外郎，再贬虢州司马。五年，入为吏部员外。……九年（814）八月，正拜（中书）舍人。……十一年（816）十二月，加中书侍郎、平章事。"② 按，王涯登宏词科授畿县尉，在贞元十八年（802），见《登科记考》卷一五。涯进士及第后十年未授官，登宏词科后即同李夷简一样，直升为畿县尉；过了两年多，又自蓝田尉召充翰林学士，拜右拾遗（常参官）；四年后虽遭贬，但历时仅二年，就又入为六品以下常参官（吏部员外），并很快进入五品以上官员行列（中书舍人）和拜相。

5. 柳宗元 贞元九年（793）进士及第，十四年（798）博学

---

① 《旧唐书》，第4285、4286页。
② 《旧唐书》，第4401、4402页。

宏词登科①，为集贤殿正字，十七年迁蓝田尉，十九年（803）为监察御史裹行。顺宗即位（在贞元二十一年正月），迁礼部员外郎。说见《唐才子传校笺》卷五。② 柳宗元也沿校书郎或正字、畿县尉、监察御史的路线升进，释褐后仅五年就成为常参官，仕进的前途原本一片光明，只可惜他积极参与的"永贞革新"失败，于是被远贬永州达十年，最终仅官至柳州刺史即下世。

6.《新唐书》卷一三一《李程传》："李程……擢进士、宏辞，赋《日五色》，造语警拔，士流推之。调蓝田尉……迁监察御史。召为翰林学士，再迁司勋员外郎。"③ 按，李程贞元十二年（796）进士及第，同年宏词登科，俱得头名，见《登科记考》卷一四；又，程于贞元二十年（804）入为监察御史，同年秋充翰林学士，元和二年（807）迁司勋员外郎，三年出为随州刺史，十年（815）入为兵部郎中、知制诰，后任中书舍人、吏部侍郎，长庆四年（824）拜相。参见丁居晦《重修承旨学士壁记》④、《旧唐书》卷一六七《李程传》。李程自释褐至成为常参官，历时七年，又经四年，即进入五品以上官员行列（随州刺史）。

7. 杨虞卿　元和五年（810）进士擢第，又中博学宏词科，授校书郎。"元和（806—820）末，累官至监察御史"。长庆（821—824）初，迁侍御史，转礼部员外郎，四年八月，改吏部员外郎。大和二年（828），"以简下无术，停见任"。四年（830），起为左司郎中。五年，拜谏议大夫（正四品下）。六年，转给事中（正五品上）。后官至工部侍郎（正四品下）、京兆尹（从三品）。事见《旧唐书》卷一七六、《新唐书》卷一七五本传。虞卿自释褐至为常参官，历时八、九年；自为监察御史至迁任从五品上之

---

① 见《唐代铨选与文学》，第291—292页。
② 《唐才子传校笺》第二册，第459—466页。
③ 《新唐书》，第4511页。
④ 见岑仲勉《郎官石柱题名新考订》，第232—233页。

左司郎中，历时十年。

8.《唐代墓志汇编》大中〇六〇权寔《唐故尚书刑部员外郎会稽余公夫人河南方氏合祔墓志铭》载：尚书刑部员外郎余君讳从周，"大中五年秋八月"卒，"年四十有六"。余君"以明经为乡里所举，再举登上第。……君既归江上，遂取前人之善为词判者，习其言，循其矩……诣有司请试，有司考其言，拔萃居四等（乙科），因授秘书省正字。……君之去正字，历数年，又从吏部选……遂授鄠县尉（畿县尉）。因乞假迎其亲，至洛而丁亲丧……君之终丧也，阒居洛表，不与人交。故相国司空李公知君之文行，起君为奉先尉（畿县尉），校理集贤御书，后转为修撰。今相国司空白公又以君为（集贤殿）直学士。……君为直学士时，已拜（太常）博士。属上有事于南郊，又属恭僖太后将祔庙，又属懿安太后崩，君详定礼仪，无不协当。初，宣懿太后已祔穆宗庙室，既而议者欲以恭僖代之，君以为自古无已入复出之文，遂败众议。今浙东观察使李公掌贡士，闻君之抗直，乃奏君考试诸生之业经者。……君自（太常）博士为侍御史时，京兆有杀人者……君覆问未竟三日，而贼首明白。上嘉其能，岁满亦终用君为刑部员外郎。……君初为郎，会大赦天下……。"按，《墓志》作于大中五年（851），"今相国司空白公"指白敏中，敏中会昌六年（846）五月至大中五年十月为相，大中五年三月加司空，见《新唐书》卷八《宣宗纪》。"有事于南郊"谓祭天；"恭僖太后"生敬宗，"宣懿太后"生武宗（敬宗之弟），两人都是穆宗皇后[①]，议者欲以恭僖代宣懿（卒于武宗即位前）祔穆宗庙室一事，当发生于恭僖卒时，《新唐书》卷八《武宗纪》："（会昌）五年正月……辛亥，有事于南郊。"《旧唐书》卷十八上《武宗纪》："（会昌）五年春正月……庚申，义安太后（即恭僖太后，因居义安殿而得名）

---

① 参见《新唐书》卷七七《后妃传下》。

崩，敬宗之母也。"据此，知余从周最晚在会昌五年（845）正月已迁任太常博士（常参官，从七品上）；"懿安太后（宪宗皇后）崩"，事在大中二年（848），《旧唐书》卷十八下《宣宗纪》："（大中二年）六月己丑，太皇太后郭氏崩，谥曰懿安。""今浙东观察使李公"指李褒，褒大中三至六年为浙东观察使①，大中二年冬至三年春为礼部侍郎，掌三年春贡举②，则至大中三年春，从周尚在太常博士任上。其迁任侍御史，也当在大中三年。关于"大赦天下"，《旧唐书·宣宗纪》云："（大中）四年春正月，以追尊二圣，御正殿，大赦天下。"知从周当于大中四年正月迁任刑部员外郎。又，"故相国司空李公"谓李让夷，让夷会昌二年（842）七月至六年七月为相，六年四月加司空，见《新唐书·武宗纪》、《宣宗纪》；让夷"起君为奉先尉"，当在其为相后，即会昌三年左右，而从周"丁亲丧"的时间，则约在开成五年（840）至会昌二年（唐时守父母之丧，必须满二十七个月）；至于他授鄠县尉的时间，估计为开成四年（839）。据《墓志》，从周是在参加吏部的常选后授鄠县尉的（前资官必须守选期满才许参加吏部的常选），这以前他必须守选（所谓"君之去正字，历数年"），假设他守选的时间为三年（开成一至三年），那么他任秘书正字的时间应为大和七至九年（833—835），③而拔萃登科的时间，则在大和七年春。唐时明经及第者一般要守选七年才能授官（参见第一章第四节），《墓志》所谓"归江上"，即指从周及第后归乡守选，假设他在守选的前三年苦学"词判"，而后应拔萃科一举登第，那么他明经及第的时间，应在大和四年（830），根据《墓志》所载的卒年与享年推算，这时他二十二岁。综上所述，从周自释褐至成为常参官（太常博士），历时十二年（其中有两年多

---

① 参见《唐刺史考》第四册，第1772页。
② 见《唐仆尚丞郎表》卷十六，第881页。
③ 当时每任官员的任期一般为三年，参见《唐代铨选与文学》，第94—96页。

时间去职守丧）；自为太常博士至迁任刑部员外郎（从六品上），历时六年半，孙国栋说："（员外郎）迁出则入郎中最多，其次则加'知制诰'为中书舍人或迁中丞。外迁则出为刺史。"① 所以从周离进入五品以上官员行列仅有一步之遥，如果不是由于早卒，他应该很快就能成为五品以上官员。虽然从周的升进速度较以上七人慢，但应该说他还是比较幸运的，这主要得益于他曾拔萃登科，如果仅止明经及第，他恐怕是不会有这样的仕途前景的。

接下谈前资官宏词或拔萃登科后的授官情形。前资官宏词或拔萃登科后，多先授给畿、赤县簿、尉，而后再升为监察御史、拾遗等六品以下常参官，但也有登科后直接授给监察御史等六品以下常参官的。例如：

1. 《旧唐书》卷一四六《萧昕传》："萧昕，河南人。少补崇文，进士。开元十九年（731），首举博学宏词，授阳武县（紧县）主簿。天宝初，复举宏词，授寿安（畿县）尉，再迁左拾遗。……累迁宪部员外郎，为副元帅哥舒翰掌书记。潼关败，间道入蜀，迁司门郎中。"② 后历中书舍人、礼部侍郎，官至礼部尚书。按，萧昕在宏词设立的首年即应试，但中第后仅授紧县主簿，并没有"得美仕"，这或许是因为宏词初设，尚未形成给予优待的机制；萧昕任阳武主簿当于开元二十三年（735）春秩满，自二十三年春至天宝元年（742）春以前资官身份复举宏词中第，历时七年，这应该是他的守选时间；萧昕任寿安尉当于天宝五载（746）春秩满，其迁拾遗大约在七、八载，为副元帅哥舒翰掌书记（《通鉴》卷二一七作判官）则在十四载（755）十二月，而迁司门郎中，应在至德元载（756）八月。这样，他自释褐至迁任常参官，历时十七、八载；而自为拾遗至升任郎中，则历时仅七、八载。

2. 《全唐文》卷五〇七权德舆《故朝议大夫守太子宾客卢公

---

① 《唐代中央重要文官迁转途径研究》，第 58 页。
② 《旧唐书》，第 3961 页。

行状》载：卢迈"经明筮仕，补太子正字、蓝田尉。会府试言，拔乎其萃，转河南主簿（《旧唐书》本传作'以书判拔萃，授河南主簿'）。……建中（780—783）初……拜右补阙，俄换侍御史。兴元元年（784），迁刑部员外郎。……转吏部员外郎。……求出为滁州刺史。……征入为司门郎中。"① 后历给事中、尚书右丞，贞元九年（793）拜相，十三年罢为太子宾客，十四年（798）卒，享年六十。按，卢迈贞元（785—804）初为滁州刺史②，其以前资官身份试拔萃登科授赤县（河南县）主簿，大约在大历（766—779）末，拜右补阙成为常参官，则在建中初，而迁任从五品上之郎中，也当在贞元初。这样，他自任常参官至成为五品以上官员（州刺史），只用了五、六年时间。

3. 《全唐文》卷四七八杜黄裳《东都留守顾公神道碑》载：顾少连"擢进士甲科……丁秘书府君忧……既详而哀未忘也。久之，以书判高等典校秘文，秩满，授登封（畿县）主簿。……及休告东洛，居守郑公叔则辟为从事，非其所好，终以疾辞。其明年，书判拔萃登第，亚相于公顾推义行，诏拜监察御史。京师内乱，銮辂时巡，公节见艰危，步至行在……拜水部员外郎、翰林学士。随难南梁，迁礼部郎中……学士如故。"③ 后历任中书舍人、礼部侍郎、尚书左丞、吏部尚书、东都留守，贞元十九年（803）卒，年六十三。按，少连进士擢第在大历五年（770），见《登科记考》卷一〇；所谓"休告东洛"，盖指任登封主簿秩满，居东都洛阳守选；"居守郑公叔则"谓东都留守兼河南尹郑叔则，他于建中二年（781）至四年（783）为东都留守兼河南尹④；"亚相于公顾"谓御史大夫于顾，他于建中四年为御史大夫，《新唐

---

① 《全唐文》，第5155、5156页。
② 参见《唐刺史考》第三册，第1493页。
③ 《全唐文》，第4882页。
④ 参见《唐刺史考》第二册，第514—515页。

书》卷一四九《刘晏传》:"晏兄暹……建中末,召为御史大夫。宰相卢杞惮其严,更荐前河南尹于颀代之。"《旧唐书》卷一九六下《吐蕃传下》:"(建中四年)七月……又命宰相李忠臣、卢杞……御史大夫于颀……等与区颊赞等会盟于坛所。"则少连拔萃登第拜监察御史当在建中四年春。又"銮辂时巡"指建中四年十月德宗幸奉天[①],少连拜水部员外郎、翰林学士即在此时;而"迁礼部郎中",则在兴元元年(784)六月,见《旧唐书》卷一二《德宗纪上》。少连"休告东洛"的时间应在建中三年春,而始任登封主簿的时间,则约在大历十四年(779)春。少连自登进士第至成为常参官,历时十三年;自为监察御史至迁任从五品上之郎中,则仅历时一年多,堪称神速。

4.《全唐文》卷五○五权德舆《唐故银青光禄大夫守吏部尚书李公墓志铭》载:李巽"始以明经筮仕,为华州参军。试言超绝(即书判拔萃,又名书判超绝),补鄠县尉。登朝为监察御史、殿中侍御史。由美原县(畿县)令课最为刑部员外郎,由万年县令(京县令,正五品上)课最为户部、左司二郎中,由常州刺史理刑第一征为给事中,以御史中丞领潭州刺史、湖南观察使。"[②]后官至吏部尚书,元和四年(809)卒,年六十三。按,李巽贞元七年(791)为常州刺史,八年入为给事中,同年十二月出为湖南观察使[③];他以前资官身份试拔萃登科后,即沿畿县尉、监察御史的最佳路线迅速升为常参官;成为常参官后,历三任(殿中侍御史、美原令、刑部员外郎)而进入五品以上官员行列,其中美原令(畿县令,正六品上)虽非常参官,却属县令之上者,且以"课最"入为员外郎,可不守选,所以他由监察御史进为万年令的时间,也不会很长。

---

① 见《新唐书》卷七《德宗纪》。
② 《全唐文》,第5134页。
③ 参见《唐刺史考》第四册,第1651、1652、2132页。

5. 陆贽 前一节谈到，陆贽大历十三年（778）春，以前资官身份试拔萃登科，授畿县主簿，过了一年左右，即迁任监察御史，成为常参官；而他自任监察御史至迁为"出选门"的考功郎中，历时只有五年，升进速度皆极快。

6. 《旧唐书》卷一八五下《范传正传》："传正举进士，又以博学宏辞及书判皆登甲科，授集贤殿校书郎、渭南尉，拜监察、殿中侍御史。自比部员外郎出为歙州刺史。"① 后官至宣歙观察使、光禄卿（从三品）。按，传正贞元十年（794）进士及第，见《登科记考》卷一三；元和元年至四年（806—809）为歙州刺史，见《唐刺史考》卷一四八。② 又，传正进士及第后，当在守选期间应宏辞试，其宏辞登科授校书郎的时间，大约在贞元十一年春，而为校书郎秩满，则约在贞元十四年（798）春；他以前资官（校书郎）身份应书判拔萃登科并授渭南尉，应在贞元十五年春。传正也沿校书郎、畿县尉、监察御史的快速路线升进，估计他任渭南尉于十八年（802）春秩满，随即迁任监察御史，成为常参官。这样他自释褐至任常参官，历时七年；自为监察御史至成为五品以上官员（歙州刺史），则历时仅四年。

7. 李珏 元和七年（812）进士擢第（见《登科记考》卷一八），"河阳乌重胤表置幕府。以拔萃补渭南尉，擢右拾遗。穆宗即位，荒酒色……珏与宇文鼎……同进曰……盐铁使王播增茶税十之五以佐用度，珏上疏谓……珏以数谏不得留，出为下邽令。武昌牛僧孺辟署掌书记。还为殿中侍御史。宰相韦处厚曰：'清庙之器，岂击搏才乎？'除礼部员外郎。僧孺还相，以司勋员外郎知制诰，为翰林学士，加户部侍郎。"（《新唐书》卷一八二《李珏传》③）后官至宰相。按，乌重胤元和五年（810）至九年为怀州

---

① 《旧唐书》，第4830页。
② 《唐刺史考》第四册，第1867页。
③ 《新唐书》，第5359、5360页。

刺史、河阳节度使①，李珏入河阳幕府，当在元和七年擢第后（新及第进士应辟入幕府任职无须守选）；其"以拔萃补渭南尉"，约在元和九年（814）或十年，"擢右拾遗"，则在元和十四年（819）②；"王播增茶税"，事在长庆元年（821）五月，时珏尚在拾遗任，见《通鉴》卷二四一；牛僧孺以宰相出为武昌节度使在宝历元年（825）正月③，李珏入武昌幕即在此时，至其出为下邽令，则约在长庆二年（822）；韦处厚于宝历二年（826）十二月拜相④，李珏除礼部员外郎当在大和元年（827）初，而其"还为殿中侍御史"，则约在宝历二年；"僧孺还相"事在大和四年（830）正月⑤，李珏为司勋员外郎知制诰当即在此年，五年九月，迁库部郎中，充翰林学士⑥。综上所考，李珏自释褐至成为常参官，历时七年，自擢右拾遗至迁任从五品上之库部郎中，历时十二年。

8. 李蔚　开成五年（840）登进士第（见《登科记考》卷二一），"释褐襄阳从事。会昌（841—846）末调选，又以书判拔萃，拜监察御史。转殿中监（当作殿中侍御史）。大中七年（853），以员外郎知台杂，寻知制诰，转郎中，正拜中书舍人。咸通五年（864），权知礼部贡举。六年，拜礼部侍郎，转尚书右丞。"（《旧唐书》卷一七八《李蔚传》⑦）后官至宰相。按，李蔚拜中书舍人，当在咸通四年或五年，而其"转郎中"⑧，则约在咸通（860—873）初。这样，他自登第至成为常参官，历时六年；自拜监察御史至迁任五品郎中，历时约十五年。

---

①　见《唐刺史考》第二册，第584页。
②　据《新唐书》本传，珏为右拾遗在穆宗即位前（穆宗于元和十五年正月即位）。
③　见《新唐书》卷六三《宰相表下》。
④　见《新唐书·宰相表下》。
⑤　见《新唐书·宰相表下》。
⑥　岑仲勉《翰林学士壁记注补》，见《郎官石柱题名新考订》第291、292页。
⑦　《旧唐书》，第4624、4625页。
⑧　当作"转考功郎中"，参见《唐尚书省郎官石柱题名考》卷九。

从以上十六个实例中可以看出，不论是以新及第进士或明经的身份，还是以前资官的身份应宏词或拔萃选登科，都能较快地成为监察御史、拾遗等六品以下常参官，并进而快速升入五品以上官员行列，甚至于登上宰相的高位。这里面的关键环节，就在于这些文士曾是宏词或拔萃的登科者。前面我们谈过，宏词或拔萃属吏部科目选，主持科目选的官员，无权授给登科者"敕授"的监察御史、拾遗等常参官，既然如此，那么宏词或拔萃的登科者，又是如何成为监察御史、拾遗等常参官的呢？首先，宏词和拔萃的登科者经吏部考定后，要报请中书门下复查审核，最后还要将录取名单及被录取者的文章上报皇帝①，因此这些登科者都会为皇帝和宰相所知，而"敕授"的六品以下常参官，正好须由宰相进拟，然后奏闻天子，还有天子有时也会自己提名任命。如上文谈过，刘从一就为宰相常衮擢为右拾遗，余从周则被宰相白敏中提为太常博士、集贤殿直学士。第二，《新唐书》卷一六二《独孤朗传》："（朗）迁御史中丞。故事，选御史皆中丞自请。是时，崔晃、郑居中由宰相力，得监察御史，朗拒不纳，晃、居中卒改他官。"② 这条材料说明，御史台长官有权荐任监察御史；而宏词、拔萃的登科者，则具有优先被荐任的资格。例如陆贽"以书判拔萃调渭南主簿，御史府以监察换之"（参见前一节）；顾少连书判拔萃登科，御史大夫于顾荐之，"诏拜监察御史"（见前）。第三，孙国栋指出："吏部铨选六品以下官时发现有才识颇高可以任补阙、拾遗、监察御史的则荐名中书门下任用。"③ 按，孙说是，《唐六典》卷二《尚书吏部》云："（铨选时）其才识颇高，可擢为拾遗、补阙、监察御史者，亦以名送中书门下，听敕授

---

① 参见吴宗国《唐代科举制度研究》，第107、108页。
② 《新唐书》，第4993页。
③ 见《唐代中央重要文官迁转途径研究》，第14页。

焉。"① 宏词或拔萃的登科者，一般登科后再任一至两任官职，即可通过上述三种途径，成为监察御史、拾遗等六品以下常参官。

《登科记考·凡例》说："若宏词、拔萃两科，登宏词者得试拔萃，得拔萃者得试宏词，且得再举。张巡以书判拔萃入等，萧昕两举宏词是也。"所言甚是，但如果登宏词、拔萃科后立即升为六品以下常参官，或登科后不久即成为六品以下常参官，这些登科者就不会再举了，情况与连应制科者一样，参见本章第四节的论述。

下面附带谈谈平判入等在唐代文官摆脱守选，升入五品以上官员行列上的作用。前面我们说过，平判入等不属于科目选，而属于吏部常选范围。唐人也很看重平判入等，这是由于新及第进士、明经或前资官平判入等登科后，可在授官上受到优待。例如颜真卿开元二十二年进士及第，二十四年平判入等，授秘书省著作局校书郎（参见第一章第三节）；李廓"大历中举进士，又以书判高等，授秘书正字"②；崔郾"贞元十二年中第，十六年平判入等，授集贤殿校书郎"③；元稹贞元九年明经及第，十九年平判入等，授秘书省校书郎（见第一章第三节及《旧唐书》卷一六六本传）。以上各例说明，新及第进士、明经平判登科后，多授给校书郎、正字之职，近于新及第进士、明经宏词或拔萃登科后的授官情形。又如裴佶"弱冠举进士，补校书郎。判入高等，授蓝田尉。"④ 辛秘"以能通五经、《开元礼》三命至华原主簿；书判入等，为长安尉。"⑤ 韦温为校书郎秩满后，"选判入等"，授咸阳尉⑥；郑当宝历二年（826）进士及第，入河阳三城节度使杨元卿

---

① 《唐六典》，第27页。
② 见《旧唐书》卷一五七《李廓传》。
③ 见《全唐文》卷七五六杜牧《崔郾行状》。
④ 见《旧唐书》卷九八《裴佶传》。
⑤ 见《全唐文》卷六八二牛僧孺《昭义军节度使辛公神道碑》。
⑥ 见杜牧《樊川文集》卷八《韦温墓志铭》。

幕府为从事，后"参调有司，判入高等，授万年尉"①。以上各例说明，前资官平判登科后，多授给畿县或赤县簿尉之职，也近于前资官宏词或拔萃登科后的授官情形。由此可见，平判入等在唐代文官摆脱守选，升入五品以上官员行列上的作用，近于博学宏词与书判拔萃科。

前面谈过，唐代的科目选尚有三礼、三传、三史、五经、九经、开元礼、学究一经等。这些科目都是贞元二年（786）以后陆续设置的，它们同时又属于礼部贡举的科目，有出身人和前资官应这些科目，由吏部负责考试，白身人应这些科目，则由礼部负责考试。吴宗国指出："由这些科目而致高官者寥寥无几。"② 即这些科目在唐代文官摆脱守选，升入五品以上官员行列上的作用很小，所以我们这里就不准备多叙了。

第四节　唐代文官摆脱守选的途径之二：制举

关于唐代制举的特征和试制，傅璇琮《唐代科举与文学》、吴宗国《唐代科举制度研究》以及《唐代铨选与文学》等许多论著，已作了详细论述，我们这里只想着重讨论制举在唐代文官摆脱守选，升入五品以上官员行列上的作用。但为了便于说明这一问题，也有必要先对制举的基本特征和试制，作一些简要的介绍。

《新唐书》卷四四《选举志上》云："其天子自诏者曰制举，所以待非常之才焉。"制举是以天子的名义由天子亲自下诏举行的科举考试，考场多设在殿廷，天子一般要亲临或亲试，这和进士、明经等常科的"省试"（尚书省礼部试）是不同的；举行制举考试的具体时间与科目都不固定，而由天子临时下诏公布，这也与

---

① 《唐代墓志汇编》开成〇三九《郑当墓志铭》。
② 《唐代科举制度研究》，第104页。

常科每年春天都举行的制度不同；唐时允许应制举试的人的范围很广，一般包括白身人、有出身人、前资官、现任职事官等，这同常科的应试者多为白身人也不一样；应常科的举子，必须先由州府考试合格，才允许参加"省试"，而应制举试，则规定实行荐举与自举，所谓荐举，是指天子下诏举行制举后，令所在州府长官和台省常参官，上表举荐符合条件的人应举，所谓自举，是说允许未被州府长官等举荐的人，到所在州府自荐，经州府长官考察选择，而后上表奏闻，另外有时还允许愿意报名参加制举试的人"诣阙自举"①；制举试一般只有一个试项，即试策，永淳二年（683）规定试策三道，开元九年（721）以后改为一道②，这也与常科不同；又，常科的登第者由礼部张榜公布，他们一般还得守选或待选一定时间，然后才可以参加吏部的铨选并授官，它属于"旨授"的范围（参见本章第一节），而制举的登第者则由天子下诏公布，交中书门下立即授官，授官的决定也由天子下诏公布，它属于"敕授"的范围。③

唐代的制举有一个形成、发展的过程。根据有关记载，武德、贞观之世，已举行过制举考试，但尚未形成完整的制度；而到了高宗、武后时代，则逐渐形成完整的制度。及至开元（713—741）、贞元（785—804）之时，制举甚盛④；而到了文宗大和二年（828）举行制举之后，制举实际上就停止了。

唐代制举的科目很多，徐松《登科记考·凡例》说："《困学纪闻》云：'唐制举之名，多至八十有六，凡七十六科。'《玉海》亦言：'自志烈秋霜而下凡五十九科，自显庆三年至大和二年，及第者二百七十人。'今以《旧唐书》《唐会要》《册府元龟》《文

---

① 见《册府元龟》卷八八《帝王部·赦宥七》大历五年制书。
② 参见陈飞《唐代试策考述》，中华书局 2002 年版，第 273—276 页。
③ 参见《唐代铨选与文学》，第 262 页。
④ 参见《册府元龟》卷六三九《贡举部·总序》。

苑英华》《云麓漫钞》诸书参考之，其设科之名已无虑百数。又如曰吏职清白，曰孝弟廉让，见《孝子郭思训墓志》；曰穿杨附枝，见李邕《臧怀亮碑》；曰经明行修，见李邕《李思训碑》；曰五臣，见李邕《程府君碑》……曰怀能抱器，曰牧宰，见《卓异记》。是知科目之名遗佚者多矣。"① 据陈飞的研究和统计，《唐会要》卷七六《贡举中·制科举》所载科目之名，共有九十六个。② 但无论是徐松还是陈飞所见，都仍有遗漏，如抚字举，见《唐代墓志汇编》开元○九八《敬守德墓志铭》；迹隐缠肆科，见《汇编》开元一六○《董守贞墓志铭》；"制举英雄盖伐，词令抑扬"，见《汇编》开元一八九《赵洁墓志》；精书传，见《汇编》开元二四七《乔崇隐墓志铭》。这些科目皆徐松、陈飞书中所未曾涉及。现今若想把遗佚的科目之名都考出，已经不大可能了。众多的唐代制举科目，其重要性是不尽一样的。《新唐书·选举志上》说："所谓制举者，其来远矣。……其为名目，随其人主临时所欲，而列为定科者，如贤良方正直言极谏、博通坟典达于教化、军谋宏远堪任将率、详明政术可以理人之类，其名最著。"③ 这些"定科"重复举行的次数多，其考中者在授官上受到优待，因而也为时人所重；而一些很少出现的偏僻科目，其考中者在授官上则得不到多少优待。我们这里讨论制举的作用，主要依据"定科"而言。

关于制举在唐代文官摆脱守选，升入五品以上官员行列上的作用，唐宋人有过一些论述。如刘禹锡《唐故中书侍郎平章事韦公集纪》说："汉庭以贤良文学征有道之士，公孙弘条对第一，席其事，鼓行人间，取丞相且侯，使汉有得人之声，伊弘发也。皇唐文物，与汉同风，故天后朝燕国张公说以词标文苑征，玄宗朝

---

① 《登科记考》，第6页。
② 见《唐代试策考述》，第261页。
③ 《新唐书》，第1169页。

曲江张公九龄以道侔伊吕征，德宗朝天水姜公公辅、杜陵韦公执谊、河东裴公垍以贤良方正征，宪宗朝河南元公稹、京兆韦公淳（处厚）以才识兼茂征，陇西牛公僧孺、李公宗闵以能直言极谏征。咸用对策甲于天下，继为有声宰相，古今相望，落落然如骑星辰，与夫起版筑饭牛者异矣。"① 宋王应麟《困学纪闻》卷一四《考史》说："唐制举之名，多至八十有六，凡七十六科，至宰相者七十二人；本朝制科四十人，至宰相者富弼一人而已。"② 都指出唐时制举登第，对于士人登上高位，以至于成为宰相，具有重要的作用。但这些论述都显得有点笼统，未能揭示出制举在摆脱守选上的具体作用。

  在今存的唐代史料中，缺少朝廷关于各个时期制举登第者如何授官的具体规定（仅有少量唐代后期制举登第者的授官诏敕），所以我们研究制举在唐代文官摆脱守选上的作用，主要依据两《唐书》列传和今存的墓志所载的众多制举登第者的授官实例。大致说来，唐朝廷对制举（特别是一些经常重复举行考试的"定科"）的登第者，多据其考试等第的高下和原来的身份授给官职，因此下面我们拟就白身人、有出身人、有官职者制举登第后的授官情形，从众多实例中找出若干较典型的事例，进行分析、归纳，以揭示制举在文官摆脱守选上的具体作用。先看看白身人制举登第后的授官实例：

  1.《旧唐书》卷八八《陆象先传》："象先……应制举，拜扬州参军。秩满调选，时吉顼为吏部侍郎，擢授洛阳（赤县）尉……迁左台监察御史，转殿中，历授中书侍郎。景云二年（711）冬，同中书门下平章事。"③ 按，吉顼为吏部侍郎在圣历二

---

① 陶敏、陶红雨：《刘禹锡全集编年校注》卷一九，岳麓书社2003年版，第1219页。
② 《困学纪闻》，文渊阁《四库全书》本。
③ 《旧唐书》，第2876页。

年（699），见严耕望《唐仆尚丞郎表》卷一〇《辑考三下》①；按照任扬州参军（正八品下）四年秩满推算，象先始任扬州参军的时间，当在延载元年（694），其应制举登第之时间同。

2.《唐代墓志汇编》开元二四一《故右金吾将军魏公墓志铭》："公讳靖……弱冠应制举，授成武（紧县）尉，转郑县（望县）尉、大理评事、监察御史、殿中侍御史。"后历任郎中、刺史，官至右金吾将军。按，根据《墓志》所载卒年（开元十四年，726）与享年（六十八）推算，魏靖弱冠为仪凤三年（678）。

3.《全唐文》卷三一八李华《淮南节度使尚书左仆射崔公（圆）颂德碑铭》云："公……敷于王庭，甲科入仕，历京兆仓曹参军，再迁司勋员外郎。丁太夫人忧……终丧，拜刑部员外郎兼侍御史，知剑南节度留后事。"②《旧唐书》卷一〇八《崔圆传》载："开元中，诏搜访遗逸，圆以钤谋（军事谋略）射策甲科，授执戟。……萧炅为京兆尹，荐为会昌丞，累迁司勋员外郎。宰臣杨国忠遥制剑南节度使，引圆佐理，乃奏授尚书郎……知节度留后。"③《新唐书》卷一四〇《崔圆传》云："开元中，诏举遗逸，以钤谋对策甲科，历京兆府参军，尹萧炅荐之，迁会昌丞。"④ 按，崔圆于开元二十三年（735）应制举智谋将帅科及第，见《登科记考》卷八；综观诸书所载，圆制科及第后，当先授执戟（诸卫属官，正九品下），后历任京兆府参军（正八品下）、会昌（畿县）丞（正八品下）、京兆府仓曹参军（正七品下）、司勋员外郎（从六品上）。又，萧炅为京兆尹，在天宝二年（743）至八载（749）六月，参见《唐刺史考》卷一，⑤ 萧炅荐圆为会昌丞，即在这一期间；而宰相杨国忠以圆为剑南节度留后，则在天

---

① 《唐仆尚丞郎表》，中华书局1986年版，第556页。
② 《全唐文》，第3228页。
③ 《旧唐书》，第3279页。
④ 《新唐书》，第4641页。
⑤ 《唐刺史考》第一册，第16页。

宝十一载（752）十一月，见《通鉴》卷二一六。崔圆后于至德元载（756）拜相，见《通鉴》卷二一八。

4.《新唐书》卷一九九《孔若思传》："子季诩，字季和。永昌初（689），擢制科，授校书郎。……终左补阙。"① 《全唐文》卷二二五张说《孔补阙集序》："唐会稽孔季诩……弱冠制举，授校书郎。转国子主簿。年三十一，卒于左补阙。"②

5.《全唐文》卷五二○梁肃《侍御史摄御史中丞赠户部侍郎李公墓志铭》："公讳史鱼……开元中，以多才应诏，解褐授秘书正字。……秩满，调补河南参军、长安（赤县）尉、监察御史。"③ 按，李史鱼应制举多才科及第，在开元二十二年（734），参见《登科记考》卷八；至至德元载（756），"授侍御史摄御史中丞，充河南节度参谋、河北招谕使"（《墓志》）。

6.《旧唐书》卷一五三《姚南仲传》："姚南仲……乾元初（758），制科登第，授太子校书。历高陵（畿县）、昭应（畿县）、万年（赤县）三县尉，迁右拾遗，转右补阙。"④ 后历任兵部郎中、御史中丞、给事中、同州刺史、郑滑节度使，官至尚书右仆射（从二品）。按，《登科记考》卷一○列姚南仲制科登第时间为乾元二年（759）；至其迁任兵部郎中之时间，则约在贞元（785—804）初，参见《全唐文》卷五○○权德舆《姚南仲神道碑铭》。

7.《新唐书》卷二○二《梁肃传》："肃字敬之，一字宽中……建中初（780），中文辞清丽科，擢太子校书郎。萧复荐其材，授右拾遗，修史，以母羸老不赴。杜佑辟淮南掌书记，召为监察御史。转右补阙、翰林学士、皇太子诸王侍读。"⑤ 按，梁肃

---

① 《新唐书》，第5684页。
② 《全唐文》，第2276页。
③ 《全唐文》，第5289页。
④ 《旧唐书》，第4081页。
⑤ 《新唐书》，第5774页。

入朝为监察御史,在贞元五年(789);贞元九年(793)十一月,肃即卒于右补阙任,见《全唐文》卷五二三崔元翰《右补阙翰林学士梁君墓志》。

8. 《旧唐书》卷一八五下《杨茂谦传》:"杨茂谦者,清河人。窦怀贞初为清河令,甚重之。起家应制举,拜左拾遗。出为临洺令……以清白闻,擢为秘书郎。时窦怀贞为相,数称荐之,由是历迁大理正(从五品下)、御史中丞(正五品上)。开元初,出为魏州刺史、河北道按察使。"① 按,《旧唐书》卷一八三《窦怀贞传》云:"圣历(698—699)中,为清河令。"杨茂谦应制举登第,当在圣历之后;又,窦怀贞为相,在景云二年(711)五月至十月、先天元年(712)正月至七月、同年八月至开元元年(713)七月,见《旧唐书》卷七《睿宗本纪》、《新唐书》卷六一《宰相表上》。

9. 王维《大唐吴兴郡别驾前荆州大都督府长史山南东道采访使京兆尹韩公墓志铭》:"公讳朝宗……年若干,应文以经国举,甲科,试右拾遗。……拜监察御史、兵部员外郎。……转度支郎中(从五品上),除给事中(正五品上)。……寻知吏部选事。"② 后官至京兆尹。按,韩朝宗应制举文以经国科及第,在景云二年(711),见《唐会要》卷七六《贡举中·制科举》;《墓志》所谓"甲科",盖泛指考试成绩为上等;韩朝宗以给事中知吏部选事,在开元十九年(731)前后,见《唐仆尚丞郎表》卷一〇《辑考三下》③。

10. 《新唐书》卷一六一《王仲舒传》:"王仲舒……贞元中,贤良方正高第,拜右拾遗。……俄改右补阙,迁礼部、考功员外

---

① 《旧唐书》,第4818、4819页。
② 见陈铁民《王维集校注》卷一〇,中华书局1997年版,第887、888页。
③ 见《唐仆尚丞郎表》,第575、576页。

郎。"①《旧唐书》卷一九〇下《王仲舒传》:"贞元十年(794),策试贤良方正能直言极谏等科,仲舒登乙第,超拜右拾遗。……元和五年(810),自职方郎中(从五品上)知制诰。"② 后历中书舍人,官至江西观察使。

　　本章第二节谈过,唐代进士及第者释褐任的第一个职事官,一般多是紧县主簿、县尉,以及州府参军,也有任朝廷中的校书郎、正字的,由以上实例大抵可以看出,白身人制举登第后的释褐官,大抵也差不多。但白身人制举登第后的仕进情形,也有以下三个明显优于新及第进士、明经之处:第一,由于制举的登第者由中书门下"敕授",因此白身人制举登第后,有超拜拾遗者,例如上述第八至第十例。我们知道,拾遗是六品以下常参官之一,开元四年(716)以后还是"敕授"官,这是新及第进士或明经,通过吏部铨选的常制不可能获得的官职。第二,白身人制举登第后的仕途前景,一般优于新及第进士或明经。例如陆象先、魏靖、李史鱼、梁肃在分别任过释褐官后,仅经历一至二任职务,即升为监察御史;崔圆任过执戟的释褐官后,又经历三任职务,即升为员外郎("敕授"之常参官,从六品上);孔季诩任过校书郎的释褐官后,仅经历一任官职,即升为补阙(常参官,从七品上);姚南仲任过释褐官后,经历三任畿、赤县尉,便升为拾遗。上述这些人都在制举登第释褐后,只经过若干年、一至三任职务,就成为"敕授"的六品以下常参官;而一个进士或明经及第者,虽然也有可能由于"才识颇高",在参加吏部常选时,受到吏部的举荐,被中书门下任用为监察御史、拾遗等常参官(参见本章第三节),然而这种机会并不那么容易得到,如果得到,也需等待较长时间才有可能。第三,一个新及第进士或明经,登第后一般都要守选或待选数年,才能参加吏部的铨选并授官,而白身人制举登

---

① 《新唐书》,第 4985 页。
② 《旧唐书》,第 5059 页。

第后即可马上授官,这样,他们一入仕就首先省去了若干年的守选或待选时间;加以他们释褐以后,成为不用守选或待选的六品以下常参官的机会较多,需经历的时间又较短,所以往往能很快地进入"出选门"的五品以上官员阶层。例如陆象先,制科登第后仅十七年,即成为宰相;崔圆制科登第后二十一年,也成为宰相;杨茂谦制科登第后约十二年,进入五品以上官员行列;韩朝宗制科登第后不到二十年,成为五品以上官员;王仲舒制科登第后十六年,也成为五品以上官员;还有孔季诩、梁肃,若非早卒,升入五品以上官员阶层的希望也很大。

下面看有出身人(主要指新及第进士、明经)制举登第后的授官实例:

1.《全唐文》卷三一五李华《崔沔集序》:"帝唐文行大臣太子宾客赠礼部尚书博陵孝公崔氏,讳沔……进士登第,举贤良方正对策第一,召见,拜校书郎。历陆浑(畿县)主簿……擢左补阙。……除殿中侍御史。……迁起居舍人。……拜尚书祠部员外郎。……迁给事中。……改中书舍人。"① 后历虞部郎中、中书侍郎(正三品),官至太子宾客(正三品)。按,崔沔进士及第、贤良方正登科,皆在武后天册万岁二年(696),见《登科记考》卷四;《旧唐书》卷一八八《崔沔传》云:"睿宗时,征拜中书舍人。"② 又《唐代墓志汇编》大历〇六〇《崔沔墓志》录开元二十九年李邕所撰《崔沔墓志》,谓沔"擢给事中"后,"居数月,转中书舍人",则沔迁给事中,当在睿宗景云初(710)。

2.《新唐书》卷一六四《奚陟传》:"奚陟……大历末,擢进士、文词清丽科,授弘文馆校书郎。德宗立……杨炎辅政,召授左拾遗。居亲丧,毁瘠过礼。朱泚反,走间道及车驾于兴元,拜起居郎、翰林学士,不就职。贼平,改太子司议郎,历金部、吏

---

① 《全唐文》,第3196页。
② 《旧唐书》,第4928页。

部员外。会左右丞缺，转左司郎中。贞元八年（792），迁中书舍人。"① 后官至吏部侍郎（正四品上）。按，奚陟大历十四年（779）进士及第，建中元年（780）登制举文词清丽科，见《登科记考》卷一一；"杨炎辅政"在大历十四年八月至建中二年七月，见《新唐书》卷六二《宰相表中》；奚陟拜翰林学士，在兴元元年（784），丁居晦《重修承旨学士壁记》云："奚陟，兴元元年自起居郎充，病免。"② 又，刘禹锡《奚陟神道碑》云："从大驾回（指兴元元年七月德宗自兴元回京），入尚书为司金元士（指金部员外郎）……有顷，持愍册宣恩于蓟门（指贞元元年九月幽州节度使刘怦卒，奚陟充吊祭使赴幽州）……复命称旨，转吏部员外郎。"③ 则奚陟为吏部员外，当在贞元二年（786），至其转任左司郎中，则大约在贞元五至七年（789—791）。

3. 《旧唐书》卷一五九《崔群传》："崔群……十九登进士第，又制策登科，授秘书省校书郎。累迁右补阙。元和初，召为翰林学士。历中书舍人……迁礼部侍郎……十二年（817）七月，拜中书侍郎、同中书门下平章事。"④ 按，崔群贞元八年（792）进士及第，十年（794）中制举贤良方正科，见《登科记考》卷一三；又，丁居晦《重修承旨学士壁记》云："崔群，元和二年（807）十一月六日，自左（两《唐书》本传俱作右）补阙充。三年四月二十八日，加库部员外郎。五年（二字原无，据岑仲勉说补）五月五日，加库部郎中、知制诰。……七年（812）四月二十九日，迁中书舍人。九年六月二十六日出院，拜礼部侍郎。"⑤

4. 《全唐文》卷七一四李宗闵《故丞相太原王公神道碑铭》："公讳播……贞元十年（794）举进士第，是岁策贤良，以直言校

---

① 《新唐书》，第5040页。
② 见岑仲勉《郎官石柱题名新考订》，第226页。
③ 见《刘禹锡全集编年校注》，第1191页。
④ 《旧唐书》，第4187、4188页。
⑤ 见《郎官石柱题名新考订》，第242页。

书于集贤殿。……调尉盩厔（畿县）。……御史中丞李汶爱之，奏为监察御史。"① 按，据《碑铭》及《旧唐书》卷一六四、《新唐书》卷一六七《王播传》等记载，王播贞元十九年（803）为侍御史，永贞元年（805）除驾部员外郎，寻改长安令（正五品上），元和元年（806）或二年为工部郎中，五年（810）迁御史中丞，同年除京兆尹，六年为刑部侍郎，十年（815）迁礼部尚书，长庆元年（821）冬拜相。

5. 杜牧《樊川文集》卷一四《沈传师行状》："贞元末，举进士。……明年中第。……联中制策科，授太子校书、鄠县（畿县）尉，直史馆、左拾遗、左补阙、史馆修撰、翰林学士。历尚书司门员外郎，司勋、兵部郎中，中书舍人。"② 后历湖南、江南西道、宣歙池观察使，官至吏部侍郎。按，传师贞元二十一年（805）中进士，元和元年（806）登制举才识兼茂明于体用科，见《登科记考》卷一五、一六；又，传师于元和十二年（817）二月自左补阙、史馆修撰充翰林学士，十三年正月迁司门员外郎，十五年（820）正月加司勋郎中，同年闰正月加兵部郎中知制诰，长庆元年（821）二月迁中书舍人，见丁居晦《重修承旨学士壁记》、岑仲勉《翰林学士壁记注补》。③

6. 《新唐书》卷一四二《韦处厚传》："中进士第，又擢才识兼茂科，授集贤校书郎。举贤良方正异等，宰相裴垍引直史馆，改咸阳（畿县）尉。宪宗初，擢左补阙。……历考功员外郎，坐与宰相韦贯之善，出开州刺史。以户部郎中入知制诰。穆宗立，为翰林侍讲学士。……再迁中书舍人。"④ 宝历二年（826）十二月拜相。按，《登科记考》卷一六谓韦处厚（本名淳）中进士与

---

① 《全唐文》，第7335、7336页。
② 《樊川文集》，上海古籍出版社1978年版，第212页。
③ 《郎官石柱题名新考订》，第259、260页。
④ 《新唐书》，第4674页。

登制举才识兼茂科皆在元和元年（806），而未及其举贤良方正事，考裴垍元和三年九月至五年十一月为相（见《新唐书》卷七《宪宗纪》），这三年中仅元和三年三月有贤良方正科，"裴垍时为翰林学士，居中覆视（应举者策文）"①，则处厚"举贤良方正"或在此年，然《唐会要》卷七六《贡举中·制科举》、《册府元龟》卷六四五《贡举部·科目》录此年十一个贤良方正科及第者，②并无韦处厚之名，故他是否登贤良方正科，尚有可疑之处；处厚出为开州刺史，在元和十一年（816）九月，见《旧唐书》卷一五《宪宗纪下》；又，丁居晦《重修承旨学士壁记》云："韦处厚，元和十五年（820）二月二十四日自户部郎中知制诰充侍讲学士。……（三月）二十二日，迁中书舍人。"③按宪宗于元和十五年正月崩，同月，穆宗立。

7.《旧唐书》卷一五五《崔邠传》："邠少举进士，又登贤良方正科，贞元中授渭南（畿县）尉。迁拾遗、补阙。……以兵部员外郎知制诰至中书舍人，凡七年。又权知吏部选事。明年，为礼部侍郎，转吏部侍郎……后改太常卿，知吏部尚书铨事。"④按，崔邠贞元元年（785）登贤良方正科，见《登科记考》卷一二；《新唐书》卷一六三《崔邠传》："邠第进士，复擢贤良方正，授渭南尉。"则其制举擢第后，即授渭南尉；又，崔邠永贞元年（805）三月迁中书舍人，同年冬以中书舍人权知吏部选事，元和元年（806）又以中书舍人权知是春礼部贡举，同年夏秋迁礼部侍郎，元和二年转吏部侍郎，五年（810）十二月徙太常卿（正三品），参见《唐仆尚丞郎表》卷一〇《辑考三下》、一六《辑考五

---

① 《唐会要》卷七六《贡举中·制科举》，第1393页。
② 《唐会要》、《册府元龟》原作元和二年，误，参见陈飞《唐代试策研究》，第389、390页。
③ 见《郎官石柱题名新考订》，第268页。
④ 《旧唐书》，第4117页。

下》。①

8.《旧唐书》卷一四八《裴垍传》："垍弱冠举进士。贞元中，制举贤良极谏，对策第一，授美原县（畿县）尉。秩满……拜监察御史，转殿中侍御史，尚书礼部、考功二员外郎。时吏部侍郎郑珣瑜请垍考词判……考核皆务才实。元和初，召入翰林为学士，转考功郎中知制诰，寻迁中书舍人。"② 元和三年九月拜相（见《新唐书》卷六二《宰相表中》）。按，裴垍贞元十年（794）登制举贤良方正科，见《登科记考》卷一三；考郑珣瑜为吏部侍郎在贞元十六年（800）九月至十九年十二月（见《唐仆尚丞郎表》卷一〇《辑考三下》③），则裴垍迁考功员外郎，当在贞元十八、九年；又丁居晦《重修承旨学士壁记》云："裴垍，永贞元年（805）十二月二十五日自考功员外郎充。二十七日，迁考功郎中知制诰。……（元和）二年（807）四月十六日，迁中书舍人。三年四月二十五日出院，拜户部侍郎。"④《旧唐书》本传称裴垍"元和初"为翰林学士，未确。

9.《旧唐书》卷一七二《牛僧孺传》："僧孺进士擢第，登贤良方正制科，释褐伊阙（畿县）尉。迁监察御史，转殿中，历礼部员外郎。元和中，改都官，知台杂。寻换考功员外郎，充集贤直学士。穆宗即位，以库部郎中知制诰。其年十一月，改御史中丞。……（长庆）二年（822）正月，拜户部侍郎。三年三月，以本官同平章事。"⑤ 后敬宗、文宗时，亦曾为相。按，牛僧孺贞元二十一年（805）擢进士，元和三年（808）登贤良方正科，见《登科记考》卷一五、一七；穆宗于元和十五年（820）闰正月即位，僧孺为库部郎中即在此时。

---

① 《唐仆尚丞郎表》，第 595、597、871、872 页。
② 《旧唐书》，第 3989 页。
③ 《唐仆尚丞郎表》，第 594 页。
④ 见《郎官石柱题名新考订》，第 239、240 页。
⑤ 《旧唐书》，第 4469、4470 页。

10.《旧唐书》卷一三五《韦执谊传》:"执谊幼聪俊有才,进士擢第,应制策高等,拜右拾遗,召入翰林为学士,年才二十余。……俄丁母忧,服阕,起为南宫(尚书省)郎。"① 按,韦执谊建中三年(782)擢进士,贞元元年(785)中贤良方正科第一人,参见孟二冬《登科记考补正》卷一一、一二②;据丁居晦《重修承旨学士壁记》、岑仲勉《翰林学士壁记注补》载,③韦执谊贞元元年自拾遗充翰林学士,四年(788)二月,加知制诰,后迁起居舍人,丁母忧,贞元十九年(803)左右,为吏部郎中;又《旧唐书》卷一四《顺宗纪》载:"(贞元二十一年二月)辛卯,以吏部郎中韦执谊为尚书左丞、同中书门下平章事。"④

前面我们谈过,白身人制举登第后的仕进情形,有三个明显优于新及第进士、明经之处,有出身人制举登第后的仕进情形也一样。此外,有出身人制举登第后的授官情形,还有以下两个优于白身人制举登第者的地方:第一,有出身人制举登第后的释褐官,总的说来优于白身人制举登第者。据上述实例,有出身人制科登第后的释褐官,多为"八隽"之一的校书郎、正字和畿县簿、尉,而白身人制举登第后的释褐官为畿县簿、尉者极少见。第二,有出身人制举登第后的仕途前景,总的说来优于白身人制举登第者。上述实例中制举登第后的释褐官为校书郎、正字者,有的先升为畿县簿、尉,而后升为拾遗、监察御史等六品以下常参官,如崔沔、崔群、王播、沈传师、韦处厚;有的则直接升为拾遗等六品以下常参官,如奚陟。而其中释褐官为畿县簿、尉者,则多直接升为拾遗、监察御史等六品以下常参官,如崔郾、裴垍、牛僧孺。总之,这些人释褐后,都能较快摆脱守选,成为六品以下

---

① 《旧唐书》,3732 页。
② 《登科记考补正》,北京燕山出版社 2003 年版,第 487、497 页。
③ 见《郎官石柱题名新考订》,第 227、228 页。
④ 《旧唐书》,第 406 页。

常参官，并进而快速地升为"出选门"的五品以上官员。例如，崔沔制科登第后十四年成为五品官（给事中）；奚陟制科登第后十年左右成为五品郎中；崔群制科登第后十六年成为五品郎中，二十三年拜相；王播制科登第后十一年成为五品官（长安令），二十七年拜相；沈传师制科登第后十四年成为五品郎中；韦处厚制科登第后十年成为五品以上官员（州刺史），二十年拜相；崔郸制科登第后二十年成为五品官（中书舍人）；裴垍制科登第后十一年成为五品郎中，十四年拜相；牛僧孺制科登第后十二年成为五品郎中，十五年拜相；韦执谊制科登第后十八年成为五品郎中，二十年拜相。又，这些人最终成为高级官员的机会，也较白身人制科登第者为多，如他们中成为宰相的有崔群、王播、韦处厚、裴垍、牛僧孺、韦执谊六人，成为中央三品以上高官的有崔沔、崔郸二人，成为吏部侍郎（虽为四品，却是很重要的官员）的有奚陟、沈传师二人。

下面谈有官职者（包括前资官和现任官）制举登第后的授官情形。有官职者应制举登第后，一般都授给高于原职的官，其中有不少是六品以下常参官，甚至于有五品郎中。如唐林宝《元和姓纂》卷五："（林）游楚自万泉令应燮理阴阳科，第二等，擢夏官郎中，出凤、陈、鄜三州刺史。"[①] 按，武后光宅元年（684）改兵部为夏官，中宗神龙元年（705）复旧，则林游楚应制科中第当在武后之世；唐万泉县为上县，其县令从六品上，而夏官郎中从五品上，自万泉令迁任郎中，不仅仅是升进四阶，还成为"出选门"的五品常参官；又，"第二等"又称乙第、乙等，是唐代前期制举考试成绩的实际最高等第（"第一等"向来不授人）[②]。林游楚由于应制举前的原任职务较高，其考试成绩又属于最高一等，因而中第后即直升为五品郎中。类似的情况在唐代不多见。

---

① 《元和姓纂》卷五，中华书局1994年版，第738页。
② 参见《唐代铨选与文学》，第246—248页。

从笔者掌握的许多实例来看，唐时应制举的有职务者，大都是八、九品官员。他们应制举中第后，有不少即直升为拾遗、监察御史等六品以下常参官。例如：

1. 《旧唐书》卷九一《张柬之传》："进士擢第，累补青城丞（从八品下）。永昌元年（689），以贤良征试，同时策者千馀人，柬之独为当时第一，擢拜监察御史。圣历初（698），累迁凤阁舍人。"① 长安四年（704）拜相。张柬之以县丞的身份应制举贤良方正科，中第后即擢为监察御史。

2. 张九龄　张九龄长安二年（702）进士及第，神龙三年（707）中制举才堪经邦科，授秘书省校书郎。景云三年（712），以校书郎的身份"应道侔伊吕科，对策第二等，迁左拾遗"（《全唐文》卷四四〇徐浩《唐尚书右丞相中书令张公神道碑》）。后九龄于开元十年（722）为中书舍人；开元二十一年（733）十二月拜相。参见《登科记考》卷四、五，熊飞《张九龄年谱新编》②。

3. 《旧唐书》卷九八《韩休传》："休早有词学，初应制举，累授桃林丞（从八品下）。又举贤良……休对策与校书郎赵冬曦并为乙第，擢授左补阙（常参官，从七品上）。……历迁中书舍人、礼部侍郎，兼知制诰。"③ 开元二十一年三月拜相。按，韩休举贤良方正中第在景云三年，见《登科记考》卷五；又韩休于开元十一年二月至十二年六月为礼部侍郎④，则他任中书舍人当在开元十年。

4. 《全唐文》卷三九一独孤及《唐故秘书监姚公墓志铭》："姚公讳子彦……初举进士，又举词藻，皆升甲科，尉清苑、获嘉、永宁三县。开元二十九年（741），诏立黄老学，亲问奥义，

---

① 《旧唐书》，2936 页。
② 《张九龄年谱新编》，香港教育出版社 2006 年版，第 18—118 页。
③ 《旧唐书》，第 3078 页。
④ 见《唐仆尚丞郎表》卷一六，第 853 页。

对策者五百馀人，公与今相国河南元公载及广平宋少贞等十人，以条奏精辩，才冠等列，授右拾遗内供奉。历左补阙……由是迁公殿中侍御史、礼部员外郎、礼部郎中知制诰、中书舍人。……广德二年（764），授秘书监（从三品）。"① 按，据《登科记考》卷八，开元二十七年（739），姚子彦登文词雅丽科（即所谓"举辞藻"），其为永宁（畿县）尉，即在此年登科后；同卷又谓开元二十九年，姚子彦应明四子科中第（即所谓"诏立黄老学，亲问奥义"，指是年玄宗曾亲试明四子举人）。又《登科记考》卷一〇谓上元元年（760），姚子彦以中书舍人知贡举，则他任礼部郎中，当在乾元二年（759）以前。

5. 《新唐书》卷一四二《杨绾传》："杨绾……第进士，补太子正字。举词藻宏丽科，玄宗已试，又加诗、赋各一篇，绾为冠，由是擢右拾遗。……肃宗即位……拜起居舍人，知制诰。累迁中书舍人，兼修国史。……历礼部侍郎……（元）载得罪，拜中书侍郎、同中书门下平章事。"② 按，杨绾登词藻宏丽科擢右拾遗，在天宝十三载（754），见《旧唐书》卷一一九《杨绾传》；又绾于广德元年（763）三月之后、六月以前自太常少卿（正四品上）迁礼部侍郎③，其迁中书舍人（正五品上）当在官太常少卿前，而据《旧唐书》本传，绾迁中书舍人前任职方郎中（从五品上），则他任郎中的时间，大致当在上元元年（760）左右；又杨绾拜相，在大历十二年（777）四月，见《旧唐书》卷一一《代宗纪》。

6. 《旧唐书》卷一三八《姜公辅传》："姜公辅……登进士第，为校书郎。应制策科高等，授左拾遗，召入翰林为学士。"④

---

① 《全唐文》，第3982页。
② 《新唐书》，第4664页。
③ 见《唐仆尚丞郎表》卷一六《辑考五下》，第860页。
④ 《旧唐书》，第3787页。

丁居晦《重修承旨学士壁记》："姜公辅建中元年自左拾遗充（翰林学士）。四年四月，改京兆府户曹参军，依前充（此三字原无，据岑仲勉说补）。拜谏议大夫、平章事。"① 按，公辅以校书郎身份应制举贤良方正科中第，在建中元年（780），参见《登科记考》卷一一；其拜谏议大夫（正四品下）、同中书门下平章事，在建中四年（783），见《旧唐书》卷一二《德宗纪上》。

7. 元稹　元和元年以校书郎身份登才识兼茂科，为第一人，授左拾遗；元和十五年（820），为祠部郎中、知制诰；长庆二年（822），拜相。参见卞孝萱《元稹年谱》。②

8.《旧唐书》卷一六六《庞严传》："严元和中登进士第，长庆元年应制举贤良方正能直言极谏科，策入三等（时以第三等为考试成绩之最高等第），冠制科之首，是月，拜左拾遗。……明年二月，召入翰林为学士。转左补阙，再迁驾部郎中、知制诰。……严再迁太常少卿。（大和）五年，权知京兆尹（从三品）。"③ 按，庞严元和十年（815）登进士第，见《登科记考》卷一八；《册府元龟》卷六四四《贡举部·考试二》载："（长庆元年十二月）甲申，以登制科人前试弘文馆校书郎庞严为左拾遗。"知长庆元年庞严以前弘文馆校书郎身份应贤良方正科登第，授左拾遗；严迁驾部郎中在长庆三年（823）十一月，见丁居晦《重修承旨学士壁记》④；又其迁太常少卿（正四品上），在大和四年（830）秋，参见郁贤皓、胡可先《唐九卿考》卷二。⑤

有官职者应制举中第后，也有不少先授给畿、赤县簿、尉，而后再升为拾遗、监察御史等六品以下常参官的。例如：

1.《新唐书》卷一二三《李峤传》："李峤……二十擢进士

---

① 见《郎官石柱题名新考订》，第 219、220 页。
② 《元稹年谱》，齐鲁书社 1980 年版，第 86—92 页，316—318 页，400—404 页。
③ 《旧唐书》，第 4339 页。
④ 见《郎官石柱题名新考订》，第 279 页。
⑤ 《唐九卿考》，中国社会科学出版社 2003 年版，第 144 页。

第，始调安定尉。举制策甲科，迁长安（赤县）。……授监察御史。……稍迁给事中。会来俊臣构狄仁杰、李嗣真、裴宣礼等狱，敕峤与大理少卿张德裕、侍御史刘宪覆验……卒与二人列其枉，忤武后旨，出为润州司马。久乃召为凤阁舍人……俄知天官侍郎事，进麟台少监、同凤阁鸾台平章事。"①按，李峤擢进士第在高宗麟德元年（664），参见孟二冬《登科记考补正》卷二②；峤以安定尉身份应制举中第迁任长安尉的时间，今已难确考；来俊臣构狄仁杰等狱，事在长寿元年（692）正月③，峤迁任给事中，即在此前；又峤进麟台少监、同平章事，在圣历元年（698）十月，见《旧唐书》卷九四《李峤传》、《新唐书》卷六一《宰相表上》。

2.《唐代墓志汇编》天宝一一八《唐故上党郡大都督府长史宋公墓志铭》："公讳遥……自国子进士补东莱郡录事参军，举超绝流辈，移密县（畿县）尉。擢监察御史、殿中侍御史、侍御史内供奉，迁司勋员外郎、度支郎中，拜中书舍人，除御史中丞，赐绯鱼袋。寻加朝散大夫，户部、礼部、吏部、再户部四侍郎，左丞。"后官至上党郡大都督府长史（从三品），天宝六载（747）卒。按，《旧唐书》卷九八《魏知古传》云："其年（指先天二年，713）冬，令（知古）往东都知吏部尚书事……及知吏部尚书事，又擢用密县尉宋遥……时论以为有知人之鉴。"考知古于开元元年（713）十二月至二年三月，以黄门监摄吏部尚书知东都选事（见《唐仆尚丞郎表》卷九《辑考三上》④），说明宋遥当在任密县尉四年秩满后（是时六品以下官吏以四考为满），于开元元年冬参加由魏知古主持的东都选（是时前资官的守选制尚未成立），

---

① 《新唐书》，第4367、4368页。
② 《登科记考补正》，第60—61页。
③ 参见《旧唐书》卷八九《狄仁杰传》、《通鉴》卷二〇五长寿元年。
④ 《唐仆尚丞郎表》，第502页。

并于开元二年春选事完毕时受到提拔（擢为监察御史），因此他举超绝流辈（疑即手笔俊拔，超越流辈科）中第，授密县尉，应在景龙三年（709）；又岑仲勉《元和姓纂四校记》云："《元龟》一六二（按，见《册府元龟》卷三三七《宰辅部·徇私》），李元纮为相，引遥为中书舍人。"① 考元纮开元十四年（726）四月至十七年六月为相②，遥拜中书舍人即在此期间，所以他为度支郎中，大约应在开元十四年以前。

3. 颜真卿　开元二十二年（734）进士及第，二十四年判入高等，授秘书省校书郎。天宝元年（742）登制举文词秀逸科，授醴泉（畿县）尉，迁长安尉。天宝六载（747），擢监察御史。八载，迁殿中侍御史。九载，转侍御史。十载，为武部员外郎。十二载（753），出为平原太守（从三品）。后官至刑部尚书（正三品）、太子太师（从一品）。事见《全唐文》卷五一四殷亮《颜鲁公行状》。

4. 《新唐书》卷一六九《韦贯之传》："贯之及进士第，为校书郎。擢贤良方正异等，补伊阙（畿县）、渭南（畿县）尉。……再迁长安丞。……永贞时（805），始为监察御史。……迁礼部员外郎。……进吏部员外郎，坐考贤良方正牛僧孺等策独署奏，出为果州刺史，半道贬巴州。久之，召为都官郎中、知制诰，进中书舍人。……改礼部侍郎。……改尚书右丞，俄同中书门下平章事。"③ 按，贯之贞元元年（785）登贤良方正科，见《登科记考》卷一二；他因署奏牛僧孺等制策事，被贬为巴州刺史，在元和三年（808），参见《唐刺史考》卷二一四④；又他于元和七年（812）冬以中书舍人权知元和八年贡举，同年正拜礼部

---

① 《元和姓纂》卷八，中华书局1994年版，第1173、1174页。
② 见《新唐书》卷六二《宰相表中》。
③ 《新唐书》，第5153页。
④ 《唐刺史考》第五册，第2520页。

侍郎，知元和九年贡举①，则其入为都官郎中，大抵应在元和四年前后；又贯之拜相在元和九年（814）十二月，见《新唐书》卷六二《宰相表中》。

5.《旧唐书》卷一六五《柳公绰传》："年十八，应制举，登贤良方正直言极谏科，授秘书省校书郎，贞元元年也。贞元四年（788），复应制举，再登贤良方正科，始年二十一，制出，授渭南尉。……慈隰观察使姚齐悟奏为判官，得殿中侍御史。冬，荐授开州刺史，入为侍御史，再迁吏部员外郎。武元衡罢相镇西蜀，与裴度俱为元衡判官，尤相善。先度入为吏部郎中。……元和初，宪宗颇出游畋……公绰欲因事讽谏，五年十一月，献《太医箴》一篇。"② 后官至兵部尚书。按，姚齐悟贞元十一年（795）六月至十二年十月为晋慈隰观察使，见吴廷燮《唐方镇年表》卷八；武元衡元和二年（807）十月罢相，出为剑南西川节度使③，公绰自剑南西川判官入为吏部郎中，当约在元和五年（810）以前。

6.《旧唐书》卷一六四《王起传》："贞元十四年（798）擢进士第，释褐集贤校理，登制策直言极谏科，授蓝田（畿县）尉。宰相李吉甫镇淮南，以监察充掌书记。入朝为殿中，迁起居郎、司勋员外郎、直史馆。元和十四年（819），以比部郎中知制诰。穆宗即位，拜中书舍人。长庆元年（821），迁礼部侍郎。"④ 大和四年（830），为户部尚书，后官至尚书左仆射（从二品）。按，王起擢进士第后，又于贞元十九年（803）中博学宏词选，方释褐，其登贤良方正直言极谏科，在元和三年（808），参见《登科记考》卷一五、一七。

7. 白居易　贞元十六年（800）登进士第，十九年中书判拔

---

① 见《唐仆尚丞郎表》卷一六《辑考五下》，第 873、874 页。
② 《旧唐书》，第 4300、4301 页。
③ 见《唐刺史考》第五册，第 2587、2588 页。
④ 《旧唐书》，第 4278 页。

萃选，授秘书省校书郎。元和元年（806）登制举才识兼茂明于体用科，授盩厔（畿县）尉。二年十一月为翰林学士，三年迁左拾遗，仍充翰林学士。九年（814）冬授太子左赞善大夫（正五品上）。后贬江州司马、忠州刺史。元和十五年（820）冬为主客郎中。长庆元年（821）迁中书舍人。后官至秘书监（从三品）、太子少傅（从二品）分司东都。参见朱金城《白居易年谱》①。

8.《旧唐书》卷一七六《崔龟从传》："龟从，元和十二年（817）擢进士第，又登贤良方正制科及书判拔萃二科，释褐拜右拾遗。大和二年（828），改太常博士（常参官，从七品上）。……累转考功郎中、史馆修撰。九年（835），转司勋郎中知制诰。十二月，正拜中书舍人。开成初（836），出为华州刺史。三年（838）三月，入为户部侍郎……大中四年（850），为中书侍郎、同平章事，兼吏部尚书。"② 按，龟从于长庆元年（821）登贤良方正制科（见《登科记考》卷一九、岑仲勉《登科记考订补》③），《册府元龟》卷六四四《贡举部·考试二》载："（长庆元年十二月）甲申，以登制科人……同州参军崔龟从为京兆府鄠县（畿县）尉。"则崔龟从进士擢第后，当先授同州参军（他擢第后须守选三年，当于长庆元年春授同州参军），长庆元年冬即以同州参军（现任官）的身份应贤良方正科，中第后授鄠县尉，任鄠县尉三年秩满，随即应书判拔萃科中第，授右拾遗（其时间约为宝历元年），《旧唐书》本传称龟从"释褐拜右拾遗"，非是。

由上述有官职者应制举中第后授官情形的实例可以看出，有官职者应制举中第后的首任职务，一般优于有出身人应制举登第后的释褐官，这主要表现在，有官职者应制举中第后的首任职务，一般多为拾遗、监察御史等六品以下常参官（如上述前八例）和

---

① 《白居易年谱》，上海古籍出版社1982年版。
② 《旧唐书》，第4572、4573页。
③ 见《郎官石柱题名新考订》，第509页。

畿、赤县簿、尉（如上述后八例），很少有任校书郎、正字的，而有出身人应制举登第后的释褐官，则有不少任校书郎、正字的，且直接任拾遗、监察御史等六品以下常参官的人不多；至于有官职者应制举中第后的仕途前景，则大抵与有出身人制举登第后的仕途前景一样，即都能较快摆脱守选，成为六品以下常参官，并进而快速地升为"出选门"的五品以上官员。例如上述实例中的张柬之，制举登第后九年成为五品官（中书舍人），十五年拜相；张九龄、韩休第二次制举登第后十年成为中书舍人，二十一年拜相；杨绾制举登第后六年成为五品郎中，二十三年拜相；姜公辅制举登第后三年即拜相；元稹制举登第后十四年成为五品郎中，十六年拜相；庞严制举登第后二年即成为五品郎中；宋遥制举登第后十六年成为五品郎中；颜真卿制举登第后十一年成为五品以上官员（州刺史）；韦贯之制举登第后二十九年拜相；王起制举登第后十一年成为五品郎中；白居易制举登第后八年成为五品官（太子左赞善大夫）；崔龟从制举登第后十二、三年成为五品郎中，二十九年拜相。又，这些人最终成为高级官员的机会，也与有出身人制举登第者大致一样，如他们中官至宰相的有张柬之、张九龄、韩休、杨绾、姜公辅、元稹、李峤、韦贯之、崔龟从九人；成为中央三品以上高官的有姚子彦、颜真卿、柳公绰、王起、白居易五人；官至三品地方大员的有庞严、宋遥二人。

综上所述，不管是哪种（白身人、有出身人或有官职者）制举登第者，登第后都能立即授官，不必守选或待选；同时他们登第后即有较大机会，或直接成为拾遗、监察御史等六品以下常参官，或经过几任职务，再升为拾遗、监察御史等六品以下常参官，而首先成为六品以下常参官，正是升入"出选门"的五品以上官员，以至于成为宰相的关键性环节（见本章第二节）。由于以上两点，制举登第者大抵十有六、七，都能快速摆脱守选或待选，进入五品以上官员阶层，唐代守选制成立之后，这一现象尤为明显。

唐代制举可以多次连应，《登科记考·凡例》说："大抵第明经者，仍得举进士，牛蔚、王凝是也。第进士者，亦得举明经，蔡京、许孟容是也。惟进士得第则止。……若宏词、拔萃两科，登宏词者得试拔萃，得拔萃者得试宏词，且得再举。……制科尤有一人连中数科者，员半千、陆元方、崔融、阳峤连中八科，张鷟连中七科，裴守真连中六科，李怀远、孙逖连中四科。"① 按，《记考》称员半千等四人"连中八科"，未确。《旧唐书》卷一九〇中《员半千传》："上元初，应八科举，授武陟尉。"《旧唐书》卷八八《陆元方传》："元方举明经，又应八科举，累转监察御史。"《旧唐书》卷九四《崔融传》："初，应八科举擢第，累补宫门丞。"《旧唐书》卷一八五下《阳峤传》："仪凤中，应八科举，授将陵尉。"何谓"八科举"？《册府元龟》卷六四五《贡举部·科目》："仪凤元年十二月诏：或孝悌通神，遐迩推敬；或德行光俗，邦邑崇仰；或学综九流，垂帷睹奥；或文高六义，下笔成章；或备晓八音，洞该七曜；或射能穿扎，力可翘关；或丘园秀异，志存栖隐；或将帅子孙，素称勇烈……各以名闻。"② 诏令所列恰好八科，由于这年的制举科目甚多，故统称为"八科举"，说详陈飞《唐代试策考述》③；此诏令仪凤元年（676）十二月发布，则"八科举"实际举行的时间，应在仪凤二年；这一年的制举恰好有"下笔成章"科（上列八科之一），张鷟等四人及第，与诏令所言相合，参见《记考》卷二；上引《阳峤传》谓"八科举"在"仪凤中"，考上元三年（676）十一月改上元三年为仪凤元年，仪凤四年六月改仪凤四年为调露元年，仪凤历时实际只有二年零八个月，则"仪凤中"当指仪凤二年，《记考》卷二将"八科举"列于上元三年，未确。又，仪凤二年的制举既分八科同时或大致同

---

① 《登科记考》，第3页。
② 《册府元龟》，第7728页。
③ 《唐代试策考述》，第319、320页。

时举行（不大可能八科在八个不同的时间举行），则应举者只可能应其中的一至二科，因此称"应八科举擢第"等等为"八科连中"，明显不正确；在这个问题上，《记考》盖沿袭《新唐书》之误，《新唐书》将上述《旧唐书》的有关记载误改为："凡举八科皆中"（《新唐书》卷一一一《员半千传》）、"后举八科皆中"（《新唐书》卷一一六《陆元方传》）、"擢八科高第"（《新唐书》卷一一四《崔融传》）、"举八科皆中"（《新唐书》卷一三〇《阳峤传》）。根据上文我们对唐代制举中第者授官情形的考述，不难看出，如果员半千、阳峤等人"连中八科"，是绝不可能仅止授给武陟尉、将陵尉（皆望县尉，从九品上）这样的微官的，所以《新唐书》的改动显然有误。另据陈飞的研究，天子下令举行制举的诏制中所列科目（制目）和实际的制举考试时所执行的科目（试目），往往不一致①，因此仪凤元年十二月诏制中所列之八科，与仪凤二年考试时所执行的科目，不会都一样，由于文献记载的缺乏，除上面说的下笔成章科外，其他实际执行的科目，已难考知，故《记考》于上元三年下云："按八科举在是年，而不知其科，俟考。"《记考》于上元三年下尚列有制举词殚文律科（崔融、陈该及第）、文学优赡科（马怀素及第），考词殚文律科举行的时间在上元三年正月②，故不可能是"八科举"之一；又两《唐书》本传及《马怀素墓志铭》，皆未言马怀素曾应八科举，且他登文学优赡科的时间，实在仪凤三年（678）（说见本章第二节），所以文学优赡科也非"八科举"之一。

《记考》谓"裴守真连中六科"，也有问题。《旧唐书》卷一八八《裴守真传》："初，举进士，及应八科举，累转乾封尉，属

---

① 见《唐代试策考述》，第247—262页。
② 见《册府元龟》卷六四五《贡举部·科目》、《唐会要》卷七六《贡举中·制科举》。

永淳初（682）关中大饥，守真尽以禄俸供姐及诸甥。"① 《新唐书》卷一二九《裴守真传》："举进士，六科连中，累调乾封尉。"参照上述《新唐书》每将《旧唐书》之"应八科举擢第"改为"举八科皆中"的情况，大致可以断定，此处的"六科连中"，应为"八科连中"之误（因六、八形近而致误），而"八科连中"说之不可信，已如上述。又《记考》称李怀远"连中四科"，亦误。《旧唐书》卷九〇《李怀远传》："应四科举擢第，累除司礼少卿。"② 所谓"四科举"，盖指是年制举分四科举士，取义与"八科举"同。如《册府元龟》卷六四五《贡举部·科目》："（显庆）五年六月诏，内外官四科举人：或孝悌可称，德行夙著，通涉经史，堪居繁剧；或游泳儒术，沉研册府，下帷不倦，博物驰声；或藻思清华，词锋秀逸，誉标文雅，材堪远大；或廉平处事，强直为心，洞晓刑书，兼包文艺者，精加搜访，各以名荐。"③《唐会要》卷七六《贡举中·制科举》："天宝十三载十月一日，御勤政楼，试四科举人。""四科"即指这一年的"博通坟典、洞晓玄经、词藻宏丽、军谋出众"④ 科，皆可证。李怀远所中，实际只是"四科举"中的一科，《新唐书》作者不明此义，遂将"应四科举擢第"，改为"擢四科第"⑤，《记考》沿袭其误，因称李"连中四科"，这与将"应八科举"理解成"八科连中"之误，如出一辙。

当然，《记考》说"制科尤有一人连中数科者"并不误，只是举例不当而已。那么，唐代文士得第得官后，为什么又要应制科试，甚至于连应多次呢？他们连应制科与否的原因到底是什么？关于这个问题，通过对许多制科登第者授官情形实例的分析与归

---

① 《旧唐书》，第 4924 页。
② 《旧唐书》，第 2920 页。
③ 《册府元龟》，第 7728 页。
④ 《册府元龟》卷六四三《贡举部·考试一》。
⑤ 《新唐书》，第 4244 页。

纳，我们大抵可以得出如下的结论：

第一，白身人、有出身人和有官职者第一次应制科试中第后，就成为拾遗、监察御史等六品以下常参官的，或成为"出选门"的五品以上官员的，均不会再一次应制科试。白身人如前面举出的杨茂谦、韩朝宗、王仲舒，有出身人如韦执谊，有官职者如张柬之、杨绾、姜公辅、元稹、庞严，都在第一次应制科试中第后，成为六品以下常参官，还有林游楚一例，第一次应制科试中第后，即直升为五品郎中，他们一生都仅有一次应制科试的经历。

第二，有的白身人、有出身人和有官职者第一次应制科试登第后，虽然未能立即成为拾遗、监察御史等六品以下常参官，但往往在登科后经历不长时间，一至三任职务，就成为六品以下常参官，所以一般也不会再次去应制科试。有出身人如奚陟、崔邠、裴垍、牛僧孺，有官职者如李峤、宋遥、白居易、崔龟从，皆在应制科试登第任过一任官职后，就升为六品以下常参官；还有白身人如陆象先、魏靖、孔季诩、李史鱼、梁肃，有出身人如崔沔、崔群、王播、沈传师、韦处厚，有官职者如颜真卿、韦贯之、王起，都在应制科试登第任过一任官职后，又经历一至二任职务，即成为六品以下常参官。他们一生也都仅有一次应制科试的经历。

第三，一般说来，唐代文士如果首次应制科试中第后，未能成为敕授的六品以下常参官，就有可能再次应制科试，如果他们第二次应制科试中第后，仍未能成为六品以下常参官，就有可能第三次应制科试，但不管应多少次制科试，只要成为六品以下常参官，或者"出选门"的五品以上官员，就不会再应试了。如前面举出的张九龄，他第一次中制科授校书郎，没有成为六品以下常参官，于是第二次又应制科试中第，授左拾遗，这以后便不再应试；姚子彦第一次应制科试中第，授永宁尉，于是又第二次应试，授右拾遗内供奉，此后即不再应试；柳公绰第一次应制科试授校书郎，于是再次应试，授畿县尉，随后入幕府任职，不久被荐授下州刺史（正四品下），成为"出选门"的五品以上官员，于是也就不再应试。下面看看应过三次以上制科试的例子：

1. 孙逖　逖开元二年连中两个制科，后又应制举贤良方正科，但皆未成为敕授的六品以下常参官，于是开元十年，又应制举文辞宏丽科，授左拾遗，此后即不再应制科试。参见本章第二节。

2. 《全唐文》卷三一三孙逖《太子右庶子王公神道碑》："公讳敬从……曩者大足中（701）举文擅词场，景云岁（710—711）辟茂才异等，开元初征文藻宏丽，公三对策诏，皆为甲科。……尔其用之吏事，则岐州陈仓主簿，京兆府武功县尉、长安县尉，能理烦也；施之儒术，则秘书省校书郎、太常博士、著作佐郎，能辨惑也。繇是三入华省，再登禁闼，历尚书礼部、司勋员外郎，考功郎中，给事中，拜中书舍人。"① 按，根据唐代官员的迁除常规和制科登第者的授官惯例，王敬从首次应制科（文擅词场）登第后的释褐官，当为陈仓主簿（正九品下），秩满，迁秘书省校书郎（正九品上）；第二次中制科（茂才异等），疑授畿县（武功）尉，后迁赤县（长安）尉（从八品下）；第三次中制科（文藻宏丽），疑授太常博士（常参官，从七品上），后迁著作佐郎（从六品上，非常参官），又迁礼部、司勋员外郎（从六品上，皆常参官），不久，即升为五品郎中。王敬从三中制科，但成为太常博士后，即不再应制科试。

3. 《全唐文》卷三四四颜真卿《康使君神道碑》："君讳希铣……年十四明经登第，补右内率府胄曹。应词藻宏丽举，甲科，拜秘书省校书郎，转左金吾卫录事参军。应博通文史举，高第，授太府寺主簿（从七品上），转丞（从六品上）。又应明于政理举，拜洛州河清（畿县）令（正六品上）。加朝散大夫、泾州（上州）司马（从五品下）、德州（上州）长史（从五品上），转

---

① 《全唐文》，第3177页。

定州。……迁海州刺史。"① 按，康希铣三中制科，第三次中制科（明于政理）后不久，即成为"出选门"的五品以上官员，于是也就不再应制科试了。

4.《新唐书》卷一二八《席豫传》："长安中，举学兼流略词擅文场科，擢上第，时年十六，以父丧罢。复举手笔俊拔科，中之，补襄邑（紧县）尉。奏事阙下……太平公主闻其名，将表为谏官，豫耻汙诐谒，遁去。俄举贤良方正，异等，为阳翟（畿县）尉。开元初，观察使荐豫贤，迁监察御史。出为乐寿（紧县）令（从六品上），前令以亲丧解，而豫母病，诉诸朝，改怀州司仓参军（从七品下）。复举超拔群类科，会母丧去，服除，授大理丞（从六品上），迁考功员外郎。"② 按，席豫四中制科，第三次中制科（贤良方正）后不久，即成为敕授的六品以下常参官（监察御史），本来已没有必要再应制举，谁知他又出为非常参官，而且是品秩低微的州司仓参军，所以又第四次应制科（超拔群类）试，中第后授大理丞，随后又成为常参官（员外郎），于是也就不再应举了。

5. 张鷟　《旧唐书》卷一四九《张荐传》："祖鷟，字文成……初登进士第，对策尤工……调授岐王府参军。又应下笔成章及才高位下、词标文苑等科。鷟凡应八举，皆登甲科。再授长安尉，迁鸿胪丞。……然性褊躁，不持士行，尤为端士所恶，姚崇甚薄之。开元初，澄正风俗，鷟为御史李全交所纠，言鷟语多讥刺时，坐贬岭南。刑部尚书李日知奏论，乃追敕移于近处。开元中，入为司门员外郎，卒。"③《新唐书》卷一六一《张荐传》："祖鷟……调露（679）初，登进士第。……证圣中，天官侍郎刘

---

① 《全唐文》，第3487页。
② 《新唐书》，第4467页。
③ 《旧唐书》，第4023页。

奇以鷟及司马锽为御史①。……武后时，中人马仙童陷默啜，问：'文成在否？'答曰：'近自御史贬官。'"② 按，韩愈《顺宗实录》卷三谓张鷟"七登文学科"③，唐刘肃《大唐新语》卷八称鷟"凡七应举，四参选"④，唐莫休符《桂林风土记》谓鷟"凡七举，四参选，皆中甲科"⑤，但其所应七或八个制科之名，现可考知的仅有五个。综合诸书所载，张鷟登进士第在上元二年（675），见《登科记考》卷二；《旧唐书》称张鷟登进士第后的释褐官为岐王府参军（正八品下），非是，《旧唐书》卷九五《睿宗诸子传》谓睿宗第四子李范，"睿宗践祚（景云元年，710），进封岐王"，考睿宗第三子李隆基（玄宗）生于垂拱元年（685），则张鷟登进士第时，李范尚未出生，又《桂林风土记》谓鷟弱冠应举，"中书侍郎薛元超特授襄乐尉"，考薛元超上元三年（676）"迁中书侍郎，寻同中书门下三品"⑥，说明张鷟的释褐官无疑应是襄乐（紧县）尉（从九品上）；张鷟仪凤二年（677）登制举下笔成章科（见《登科记考》卷二），"转洛阳尉（从八品下）"（《大唐新语》卷八）或在此后（例同于上文所述李峤等人）；据《新唐书》，张鷟迁御史（当为监察御史，见《桂林风土记》）在证圣（695）中，按御史为敕授的六品以下常参官，当了御史之后，本来已没有必要再应制举，然而不久张鷟即遭贬，所以再次应制举，张鷟《朝野佥载》卷二："周长安年初，前遂州长江县丞夏文荣，时人以为判冥事。张鷟时为御史，出为处州司仓，替归，往问焉。荣以杖画地，作'柳'字，曰：'君当为此州。'至后半年，除柳州

---

① 此事又见《唐会要》卷七五《选部下·藻鉴》。
② 《新唐书》，第4979、4980页。
③ 见《韩昌黎集》外集卷八，商务印书馆《国学基本丛书》1958年版。
④ 《大唐新语》，中华书局1984年版，第128、129页。
⑤ 《桂林风土记》，文渊阁《四库全书》本。
⑥ 见《旧唐书》卷七三《薛元超传》。

司户，后改德州平昌令（从六品上）。"① 按长安年初（701），张鷟已自处州司仓秩满"替归"，则其始贬处州的时间，大约在神功元年（697），至于张鷟任柳州司户、平昌县令的时间，当在长安元年（701）至神龙二年（706）；据《登科记考》卷四，神龙二年张鷟连中才膺管乐、才高位下二科，则他当以平昌县令的身份应此二科，但连中二科后授何职，已难考知；据《登科记考》卷五，张鷟又于景云二年（711）应贤良方正科中第，《朝野佥载》卷一："文成景云二年为鸿胪寺丞，帽带及绿袍并被鼠啮。"则鸿胪丞（从六品上，非常参官）应是张鷟登贤良方正科后所授职务；开元元年（713），"鷟为御史李全交所纠"，再次遭贬（此事《朝野佥载》卷一称在开元二年，非是，说见《唐仆尚丞郎表》卷一九《辑考七上》②），但其贬地与所任职务，已难考知；据《旧唐书》，张鷟又曾登制举词标文苑科（《大唐新语》卷八所载同），或他登此科，即在这一次遭贬后，又张鷟所任司门员外郎（从六品上，常参官），疑即登此科后所授职务，因这一职务是常参官，所以这以后张鷟也就不再应举了。

综上所述，唐代文士连应制科与否的关键，在于登科后或登科后的一段较短时间，有没有成为敕授的六品以下常参官，或五品以上官员，如果成为六品以下常参官，或五品以上官员，便不会再去应试，这一点未见有例外。其原因本章第二节已作了论述。可以说，唐代文士应制科的目的，主要是为了首先成为摆脱守选的六品以下常参官，并进而快速地成为"出选门"的五品以上官员。通过上述对唐代文士连应制科与否原因的探析，也可见出，制科登第是唐代文官或文士摆脱守选、快速升进的一个重要契机。

最后，谈谈制举与科目选的同与异。前面我们说过，科目选是由吏部主持的选官考试，属于铨选范围，应选者必须是有出身

---

① 《朝野佥载》，中华书局1979年版，第37页。
② 《唐仆尚丞郎表》，第985页。

人和前资官，凡未有出身未有官者，一律不得应科目选。而制举具有举、选结合的性质，它既允许未有出身未有官者参加，这同于一般的科举（常举），又允许有出身人和前资官参加，这又同于科目选，但科目选不允许现任官参加，制举则允许；又，说制举具有举、选结合的性质，还表现在，常举的中第者不能马上授官，必须参加吏部的铨选才能授官，而制举的登科者可立即授官，这具有铨选的作用。制举和科目选，在文官摆脱守选，进入五品以上官员阶层上的作用，大致差不多，这两者的登科者，都能立即授官，但制举的登科者，能够直接获得"敕授"的六品以下常参官，而科目选的中第者，则不能直接获得"敕授"官。制举与科目选均可多次连应，但科目选大抵每年举行一次，而制举举行的时间则不固定，由天子临时下诏公布。又，在试制上，制举只试策，科目选则主要试判和试文，这也是两者的不同。

第五节　唐代文官摆脱守选的途径之三：荐举

荐举也是唐代文官摆脱守选的途径之一。这里所谓"荐举"，是指官员向朝廷举荐各种适合担任官吏的人员。我们知道，在唐代，高、中层官员都有向朝廷举荐人才的责任和义务，天子也常或口头表示，或发布诏敕，令臣下举荐人才。荐举一般要有举主与受举者两个相对的方面，其中举主有一定的资格限制，而非所有的官员都能充当举主。《唐大诏令集》卷一〇二《采访武勇诏》："宜令京官五品以上及诸州牧守（原作宰，据《册府元龟》改），各举所知。或勇冠三军，翘关拔山之力；智操百胜，经天纬地之才……如有此色，可精加采访，各以奏闻（显庆二年六月）。"① 《册府元龟》卷六八《帝王部·求贤二》："（开元九年）四月敕曰……宜令在京五品以上清官及诸州刺史及四府上佐，各举县令一人。"② "京官五品以上及诸州牧守"，就是所谓"举主"，在唐代，有关举主资格的基本规定，是京官须五品以上，地方官必须是地方长吏（诸州刺史及后来的节度、观察等使）。大概在安史之乱发生后，举主之"京官五品以上"的规定，就逐渐改为"常参官"，如《唐大诏令集》卷一〇三《搜访天下贤俊制》："语曰举尔所知，凡宰相王臣，宜加搜择，其常参官及郡县长吏、上佐等，皆从历试而践通荣，如各知其密行异能，博学深识，才堪济代，术可利人……者，一善可录，便宜公举。远则封表附驿，近则进状奏闻（至德二年四月八日）。"《册府元龟》卷六八《帝王部·求贤二》："代宗宝应元年九月诏曰……其内外文武官中，如有堪任刺史、县令，及出身、前资人中，有堪令判司、丞、尉者，宜令京常参官各慎择所知，具状闻奏。诸州刺史、县令，既籍寮属，亦宜准此。"③ 所谓"常参官"，包括"京官五品以上"及员外郎、起居郎、起居舍人、太常博士、左右补阙、左右拾遗、侍御史、殿中侍御史、监察御史等六品以下官员（参见本章第一节），这也就是说，举主的范围，已向六品以下常参官扩展，由此也可见，拾遗、监察御史等六品以下常参官的地位之清贵。关于受举者的身份，一般说来，都是有官职者（包括现任官和前资官），仅有出身尚未当过官者很少见。也有白身人受荐举的，但属于个别现象。唐代有所谓"举人自代"制，其举主主要也是京官五品以上和六品以下常参官，以及地方长吏，受举者一般也是有官职者。④ 由于受举者将要担任的职务的品级高低不一，因此对其

---

① 《适园丛书》四集。
② 《册府元龟》，第762页。
③ 《册府元龟》，第765页。
④ 参见《唐代选官研究》，第69、70页。

原来身份的要求也不一样。

　　本章第一节谈过,"摆脱守选"包括两种情况:一种是成为五品以上职事官,另一种是成为六品以下常参官。其中五品以上文官的任命,称为"制授","盖宰相商议奏可而除拜之也",有时也由天子直接提名任命。制授官主要依靠宰相访择、荐引,京官五品以上及地方长吏,也有举荐的职责。例如《册府元龟》卷三二四《宰辅部·荐贤》:"朱敬则同凤阁鸾台平章事……会岭表蛮帅攻掠郡县,朝廷思得良守以镇之,而甚难其选,敬则曰:'司勋郎中裴怀古有文才将略,即其人也。'遂以为桂州都督。……敬则又引冬官郎中魏知古为凤阁舍人……后皆以称职著名。"① 又卷五一三《宪官部·引荐》载:李栖筠为御史大夫,举荐河中少尹(从四品下)严郢,即日擢授河南尹(从三品)。② 上述例子的举主是宰相和台省高官,受举者都是已摆脱守选的五品以上现任官,涉及的是已出"选门"的五品以上官员如何继续升进之事,与本节想要着重论述的问题关系不大,因此不复详论。

　　本节想要着重论述的问题是低层文官如何通过荐举的途径摆脱守选,成为拾遗、监察御史等六品以下常参官,并进而快速地升入五品以上官员行列。本章前几节论述过,先成为拾遗、监察御史等六品以下常参官,是唐代文官摆脱守选,升为五品以上官员的一条最为重要和快捷的路线;而科目选(博学宏词、书判拔萃等)登科、制举中第,则为它的登科者和中第者,开启了一条通向拾遗、监察御史等六品以下常参官并进而快速地成为"出选门"的五品以上官员的捷径。应该说,荐举也和科目选登科、制举中第一样,是使受举者成为拾遗、监察御史等六品以下常参官并进而快速升进的一条捷径。元稹《同州刺史谢上表》说:"臣八岁丧父……年十有五,得明经出身。自是苦心为文,夙夜强

---

① 《册府元龟》,第3829页。
② 《册府元龟》,第6144页。

学。……年二十八，蒙制举首选，授左拾遗。始自为学，至于升朝，无朋友为臣吹嘘，无亲党为臣援庇，莫非苦己，实不因人，独立成性，遂无交结。"① 元稹自叙"无朋友为臣吹嘘，无亲党为臣援庇"，只好走独自强学、苦读，以登制科，从而升朝成为六品以下常参官（拾遗）的道路；所谓朋友吹嘘、亲党援庇，是指亲朋推荐、援引自己，其中具有举主资格的亲朋，可向朝廷直接荐举自己（公荐），没有举主资格的亲朋，则可向具有举主资格的官员推荐自己（私荐），这说的就是一条通过荐举升迁的途径。本章第一节谈到，玄宗开元四年（716）六品以下常参官改为"敕授"（其中御史、员外郎在唐高宗永徽以后，已出现敕授的情况），"敕授"官由宰相访择、荐引，常参官及地方长吏也有举荐之责。赖瑞和《唐代基层文官》说："荐举。此法一般用于比较高的官职上，最常见于荐举拾遗或监察御史的场合。"② 此言不虚，笔者搜集了大量的荐举实例，其中就有许多被各种身份的举主荐为拾遗、监察御史等六品以下常参官并进而快速升进的例子。例如：

1. 桓彦范　《唐会要》卷七五《选部下·藻鉴》："圣历初（698），狄仁杰为纳言（即侍中，宰相），颇以藻鉴自任，因举桓彦范、敬晖、崔元暐、张柬之、袁恕己等五人，后皆有大勋。"③《旧唐书》卷九一《桓彦范传》："圣历初，累除司卫寺主簿。纳言狄仁杰特相礼异……寻擢授监察御史。长安三年（703），历迁御史中丞（正五品上）。"④ 后官至侍中。桓彦范被荐为监察御史后，历时五年，即成为"出选门"的五品官员。

2. 萧嵩　《旧唐书》卷九九《萧嵩传》："景云元年（710），为醴泉尉。时陆象先已为中书侍郎，引为监察御史。开元初，为

---

① 杨军《元稹集编年笺注》散文卷，三秦出版社2008年版，第847页。
② 《唐代基层文官》，第113页。
③ 《唐会要》，第1357页。
④ 《旧唐书》，第2927页。

中书舍人（正五品上）。"① 后官至宰相。萧嵩自受荐为监察御史至"为中书舍人"，历时只有四年左右。

3. 宋遥　《唐会要》卷七五《选部下·藻鉴》："（魏知古）为吏部尚书，又擢密县尉宋遥、左补阙袁晖、封希颜，伊阙县尉陈希烈，后咸居清要。"按，魏知古于开元二年荐拔宋遥为监察御史，此后历时十一年左右，宋遥即升为五品郎中（参见上一节）。

4. 韩朝宗　《旧唐书》卷九九《张嘉贞传》："初，嘉贞作相，荐万年县主簿韩朝宗，擢为监察御史。"② 按，张嘉贞作相，在开元八年（720）至十一年，则朝宗被荐为监察御史后，历时约十年，即成为五品官员（参见上一节）。

5. 王维　开元二十二年（734）秋，王维赴洛阳，献诗宰相张九龄求汲引，二十三年春，九龄荐拔王维为右拾遗。此后历时十三年，王维成为五品郎中。参见本章第二节。

6. 令狐峘　《新唐书》卷一〇二《令狐峘传》："天宝末，及进士第。……（杨）绾为礼部侍郎，修国史，荐峘，自华原尉拜右拾遗，兼史职。……大历中（《旧唐书》卷一四九《令狐峘传》作"大历八年"），以刑部员外郎判南曹。迁司封郎中，知制诰。"③ 后迁中书舍人，大历十四年（779）拜礼部侍郎，参见《唐仆尚丞郎表》卷一六《辑考五下》。④ 又杨绾为礼部侍郎，在广德元年（763）至二年⑤，则令狐峘自拜拾遗至升任五品郎中，历时约十一二年。

7. 王播　原任盩厔（畿县）尉，贞元十六、七年（800—801），"御史中丞李汶爱之，奏为监察御史"。此后历时五年左右，王播即升为五品官（参见上一节）。

---

① 《旧唐书》，第3094页
② 《旧唐书》，第3093页。
③ 《新唐书》，第3986页。
④ 《唐仆尚丞郎表》，第865页。
⑤ 见《唐仆尚丞郎表》，第860页。

8. 李让夷　《旧唐书》卷一七六《李让夷传》："让夷元和十四年（819）擢进士第，释褐诸侯府。大和初入朝，为右拾遗，召充翰林学士，转左补阙。"① 《新唐书》卷一八一《李让夷传》："与宋申锡善，申锡为翰林学士，荐让夷右拾遗，俄拜学士。"② 按，丁居晦《重修承旨学士壁记》载，李让夷大和元年（827）十二月自左拾遗充翰林学士，荐举李让夷之宋申锡，是年官户部郎中知制诰、翰林学士③；又据岑仲勉《翰林学士壁记注补》考订，李让夷大和二年迁左补阙，三年转职方员外郎，五年九月出翰林院，后迁左司郎中④，则他自受荐为拾遗至迁五品郎中，历时五年左右。李让夷后官至宰相，见两《唐书》本传。

9. 张镐　《旧唐书》卷一四六《萧昕传》："昕尝与布衣张镐友善，馆而礼之，表荐之曰：'如镐者，用之则为王者师，不用则幽谷一叟尔。'玄宗擢镐拾遗，不数年，出入将相。"⑤《旧唐书》卷一一一《张镐传》曰："天宝末，杨国忠……闻镐名，召见，荐之，自褐衣拜左拾遗。"⑥ 按，估计萧昕与宰相杨国忠皆曾荐举张镐；考萧昕天宝七、八载（748—749）为左拾遗，后迁左补阙（见《新唐书》卷一五九《萧昕传》），天宝末为刑部员外郎，则他荐举张镐之时，当任六品以下常参官，参见本章第三节。又，张镐拜相在至德二载（757），见《新唐书》卷六二《宰相表中》，则他任拾遗后历时不过三年左右，即升为宰相。

10. 岑参　诗人岑参于至德二载（757）夏，自北庭还至肃宗行在——凤翔，杜甫等联名荐举他任谏官，杜甫等《为补遗荐岑参状》云："右臣等窃见岑参识度清远，议论雅正，佳名早立，时

---

① 《旧唐书》，第4566页。
② 《新唐书》，第5350页。
③ 见岑仲勉《郎官石柱题名新考订》，第287、283页。
④ 见《郎官石柱题名新考订》，第287、288页。
⑤ 《旧唐书》，第3961页。
⑥ 《旧唐书》，第3326页。

辈所仰；今谏诤之路大开，献替之官未备，恭惟近侍，实藉茂材。臣等谨诣阁门，奉状陈荐以闻，伏听进止。"状署"至德二载六月十二日"，联名进状者为左拾遗裴荐、杜甫，左补阙韦少游，右拾遗魏齐聃、孟昌浩等五人，见《杜诗详注》卷二五。① 这五人都是六品以下常参官。收到五人的荐状后，诏即授岑参右补阙；岑参任右补阙后，历时七年，升为五品郎中，参见拙作《岑参年谱》。②

11. 卢怀慎　李乂　《唐会要》卷七五《选部下·藻鉴》："长安二年（702），则天令雍州长史（后改为京兆尹）薛季昶择寮吏堪为御史者……举长安县尉卢怀慎、季休光，万年县尉李乂、崔湜，咸阳县丞倪若水，盩厔县尉田崇璧，新丰县尉崔日用，后皆至大官。"③按，限于篇幅，现只举出其中的两人作为代表，略加说明：卢怀慎"历监察御史、吏部员外郎。景龙（707—709）中，迁右御史台中丞"④，后官至宰相；《新唐书》卷一一九《李乂传》："长安三年（与《会要》异），诏雍州长史薛季昶选部吏才中御史者，季昶以乂闻，擢监察御史。"⑤《全唐文》卷二五八苏颋《李乂神道碑》："景龙中……迁尚书司勋、左司二员外，右司郎中，中书舍人。"后官至刑部尚书。两人自受举为监察御史至升任五品官，历时都只有五年左右。

12. 窦群　《旧唐书》卷一五五《窦群传》："贞元中，苏州刺史韦夏卿以丘园茂异荐，兼献其书，不报。及夏卿入为吏部侍郎，改京兆尹，中谢日，因对复荐群，征拜左拾遗。"⑥按，据《唐才子传校笺》卷四储仲君笺证，窦群初隐于常州，贞元十年

---

① 《杜诗详注》，中华书局1979年版，第2196页。
② 见《岑参集校注》修订本，上海古籍出版社2004年版，第563—566页。
③ 《唐会要》，第1357页。
④ 《旧唐书》卷九八《卢怀慎传》，第3064页。
⑤ 《新唐书》，第4296页。
⑥ 《旧唐书》，第4120页。

（794），常州刺史韦夏卿上表荐之，后夏卿迁苏州刺史，又进献窦群所著《史记名臣疏》，皆不报；贞元十八年（802），夏卿为京兆尹，复荐窦群，遂"释褐授右拾遗"，元和元年（806），窦群迁唐州刺史，后官至容管经略使。① 窦群自受荐为拾遗至迁任五品以上官员（州刺史），历时仅四年。

13. 张嘉贞　《旧唐书》卷九九《张嘉贞传》："长安（701—704）中，侍御史张循宪为河东采访使，荐嘉贞材堪宪官，请以己之官秩授之。则天召见……擢拜监察御史。累迁中书舍人，历秦州（《新唐书》卷一二七《张嘉贞传》作'梁秦二州'）都督、并州长史……开元初，因奏事至京师。"② 后官至宰相。按，嘉贞为中书舍人，约在中宗景龙（707—709）年间，则他自拜监察御史至升任中书舍人，历时只有五年左右。

14. 张濬　《旧唐书》卷一七九《张濬传》："（张）濬愤愤不得志，乃田衣野服，隐于金凤山……。乾符（874—879）中，枢密使杨复恭因使遇之，自处士荐为太常博士（常参官），累转度支员外郎。……贼犯京师，僖宗出幸……急召至行在，拜兵部郎中。未几，拜谏议大夫。"③ 后官至宰相。按，僖宗出幸，在广明元年（880）十二月（见《新唐书》卷九《僖宗纪》），张濬拜五品郎中，即在其时。张濬自受荐为太常博士至升任五品郎中，历时只有三、四年。

以上共十四例，其中第一至第八例的举主为宰相和台省长官，第九例的举主萧昕和第十例的举主杜甫等人，是六品以下常参官，第十一、十二例的举主为地方长官，第十三、十四例的举主是受朝廷委派出使地方的中央官吏（如巡察使、黜陟使、按察使、采访使、宣抚使等），上述这些例子，大抵可以代表唐时各类举主的

---

① 见《校笺》第二册，第225—235页。
② 《旧唐书》，第3090页。
③ 《旧唐书》，第4656页。

身份，除六品以下常参官这类举主较晚出现外，其他各类举主，从唐初直至唐末都一直存在。上述诸例的受举者，主要为现任官，也有正在守选的前资官（如王维①）和白身人（如张镐、窦群、张濆）。

上述诸例，都是受举者直接被擢升为六品以下常参官。还有一些受举者，先被荐举为校书郎或畿县簿、尉，而后沿着校书郎——畿、赤县簿、尉——监察御史或拾遗——五品以上官员的路线升进（参见本章第二节）。例如：

1. 徐浩　《新唐书》卷一六〇《徐浩传》："擢明经，有文辞。张说称其才，繇鲁山主簿荐为集贤校理……进监察御史里行。辟幽州张守珪幕府。历河阳令，治有绩。东都留守王倕表署其府。……累迁都官郎中，为岭南选补使，又领东都选。"②《旧唐书》卷一三七《徐浩传》云："以文学为张说所器重，调授鲁山主簿。说荐为丽正殿（即集贤殿）校理，三迁右拾遗，仍为校理。幽州节度使张守珪奏在幕府，改监察御史。"③按，开元十三年（725）四月，改丽正殿书院为集贤殿书院，以宰相张说为学士知院事④，说荐徐浩为集贤校理（后改名校书），当在此时；徐浩迁右拾遗前，官巩县（畿县）尉，见《全唐文》卷四四五张式《徐浩神道碑铭》；张守珪为幽州节度使，在开元二十一年（733）⑤，徐浩入幽州幕府，即在此年（"监察御史"为徐浩在幽州幕府任职时所带宪衔）；王倕官东都留守，在天宝二年（743）⑥，徐浩入其府任事，当在此时；又《徐浩神道碑铭》谓徐浩为都官郎中、岭南选补使（唐前期多派郎中为选补使，主持在岭南地区举行的

---

① 参见本章第二节。
② 《新唐书》，第4965页。
③ 《旧唐书》，第3759页。
④ 参见《新唐书》卷四七《百官志二》、《资治通鉴》卷二一二。
⑤ 见《旧唐书》卷一〇三《张守珪传》。
⑥ 见《唐刺史考》第二册，第468页。

南选）时，"五岭百越，颂声四合，同诣方面，请建旌德碑，都督张九皋为之飞章"，考张九皋于天宝十载至十二载（751—753）为南海太守（广州南海郡本中都督府，故《碑铭》称九皋为都督）、岭南节度使①，则徐浩迁都官郎中，即在此期间。综上所考，徐浩为右拾遗，应在开元十九年（731）左右，他自官拾遗至升任五品郎中，历时约二十年。徐浩后官至吏部侍郎（见两《唐书》本传）。

2. 吉中孚　据《唐才子传校笺》第二册卷二、第五册《补正》②的考证，吉中孚原为道士，还俗后入京谒宰相元载，载荐于天子，大历（766—779）初授校书郎；建中元年（780），以万年（赤县）尉为河东黜陟使裴伯言判官。后升为司封郎中，丁居晦《重修承旨学士壁记》："吉中孚，兴元元年（784），自司封郎中知制诰充（翰林学士）。六月，改谏议大夫。贞元二年（786），迁户部侍郎，出院。"③吉中孚以白身人受荐拜校书郎，历时十馀年，也升为五品郎中。

3. 段文昌　《旧唐书》卷一六七《段文昌传》："韦皋在蜀，表授校书郎。李吉甫刺忠州，文昌尝以文干之，及吉甫居相位，与裴垍同加奖擢，授登封（畿县）尉、集贤校理。俄拜监察御史，迁左补阙，改祠部员外郎。元和十一年（816），守本官，充翰林学士。……转祠部郎中……十五年（820），穆宗即位，正拜中书舍人，寻拜中书侍郎、平章事。"④按，段文昌曾受到韦皋、李吉甫的荐拔，韦皋贞元元年（785）至永贞元年（805）为剑南西川节度使⑤，《全唐文》卷六一七段文昌《修仙都观记》云："贞元十五年（799），余西游岷蜀。"则段文昌入韦皋幕为从事，当在贞

---

① 见《唐刺史考》第五册，第2756、2757页。
② 《校笺》第二册第13—19页，第五册第161—163页。
③ 见《郎官石柱题名新考订》，第226—227页。
④ 《旧唐书》，第4368页。
⑤ 见《唐刺史考》第五册，第2585、2586页。

元十五年后（所谓"校书郎"乃文昌为西川从事时所带朝衔①）；李吉甫为相，在元和二年（807）正月至三年九月（见《新唐书》卷六二《宰相表中》），段文昌擢登封尉，即在此时；又，段文昌转祠部郎中，在元和十三年（818）正月，迁中书舍人，在十五年正月，同年八月，拜相，见丁居晦《重修承旨学士壁记》。② 文昌自受荐为畿县尉至拜相，历时只有十三年。

4. 王凝　《旧唐书》卷一六五《王凝传》："历佐梓潼、宣歙使幕。宰相崔龟从奏为鄠县（畿县）尉、集贤校理，迁监察御史，转殿中。宰相崔铉出镇扬州，奏为节度副使（《全唐文》卷八一〇司空图《王凝行状》作'判官'）。入为起居郎，历礼部、兵部、考功三员外，迁司封郎中、长安令。……换考功郎中，迁中书舍人。时政不协，出为同州刺史……踰年，以礼部侍郎征。"③按，崔龟从大中四年（850）六月至五年十一月为相（据《新唐书》卷六三《宰相表下》），王凝受荐为畿尉，即在此时；宰相崔铉出任淮南节度使（治所在扬州），在大中九年（855）七月（《新唐书·宰相表下》），王凝为淮南节度判官或副使，当在此时；司空图《王凝行状》云："相国夏侯公用为中书舍人。"考夏侯孜于咸通三年（862）七月至五年十一月为相（《新唐书·宰相表下》），则王凝迁中书舍人应在咸通四年左右；又王凝出为同州刺史，在咸通五至七年，见《唐刺史考》卷四④；其迁礼部侍郎，在咸通九年（868），见《唐仆尚丞郎表》卷一六《辑考五下》。⑤综上所述，王凝自受荐为畿尉至升任司封郎中，历时大约十一年。

以上各位受举者受举后并非"敕授"，而是由吏部授职，但显然不是经由吏部的铨选程序，然后才授职的。又有一些受举者，

---

① 参见《唐代基层文官》第39—46页。
② 见《郎官石柱题名新考订》，第258、259页。
③ 《旧唐书》，第4299页。
④ 《唐刺史考》第一册，第126页。
⑤ 《唐仆尚丞郎表》，第887页。

被荐后由六品以下官员（包括非常参官），直升为五品或五品以上官员。例如：

1. 岑文本 《旧唐书》卷七〇《岑文本传》："贞观元年（627），除秘书郎，兼直中书省。……文本才名既著，李靖复称荐之，擢拜中书舍人。"① 后官至宰相。按，贞观三年二月，举主李靖为兵部尚书，"参预朝政"（见《旧唐书》卷二《太宗纪上》），其荐文本，或在此时；文本受荐后，即由从六品上之秘书郎（非常参官），直升为正五品上之中书舍人。

2. 杨茂谦 自景云二年（711）至开元元年（713），窦怀贞三度为相，"数称荐"杨茂谦，茂谦因由秘书郎历迁大理正（从五品下）、御史中丞（正五品上），成为五品官员。参见前一节。

3. 阳城 进士及第，隐于中条山。《旧唐书》卷一九二《阳城传》云："陕虢观察使李泌闻其名，亲诣其里访之，与语甚悦。泌为宰相，荐为著作郎（从五品上），德宗令长安县尉杨宁赍束帛诣夏县所居而召之，城乃衣褐赴京，上章辞让。德宗遣中官持章服衣之而后召，赐帛五十匹。寻迁谏议大夫（正四品下）。"② 《新唐书》卷一九四《阳城传》曰："陕虢观察使李泌数礼饷，城受之。……及为宰相，又言之德宗，于是召拜右谏议大夫。"③ 按，德宗盖原以著作郎的官职召阳城入京，由于阳城"上章辞让"，因而升格授给了谏议大夫之职；又李泌为宰相在贞元三年（787）六月（见《新唐书》卷六二《宰相表中》），阳城受荐即在此时。阳城以有出身人（前进士）的资格受荐，立即成为四品官，实在非常少见。

4. 郑亚 《新唐书》卷一八五《郑畋传》："父亚……举进士、贤良方正、书判拔萃，三中其科。李德裕为翰林学士，高其

---

① 《旧唐书》，第2536页。
② 《旧唐书》，第5132页。
③ 《新唐书》，第5570页。

才，及守浙西，辟署幕府。擢监察御史。李回任中丞，荐为刑部郎中知杂事，拜给事中。"① 按，李德裕为浙西观察使，在大和八年（834）十一月至九年四月，以及开成元年（836）十一月至二年五月（见《唐刺史考》卷一三七②），郑亚为浙西幕府从事，即在此期间；《旧唐书》卷一七八《郑畋传》谓郑亚入朝为监察御史，在"会昌（841—845）初"；又考《新唐书》卷一三一《李回传》云："会昌中，以刑部侍郎兼御史中丞。"《旧唐书》卷一七三《李回传》称李回兼御史中丞，在会昌三年（843），则郑亚受荐迁刑部郎中，当在此年。郑亚受荐后，历时两年，即由正八品下之监察御史，直升为从五品上之刑部郎中，升进可谓超越常规。

由上述二十二个实例大致可以说明，荐举在六品以下低层文官摆脱守选上的作用，主要是可以让许多受举者，受举时立即升为拾遗、监察御史等六品以下常参官，还有一些受举者，受举时虽然没能立即升为拾遗、监察御史等六品以下常参官，但是经过一段不长时间，也能成为拾遗、监察御史等六品以下常参官，甚至于还有一些受举者，受举时即直升为"出选门"的五品或五品以上官员。上述这些受举者，大多为现任官，这样他们就可连续为官，不必在秩满后守选或待选数年，而且他们一旦成为六品以下常参官，也就走上了一条摆脱守选、快速地升迁为五品以上官员的捷径（参见本章第二节）。这些受举者的快速升进和仕途前景，与前两节我们所介绍的科目选登科者、制举中第者大致一样，如上述二十二个实例中，受举后五年左右即成为五品官的，有桓彦范、萧嵩、王播、李让夷、卢怀慎、李乂、窦群、张嘉贞、张濬九人，受举时立即授给五品或五品以上官的，有岑文本、杨茂谦、阳城、郑亚四人，受举后三年即拜相的有张镐一人；官至宰

---

① 《新唐书》，第5401页。
② 《唐刺史考》第四册，第1629—1631页。

相的，有桓彦范、萧嵩、王播、李让夷、张镐、卢怀慎、张嘉贞、张濬、段文昌、岑文本十人。所以我们可以说，荐举和科目选、制举一样，都是唐代文官摆脱守选、快速升进的一条重要途径。虽然无法做出可靠的统计，但总的说来，走荐举途径升迁的人，有可能多于走科目选或制举途径升迁的人，因为科目选每年录取的名额很少（参见本章第三节），制举不是每年都举行（参见前一节）。另外，还有必要说明一点，即不是说所有受举为校书郎、畿县簿、尉的人，都能升为拾遗、监察御史等六品以下常参官；升为拾遗、监察御史等六品以下常参官的人，都能成为五品或五品以上官员，白居易说"十常六、七焉"，大抵符合实情（参见本章第二节）。当然，由此也不能否定荐举是文官摆脱守选、快速升进的一条重要途径。

本章第一节我们谈过，唐代六品以下文职非常参官的铨选、署职，由吏部负责，称为"旨授"，因此各种举主荐举六品以下文职非常参官，多少有点侵夺吏部铨选权力的意味。大抵在唐代前期（"安史之乱"以前），荐举六品以下文职非常参官，主要集中于对县令（畿县令以下均为六品以下文职非常参官）、州录事参军（上州从七品上）的荐举（自唐初至唐末，天子曾多次下诏命京官五品以上和地方长官荐举县令、录事参军），还有特许京兆尹自荐属吏，而荐举其他官吏，则较少见。到了唐代后期（"安史之乱"以后），除了继续像前期那样荐举县令、录事参军外，荐举的范围，日渐向州县长官的僚属等扩展［如上引代宗宝应元年（762）九月诏敕，即令常参官荐举判司、丞、尉，刺史、县令荐举僚属］。我们知道，"安史之乱"后，唐于内地遍设节度、观察等使，新增置的节镇达四十多个，这些节镇使府的僚佐，都由府主自行选任，于是形成使府辟署与奏荐的重要现象；这些使府的辟、荐对象，不仅包括使府的僚佐，还有府主所辖州县的部分官吏。这事原本属于唐代后期荐举的范围，但因使府的辟署与奏荐自成格局，是唐代后期文官摆脱守选、快速升进的一条重要途径，对后期选官制度的变化也产生重大的影响，因此我们准备另立专节加以讨论。

下面，谈谈荐举的意义和弊病。《唐会要》卷七五《选部下·杂处置》："（天宝）九载（750）三月十三日敕：吏部取人，必限书判，且文学政事，本自异科，求备一人，百中无一，况古来良宰，岂必文人？又限循资，尤难奖擢，自今以后简县令，但才堪政理，方圆取人，不得限以书判及循资格注拟。"[①] 我们知道，吏部铨选的主要内容是试书判，这条诏令指出凭借吏部铨选选任县令的局限性：一是书判佳者未必具有治理百姓的才干，所以仅靠试书判难以选出堪为县令的人。二是"循资格"的实行，使具有治理百姓才干的堪为县令者，难以破格擢用。正因为吏部铨选有这两项局限，朝廷才命令常参官与地方长吏荐举堪为县令者。就选拔县令这一点来说，荐举确实有助于弥补吏部铨选的不足。吏部铨选的上述两项局限，也同时表现在对其他六品以下文职非常参官的选拔上，所以可以说，荐举的制度，有利于突破吏部铨选的局限，广泛征求和选拔真正的人才，这就是荐举的意义所在。

荐举制度也有不容忽视的弊病。《唐摭言》卷六《公荐》载太子校书郎王泠然上宰相张说书云："仆窃谓今之得举者，不以亲，则以势，不以贿，则以交。……其不得举者，无媒无党，有行有才，处卑位之间，仄陋之下，吞声饮气，何足算哉！"[②] 指出高官子弟可凭借权势、财富与亲故的援庇获得荐举，而有德行才能的孤寒之士，却因"无媒无党"而得不到荐举。为了纠正这种荐举上的不公平，朝廷自贞观年间开始，即制定举主与受举者连坐的规定，如《唐大诏令集》卷一〇二《荐举贤能诏》云："诸州所举十有一人，朕载怀侧席，引入内殿，借以温颜，密访政道，

---

① 《唐会要》，第1361页。
② 《唐摭言》，古典文学出版社1957年版，第64—68页。

莫能对扬，相顾结舌……并宜放还，各从本色。其举主以举非其人罪论，仍加一等（贞观十年二月）。"①《唐律疏议》卷九《职制》也载有"若德行无闻，妄相推荐，或才堪利用，蔽而不举，一人徒一年，二人加一等，罪止徒三年"②的条文。《唐大诏令集》卷一〇三《处分举荐人诏》说："推荐之道，必务于至公；赏罚之间，亦资于不滥。……举之得人，必受旌能之赏；举之失选，亦加惩过之罚。……凡百具寮，宜知朕意（宝应元年七月）。"又德宗贞元八年（792）五月，朝廷"初令授台省官者，各具举主于授官诏"，"异日考殿最以举主能否"③，这是说在授官诏上写明举主的姓名，并以将来受举者是否称职，作为考核举主政绩的一项重要内容。由于有上面这些规定，举主们在荐举问题上，不得不慎重行事。大抵说来，政治较清明的朝代，多数官员尚能秉公荐举，出现了一些以善能举贤著名于世的人物，如薛元超、朱敬则、狄仁杰、魏知古等；而政治混乱的朝代，上述规定难以执行，则往往请托、贿赂公行，从而使荐举沦为贵官子弟升进的专用阶梯。

最后，附带谈一个问题。《唐代基层文官》说："本书所论的几种基层京官如校书郎、正字……等，似乎都要守选了。但我们找不到这些官员曾经守选的实证，典志也没有明文规定他们需守选。相反的，倒有几个案例似乎显示正字和校书郎不必守选。例如，柳宗元任满集贤院正字三年后，就直接出任蓝田县尉，没有守选。《旧唐书》说，李绛'举进士，登宏辞科，授秘书省校书郎。秩满，补渭南尉'。他看来也没有守选。"④按，这里有几个问题需作研究，首先，正史里的人物传记记事简略，往往将守选

---

① 《适园丛书》四集。
② 《唐律疏议》，中华书局1983年版，第183页。
③ 《旧唐书》卷一三《德宗纪下》。
④ 《唐代基层文官》，第288—289页。

一事略去不提，如两《唐书》的所有人物传记里，就未见有一处提及传主什么时候守选的。其次，上文我们说过，荐举是文官摆脱守选的一条重要途径，举主的荐举对象，一般是有官职者（包括现任官和前资官），如果官员任期未满或刚满即被荐举，也就摆脱了守选，这是有些官员"没有守选"的一个原因。再次，京官受荐的机会多，而史传中关于传主受荐情况的记述却多缺略，这样就很容易给人以"不必守选"的错觉。

第六节　唐代文官摆脱守选的途径之四：入使府

本节主要探讨低层文官如何通过入使府的途径摆脱守选，快速地升入五品以上官员行列。那么，什么是"入使府"呢？"入使府"指入使府为僚佐。所谓使府，主要指节度、观察等使幕府，也即方镇幕府，吴廷燮《唐方镇年表·序录》说："唐自天宝，方镇始盛……至德而后，关河诸道，多以节度兼领观察；江湖僻远，则以观察而带团练；邕容诸管，又名经略。质而言之，皆方镇也。"① 同时兼指"安史之乱"以后新设的度支、铸钱、盐铁、转运、租庸等财政使府。上述使府各置有僚佐，僚佐的选任，均实行辟署制。《通典》卷三二《职官十四》云："采访使（后改为观察使）有判官二人……皆使自辟召，然后上闻。其未奉报者称摄。"注："其节度、防御等使僚佐辟奏之例，亦如之。"②《通鉴》卷二二六大历十四年（779）载"协律郎沈既济上选举议"，也说："今诸道节度、都团练、观察、租庸等使，自判官、副将以下，皆使自择。"③ 这是说，各方镇幕府与诸财政使僚佐，都由府

---

① 《唐方镇年表》，中华书局1980年版，第1页。
② 《通典》，第890页。
③ 《资治通鉴》，第7269页。

主自行选择、聘任，而后上报朝廷，此即所谓辟署制。我们知道，开元、天宝时代，唐玄宗在边地设了十个节度使，每个节镇都有长驻部队和各种文职武职僚佐，当时这些僚佐的选任，已实行辟署制；"安史之乱"后，唐又于内地遍设节度、观察等使，新增置的节镇达四十多个，于是节镇幕府僚佐的总人数大增，加上度支、转运、租庸、盐铁等使又在诸道分设巡院，各置有僚佐，这样便在官场形成了一个庞大的使府幕僚队伍。唐节度使的文职僚佐主要有副使、行军司马、判官、掌书记、推官、巡官、参谋、孔目官、衙推、随军、要籍等，观察使的主要僚佐有副使、判官、支使、推官、巡官、转运巡官、衙推、参谋等，诸财政使的主要僚佐也有副使、判官、推官、巡官等。

使府僚佐的辟署程序一般是：第一，府主物色辟署对象。府主可以通过自己的观察了解、他人的推荐以及希求入幕者的自荐，选择辟署对象。第二，府主选定辟署对象后，派使者携带聘礼到受辟者家中延请，受辟者既可接受聘请，也可以拒聘。第三，若受辟者接受聘请，府主即可上报朝廷，请求批准（朝廷一般都批准，很少干涉），并为他们奏请朝衔与宪衔。

受辟入幕者一般有以下几种人：第一，已获得出身但尚未任职的人。例如新及第进士、明经。依照唐代的守选制度，"安史之乱"后，新及第进士、明经都必须守选若干年，才能授官，刚及第的进士、明经，如果受辟入幕，可不守选；正在守选的新及第进士、明经受辟入幕，可立即结束守选。第二，现任官与前资官，尤其是任职期满正在守选的前资官。依照唐代的守选制度，文职六品以下的现任官（非常参官）任职期满，都必须守选若干年，但如果他们任职期限未满受辟入幕，或任职期限刚满即受辟入幕，都无须守选；现任使府僚佐转到别的使府任职，或受荐、被召入朝为官，也不必守选；又，正在守选的前资官受辟入幕，亦可立即结束守选。① 第三，白身人。唐代方镇在用人上拥有很大自主权，方镇幕府府主往往辟请少量白身人入幕为僚佐。唐代前期，朝廷对方镇辟请白身人入幕并未加以限制，大抵到德宗时，才开始有一些限制，武宗会昌五年（845）六月，曾明令限止无出身人入幕为僚佐②，但此后这道限制令并没有得到严格执行。白身人受辟入幕，一般先任幕府卑职（如随军、要籍等），或不须"上闻"的非正职与摄职（临时代理之职），但也有个别有才干或名气的白身人，一入幕即担任掌书记、推官、巡官、参谋等幕府正职的。③

唐代后期（"安史之乱"后），文士竞趋幕府为僚佐，成为当时相当普遍的一种社会风气。出现这种现象的原因是多方面的，前面我们说过，"安史之乱"后，方镇遍布内地，使府僚佐的员额大增，这样文士追求成为使府僚佐的愿望也就较容易实现；加以在内地幕府为僚佐，生活条件既优越，又没有危险，俸禄还比京官优厚④，并且能够得到府主的尊重和礼遇；还有入使府任职不用守选，因此升进的机会也就增多，这些都是唐后期文士竞趋入幕的原因。

唐后期文士竞趋入幕，还有一个最为重要的原因，那就是入使府为僚佐，已成为唐后期文官摆脱守选、快速升进的一条重要途径。关于这个问题，唐人自己有过一些论述。如封演《封氏闻见记》卷三《风宪》说："开元已前，诸节制并无宪官，自张守珪为幽州节度，加御史大夫，幕府始带宪官，由是方面威权益重。游宦之士，至以朝廷为闲地，谓幕府为要津，迁腾倏忽，坐致郎省。"⑤ 谓入幕府为僚佐，便可迅速升迁，轻易获得尚书省郎官之

---

① 以上涉及的守选问题，可参见《唐代基层文官》第287、288页。
② 见《唐会要》卷七九《诸使下·诸使杂录下》，第1450页。
③ 以上所述，参见石云涛《唐代幕府制度研究》，中国社会科学出版社2003年版，第240—256页。
④ 参见《唐代幕府制度研究》，第489—496页。
⑤ 《封氏闻见记校注》，第25页。

职。又如权德舆《送李十兄判官赴黔中序》说："今名卿贤大夫，由参佐而升者十七八，盖刷羽幕廷而翰飞天朝。"① 白居易《温尧卿等授官赐绯充沧景江陵判官制》也说："今之俊乂，先辟于征镇，次升于朝廷。故幕府之选，下台阁一等。异日入为大夫公卿者，十八九焉。"② 权德舆、白居易也都认为幕府僚佐，是文士升迁的"要津"，令其成为朝廷高官的阶梯。"先辟于征镇，次升于朝廷"，是幕府僚佐升进的一种模式，下面先就这个问题作一些论述。

前一节我们谈过，使府府主具有荐举权，在盛唐时代，已多有边帅荐拔自己僚佐的情况，因此当时人们已认识到入边幕为僚佐，是文士进身的一条途径。③ 唐后期荐举制度化，实行冬荐制，所谓冬荐，盖指"每年冬季一度闻荐"④，即谓具有举主资格的人，每年一次（在冬季）向朝廷荐举各种适合担任官吏的人员；冬荐的举主范围较广，并非只有使府府主（参见上一节），但使府府主利用冬荐的形式，向朝廷荐举本府文职僚佐，已成为唐后期文官快速升迁为朝廷高、中级官员的一条捷径。下面举若干实例，进一步加以说明。

1. 鲍防 天宝十二载（753）登进士第，授太子正字。宝应元年（762），为浙东节度使薛兼训从事，带朝衔员外郎，宪衔殿中侍御史、侍御史。大历五年（770），入朝为职方员外郎。十一年（776），迁太原少尹（从四品下）、河东节度行军司马。后官至河东节度使、礼部侍郎、京兆尹。参见《唐才子传校笺》第一册卷三及第五册补正卷三。⑤ 鲍防自受荐入朝为员外郎至升任摆脱守选的五品以上官员，历时五年多。

---

① 《文苑英华》第五册卷七二八，中华书局1966年版，第3781页。
② 《白居易集笺校》卷四九，第2924、2925页。
③ 参见拙作《关于文人出塞与盛唐边塞诗的繁荣》，《文学遗产》2002年第3期。
④ 《唐会要》卷八二《冬荐》，第1151页。
⑤ 见《校笺》第一册493—502页、第五册96—101页。

2. 杜佑　《旧唐书》卷一四七《杜佑传》："佑以荫入仕，补济南郡参军、剡县丞。……（润州刺史韦）元甫奇之，乃奏为司法参军。元甫为浙西观察、淮南节度，皆辟为从事，深所委信，累官至主客员外郎。入为工部郎中，充江西青苗使，转抚州刺史。"① 按，韦元甫为润州刺史，在宝应元年（762）至广德二年（764），为浙西观察使，在永泰元年（765）至大历三年（768），迁淮南节度使在大历三年至六年（771）②；"累官"句盖指杜佑为浙西、淮南从事期间，所带朝衔已升至员外郎。他任使府僚佐六年左右，即受荐入朝直升为五品郎中，其时间当在大历六年。杜佑后历任户部侍郎、岭南节度使、淮南节度使等，贞元十九年（803）拜相。他自受荐入朝至拜相，历时三十二年。

3. 郑絪　《旧唐书》卷一五九《郑絪传》："絪擢进士第，登宏词科，授秘书省校书郎、鄠县尉。张延赏镇西川，辟为书记。入除补阙、起居郎，兼史职。无几，擢为翰林，转司勋员外郎知制诰。德宗朝，在内职十三年……宪宗监国，迁中书舍人，依前学士，俄拜中书侍郎、平章事。"③ 按，张延赏为剑南西川节度使，在大历十四年（779）十一月至贞元元年（785）八月，见《旧唐书》卷一二《德宗纪上》；郑絪贞元八年（792）自司勋员外郎知制诰充翰林学士，二十一年（805）二月迁中书舍人，同年十二月拜中书侍郎、平章事，见丁居晦《重修承旨学士壁记》、岑仲勉《翰林学士壁记注补》。④ 郑絪受荐自剑南西川节度使掌书记入朝为补阙，应在贞元元年，则他自入朝为六品以下常参官至升任五品官和拜相，历时皆二十年。

4. 萧存　《全唐文》卷六九一符载《尚书比部郎中萧府君墓

---

① 《旧唐书》，第 3978 页。
② 以上参见《唐刺史考》第四册、第三册，第 1623—1624、1676、1462 页。
③ 《旧唐书》，第 4180、4181 页。
④ 以上见岑仲勉《郎官石柱题名新考订》，第 230 页。

志铭》:"君讳存……李大夫栖筠领浙西,掇华刘楚,遂奏授苏州常熟县主簿。颜太师真卿典吴兴,纂文编韵,延纳以修术(疑当作书)之任。宰相刘公晏司转运,与能咨画,奏授左金吾卫兵曹参军,明年迁廷尉评。建中包谏议佶掌盐铁,聆风钦旧,奏授监察御史,明年转殿中侍御史。自贞元元年夏至十年春,凡再为侍御史,四为尚书郎。……乞守外职,竟罢归浔阳……(贞元)十六年冬十月五日,卒于浔阳溢城之私第。"① 按,萧存为著名古文家萧颖士之子,李栖筠为浙西观察使,在大历三年(768)二月至六年八月,见《旧唐书》卷一一一《代宗纪》;"颜太师"三句,指颜真卿大历八年(773)至十二年刺湖州(吴兴郡)时,曾于八年六月至九年春在湖州召集江东诸文士共修《韵海镜源》,时萧存为参与修书者之一,仍官"常熟主簿"②;刘晏自广德二年(764)至建中元年(780)正月,一直兼任诸道转运、盐铁等使③,萧存为转运使僚佐,应在大历末,左金吾卫兵曹参军、廷尉评(大理评事),乃存为转运使僚佐时所带朝衔;包佶建中元年三月至贞元元年(785)二月为诸道盐铁等使④,萧存任盐铁使僚佐,当在此期间,监察御史、殿中侍御史,乃存为盐铁使僚佐时所带宪衔;贞元元年三月,包佶入朝为刑部侍郎,萧存当随之入朝,并受荐为侍御史,后官至比部郎中。萧存自入朝为六品以下常参官(侍御史)至升任五品郎中,历时约八至十年。这是财政使僚佐受荐入朝的一个例子。

5. 魏弘简　《柳宗元集》卷九《唐故尚书户部郎中魏府君墓志》:"(府君)讳弘简……由进士策贤良,连居科首,授太子校书。历桂管、江西、福建、宣歙四府,为判官、副使,累授协律

---

① 《全唐文》,第7083、7084页。
② 参见贾晋华《唐代集会总集与诗人群研究》,北京大学出版社2001年版,第87—90页。
③ 参见《唐仆尚丞郎表》,第136—144页。
④ 参见《唐仆尚丞郎表》,第796页。

郎、大理评事，三为御史，赐绯鱼袋。在州六年，而人乐之，廉使崔衍曰：'吾敢专天下之士，独惠兹人乎？'遂献于天子，拜度支员外郎，转户部郎中。……年四十七，贞元二十年九月三十日不疾而殁。"① 按，魏弘简建中元年（780）擢进士第，贞元元年（785）中制举贤良方正科，见《登科记考》卷一一、一二；志文中"廉使崔衍"指宣歙观察使崔衍，其为宣歙观察使在贞元十二年（796）八月至永贞元年（805）八月，见《旧唐书》卷一三《德宗纪下》、卷一四《宪宗纪上》；"判官、副使"为弘简所任使府职务，"协律郎、大理评事"乃弘简任使府职务时所带朝衔，"三为御史（谓历监察御史、殿中侍御史、侍御史）"则指弘简所带宪衔；"献于天子"，盖指崔衍推荐弘简入朝为度支员外郎。据"在州六年"之语，弘简入朝的时间当在贞元十八年（802），则他入朝后只有一年左右，即升任五品郎中。

6. 于敖　《旧唐书》卷一四九《于敖传》："敖……登进士第，释褐秘书省校书郎。湖南观察使杨凭辟为从事，府罢，凤翔节度使李鄘、鄂岳观察使吕元膺相继辟召。自协律郎、大理评事试监察御史。元和六年，真拜监察御史。转殿中，历仓部司勋二员外、万年令，拜右司郎中，出为商州刺史。长庆四年（824），入为吏部郎中。其年，迁给事中。"② 后官至刑部侍郎、宣歙观察使。按，杨凭为湖南观察使在贞元十八年（802）九月至永贞元年（805）十一月，李鄘为凤翔节度使在元和二年（807）六月至四年三月，吕元膺为鄂岳观察使在元和五年（810）十二月至八年十月③；于敖三佐使幕，协律郎、大理评事、监察御史系其佐幕时所带朝衔与宪衔，敖自元和六年（811）受荐入朝为监察御史（六品以下常参官），至升任五品官（万年令，正五品上），大抵只有

---

① 《柳宗元集》，中华书局1979年版，第223、224页。
② 《旧唐书》，第4009页。
③ 以上参见《唐刺史考》第四册、第一册，第2132、2133、2102、148页。

五至七年时间。

7. 李逢吉　《新唐书》卷一七四《李逢吉传》："举明经，又擢进士第。范希朝表为振武掌书记，荐之德宗，拜左拾遗。元和时，迁给事中、皇太子侍读。改中书舍人，知礼部贡举。未已事，拜门下侍郎、同中书门下平章事。"① 按，李逢吉贞元十年（794）擢进士第（见《登科记考》卷一二），范希朝贞元六年至十九年（803）为振武节度使，十九年十一月入朝为右金吾大将军②，逢吉当随希朝入朝，并受荐为左拾遗；逢吉后历左补阙、侍御史，元和四年（809）为祠部郎中，六年迁给事中，十一年（816）四月（《新唐书》卷六二《宰相表上》作二月）拜相，参见《旧唐书》卷一六七《李逢吉传》。李逢吉自入朝为拾遗至升任五品郎中，历时五年；自为拾遗至拜相，历时十二年。

8. 王起　《旧唐书》卷一六四《王起传》："起……贞元十四年擢进士第，释褐集贤校理。登制举直言极谏科，授蓝田尉。宰相李吉甫镇淮南，以监察充掌书记。入朝为殿中，迁起居郎、司勋员外郎、直史馆。元和十四年，以比部郎中知制诰。穆宗即位，拜中书舍人。"③ 后历礼部、吏部侍郎，户部、兵部尚书，官至尚书左仆射。按，宰相李吉甫元和三年（808）九月出为淮南节度使，仍兼中书侍郎、平章事，六年正月还朝，复知政事，见《旧唐书》卷一四《宪宗纪上》；王起为淮南节度使掌书记（带宪衔监察御史），即在李吉甫任淮南节度使期间，又他应于元和六年正月随吉甫入朝，并受荐为殿中侍御史，这样他自入朝为殿中至升任五品郎中，历时八年。

9. 王衮　《唐代墓志汇编》大和〇五四李珏《王衮墓志铭》："元和初，以拔萃登科，授秘书省正字，调补伊阙主簿。许孟容尚

---

① 《新唐书》，第5221页。
② 以上参见《唐刺史考》第一册，第345、346页。
③ 《旧唐书》，第4278页。

书、裴次元常侍尹河南，皆署为部从事……今窦司空之分陕也，荐授监察里行，充判官。崔淮南继窦为陕，又从而辟署。俄以本官归御史府，满岁，转殿中，皆留台。……穆宗深奇之，特拜刑部员外郎。家在洛，以膝下为恋，刑曹决狱，不宜分司，转都官员外。未几，迁度支郎中，急召赴阙。时窦司空初领计务……"①后官至吏部郎中兼侍御史知杂事，大和六年（832）年五十二卒。按，许孟容为河南尹在元和七年（812）至八年，裴次元继之为河南尹在元和八年至九年②，王衮为其部从事即在此期间；窦司空即窦易直（易直大和五年十一月为检校司空，见《旧唐书》卷一六七本传），元和八年至十一年（816）任陕虢观察使，崔淮南谓崔从（从大和四年三月拜淮南节度使，见《旧唐书》卷一七七本传），元和十二年至十三年春继易直为陕虢观察使③，王衮即于上述期间先后为陕虢观察判官，并带宪衔监察御史；"留台"指东都留台，为御史台在洛阳的分支机构，考崔从于元和十三年春入朝为尚书右丞，王衮盖即于此时随崔从入朝，并受荐为留台监察御史，十四年（819），迁留台殿中侍御史；元和十五年正月，穆宗即位，王衮"特拜刑部员外郎"即在此后，但据《墓志》所述，衮实际上并未到长安履任，而是转任都官员外，分司东都；"窦司空初领计务"，系指长庆二年（822）十二月窦易直以户部侍郎兼御史大夫判度支④，则王衮至长安为度支郎中，也应在长庆二年，这样他自任留台监察御史至迁任五品郎中，历时只有四年多。

10. 舒元舆　据《旧唐书》卷一六九、《新唐书》卷一七九本传载，元舆元和八年（813）擢进士第。选授鄠县尉。长庆三年

---

① 《唐代墓志汇编》，上海古籍出版社 1992 年版。
② 见《唐刺史考》第二册，第 519、520 页。
③ 见《唐刺史考》第二册，第 556、557 页。
④ 见《唐仆尚丞郎表》，第 772 页。

（823）八月，尚书左仆射裴度出为兴元尹、山南西道节度使（见《新唐书》卷六三《宰相表下》），辟元舆为掌书记。宝历二年（826）正月，裴度自兴元入觐京师，二月，敬宗命裴度为同平章事，复知政事①；元舆"入朝为监察（御史）"，当即在裴度复知政事后。元舆后历侍御史、刑部员外郎，大和五年（831）改授著作郎，分司东都，八年为右司郎中，九年（835）九月为御史中丞，兼刑部侍郎，同月拜相，十一月死于"甘露之变"。②元舆自受荐入朝为监察御史至升任五品郎中，历时八年；而自任五品郎中至拜相，历时仅一年。

11. 周墀　杜牧《樊川文集》卷七《周墀墓志铭》："举进士登第，始试秘书正字、湖南团练巡官。母夫人亡，哭泣无时……后自留守府监察真拜御史、集贤殿学士。李公宗闵以宰相镇汉中，辟公为殿中侍御史、行军司马。后一年，复以殿中书职征归。时大和末，（郑）注、（李）训用事……取公为起居舍人。……数月，以考功掌言……遂兼（翰林）学士。迁职方郎中、中书舍人。"③周墀后于大中二年（848）拜相。按，墀于长庆二年（822）进士及第（《旧唐书》卷一七六本传），其为湖南团练巡官（带朝衔秘书正字）疑在长庆三年以后；考沈传师长庆三年至宝历二年（826）为湖南观察等使④，则墀之所入似即湖南沈传师幕府。所谓"自留守府监察真拜御史"，盖指墀守母丧服除后，即入东都留守府为幕僚（带宪衔监察御史），然后入朝真拜监察御史，兼集贤学士。据《新唐书》卷四九下《百官志四下》载，唐时天子居长安，仅在东都与北都置留守，故疑此处之"留守"为东都留守。"李公宗闵以宰相镇汉中"（即为山南西道节度使），在大和七年（833）

---

① 见《旧唐书》卷一七上《敬宗纪》。
② 以上可参见《旧唐书》卷一七下《文宗纪下》。
③ 《樊川文集》，上海古籍出版社1978年版，第120—122页。
④ 见《唐刺史考》第四册，第2136页。

六月至八年十月①，则墀受辟为山南西道行军司马（带宪衔殿中侍御史）在大和七年，大和八年即被征入朝，真拜殿中侍御史；九年（835）迁起居舍人；开成元年（836），"转考功员外郎，仍兼起居舍人事（即所谓'以考功掌言'）。开成二年冬，以本官知制诰，寻召充翰林学士。三年，迁职方郎中。四年（839）十月，正拜中书舍人"（《旧唐书》本传②）。墀入朝"真拜（监察）御史"，大抵在大和五年前后，则他自入朝为六品以下常参官至升任五品郎中，历时七年左右；而自任五品郎中至拜相，历时十年。

12. 崔慎由　《唐代墓志汇编续集》咸通〇五三崔慎由自撰《墓志》云："慎由……随明经试，获第于有司；后举进士，对直言极谏制，皆在其选。历秘书省正字，试太常寺协律郎、剑南东川节度推官、浙江东道观察推官，试大理评事、山南东道观察推官，入台为监察御史，试秘书省秘书郎兼殿中侍御史、义成军节度判官，复入台为监察御史，转殿中侍御史兼集贤殿直学士、尚书户部员外郎学士如故、吏部员外郎、考功员外郎知制诰、职方郎中知制诰、翰林学士、中书舍人。"③ 后于大中十年（856）拜相。按，慎由大和元年（827）擢进士第，二年登制举直言极谏科（参见《登科记考》卷二〇），授秘书省正字。后累佐幕府，太常寺协律郎为慎由在剑南东川、浙江东道幕府任职时所带朝衔，而任山南东道观察推官时，所带朝衔则为大理评事，嗣后即入朝为监察御史；又受辟为义成军节度判官（带朝衔秘书郎、宪衔殿中侍御史），《新唐书》卷一一四《崔慎由传》云："郑滑高铢辟府判官。"义成军节度又称郑滑节度，高铢为义成军节度使，在开成五年（840）至会昌三年（843）④，则慎由自义成节度判官入朝为

---

①　见《唐刺史考》第五册，第 2459 页。
②　《旧唐书》，第 4571 页。
③　《唐代墓志汇编续集》，上海古籍出版社 2001 年版。
④　见《唐刺史考》第二册，第 698 页。

监察御史,当在会昌三年,而首次"入台为监察御史"之时间,或在开成三年(838)前后。丁居晦《重修承旨学士壁记》:"崔慎由大中三年(849)六月八日自职方郎中知制诰充(翰林学士)。"① 这样慎由自首次入朝为监察御史至升任五品郎中,历时十一年;而自任五品郎中至拜相,历时七年。

13. 魏謩 《旧唐书》卷一七六《魏謩传》:"謩,大和七年(833)登进士第。杨汝士牧同州,辟为防御判官,得秘书省校书郎。汝士入朝,荐为右拾遗。……迁謩右补阙。……(开成)三年(838),转起居舍人。……四年,拜谏议大夫,仍兼起居舍人,判弘文馆事。"② 后于大中五年(851)拜相。按,杨汝士大和八年七月为同州刺史兼本州防御使(《旧唐书》卷十七下《文宗纪下》),其辟魏謩为同州防御判官,即在此时,所称"秘书省校书郎",乃謩任防御判官时所带朝衔;考汝士于大和九年(835)九月入朝为户部侍郎③,则其荐謩为右拾遗,当在此时。这样魏謩自受荐入朝为拾遗至升任"出选门"的谏议大夫(正四品下),历时仅四年;而自任谏议大夫至拜相,历时十二年。

14. 刘崇望 《旧唐书》卷一七九《刘崇望传》:"崇望,咸通十五年(874)登进士科。王凝廉问宣歙,辟为转运巡官。户部侍郎裴坦领盐铁,辟为参佐。崔安潜镇许昌、成都,崇望昆仲四人,皆在安潜幕下。入为长安尉、直弘文馆,迁监察御史、右补阙、起居郎、弘文馆学士,转司勋、吏部二员外郎。……僖宗在山南……以崇望为谏议大夫。……昭宗即位,拜中书侍郎、同平章事。"④ 按,王凝乾符四年(877)春为宣歙观察使,乾符五年八月卒于位⑤,裴坦为诸道盐铁转运使在乾符二年(875)二月,

---

① 见《郎官石柱题名新考订》,第332页。
② 《旧唐书》,第4567—4569页。
③ 见《唐仆尚丞郎表》,第715页。
④ 《旧唐书》,第4664页。
⑤ 见《唐刺史考》第四册,第1970、1971页。

则刘崇望当先入裴坦盐铁使府为参佐，而后入王凝宣歙使府为转运巡官，《旧唐书》本传的记载有误①；崔安潜镇许昌（为忠武军节度使、许州刺史）在乾符三年至五年，镇成都（为剑南西川节度使）在乾符五年至广明元年（880），广明元年八月，安潜罢为太子宾客，分司东都②，崇望入为长安尉、直弘文馆，应即在广明元年。又，崇望于光启二年（886）五月为谏议大夫（见《旧唐书》卷一九下《僖宗纪》），龙纪元年（889）正月拜相（见《旧唐书》卷二十上《昭宗纪》）。这样他自入朝直弘文馆至升任谏议大夫，历时六年；而自任谏议大夫至拜相，历时只有两年多。

15. 卢简辞等人　《旧唐书》卷一六三《卢简辞传》，兼附有简辞父纶，兄简能，弟弘正、简求，简能子知猷，简求子嗣业、汝弼等人的传，其中简辞"元和六年登第，三辟诸侯府；长庆末，入朝为监察，转侍御史"。简能"登第后再辟藩府，入为监察御史"。弘正"元和末登进士第，累辟使府掌书记；入朝为监察御史、侍御史"。简求"长庆元年登进士第，释褐江西王仲舒从事。又从元稹为浙东、江夏二府掌书记。裴度镇襄阳，保厘洛阳，皆辟为宾佐……入朝，拜监察"。知猷"登进士第，释褐秘书省正字。宰臣萧邺镇江陵、成都，辟为两府记室，入拜左拾遗，改右补阙"。嗣业"进士登第，累辟使府；广明初，以长安尉直昭文馆，左拾遗、右补阙"。③ 上述卢氏一家八人中，有六人走的都是进士及第——入使府为僚佐——入朝为监察御史、拾遗等六品以下常参官，而后成为高、中级官员的升进途径，由此不难看出这一途径所具有的普遍性。

以上十五个唐后期各个阶段实例中的幕府僚佐，受府主荐举入朝后多任监察御史、拾遗等六品以下常参官，与前一节我们谈

---

① 见《唐仆尚丞郎表》，第810、811页。
② 以上参见《唐刺史考》第二册、第五册，第743、2596页。
③ 《旧唐书》，第4268—4274页。

过的受举者多被擢升为六品以下常参官的情况一样，但其中也有少数受荐的僚佐，直接被擢升为五品郎中（如杜佑）以及先任京兆府属官然后再升为六品以下常参官的（如刘崇望、卢嗣业）。这些受荐入朝成为六品以下常参官的幕僚，大都为"上介"（上佐），如副使、行军司马、判官、掌书记等（也有个别任推官的受荐者）。前面我们提到，府主多替自己的幕僚向朝廷奏请授予朝衔和宪衔，朝衔多为校书郎、正字、协律郎、卫率府兵曹参军、大理评事、员外郎、郎中等，宪衔则为监察御史、殿中侍御史、侍御史，有的僚佐兼带有朝衔与宪衔，有的则只带有朝衔，或只带有宪衔。这些朝衔和宪衔虽是虚衔，却也有一定的作用和意义，它表示幕僚的品秩地位（幕职本身无品秩），以及他们受荐入朝任职的资历身份，没有一定的资历身份，入朝后不大可能担任重要职务，例如幕僚带宪衔，受荐入朝大抵即可成为真御史，而没有带任何朝衔与宪衔的下僚，则难以通过受荐入朝，即便入朝，也不可能成为监察御史等六品以下常参官。贞元、元和年间，唐天子更曾多次下诏，明确规定"使下郎官、御史"和"罢使郎官、御史"（即在职和去职的带郎官朝衔或御史宪衔的幕僚）以及去职的带五品以上朝衔的幕僚，可以通过冬荐而迁官[①]，这类幕僚的迁转，明显多为"敕授"，而不必经由吏部的铨选程序然后授官。

"先辟于征镇，次升于朝廷"的升进模式，还存在另外一种情况，即由朝廷直接征召幕僚入朝任职。唐代幕府的辟署制，为府主破格选拔优秀人才入幕提供了可能，而幕僚通过各种实际工作的锻炼，也有不少人脱颖而出，这样幕府也就成为一个人才荟萃之地，德宗贞元时的宰相赵憬曾向天子献言说："诸使辟吏，各自精求，务于得人，将重府望。既经试效，能否可知，擢其贤能，置之朝列。……大凡才能之士，名位未达，多在方镇，日月在上，

---

① 参见《唐代幕府制度研究》，第292—294页。

谁不知之……宜须博采，无宜久滞。"① 既指出才能之士多在方镇幕府的事实，又建议朝廷征召若干有才能的方镇幕僚入朝任职。事实上唐代后期征召有才能的幕僚入朝任职的事，一直都在做着，例如：

1. 刘太真　天宝十三载（754）登进士第，天宝末避乱归乡。广德二年（764）江淮宣慰使李季卿荐授左卫兵曹，大历三年（768）浙西观察使李栖筠表为常熟令。六年浙东观察使陈少游辟为从事，带宪衔监察御史；八年（773）少游移镇扬州，又辟为淮南节度判官，带宪衔侍御史。"德宗皇帝即位（大历十四年，779），征拜起居郎"，历司勋员外郎、吏部员外郎、驾部郎中知制诰，建中四年（783）拜中书舍人。后官至礼部侍郎。事见《全唐文》卷五三八裴度《刘府君神道碑铭》。② 太真自被征为起居郎（六品以下常参官）至迁任五品郎中，历时仅三年。

2. 许孟容　《旧唐书》卷一五四《许孟容传》："举进士甲科，后究《王氏易》登科，授秘书省校书郎。赵赞为荆、襄等道黜陟使，表为判官。贞元初，徐州节度使张建封辟为从事，四迁侍御史。李纳屯兵境上，扬言入寇，建封……于是遣孟容单车诣纳，为陈逆顺祸福之计，纳即日发使追兵，因请修好。遂表孟容为濠州刺史。无几，德宗知其才，征为礼部员外郎。……迁本曹郎中。德宗降诞日，御麟德殿，命孟容等登座，与释、老之徒讲论。十四年，转兵部郎中。"③ 累历给事中、刑部侍郎、京兆尹等。按，张建封为徐、泗、濠节度使，在贞元四年（788）十一月至十六年（800）五月④，孟容之入张建封幕，应即在四年十一二月间，"侍御史"为孟容入幕后所带宪衔；考平卢、淄青节度使李

---

① 见《旧唐书》卷一三八《赵憬传》，第 3778 页。
② 《全唐文》，第 5466—5468 页。
③ 《旧唐书》，第 4100 页。
④ 见《唐刺史考》第二册，第 810—811 页。

纳卒于贞元八年（792）五月（《旧唐书》卷一三《德宗纪下》），则孟容劝说李纳退兵，大抵当在贞元八年春；而张建封表荐孟容为濠州刺史（濠州系张建封辖区，当时的节度使有权荐任所辖州县的部分官吏），与德宗征召孟容入朝任员外郎，大约都应在贞元八年；德宗降诞日命孟容等与释、老之徒讲论于麟德殿，在贞元十二年（796）四月，《通鉴》贞元十二年四月："庚辰，上生日，故事，命沙门、道士讲论于麟德殿，至是，始命以儒士参之。"①孟容迁礼部郎中既在此前，则大约为贞元十一年，这样孟容自被召入朝至迁任五品郎中，历时三年左右。

3. 薛戎　韩愈《薛戎墓志铭》："不应征举，沉浮间巷间……常州刺史李衡迁江西观察使……即署公府中职。……齐映自桂州以故相代衡为江西，公因留佐映治。映卒，湖南使李巽、福建使柳冕交表奏公自佐，诏以公与冕。在冕府，累迁殿中侍御史……冕死，后使至，奏公自副，又副使事于浙东府，转侍御史。元和四年（809），征拜尚书刑部员外郎。迁河南令，历衢、湖、常三州刺史。"（《韩昌黎集》卷三二②）后官至浙东观察使。按，李衡为江西观察使在贞元八年（792）二月，齐映为江西观察使在贞元八年七月，十一年七月卒于任；柳冕任福建观察使在贞元十三年（797）三月至二十年（804），薛戎为其从事（带宪衔殿中侍御史）即在此期间；贞元二十年阎济美继柳冕为福建观察使，戎仍为福建使府从事，元和二年（807）济美转任浙东观察使，戎又随之至浙东为从事（带宪衔侍御史）③。又戎为衢州刺史在元和八年（813）④，则其"迁河南令（正五品上）"当在元和六、七年，这样他自被征入朝至升任五品官，历时二、三年。

---

① 参见范文澜《唐代佛教》附《隋唐五代佛教大事年表》，人民出版社1979年版，第231页。
② 《韩昌黎集》，商务印书馆1958年版。
③ 以上见《唐刺史考》第四册，第1988、1900、1901、1767页。
④ 见《唐刺史考》第四册，第1836页。

4. 权德舆　少以文章知名，建中元年（780），为江东黜陟使柳载从事，带朝衔秘书省校书郎，转江淮水陆运使杜佑僚佐，带朝衔右金吾卫兵曹参军；二年，又为江淮水陆运使包佶从事，四年（783）离任；贞元二年（786），为江西观察使李兼判官，带朝衔大理评事，宪衔监察御史；七年（791）冬，德宗闻其名，征为太常博士（六品以下常参官）。转左补阙、起居舍人、驾部员外郎，十四年（798）迁司勋郎中。后历中书舍人、礼部侍郎、吏部侍郎，元和五年（810）拜相。参见蒋寅《大历诗人研究》下编。① 德舆自被征入朝至迁任五品郎中，历时六年多；自为五品郎中至拜相，历时十二年。

5. 卫次公　《旧唐书》卷一五九《卫次公传》："礼部侍郎潘炎目为国器，擢居上第……补崇文馆校书郎，改渭南尉。……严震之镇兴元，辟为从事，授监察，转殿中侍御史。贞元八年（792），征为左补阙，寻兼翰林学士。二十一年（805）……转司勋员外郎。"② 后历任中书舍人、兵部侍郎、尚书左丞、淮南节度使。按，严震镇兴元（为山南西道节度使）在建中三年（782）至贞元十五年（799）③，监察、殿中侍御史为次公任兴元幕府从事时所带宪衔；又次公于元和二年（807）权知中书舍人，见岑仲勉《翰林学士壁记注补》④，这样他自被征入朝至迁任五品官员，历时十五年。

6. 令狐楚　贞元七年（791）登进士第，八年入桂管观察使王拱幕为从事，带朝衔弘文馆校书郎；自贞元十一年（795）至元和元年（806），先后入河东节度使李说、郑儋、严绶幕，为掌书记至节度判官，带宪衔监察御史、殿中侍御史；寻丁父忧去职，服除（约在元和三年或四年），"宪宗闻其名，征拜右拾遗"；历

---

① 《大历诗人研究》，中华书局1995年版，第600　636页。
② 《旧唐书》，第4179、4180页。
③ 见《唐刺史考》第五册，第2454、2455页。
④ 见《郎官石柱题名新考订》，第231、232页。

太常博士、礼部员外郎，又因母丧去职，服除为刑部员外郎，元和九年（817）十一月，以职方员外郎知制诰充翰林学士，十二月，迁职方郎中；元和十二年官中书舍人，十四年（819）拜相。事见刘禹锡《唐故相国赠司空令狐公集纪》①、《旧唐书》卷一七七本传、岑仲勉《翰林学士壁记注补》②。令狐楚自被征入朝为拾遗至迁任五品郎中，历时约五年，自为五品郎中至拜相，历时四年多。

7. 崔玄亮　白居易《崔玄亮墓志铭》："解褐补秘书省校书郎，从事宣、越二府，奏授协律郎、大理评事。朝廷知其才，征授监察，转殿中，历侍御史，膳部、驾部员外郎，洛阳令，密州刺史。"③ 后历太常少卿、谏议大夫、虢州刺史等。按，"宣、越二府"指宣歙观察使府、浙东观察使府，协律郎、大理评事乃玄亮为二府从事时所带朝衔；玄亮被朝廷"征授监察（御史）"在"元和初"（《新唐书》卷一六四本传），其为密州刺史在元和十四五年④，则任洛阳令（正五品上）当在元和十二三年，这样他自被征入朝至升任五品官，历时十一二年。

8. 李德裕　《新唐书》卷一八〇《李德裕传》："少力于学……不喜与诸生试有司，以荫补校书郎。河东张弘靖辟为掌书记。府罢，召拜监察御史。穆宗即位，擢翰林学士……再进中书舍人。"⑤ 按，李德裕受张弘靖之辟为河东节度使掌书记（带朝衔大理评事、宪衔殿中侍御史⑥），在元和十二年（817），"府罢"在元和十四年五月，其"召拜监察御史"，即在此时；又德裕"擢翰林学士"在元和十五年（820）闰正月，同年二月加屯田员

---

① 《刘禹锡全集编年校注》，第1272—1275页。
② 见《郎官石柱题名新考订》，第249—253页。
③ 见《白居易集笺校》卷七〇，第3748、3749页。
④ 见《唐刺史考》第二册，第905页。
⑤ 《新唐书》，第5327页。
⑥ 见《旧唐书》卷一七四《李德裕传》。

外郎，长庆元年（821）三月改考功郎中知制诰，二年二月迁中书舍人，大和七年（833）二月拜相。上述事迹参见傅璇琮《李德裕年谱》。① 德裕自被召入朝至迁任五品郎中，历时仅两年，自为五品郎中至拜相，历时十二年。

9. 杨汉公　《唐代墓志汇编续集》咸通〇〇八郑薰《杨汉公墓志铭》："廿九登进士第，时故相国韦公贯之主贡士……其秋辟鄌坊裴大夫武府，得试秘书省校书郎。罢归，就吏部选判，考入第四等……授秘书省校书郎。裴大夫守华州，以试协律郎署镇国军判官。……又选授鄠县尉。……丁太尉府君忧……服阕，荆南裴大夫复请为从事，除大理评事兼监察御史。府罢，入故相国郑公东都留守幕；后故相国李公绛代郑公居守，留公仍旧职，转殿中侍御史，赐绯鱼袋。移府，又以旧秩署华州防御判官。……故相国崔公群替守华下……又署旧职。府移宣城，以礼部员外郎副团练使。……征侍御史，转起居舍人。……授司勋员外郎，复从相国李公绛兴元节度之请，除检校户部郎中摄御史中丞，充其军倅。……朝廷多之，拜户部郎中。"② 后历桂管观察使、给事中、户部侍郎、工部尚书、宣武军节度使等。按，汉公元和八年（813）登进士第（《旧唐书》卷一七六《杨虞卿传》附），同年入鄌坊观察使裴武府为从事（带朝衔秘书省校书郎）；裴武为华州刺史、潼关镇国军使，在元和十一年（816）③，汉公任镇国军判官（带朝衔协律郎）即在此时；又裴武于元和十一年七月至十五年十二月为荆南节度使④，汉公入其幕为从事（带朝衔大理评事、宪衔监察御史），当约在元和十四年（819）；"故相国郑公"谓郑絪，其为东都留守在元和十三年三月至长庆元年（721）十月，李

---

① 《李德裕年谱》，齐鲁书社1984年版，第113—266页。
② 《唐代墓志汇编续集》，上海古籍出版社2001年版。
③ 见《唐刺史考》第一册，第79页。
④ 见《唐刺史考》第五册，第2356页。

绛继之为留守则在长庆元年十月至二年八月①，汉公入东都留守幕为从事（带宪衔殿中侍御史），当在长庆元年至二年八月；长庆二年八月，李绛移任华州刺史、潼关防御使，长庆二年至四年（824），崔群继李绛为华州刺史（"替守华下"）②，汉公为华州防御判官（仍带宪衔殿中侍御史），即在长庆二年八月至四年；"府移宣城"指崔群于长庆四年至大和元年（827）正月为宣歙观察使③，汉公受辟为宣歙团练副使（带朝衔礼部员外郎）应在此期间，至于其被征入朝为侍御史（常参官，从六品下），大抵即在大和元年正月；又李绛为兴元尹、山南西道节度使，在大和三年（829）正月至四年二月④，汉公入其幕为从事（带朝衔户部郎中、宪衔御史中丞）即在此期间；大和四年二月兴元兵乱，李绛遇害，汉公"遁而获免"（《旧唐书·杨虞卿传》附），朝廷随即召其为户部郎中。综上所考，汉公累历使府，两次自使府被征入朝任职，首次被征时，带有朝衔礼部员外郎（从六品上），入朝后即授六品官（侍御史）；二次被征时，带有朝衔户部郎中，入朝后便真拜五品郎中。汉公自首次被征入朝至迁任五品郎中，历时三年。

10. 韩偓　龙纪元年（889）登进士第，旋即入河中幕府为僚佐，朝廷"召拜左拾遗"（《新唐书》卷一八三《韩偓传》）；约于乾宁三年（896）迁刑部员外郎，光化二年（899）或三年，以司勋郎中兼侍御史知杂事充翰林学士；后历中书舍人、左谏议大夫、兵部侍郎；天复三年（903）因触怒朱全忠被贬，后入闽依王审知。参见岑仲勉《补唐代翰林两记》卷上《补僖昭哀三朝翰林学士记》⑤、《唐才子传校笺》卷九。⑥ 韩偓自被召入朝为拾遗至迁

---

① 见《唐刺史考》第二册，第 480 页。
② 见《唐刺史考》第一册，第 82 页。
③ 见《唐刺史考》第四册，第 1962、1963 页。
④ 见《唐刺史考》第五册，第 2458 页。
⑤ 见《郎官石柱题名新考订》，第 438—440 页。
⑥ 《校笺》第四册，第 232—247 页。

任五品郎中，历时八九年。

征召有才能的方镇幕僚入朝任职，既可充实朝廷高、中级官员的队伍，又含有与方镇（特别是那些与朝廷离心离德的方镇）争夺人才的意义。在上述唐后期各个阶段被征入朝任职的十个幕僚的实例中，被征者多为上佐，多带有宪衔或朝衔，与前面我们谈过的受府主荐举入朝任职的幕僚的情况大致一样。另外被征入朝者所任的职务，多为摆脱守选的六品以下常参官，或五品以上官员，也与受荐入朝的幕僚的情况一样；如果被征入朝者所任的职务为六品以下非常参官，则他们任过一任职务期满后还得守选数年，这样对他们也就没有多少吸引力了，因为在幕府任职既不用守选，又无年限与任期的限制①，这比起入朝任六品以下非常参官，恐怕要强一些。

使府僚佐除有上述受荐或被征入朝的升进模式外，还有在使府内受提拔自下僚渐升为上佐，然后再迁为州刺史或节度使，从而摆脱守选的升进模式。例如：

1. 贾耽　《全唐文》卷四七八郑馀庆《左仆射贾耽神道碑》："公天宝十载明经高第，乾元中授贝州临清尉。……太原节度王思礼……署度支（当作支度）判官，转试左骁卫兵曹、试大理司直、监察、殿中、侍御史，职并如故。遂迁检校膳部员外郎兼太原少尹、侍御史、北都副留守。……就加检校礼部郎中，凡历数使，宾待益重……迁汾州刺史……征拜鸿胪卿……拜梁州刺史兼御史中丞、山南西道节度……等使。"② 耽后历数任节度使，于贞元九年（793）入朝为相。按，王思礼于乾元二年（759）至上元二年（761）为河东节度使、太原尹，上元二年五月卒于任，贾耽入河东幕府任职，盖即在上元年间；左骁卫兵曹、大理司直，监察、殿中、侍御史，为贾耽任河东支度判官时所带朝衔与宪衔，膳部

---

① 见《唐代幕府制度研究》，第284页。
② 《全唐文》，第4887页。

员外郎、侍御史则为耽任太原少尹（从四品下）时所带朝衔与宪衔，《旧唐书》卷一三八《贾耽传》："又检校礼部郎中、节度副使，改汾州刺史。"则礼部郎中为耽任河东节度副使时所带朝衔；贾耽迁汾州刺史，在大历七年（772），为山南西道节度使，在大历十四年（779），自王思礼卒后至大历七年，为河东节度使者有管崇嗣、邓景山、辛云京、王缙、薛兼训①，耽皆在其幕中任职，故《墓志》云"凡历数使"。太原、汾州系河东节度所辖府、州，耽所任太原少尹、汾州刺史，都应是河东节度使所辟署和奏荐。贾耽为太原少尹大约在大历四、五年，则他自入幕至升任五品以上地方官，历时十年左右；至迁为节度使，历时约十九年。

2. 戴叔伦 《全唐文》卷五○二权德舆《戴叔伦墓志铭》："累辟大府，分命于计相也，则为湖南、河南留后，自秘书正字三迁至监察御史；曳裾于贤王也，则为湖南、江西上介，由大理寺司直再转至尚书祠部郎中；其阜人成化也，则东阳一同之人沐旬岁之治，抚人饫三年之惠，容人被踰月之教。"②按，"计相"指度支、盐铁、转运等使，为掌财政之官，梁肃《戴叔伦神道碑》云："有相国刘晏闻而嘉之，表授秘书正字。"刘晏以宰相兼领度支等使，始于广德元年（763），叔伦入刘晏财政使府（带朝衔秘书正字，职务不详），就在这以后；至其迁任湖南转运留后（带宪衔监察御史），大抵在大历初，梁肃《碑》："刘典司国赋，籍公清廉，分命主运于湖南，拜监察御史。"大历十四年（779），转河南转运留后（仍带宪衔监察御史）；建中元年（780）为东阳令，三年受湖南观察使嗣曹王李皋之辟（所谓"曳裾于贤王也"），正要赴任时，皋改任江西节度使，叔伦于是入江西幕府为从事（所带朝衔由大理司直升至郎中，宪衔为殿中侍御史、侍御史），兴元元年（784）升任抚州刺史（江西节度使所辖州郡），

---

① 以上参见《唐刺史考》第三册，第1138、1139、1067页。
② 《全唐文》，第5115页。

贞元四年（788）迁容管经略使（带宪衔御史中丞）。以上可参见蒋寅《大历诗人研究》下编。① 叔伦自入刘晏财政使府至升任抚州刺史，历时约二十年；至迁为经略使，历时二十四年。

3. 刘昌裔　韩愈《刘昌裔墓志铭》："公少好学问……建中中，曲环招起之。为环檄李纳，指摘切刻……环封奏其本，德宗称焉。环之会下濮州……击李希烈陈州城下，公常在军间。环领陈许军，公因为陈许从事。以前后功劳，累迁检校兵部郎中、御史中丞、营田副使。吴少诚乘环丧，引兵扣城，留后上官说（一作涗）咨公以城守，所以能擒诛叛将……围解，拜陈州刺史。……改授陈许军司马。上官说死，拜金紫光禄大夫、检校工部尚书，代说为节度使。"② 按，《旧唐书》卷一五一《刘昌裔传》云："曲环将幽（当作幽）陇兵收濮州也，辟为判官，诏授监察御史。"曲环与刘洽等收濮州在建中三年（782）二月（见《通鉴》卷二二七），昌裔为曲环判官（带宪衔监察御史）即在此时；曲环等"击李希烈陈州城下"，在兴元元年（784）十一月（见《旧唐书》卷一二《德宗纪上》），"环领陈许军"，指曲环为陈许节度使，其事在贞元三年（787）③，昌裔任陈许从事即在此时，后官至陈许营田副使（带朝衔兵部郎中、宪衔御史中丞）；曲环丧在贞元十五年（799）八月（见《旧唐书》卷一三《德宗纪下》），昌裔为陈州刺史在贞元十六年，改陈许行军司马在十八年，迁陈许节度使在十九年（803），并见《旧唐书》本传。刘昌裔自入幕至升任刺史，历时十八年；至迁为节度使，历时二十一年。

4. 杜兼　韩愈《杜兼墓志铭》："举进士第，司徒北平王燧战河北，掌书记，累官至监察御史；其后佐徐、泗州军，遂至濠州

---

① 《大历诗人研究》下编《戴叔伦年表》，第 452—468 页。
② 《韩愈全集校注》，四川大学出版社 1996 年版，第 2005—2007 页。
③ 见《唐刺史考》第二册，第 734 页。

刺史。……入为刑部郎中。"① 后官至河南尹。按，杜兼建中元年（780）登进士第（见《登科记考》卷一一），马燧兴元元年（784）正月加检校司徒，封北平郡王（见《旧唐书》卷一三四《马燧传》），所谓"北平王燧战河北"，盖指建中二年（781）五月魏博节度使田悦与成德李惟岳、淄青李正己连兵抗命，攻临洺，围邢州，德宗命河东节度使马燧等讨之，直至兴元元年正月，德宗赦免田悦等，河北战事方平息（参见《通鉴》卷二二六至二二九），杜兼入马燧幕府为掌书记（带宪衔监察御史），当即在建中二年至兴元元年；又贞元四年（788）始置徐、泗、濠节度使（见《新唐书·方镇表二》），同年十一月以张建封为之，《新唐书》卷一七二《杜兼传》："徐、泗节度使张建封表置其府，积劳为濠州刺史。"杜兼入徐州张建封幕，盖即在贞元四年十一月之后，考建封贞元十六年（800）五月卒于任，濠州乃建封所辖州郡，则杜兼"积劳为濠州刺史"，当系建封所辟署与奏荐，其任濠州刺史之时间，应在贞元十五六年。② 这样杜兼自入马燧幕至迁任刺史，历时约十八年。

5. 崔弘礼 《唐代墓志汇编》大和〇三九王璠《崔弘礼墓志铭》："公始以进士擢第……解褐河南府文学；次从事灵州，表授太常寺协律郎，充观察判官；又授大理评事摄监察御史，赴辟东都为留守推官……为防御判官；又历殿中侍御史，应召义成军作节度判官，后改职营田副使，带职转侍御史；后检校金部员外郎兼侍御史，充东都留守判官。从嘉招登宾席者前后四府……元和十一年，除忻州刺史。……未满岁，义武军表授检校户部郎中兼侍御史，赐金章，充义武军节度副使。"长庆三年（823），拜河阳节度使，后官至东都留守、东都畿汝州都防御使。按，弘礼贞

---

① 《韩愈全集校注》，第1804、1805页。
② 以上见《唐刺史考》第二册、第三册，第810、811、1516页。

元十二年（796）登进士第①；《新唐书》卷一六四《崔弘礼传》云："灵武李栾表为判官。"李栾贞元十一年五月至元和二年（807）四月为灵州大都督府长史，朔方灵、盐节度使②，弘礼入李栾幕府为观察判官（带朝衔太常寺协律郎），疑在贞元十九年（803）或二十年（弘礼登第后须守选，至贞元十六年才得以授河南府文学）；弘礼首次入东都留守府为推官、防御判官（带朝衔大理评事、宪衔监察御史），以及作义成军节度判官（带宪衔殿中侍御史）、营田副使（带宪衔侍御史），大约当在元和二年至八年；《旧唐书》卷一六三《崔弘礼传》云："元和中，吕元膺为东都留守，以弘礼为从事。"吕元膺元和九年（814）至十二年为东都留守③，弘礼再次入东都留守府为判官（带朝衔金部员外郎、宪衔侍御史），当在元和九年至十年，十一年（816）即迁任忻州刺史。这样弘礼自入节度使幕为从事至升任刺史，历时约十三年；至迁为节度使，历时二十年左右。

6. 包陈 《唐代墓志汇编》大和〇一一张贾《包陈墓志铭》："童年门荫，补千牛备身……授华阴尉。丁少保府君之忧……辟荆南永安军判官、左卫兵曹，为度支使所命，授大理评事，改山南东道营田判官、监察御史里行，剑南西川判官、殿中侍御史内供奉……授雅州刺史、本州经略使，福王府长史，囗王傅。"按，据《墓志》，"少保府君"谓包陈之父包佶，考佶卒于贞元八年（792）春夏间④，唐代制度规定，子为父守丧二十七月，则陈守丧期满，在贞元十年岁末，其受辟为荆南永安军判官（带朝衔左卫兵曹），应在贞元十一年（795）；《墓志》云："后君在雅州，为风恙所中，及扶持至城，遂有长史、王傅之授"，又云包陈"为

---

① 见《登科记考补正》卷一四，第587、588页。
② 见《唐方镇年表》卷一，中华书局1980年版，第141—143页。
③ 见《唐刺史考》第二册，第479页。
④ 参见《唐才子传校笺》第一册，第468、469页。

风恙所中"之时,"年方五十",按据《墓志》所载,包陈"年五十七"卒于西京,"大和二年(828)二月"葬于东都,考唐代官员一般都在卒后三个月下葬①,所以包陈实当卒于大和元年十一月,其"年方五十"为元和十五年(820),"授雅州刺史"约在元和十三四年。雅州为剑南西川节度使所辖州郡,包陈授雅州刺史,应系剑南西川节度使所辟署。这样包陈自入幕至迁任刺史,历时约二十三年。

7. 窦庠 贞元十五年(799)左右,"罢举赴商州辟",为金商防御使判官②(带朝衔国子主簿);贞元二十一年(805)至元和三年(808),韩皋为鄂岳观察使,辟窦庠为推官(带朝衔大理司直、宪衔监察御史);元和三年至五年,韩皋移任浙西观察、镇海军节度使,辟窦庠为节度副使(带宪衔殿中侍御史);元和五年,窦庠迁任泽州刺史,八年(813)秩满,入宣歙观察使范传正幕,为团练副使(带朝衔太子中允、宪衔侍御史)。后历任登、信、婺等州刺史。以上参见《唐才子传校笺》卷四。③ 按,窦庠自入金商防御使幕至迁任泽州刺史,历时十一年。

8. 李潘 八岁神童举中第。曾三入王承元幕府。《唐代墓志汇编》开成〇五〇李恭仁《李潘墓志铭》:"(王)承元以公有诚……遂奏口评,为巡官,转掌书记。及王公移镇于岐,累授裹行殿中侍御史职,历节度判官,以至加朱绂,为副倅。久之,王公换青州,以公为检校都官员外郎,副平卢军使。……既王公谢位,中书舍人崔公蠡雅重器能……冬荐于有司,制授均州刺史。"后官至光州刺史。按,王承元于元和十五年(820)至长庆二年(822)为义成军节度、郑滑观察等使(见《唐方镇年表》卷二),李潘入其幕府为巡官、掌书记,即在此期间,"口评"当作"廷

---

① 参见王勋成《岑参挽歌考》,《文学遗产》1990年第2期。
② 见《唐才子传校笺》第五册,第204页。
③ 见《校笺》第二册,第236—241页。

评"，指大理评事，为李潘在义成军幕府任职时所带朝衔；"王公移镇于岐"，指承元于长庆二年至大和五年（831）改任凤翔节度使（见《唐方镇年表》卷一），李潘入其幕府为节度判官、节度副使（"副倅"，带宪衔殿中侍御史），即在此期间；"王公换青州"，指大和五年承元转任平卢军节度使、青州刺史，大和七年（833），承元卒于任（见《唐方镇年表》卷三），李潘为平卢军节度副使（带朝衔都官员外郎）即在此期间。又，李潘为均州刺史在开成二年（837）①。这样他自入幕至迁任刺史，历时十七年。

9. 薛能　会昌六年（846）登进士第。守选后，约于大中四年（850）试判入等，补盩厔尉。《唐诗纪事》卷六〇："李福镇滑州，表观察判官，历侍御史，都官、刑部员外郎。福徙西川，取为节度副使，咸通中，摄嘉州刺史。"按，李福自大中八年（854）至咸通二年（861）为郑滑节度、观察等使②，薛能入滑州李福幕，即在此期间，"侍御史，都官、刑部员外郎"当是薛能在李福幕为观察判官时所带的宪衔和朝衔；又李福自咸通五年至七年（866）为剑南西川节度使③，薛能为西川节度副使，摄嘉州刺史（辟署而未奏报者称摄），即在此期间（嘉州乃西川节度使所辖州郡，能摄嘉州刺史，应是李福所辟署）；薛能又曾入陈许幕为观察判官，其时间疑在咸通二年至五年。薛能后历同州刺史、京兆尹、徐州武宁军节度使（在咸通十四年至乾符五年）、陈许节度使。以上参见《唐才子传校笺》卷七。④ 薛能自入滑州幕任职至摄嘉州刺史，历时十年；至升任节度使，历时十九年。

10. 唐彦谦　《旧唐书》卷一九〇下《文苑传下》："（唐持）子彦谦……咸通末应进士……十馀年不第。……中和中，王重荣

---

① 见《唐刺史考》第五册，第2372页。
② 见《唐刺史考》第二册，第701页。
③ 见《唐刺史考》第五册，第2594页。
④ 《校笺》第三册，第308—319页；第五册补正，第364—370页。

镇河中，辟为从事，累奏至河中节度副使，历晋、绛二州刺史。……光启末，王重荣为部下所害，朝议责参佐，彦谦与书记李巨川俱贬汉中掾曹。时杨玄亮镇兴元，素闻其名……署为判官，累官至副使，阆、壁二郡刺史。卒于汉中。"① 按，王重荣中和元年（881）拜河中节度使，光启三年（887）六月"为部下所害"（见《唐方镇年表》卷四），彦谦受辟为河中从事，当即在中和元年，又据《宝刻类编》卷六载，中和四年（884）彦谦为河中节度使掌书记②，则他迁任河中节度副使，当在光启元年（885），转晋、绛二州刺史（二州乃河中节度使所辖州郡，彦谦为二州刺史，应系王重荣所辟署），应在光启二年、三年；彦谦贬兴元府参军事（见《新唐书》卷八九《唐俭传》附）在光启三年，考杨玄亮自光启三年正月至景福元年（892）为山南西道节度使、兴元尹（见《唐方镇年表》卷四），则他署彦谦为节度判官，也应在光启三年，又据《宝刻类编》卷六载，龙纪元年（889）彦谦为阆州司马③，则其迁阆州刺史，约在大顺元年（890），转壁州刺史，当在大顺二年或景福元年（阆、壁二州乃山南西道节度使所辖州郡，彦谦为二州刺史，应系杨玄亮所辟署）。这样彦谦自首次入幕至迁任晋州刺史，历时只有五年。

由上述唐后期各个阶段在使府内受提拔自下僚逐渐升进为州刺史或节度使的十个幕僚的实例中，我们可以看出，升进为州刺史或节度使的幕僚的身份多为上佐，多带有宪衔或朝衔，与前面我们谈过的受府主荐举入朝任职的幕僚的情况大致一样。幕僚的升进并不是一蹴而就的，只有先具备一定的品秩地位、资历身份，才能够成为州刺史或节度使。前面我们谈过，使府府主往往利用冬荐的形式，辟署和奏荐本道所辖州县的部分官吏（朝廷允许这

---

① 《旧唐书》，第5063页。
② 见《校笺》第五册，第448页。
③ 见《校笺》第五册，第448页。

一种辟、荐，但限定其员额）。上述由幕僚升进为刺史的实例中，多数刺史的任职地，属于本府府主管辖的州郡，是由府主辟署和奏荐的（一般是先辟署后奏荐）；但其中也有少数人，在任幕僚时才干脱颖而出，受到了中央五品以上官员的荐举（如李潘），或被朝廷直接任命（如崔弘礼、窦庠），从而成为刺史的。节度、观察等使大抵都由朝廷直接任命，但幕僚中一般只有当过副使或行军司马的人，才具有获得节度、观察等使职位的资格。

总而言之，唐后期入使府为僚佐的升进路径主要有二：一是受荐或被征入朝，二是在使府内由下僚渐升为上佐，并最终成为摆脱守选的五品以上地方官，如州刺史（上州从三品，中州、下州正四品下），节度、观察使等。前面我们谈过，由第一种路径升进的僚佐，入朝后担任的职务，多为拾遗、监察御史等六品以下常参官，或者五品以上官员，这样他们就不仅在使府任职时不必守选，入朝后也不用在秩满后守选数年，而可以连续为官了。本章第二节我们谈过，文官们一旦当上六品以下常参官，也就走上了一条摆脱守选、快速地升迁为五品以上官员的捷径，所以这些由第一种路径升进的僚佐的快速升进和仕途前景，与前几节我们所介绍的科目选登科者、制举中第者、荐举受举者大致一样，例如上述由第一种路径升进的二十四个实例（未算卢简辞等人）中，入朝后一至五年左右即升为五品以上官员的，有鲍防、魏宏简、李逢吉、王衮、魏謩、刘太真、许孟容、薛戎、令狐楚、李德裕、杨汉公十一人，六至十年左右升为五品以上官员的，有萧存、于敖、王起、舒元舆、周墀、刘崇望、权德舆、韩偓八人，直升为五品以上官员的，有杜佑一人，官至宰相的，有杜佑、郑絪、李逢吉、舒元舆、周墀、崔慎由、魏謩、刘崇望、权德舆、令狐楚、李德裕十一人。至于由第二种路径升进的僚佐的升进速度和仕途前景，同由第一种路径升进的僚佐也大致接近，只是官至宰相的人数，大大少于由第一种路径升进的僚佐，例如上述由第二种路径升进的十个实例中,入幕后十年内即成为刺史的,有贾耽、薛能、唐彦谦三人,二十年内成为刺史的,有戴叔伦、刘昌裔、杜兼、崔弘礼、窦庠、李潘六人,官至宰相的,只有贾耽一人,官至节度使、经略使的,有戴叔伦、刘昌裔、崔弘礼、薛能四人。是否由第二种路径升进的僚佐的升进速度不及由第一种路径升进的僚佐?事实恐非如此,例如鲍防,如前所述,自受荐入朝至升任五品以上官员,历时五年多,但如果自入使府为僚佐算起至升任五品以上官员,则历时十三年;又如刘太真,自被征入朝至升任五品郎中,历时三年,但如果自入浙东幕府算起至升任五品郎中,则历时十一年,这样两人就都属于入幕后二十年内成为五品以上官员的例子。综上所述,我们可以说,入使府和科目选、制举、荐举一样,都是唐代文官摆脱守选、快速升进的一条重要途径。

下面有必要说明一点,即并非所有或多数入使府为僚佐的文士,都能经由上述两种路径升进为摆脱守选的五品以上官员。入使府后未能经由上述两种路径升进的文士占有多大比例,我们现在已很难搞清楚,因为唐后期入使府为僚佐的文士众多,其中多数人才器平凡,仕宦不显达,名不见史传,事迹无从考知,所以他们究竟占多大比例,难以作出统计。大抵说来,经由上述两种路径升进的使府僚佐,在所有僚佐中应该占少数。当然,据此也不能否认,入使府是唐代后期文官摆脱守选、快速升进的一条重要途径。

最后,略谈入使府这一唐代文官摆脱守选途径的作用和弊病。唐代后期使府实行辟署与奏荐相结合的制度,所以入使府与上一节我们介绍的荐举还不尽一样。我们知道,唐代吏部诠选,主要以书判的优劣作为诠择标准,"又限循资"(见前),难以选拔出真正具有政治才干的人,更不能破格擢用优秀人才,而使府的辟、荐,则有利于突破诠选的这种局限,弥补其不足。大家知道,唐代后期朝廷赋予节度、观察等使以总揽辖区的政治、经济和军事的重任，因而诸使府府主皆事繁任重，须辟署得力僚佐，方能成就事功，这样就迫使"诸使辟吏，各自精求，务于得人"（见前），注意在较大范围内延揽人才，采取重才干名望、轻资历出身的选拔标准，所以能够破格擢拔优秀人才；另一方面，使府的辟署，又使僚佐得以通过实际工作的锻炼增长才干，从而造就一批真正具有政治才能的人，并通过荐举和征召向中央朝廷输送，以上这些就是入使府这一途径在选拔人才方面具有的良好作用。当然，这一途径也有它的明显弊病，这就是使府府主独占辟署权力，难以避免辟署亲故入幕，从而造成用人不公和不当的现象；另外入幕全仗府主辟署，会形成幕僚对府主的一定依附性，因而导致某些府主、幕僚结为朋党，一些跋扈藩镇，甚至还把僚佐变成自己实现分裂割据的工具。

第七节　文官并用各种摆脱守选途径与各种途径作用的消长

前面几节，我们谈了唐代文官摆脱守选、快速升进的四种主要途径。从唐代制度的层面来看，文官考课成绩优良，可以"不次超升"，因此考课似乎也应该成为文官快速升进的一种途径，然而考课制度实际执行的结果却是，当时官员的考第，几乎无人能获得上上、上中考，获得上下考和中上考的也不多，多数得中中考，而且连续几度获得中上以上考第的文官极为罕见，所以考课并没有能够成为唐代文官摆脱守选的一种主要途径（参见本章第二节），因而我们这里也就不再细述。

唐代后期（"安史之乱"以后）文官出仕后，往往不是只用一种摆脱守选的途径以求升进，而是并用二至三种摆脱守选的途径以求升进。下面我们先就德宗、顺宗、宪宗三朝宰相出仕后所用摆脱守选的途径，进行一些考察研究。这三朝宰相，除去重复（两朝为相者）与两《唐书》无传者（卢翰一人），共得五十九人。① 下面将他们所用摆脱守选的途径，列表于下：

序号	姓名	出身	升迁途径	出处
1	崔祐甫	进士	入永平军幕府	旧唐119、新唐142本传
2	常衮	进士	不详	旧唐119、新唐150本传
3	李勉	门荫	入河东王思礼，朔方、河东李国贞幕府	旧唐131、新唐131本传
4	杨炎	处士	入河西吕崇贲、剑南西川杜鸿渐幕府	旧唐118、新唐145本传，旧唐146杜亚传
5	卢杞	门荫	入朔方仆固怀恩幕府	旧唐135、新唐223下本传
6	关播	进士	入青齐、淮南邓景山、浙东、淮南陈少游幕府，杨绾、常衮荐为员外郎	旧唐130、新唐151本传
7	萧复	门荫	不详	旧唐125、新唐101本传
8	乔琳	进士	入朔方郭子仪、山南西道张献诚、剑南东川鲜于叔明幕府	旧唐127、新唐224下本传
9	刘从一	进士	博学宏词，卢杞荐为侍御史，入普王元帅幕府	旧唐125、新唐106本传
10	姜公辅	进士	制举	旧唐138、新唐152本传
11	李晟	武人	从军河西，入凤翔高升、孙志直、李抱玉幕府	旧唐133、新唐154本传
12	张延赏	处士	入关内、河东王思礼幕府	旧唐129、新唐127本传
13	韩滉	门荫	入李承昭山南采访使府	旧唐129、新唐126本传
14	崔造	处士	入浙西李栖筠幕府	旧唐130、新唐150本传
15	柳浑	进士	入江西皇甫侁、魏少游、路嗣恭幕府，崔祐甫荐为谏议大夫	旧唐125、新唐142本传
16	李泌	处士	上书拜官（类如制举），入广平王元帅幕府	旧唐130、新唐139本传
17	董晋	明经	入淮南崔圆幕府	旧唐145、新唐151本传

---

① 三朝宰相名单，据《唐会要》卷一《帝号上》、《新唐书》卷六二《宰相表中》，并参考两《唐书》本传的记载。

续表

序号	姓名	出身	升迁途径	出处
18	赵憬	处士	上疏拜官（类如制举），佐诸使府，李泌荐为给事中	旧唐138、新唐150本传
19	陆贽	进士	博学宏词，书判拔萃	旧唐139、新唐157本传
20	贾耽	明经	入河东王思礼幕府	旧唐138、新唐166本传
21	卢迈	明经	书判拔萃，公卿荐为右补阙	旧唐136、新唐150本传
22	崔损	进士	博学宏词	旧唐136、新唐167本传
23	赵宗儒	进士	平判入等	旧唐167、新唐151本传
24	郑馀庆	进士	入山南西道严震幕府	旧唐158、新唐165本传
25	杜佑	门荫	润州刺史韦元甫荐为本州司法参军，又入浙西、淮南韦元甫幕府	旧唐147、新唐166本传
26	齐抗	处士	入寿州刺史兼沿淮镇守使张镒幕府，又入江西、淮南张镒，江淮宣慰使萧复幕府，盐铁使元琇荐为仓部郎中	旧唐136、新唐128本传
27	高郢	进士	制举，入朔方郭子仪、邠宁李怀光、河东马燧幕府	旧唐147、新唐165本传
28	郑珣瑜	制举	书判拔萃，入泾原幕府	新唐165本传
29	张镒	门荫	入关内副元帅郭子仪幕府，又入江西张镐幕府	旧唐125、新唐152本传
30	刘滋	门荫	杨绾荐其堪任谏官，拜补阙，河南尹李廙荐署本府功曹参军	旧唐136、新唐132本传
31	齐映	进士	博学宏词，入滑亳令狐彰、河阳三城马燧幕府，卢杞荐为刑部员外郎，又入凤翔张镒幕府	旧唐136、新唐150本传
32	浑瑊	武人	幼年随父从军，入朔方张齐丘、安思顺幕府	旧唐134、新唐155本传
33	窦参	门荫	不详	旧唐136、新唐145本传
34	韦执谊	进士	制举	旧唐135、新唐168本传
35	杜黄裳	进士	博学宏词，入朔方郭子仪幕府	旧唐147、新唐169本传
36	袁滋	处士	黜陟使赵赞荐为试校书郎，入荆南张伯仪、鄂岳何士幹幕府，御史中丞韦滔荐为侍御史	旧唐185下、新唐151本传
37	于頔	门荫	黜陟使刘湾辟为判官，又充入番使判官	旧唐156、新唐172本传
38	郑絪	进士	博学宏词，入剑南西川张延赏幕府	旧唐159、新唐165本传

续表

序号	姓名	出身	升迁途径	出处
39	武元衡	进士	累佐使府	旧唐158、新唐152本传
40	李吉甫	门荫	不详	旧唐148、新唐146本传
41	韩弘	处士	宋州刺史刘玄佐荐署本州州掾，又入汴宋幕府	旧唐156、新唐158本传，旧唐145刘玄佐传
42	裴垍	进士	制举	旧唐148、新唐169本传
43	李藩	处士	入东都杜亚、徐泗张建封幕府	旧唐148、新唐169本传
44	权德舆	处士	江东黜陟使柳载辟为从事，入江淮水陆运使杜佑、包佶府，又入江西李兼幕	旧唐148、新唐165本传
45	李绛	进士	博学宏词	旧唐164、新唐152本传
46	张弘靖	门荫	入东都杜亚幕府	旧唐129、新唐127本传
47	韦贯之	进士	制举，平判入等	旧唐158、新唐169本传
48	裴度	进士	博学宏词，制举，入剑南西川武元衡幕府	旧唐170、新唐173本传
49	李逢吉	进士	入振武范希朝幕府	旧唐167、新唐174本传
50	王涯	进士	博学宏词	旧唐169、新唐179本传
51	崔群	进士	制举	旧唐159、新唐165本传
52	李鄘	进士	平判入等，入河中李怀光、河东马燧、山南东道李皋幕府	旧唐157、新唐146本传
53	李夷简	进士	书判拔萃	旧唐176、新唐131本传
54	皇甫镈	进士	制举	旧唐135、新唐167本传
55	程异	明经	开元礼科（科目选），入同州、河中杜确幕府，两入盐铁转运使府	旧唐135、新唐168本传
56	令狐楚	进士	入桂管王拱幕府，又入河东李说、郑儋、严绶幕府，皇甫镈荐为翰林学士	旧唐172、新唐166本传
57	萧俛	进士	制举，皇甫镈荐为翰林学士	旧唐172、新唐101本传，旧唐172令狐楚传
58	段文昌	处士	入剑南西川韦皋幕府，李吉甫、裴垍荐授登封尉	旧唐167、新唐89本传
59	崔植	门荫	不详	旧唐119、新唐142本传

下面先对上述表中的栏目作一些说明。所谓"出身"，是指以何种身份入仕，如以科举（进士、明经、制举等）及第者的身份

入仕等。"出身"栏中的"处士",是指他们以布衣的身份,受辟入幕为僚佐,或被高官举荐为官,还有因褐衣上疏及其他原因,被天子召见并授官的,虽然这些人里,有不少是五品以上官员的子孙,有资格以资荫入仕,但他们并非经过门荫入仕的程序和参加吏部的诠选而授官(参见本书第一章第五节),所以将他们与"门荫"出身者区别开来;"出身"栏中的"武人",则指年少即从军,从兵士当起,逐渐升至幕府僚佐和节度使的。表中所谓"升迁途径",专指官员出仕或获得出身后所用摆脱守选之途径,也即前几节我们所介绍的科目选(博学宏词、书判拔萃等)、制举、荐举、入使府四种途径。前几节我们谈过,这四种途径是唐代文官摆脱守选、快速地升为五品官员的捷径,而先升为摆脱守选的五品官员,又是成为宰相和三品以上高官的必备先决条件。我们从上述表中可以得知,五十九个宰相中,除常衮、萧复、窦参、李吉甫、崔植五人"升迁途径"不详外①,其馀五十四人,都至少用过这四种途径中的一种以获得升进,这一点说明这四种"升迁途径"在当时具有普遍的意义。虽然成为五品官员之后的继续升进,主要依靠天子、宰相的访择、擢拔和高官的荐举,却不能认为这四种"升迁途径",对于一个人的最终成为宰相不起作用。

上述表中有一个问题值得我们注意,即五十四个宰相中,并用四种"升迁途径"中之三种者有三人:刘从一(博学宏词+荐举+入使府)、齐映(博学宏词+入使府+荐举)、裴度(博学宏词+制举+入使府);并用四种"升迁途径"中之二种者有十九人:关播(入使府+荐举)、柳浑(同前)、赵憬(同前)、陆贽(两种科目选)、卢迈(书判拔萃+荐举)、杜佑(荐举+入使府)、齐抗(入使府+荐举)、高郢(制举+入使府)、郑珣瑜

---

① 两《唐书》这五人的传记中,对传主早期事迹的记述都甚简略,未曾涉及其所用摆脱守选的途径。

（书判拔萃＋入使府）、杜黄裳（博学宏词＋入使府）、袁滋（荐举＋入使府）、郑絪（博学宏词＋入使府）、韩弘（荐举＋入使府）、韦贯之（制举＋准科目选①）、李鄘（准科目选＋入使府）、程异（科目选＋入使府）、令狐楚（入使府＋荐举）、萧俛（制举＋荐举）、段文昌（入使府＋荐举）。不仅德、顺、宪三朝存在上述现象，穆宗以后各朝也存在上述现象。以上事例说明，唐代后期文官出仕后，往往并用多种摆脱守选的途径以求快速升进；他们这样做，对于他们的最终成为宰相，应该是起了推进作用的。

在唐代的不同时期，四种"升迁途径"的作用，是各有消长变化的。先谈科目选作用的消长变化。在上述五十四个宰相中，凭借科目选以获得升进者有以下十三人：刘从一、陆贽、卢迈、崔损、郑珣瑜、齐映、杜黄裳、郑絪、李绛、裴度、王涯、李夷简、程异。值得注意的是，这十三人全都是科举出身（其中进士十人，明经二人、制举一人）。而玄宗朝有宰相三十四人，肃宗朝有宰相十六人，代宗朝有宰相十二人，其中并无一人以科目选的途径求得升进。在玄宗朝的三十四个宰相中，科举出身的有二十人（其中进士十人，明经五人，制举五人），他们的登第时间大多在高宗、武后之世，仅有一人在睿宗景云时，一人在玄宗开元年间，本章第三节我们谈过，博学宏词与书判拔萃皆始置于开元十九年（731），而唐人参加科目选考试，一般都在科举及第后数年，所以大抵可以说，玄宗朝的宰相们未选择科目选的途径以求升进，是由于科目选的设置时间较晚，玄宗朝的宰相们还未能赶上。而从设置时间上考虑，肃宗、代宗朝的宰相们，是完全赶得上选择科目选的途径以求升进的，然而他们中却也无一人选择这一途径，其原因在哪里，值得我们研究。吴宗国《唐代科举制度研究》一书曾指出，德宗时期，"首先以才学作为选任高级官吏主要标准的

---

① 平判入等虽非科目选，但作用同于科目选，故此处谓之"准科目选"。

原则确定下来了",凭门荫入仕的人如无才学,一般已不可能担任高官要职;贞元、元和之际,"大部分高级官员开始由进士出身者担任,进士科成为高级官吏的主要来源"。"就唐代而言,这是一个科举出身的官吏不断取代门荫入仕的功臣贵戚子弟的过程,也是官僚队伍学识文化水平不断提高的过程。""唐后期把进士科作为选拔高级官员主要来源,说明对高级官员的学识文化水平的要求提高了。"[①] 与上述这一种朝廷选任高级官吏主要标准的确定相应,这个时期宰相中的进士出身者增多了,如德宗朝宰相三十四人,其中科举出身者十七人(进士十三人,明经三人,制举一人),宪宗朝宰相二十九人,其中科举出身者十九人(进士十七人,明经二人);随着宰相中的进士出身者增多,宰相中凭借科目选以获得升进的人也增多,如前面我们说过,德宗、顺宗、宪宗三朝宰相中凭借科目选以获得升进者有十三人,全都是科举出身(其中进士十人),而此前的肃宗、代宗朝宰相中,却并无一人凭借科目选以获得升进。这种情况的出现,与进士及第者、科目选登科者,在贞元、元和之际,受到朝廷和社会的格外看重有关。而这一点,正是德宗以后,朝廷首先以才学作为选任高级官吏主要标准的原则确定下来的结果。不能说凭门荫入仕者都无才学,但应进士试与科目选者,如不具备一定的才学,显然是无法达到进士及第与科目选登科的目的的。

下面接着介绍穆宗以后科目选作用的消长变化:

穆宗朝宰相十四人,其中十人科举出身(进士九人,明经一人);凭借科目选以获得升进者三人:裴度、李夷简、杜元颖(皆进士出身)。

敬宗朝宰相七人,皆进士出身;其中凭借科目选以获得升进者三人:杜元颖、李程、裴度。

[①] 《唐代科举制度研究》,第173—183页。

文宗朝宰相二十四人，其中二十人科举出身（进士十九人，明经一人）；凭借科目选以获得升进者六人：杜元颖、裴度、杨嗣复、李珏、王涯、崔珙（前五人进士出身，后一人出身不详）。

武宗朝宰相十五人，其中十二人进士出身；凭借科目选以获得升进者四人：杨嗣复、李珏、郑肃、崔珙（前三人进士出身）。

宣宗朝宰相二十三人（已除去两《唐书》中无传者任铭一人），其中二十二人进士出身；凭借科目选以获得升进者三人：郑肃、卢商、崔龟从（皆进士出身）。

懿宗朝宰相二十一人（已除去两《唐书》中无传者萧寘一人），其中二十人进士出身；凭借科目选以获得升进者三人：杜审权、毕諴、刘瞻（皆进士出身）。

僖宗朝宰相二十二人（已除去两《唐书》中无传者郑昌图一人），其中二十一人进士出身；凭借科目选以获得升进者三人：郑畋、李蔚、刘瞻（皆进士出身）。

昭宗朝宰相二十四人（已除去两《唐书》无传者独孤损一人），其中二十一人科举出身（进士二十人，三史举一人）；无凭借科目选以获得升进者。①

由上述资料可以看出，穆宗以后，宰相中的进士出身者又有所增加，最终进士出身者在宰相中占居了绝对优势。穆宗、敬宗、文宗、武宗等朝，凭借科目选以获得升进者在宰相中约占四分之一，大抵与贞元、元和时的比例接近；到了宣宗、懿宗、僖宗朝，凭借科目选以获得升进者在宰相中的比例下降，只占七分之一左右，而到了昭宗朝，比例则降到了零。这与唐末社会陷入混乱状态有关，关于这一点，等后面再作论述。

下面谈制举作用的消长变化。在上述德、顺、宪三朝的五十四个宰相中，凭借制举以获得升进者有以下九人：姜公辅、高郢、

---

① 上述宰相中科目选情况，皆据两《唐书》中各人的传记。

韦执谊、裴垍、韦贯之、裴度、崔群、皇甫镈、萧俛（皆进士出身）。我们姑以此为基点，上下探求制举作用的消长变化。本书第一章谈过，唐代的守选制在开元十八年正式成立，在守选制正式成立之前，存在着前资官按惯例待选的现象；而制举在唐初已经设立，所以依照唐代的制度，唐前期的官员，是可以凭借制举来摆脱守选或待选的。从唐前期的总情况来看，宰相中凭借制举以摆脱守选或待选的人逐渐增多，如高宗朝宰相四十一人（已除去两《唐书》中无传者六人），只有张行成一人凭借制举摆脱待选以获得升进；武后朝宰相五十九人（已除去两《唐书》中无传者十一人），有陆元方、姚崇、李峤、李怀远、李迥秀、张柬之六人凭借制举摆脱待选以获得升进；中宗朝宰相三十二人（已除去两《唐书》中无传者六人），有姚崇、张柬之、祝钦明、李怀远、李峤五人凭借制举摆脱待选以获得升进；睿宗、玄宗朝宰相四十八人（已除去这两朝重复为相者十一人），有姚崇、李峤、苏颋、韩休、张九龄、房琯六人凭借制举摆脱守选或待选以获得升进。再看肃宗、代宗朝的情况，这两朝宰相二十三人（已除去这两朝重复为相者五人），有房琯、李揆（准制举①）、刘晏、王缙、杨绾五人凭借制举摆脱守选以获得升进，他们在这两朝宰相中所占的比例，又比唐前期有所升高。上述代宗以前凭借制举以获得升进的宰相中，除姚崇、房琯外，皆科举出身。

下面接着介绍穆宗以后制举作用的消长变化：

穆宗朝宰相十四人，凭借制举以获得升进者六人：裴度、皇甫镈、萧俛、王播、元稹、牛僧孺（元稹明经出身，其馀皆进士出身）。

敬宗朝宰相七人，凭借制举以获得升进者三人：牛僧孺、裴度、王播（皆进士出身）。

---

① 李揆献书阙下，诏中书试文章，类如制举，参见《旧唐书》本传、《封氏闻见记》卷三《制科》。

文宗朝宰相二十四人，凭借制举以获得升进者六人：牛僧孺、裴度、王播、韦处厚、李宗闵、贾餗（皆进士出身）。

武宗朝宰相十五人，凭借制举以获得升进者二人：牛僧孺、李回（皆进士出身）。

宣宗朝宰相二十三人，凭借制举以获得升进者五人：李回、马植、崔龟从、裴休、崔慎由（皆进士出身）。①

以上穆、敬、文、武、宣五朝宰相中凭借制举以获得升进者共二十二人，较之同期宰相中凭借科目选以获得升进者（十九人）尚多三人，比起肃、代朝宰相中凭借制举以获得升进者也略有增加。这五朝制举作用消长变化的趋势，同当时宰相中进士出身者大增的趋势相应，同上面我们谈过的德宗以后，朝廷首先以才学作为选任高级官吏主要标准的原则已经确定的情势也相应（应制举试者也必须具备一定的才学，才有可能登第）。但懿宗以后，即无凭借制举以获得升进者，原因是，文宗大和二年（828）举行制举试之后，制举实际上就停止了，像宣宗朝凭借制举以获得升进的宰相中，李回、崔龟从长庆元年（821）制科登第，裴休、马植、崔慎由大和二年制科登第②，都在制举停止以前登第。

下面谈荐举作用的消长变化（专指对六品以下文官的荐举，不涉及对已摆脱守选的五品以上官员的荐举）。在上述德、顺、宪三朝的五十四个宰相中，凭借荐举以获得升进者有以下十四人：关播、刘从一、柳浑、赵憬、卢迈、杜佑、齐抗、刘滋、齐映、袁滋、韩弘、令狐楚、萧俛、段文昌（其中六人进士出身，一人明经出身，七人非科举出身）。我们亦以此为基点，上下探求荐举作用的消长变化。从唐前期的总情况来看，宰相中凭借荐举以摆脱守选或待选的人逐渐增多。如高宗朝宰相四十一人，有李义府、杜正伦、魏玄同、李敬玄四人凭借荐举摆脱待选以获得升进；武

---

① 上述宰相中制举情况，皆据两《唐书》中各人的传记。
② 参见《登科记考》卷一九、二〇。

后朝宰相五十九人，有韦思谦、魏玄同、狄仁杰、韦安石、崔玄暐、张柬之、袁恕己七人凭借荐举摆脱待选以获得升进；中宗朝宰相三十二人，有韦安石、崔玄暐、张柬之、袁恕己、桓彦范、敬晖、苏瓌、崔湜、岑羲九人凭借荐举摆脱待选以获得升进；睿宗、玄宗朝宰相四十八人，有苏瓌、崔湜、岑羲、崔日用、陆象先、韦安石、卢怀慎、源乾曜、张嘉贞、李元纮、杜暹、萧嵩、李适之、陈希烈、崔圆、崔涣十六人凭借荐举摆脱待选或守选以获得升进。再看肃宗、代宗朝的情况，这两朝宰相二十三人，有崔圆、崔涣、张镐、吕諲、第五琦、裴遵庆、元载七人凭借荐举摆脱守选以获得升进。上述代宗以前诸朝宰相中凭借荐举以获得升进者，较同期凭借制举以获得升进的宰相，多了二十人。上述凭借荐举以获得升进的宰相中，二十二人科举出身（进士十二人，明经六人，制举四人），十一人非科举出身；非科举出身者比起同期凭借制举以获得升进的宰相中的非科举出身者，明显多了不少。

下面接着介绍穆宗以后荐举作用的消长变化：

穆宗朝宰相十四人，凭借荐举以获得升进者五人：令狐楚、李逢吉、段文昌、萧俛、王播（除段文昌外，其馀皆进士出身）。

敬宗朝宰相七人，凭借荐举以获得升进者二人：王播、李逢吉（皆进士出身）。

文宗朝宰相二十四人，凭借荐举以获得升进者四人：王播、李逢吉、段文昌、舒元舆（除段文昌外，其馀皆进士出身）。

武宗朝宰相十五人，凭借荐举以获得升进者一人：李让夷（进士出身）。

宣宗朝宰相二十三人，凭借荐举以获得升进者四人：李让夷、白敏中、马植、魏扶（皆进士出身）。

懿宗朝宰相二十一人，凭借荐举以获得升进者三人：白敏中、刘邺、刘瞻（皆进士出身）。

僖宗朝宰相二十二人，凭借荐举以获得升进者八人：郑畋、刘瞻、郑从谠、王徽、孔纬、张濬、刘邺、裴坦（除张濬外，皆进士出身）。

昭宗朝宰相二十四人，凭借荐举以获得升进者十三人：孔纬、张濬、郑延昌、崔胤、李磎、郑綮、朱朴、陆扆、裴枢、王溥、柳璨、韦贻范、苏检（张濬非科举出身，朱朴三史举出身，其馀皆进士出身）。①

德、顺、宪三朝的宰相中凭借荐举以获得升进者，与同期宰相中凭借科目选以获得升进者大致持平，但多于同期凭借制举以获得升进的宰相。这三朝凭借荐举以获得升进的宰相中的非科举出身者，比起同期凭借科目选、制举以获得升进的宰相中的非科举出身者，各多了七人。穆、敬、文、武、宣五朝宰相中凭借荐举以获得升进者共十六人，比起同期宰相中凭借科目选以获得升进者（十九人）与凭借制举以获得升进者（二十二人）都要少；而懿、僖、昭三朝宰相中凭借荐举以获得升进者共二十四人，较之同期宰相中凭借科目选以获得升进者（六人）大大增加，有一种此消彼长的关系。由于唐末制举停止，懿、僖、昭三朝宰相中无凭借制举以获得升进者，因此我们也就不拿它来与同期宰相中凭借荐举以获得升进者作比较。总的说来，宪宗以前凭借荐举以获得升进的宰相中的非科举出身者比较多，而穆宗以后此类宰相中的非科举出身者则很少（只有段文昌、张濬二人），这同穆宗以后进士出身者在宰相中已占居绝对优势的情势是相应的。

下面谈入使府作用的消长变化。在上述德、顺、宪三朝的五十四个宰相中，凭借入使府摆脱守选以获得升进者有以下三十九人：崔祐甫、李勉、杨炎、卢杞、关播、乔琳、刘从一、李晟、张延赏、韩滉、崔造、柳浑、李泌、董晋、赵憬、贾耽、郑馀庆、杜佑、齐抗、高郢、郑珣瑜、张镒、齐映、浑瑊、杜黄裳、袁滋、

---

① 上述宰相中荐举情况，皆据两《唐书》中各人的传记及《唐会要》卷七五《选部下·藻鉴》。

于頔、郑絪、武元衡、韩弘、李藩、权德舆、张弘靖、裴度、李逢吉、李鄘、程异、令狐楚、段文昌。应该指出一点，即这其中有些人是并用了两种以上升迁途径的（见前）。在这三十九人中，十九人科举出身（进士十五人，明经三人，制科一人），二十人非科举出身，非科举出身者占了一半以上。下面我们仍以此为基点，上下探求入使府作用的消长变化。上一节我们说过，盛唐时代，唐玄宗在边地设了十个节度使，在玄宗朝的宰相中，已有凭借入使府摆脱守选或待选以获得升进者，例如张说、牛仙客、杨国忠、崔圆（张、崔二人科举出身）；到了肃宗、代宗朝，选用这一途径以求升进的人增多了，如这两朝宰相二十三人，就有崔圆、裴冕、吕諲、元载、杜鸿渐五人（除裴外，皆科举出身）凭借入使府摆脱守选以获得升进；至德、顺、宪三朝，凭借入使府获得升进者大增，已如上述。下面接着介绍穆宗以后入使府作用的消长变化：

穆宗朝宰相十四人，凭借入使府获得升进者八人：韩弘、裴度、令狐楚、张弘靖、段文昌、杜元颖、王播、李逢吉（韩、张、段非科举出身，其馀进士出身）。

敬宗朝宰相七人，凭借入使府获得升进者五人：杜元颖、王播、李程、裴度、李逢吉（皆进士出身）。

文宗朝宰相二十四人，凭借入使府获得升进者十八人：杜元颖、王播、李逢吉、裴度、杨嗣复、李珏、路随、李宗闵、段文昌、宋申锡、李德裕、李固言、李训、舒元舆、李石、陈夷行、崔珙、崔郸（段文昌、李德裕、崔珙非科举出身，路随明经出身，其馀进士出身）。

武宗朝宰相十五人，凭借入使府获得升进者十三人：李固言、李石、杨嗣复、李珏、崔郸、崔珙、李德裕、陈夷行、李绅、李让夷、崔铉、李回、郑肃（李德裕、崔珙非科举出身，其馀进士出身）。

宣宗朝宰相二十三人，凭借入使府获得升进者十八人：李绅、李让夷、李回、郑肃、白敏中、崔元式、李德裕、卢商、马植、周墀、裴休、魏謩、崔慎由、郑朗、刘瑑、夏侯孜、蒋伸、崔铉（除李德裕外，皆进士出身）。

懿宗朝宰相二十一人，凭借入使府获得升进者十六人：白敏中、夏侯孜、蒋伸、杜审权、毕諴、杨收、曹确、高璩、徐商、路岩、于琮、王铎、刘邺、赵隐、崔彦昭、刘瞻（皆进士出身）。

僖宗朝宰相二十二人，凭借入使府获得升进者十五人：崔彦昭、郑畋、卢携、王铎、李蔚、王徽、萧遘、杜让能、孔纬、张濬、赵隐、刘邺、裴坦、刘瞻、刘崇望（除张濬外，皆进士出身）。

昭宗朝宰相二十四人，凭借入使府获得升进者十二人：孔纬、杜让能、张濬、刘崇望、郑延昌、王抟、崔胤、李磎、陆扆、裴枢、王溥、陆希声（张濬、陆希声非科举出身，其馀进士出身）。①

由上述资料可以看出，德、顺、宪三朝凭借入使府获得升进的宰相，在这三朝宰相中所占的比例，达到三分之二强，都远高于同期凭借科目选、制举、荐举以获得升进的宰相。穆宗以后，凭借入使府获得升进者在宰相中所占的比例总的说来继续升高，如文宗朝达到四分之三，武宗朝达到五分之四强，宣宗、懿宗朝都达到四分之三强，敬宗、僖宗朝均达到三分之二强。大体可以说，自德宗以后，入使府已成为唐代宰相与大臣升迁的最为主要的途径。德、顺、宪三朝凭借入使府获得升进的宰相中，非科举出身者占了一半以上，而到了穆宗以后，此类宰相中的非科举出身者则大减，这同当时宰相中进士出身者大增的总趋势是相应的。懿宗以后，已无凭借制举获得升进者，凭借科目选获得升进的宰相也很少（仅懿宗、僖宗朝各有三人），因而入使府与荐举两种升

---

① 以上宰相中入使府情况，皆据两《唐书》中各人的传记。

迁途径便大行其道，到昭宗时，所有宰相毫无例外地都是凭借这两种途径摆脱守选以获得升进的。这与当时各种社会矛盾激化，社会陷入混乱状态不无关系。我们知道，这个时期宦官势力极盛，朝廷内宦官与朝官之间以及朝官中的不同朋党之间争斗激烈，加以藩镇割据者之间的混战和农民大起义的爆发，唐王朝已到了彻底崩溃的前夕。那时候强藩势盛、宦官专权，皇帝、宰相的用人权受到侵夺，这样入使府与荐举两种升迁途径大行其道，也就难以避免了。

  以上我们梳理了唐代历朝宰相出仕后所用摆脱守选途径的基本情况，它能否作为唐代文官摆脱守选情况的代表？笔者认为，应该是大致能够作为代表的。理由是：虽然唐代有些宰相在两《唐书》中无传，还有的宰相的传记很简略，但他们毕竟是唐朝廷的最高级官员，史传中记述他们的事迹，远较对其他各种文官的记述齐全，因而我们能够获知的关于他们所用摆脱守选以获得升进的途径，也就比较接近于事实；又，史传中对宰相之外的其他高、中级文官事迹的记述资料很不齐全，他们中的多数，在两《唐书》中都无传，或虽有传而记述极为简略，从中很难了解到他们摆脱守选以获得升进的全面、具体情况，所以我们也就只能退而求其次，根据宰相们摆脱守选的情况来推知唐代文官摆脱守选的情况，虽然这样做有一定的局限性，但也不能否认，从中还是可以了解到唐代文官摆脱守选以获得升进的大致情况的。

第三章

守选制与唐代文人的生活风尚和诗歌创作

第一节　守选制与隐逸之风和山水田园诗

本章拟从几个方面分别论述守选制对唐代文人的生活及其诗歌创作的影响。首先谈守选制与隐逸之风的形成和山水田园诗的创作的关系。唐代隐逸之风甚盛，非贵族出身的文人，大抵都有或长或短的隐逸经历。唐人所称隐逸的概念比较宽泛，大抵认为士人没出仕而居于乡村或山林就是隐逸。这种隐逸，大致有以下几种类型：第一种是真隐逸，如嵩山隐士卢鸿一，确乎性乐山林，绝意仕进，曾屡辞征辟，不得已应诏入都，又固辞官职，坚请还山，皮日休《七爱诗序》称之为"真隐"，有骚体山水诗《嵩山十志十首》存留于世。① 这类隐者在唐代不多见。第二种是在乡间或山林隐居读书，为入仕作准备，其中有的人隐居成名，因被征辟而入仕，所谓"终南捷径"；有的人后来因应举及第而入仕，有的人则求仕无成，只得又回乡隐居。如孟浩然四十岁到长安应进士试前，长期在故乡襄阳隐居苦读，后来应试落第，只好又归乡隐居，他曾先后创作了不少山水田园之作。第三种是亦官亦隐，此即晋王康琚《反招隐诗》所说的"大隐隐朝市"，唐人自己常

---

① 参见《全唐诗》卷一二三，第1223页。

说的"吏隐",我们也可称之为"休假隐居"。唐代官员多购置园林别业,他们利用休假期间回园林别业居住,过几日田园生活,这就是所谓的亦官亦隐。我们知道,唐代官员的休假时间是相当多的,除旬假外,每年尚有两次各十五日的长假(田假、授衣假),另外全年的节日假(如元正、冬至等)总计有五十多天,此外,私家有婚、冠、丧、祭、拜扫等事,都给假,所以官员的"休假隐居"是完全可以实现的。① 例如,王维自天宝初得到辋川别业后,一直在朝任职,但他身在朝廷,心存山野,经常在公馀闲暇或休假期间回辋川,过优游山水、啸傲林泉的生活,并写出了许多山水田园诗。第四种是任过几任官职后,由于各种原因,辞官归乡,不复出仕。例如,王绩唐初曾两次入京任职,因恋慕山野生活,于是辞官归乡,躬耕东皋,写下了不少山水田园之作;祖咏开元十三年登第后,曾在齐州(今山东济南)以东任地方官,不久遭贬谪至东南一带,开元二十年前后因仕途失志弃官归汝坟(在今河南襄城)别业隐居,以渔樵自终,有《归汝坟山庄留别卢象》、《田家即事》、《汝坟别业》等田园诗存世;司空图咸通十年登第后,累官至中书舍人,因不堪世乱,辞官回位于中条山王官谷的先人别业隐居,后朝廷屡次征聘,皆固辞不起,写下了若干山林自适之什。第五种是文人入仕后,在两个职务、任期之间,须守选或待选数年,而不能连续为官,在这一守选或待选期间,他们或居于田园、山林,唐人即谓之隐居。在这类隐居者中,也有一些人,因为守选或待选的时间过长,即干脆弃职闲居、不复求仕的。第六种是文人登第后,未能立即授官,而守选或待选一段时间,于是便在这一段时间里,回田园、山林居住,过隐居生活。前四种类型的隐逸与守选制无多大关系,后两种类型的隐逸则与守选制关系密切。下面拟专就后两种类型的隐逸与守选制的

---

① 参见陈铁民《也谈王维与唐人之"亦官亦隐"》,《东南大学学报》(哲学社会科学版)2006年第2期。

关系及其对山水田园诗创作的影响,作进一步的论述。

先谈第五种类型。本书第一章第二节已经论述过,开元十八年"循资格"实行后,文职六品以下前资官任职期满后须根据不同的情况,守选一年至十二年;而"循资格"实行以前,由于选人多官缺少的矛盾,也存在着前资官任职期满后须待选若干年才能继续任职的现象。第五种类型的隐逸,就是在上述背景下产生的。下面举若干诗人的例子加以说明。

1. 王维　王维约于开元十五年(727)改官淇上,十六年辞官在淇上隐居,十七年回到长安闲居,二十二年秋赴洛阳(时玄宗居洛阳),献诗宰相张九龄求汲引,寻隐于嵩山,二十三年(735)春被张九龄擢拔,出为右拾遗,说见拙作《王维年谱》①。王维从辞官隐居到出为右拾遗,历时七年,在这七年里,除了守选的时间外,还应当包括在淇上尚未完成任期的三年时间。王维在淇上所做的,应该是"六品以下,四考为满(即四年秩满)"的官,他当这官实际上只有一年左右即辞职,辞职后朝廷应该是不会允许他立即参加吏部的铨选以寻求新职的,因为如果允许未完成任期即辞官的人马上参加吏部的铨选以求新职,就等于给奔竞之徒创造了钻营的机会,虽然我们找不到明文规定,但相信朝廷的制度是不会允许这样做的,所以王维辞官后,必须再等三年(相当于完成四年任期),才可以再次参加吏部的铨选以寻求新职。这就是说,自开元十六年辞官,到开元十九年,已满四年之期,王维原本就可以再次参加吏部的铨选了,然而朝廷自开元十八年起即正式施行文职六品以下前资官的守选制,所以他又守选了四年,到开元二十三年才出为右拾遗。右拾遗是六品以下常参官,不由吏部通过铨选任命,而由宰相进拟,再报皇帝批准(参见第二章第一节);如果开元二十三年张九龄不擢拔王维为右拾遗,那

---

① 见陈铁民《王维论稿》,人民文学出版社2006年版,第8—13页。

他只能在这年参加吏部的铨选以获得六品以下非常参官之职。王维隐居淇上时,写了《淇上即事田园》一诗:

> 屏居淇水上,东野旷无山。日隐桑柘外,河明闾井间。牧童望村去,猎犬随人还。静者亦何事?荆扉乘昼关。①

这是王维今存最早的一首山水田园诗,它描写了恬静而富有生活情趣的田园景象。颔联写景如画,历来为诗评家所称道。王维守选期间隐居嵩山时,也创作了数首山水田园诗,其中最著名的是《归嵩山作》:

> 清川带长薄,车马去闲闲。流水如有意,暮禽相与还。荒城临古渡,落日满秋山。迢递嵩高下,归来且闭关。②

这首诗前四句写诗人归山途中所见风景,其中三、四句将自然山水人格化,不但写出了所见美景,还表现出作者见到美景时的愉快心情。接下五六句通过对荒城古渡、落日秋山萧索景象的刻画,表现出了诗人守选隐居时的落寞心情,景与情契合交融。末二句说回到嵩山后就把屋门关闭,则心情又归于恬淡、平静。全诗既写出了景色的移换,又表现出了诗人感情的变化。隐居嵩山时写的《山中寄诸弟妹》云:"山中多法侣,禅诵自为群。城郭遥相望,惟应见白云。"三、四句从身在城里的弟妹方面着笔,构思巧妙。弟妹遥望在山中隐居的自己,表明他们很想念自己,自然自己也很想念他们;"惟应见白云",既得遥望所见之实,又可藉白云表达诗人守选时的隐居自乐情趣。把这种情趣向弟妹传达,无疑是对他们的一个最好安慰。诗人就要离开嵩山时写的《留别山

---

① 陈铁民《王维集校注》修订本,中华书局2018年版,第80页。
② 《王维集校注》修订本,第114页。

中温古上人兄并示舍弟缙》说:"宿昔同游止,致身云霞末。开轩临颍阳,卧视飞鸟没。好依盘石饭,屡对瀑泉歇。"他离嵩山到东都任职后不久趁公馀闲暇又回到嵩山时写的《过太乙观贾生房》说:"昔余栖遁日,之子烟霞邻。共携松叶酒,俱簪竹皮巾。攀林遍云洞,采药无冬春。"两诗都回忆了自己在嵩山守选隐居的生活,表现了诗人当时与僧人和道徒同游共处的情谊。

又,开元二十八年(741),王维以殿中侍御史身份"知南选",第二年完成任务后回到长安,不久即隐于终南山,历时约八、九个月,至天宝元年(742)春,又出为左补阙(从七品上)①。他这次隐居,估计不是严格意义上的辞官归隐,而是等待官缺时的暂时隐居(与守选隐居接近)。王维自被擢为右拾遗(从八品上),即"出选门",其后历任监察御史(正八品下)、殿中侍御史(从七品下),都是"出选门"的六品以下常参官;唐时的一般情况是,官员"出选门"后,如果没有过错,一般不会再入选门(即经由吏部的铨选以获得六品以下非常参官),王维完成"知南选"的任务后回到朝廷,理当升迁,估计是高于殿中侍御史的六品以下常参官暂无缺员(唐代官员编制固定,始终存在僧多粥少的情况),所以他只好休官待缺。休官时他住在终南山的别业里,写了多首山水田园诗,其中《终南别业》云:

中岁颇好道,晚家南山陲。兴来每独往,胜事空自知。行到水穷处,坐看云起时。偶然值林叟,谈笑无还期。②

这首诗写作者隐居终南的乐趣。诗人那追赏自然风光的雅兴、悠闲自得的意趣和超然出尘的情致,在诗中得到了突出的表现,读者不难从中感受到"高人王右丞"的自我形象。诗的第三联,奇

---

① 参见《王维论稿》,第19、20、60页。
② 《王维集校注》修订本,第208页。

句惊人，景味无穷，而又极其平淡、自然，堪称"由绚烂之极，归于平淡"之作。《戏赠张五弟諲三首》其三："我家南山下，动息自遗身。入鸟不相乱，见兽皆相亲。云霞成伴侣，虚白侍衣巾。"《答张五弟》："终南有茅屋，前对终南山。终年无客长闭关，终日无心长自闲。不妨饮酒复垂钓，君但能来相往还。"都表现了诗人隐居生活的悠闲自在、超尘脱俗。隐居终南期间写的山水田园诗，没有隐居嵩山时的那种落寞之情，这或许同诗人当时已"出选门"、仕进的前景光明和对佛教的信仰日深有关系。隐居终南期间，王维还写了一首不可多得的山水佳篇《终南山》：

太乙近天都，连山到海隅。白云回望合，青霭入看无。分野中峰变，阴晴众壑殊。欲投人处宿，隔水问樵夫。①

此诗写游终南的所见所感，从各种不同角度写出了终南山的高大雄伟，辽阔幽深。全诗笔力劲健，气韵生动，浓墨淡笔，错综变化，显示出诗人的山水田园诗除有清远一格外，还有雄浑一格。

2. 储光羲　第二章第一节谈到，储光羲约于开元二十一年因为守选的缘故，回到故乡延陵（在今江苏金坛境）隐居，这期间他写了《游茅山五首》、《泛茅山东溪》等山水诗，又《江南曲四首》其一云："绿江深见底，高浪直翻空。惯是湖边住，舟轻不畏风。"其三云："日暮长江里，相邀归渡头。落花如有意，来去逐船流。"描写江南水乡的生活，含蓄有味，别具一格，可能即作于诗人隐居延陵期间。又《杂咏五首·钓鱼湾》云：

垂钓绿湾春，春深杏花乱。潭清疑水浅，荷动知鱼散。

---

① 《王维集校注》修订本，第210页。

日暮待情人，维舟绿杨岸。①

这首诗写杏花春水、潭荷游鱼的幽美景色，风格自然淡远，是诗人的名作，很可能也作于他隐居延陵期间。第二章第一节又谈到，储光羲于开元末，离乡到长安参加吏部铨选，获授太祝（正九品上）之职，授职前曾短期在终南山隐居，有《终南幽居献苏侍郎三首时拜太祝未上》诗；任太祝秩满后，他再次守选（时间当在天宝年间），并隐居于终南。在隐居终南期间，诗人创作了若干首田园诗。《田家杂兴八首》其二云："众人耻贫贱，相与尚膏腴。我情既浩荡，所乐在畋渔。……满园植葵藿，绕屋树桑榆。禽雀知我闲，翔集依我庐。所愿在优游，州县莫相呼。日与南山老，兀然倾一壶。"据诗末二句，这一组诗当作于隐居终南时。又《同王十三维偶然作十首》其一："仲夏日中时，草木看欲燃。田家惜功力，把锄来东皋。顾望浮云阴，往往误伤苗。……高柳三五株，可以独逍遥。"其二："北山种松柏，南山种蒺藜。出入虽同趣，所向各有宜。……暂过伊阙间，睕晚三伏时。高阁入云中，芙蓉满清池。要自（犹言'可是'）非我室，还望南山陲。"其四："浮云在虚空，随风复卷舒。我心方处顺，动作何忧虞。……迢递别东国，超遥来西都。……故乡满亲戚，道远情日疏。偶欲陈此意，复无南飞凫。"细玩以上各诗之意，这组王维《偶然作》的和诗，当是储光羲离开故乡延陵到长安附近的终南山隐居时写的。王维的《偶然作》，约开元十五年作于淇上②，当时储光羲在冯翊为官，两人尚无交往，而到天宝年间，两人则屡有赠答唱酬③，所以储光羲的这组诗，应是王维《偶然作》的追和之作。储光羲颇致力于田园诗的创作，还有不少田园诗留存，如《田家即事》

---

① 《全唐诗》卷一三六，第1376页。
② 见《王维集校注》修订本，第71—80页。
③ 参见拙作《储光羲生平事迹考辨》。

（五言、七言各一首）、《樵夫词》、《渔父词》、《牧童词》、《采莲词》、《采菱词》、《射雉词》、《行至田家澳梁作》等，这些诗是作于隐居延陵时，还是作于隐居终南时，已很难确断。储光羲的田园诗多表现隐逸情趣，风格朴实。

3. 常建　第二章第一节谈到，常建开元十五年登第后，长期待选，至天宝四载（745）后，才当了一任盱眙尉，任盱眙尉秩满后，即按规定守选，并隐于山林，估计守选的期限较长，又遇上"安史之乱"，所以后来便索性隐居不出。他的山水名作《题破山寺后禅院》：

　　清晨入古寺，初日照高林。竹径通幽处，禅房花木深。山光悦鸟性，潭影空人心。万籁此都寂，但馀钟磬音。①

这首诗极为真切地写出了古寺禅院的幽深宁静，把人们引入一个万虑俱息而又令人愉悦的空明境界，可能作于诗人登第后的待选期间。其《鄂渚招王昌龄张偾》云："楚山隔湘水，湖畔落日曛。春雁又北飞，音书固难闻。谪居未为叹，谗枉何由分。午日逐蛟龙，宜为吊冤文。……贫士任枯槁，捕鱼清江濆。有时荷锄犁，旷野自耕耘。……二贤归去来，世上徒纷纷。"细玩诗意，此时常建当在鄂渚（指鄂州，治所在今湖北武汉市武昌）隐居，而王昌龄则正谪为龙标（在今湖南怀化市东南安江镇）尉，所以作者招其共隐，其时间大致当在天宝后期。又《赠三侍御》云："高山临大泽，正月芦花干。……孤鹤在枳棘，一枝非所安。逸翮望绝霄，见欲凌云端。……谁念独枯槁，四十长江干。责躬贵知己，效拙从一官。折翮悲高风，苦饥候朝餐。湖月映大海，天空何漫漫。托身未知所，谋道庶不刊。吟彼乔木诗，一夕常三叹。"据

---

① 《全唐诗》卷一四四，第1461页。

"谁念"二句,这首诗也当作于诗人隐居鄂渚时;又据"效拙"句,可知作者当时已任过一任官职,所以隐居鄂渚,应在诗人任盱眙尉秩满后的守选期间;诗中倾诉自己守选隐居的悲苦生活,希求三侍御荐举自己(侍御为六品以下常参官,有荐举权),以便早些摆脱长期守选隐居的困境。在鄂渚守选隐居期间,诗人创作了数首山水诗,如《西山》:

> 一身为轻舟,落日西山际。常随去帆影,远接长天势。物象归馀清,林峦分夕丽。亭亭碧流暗,日入孤霞继。渚日远阴映,湖云尚明霁。林昏楚色来,岸远荆门闭。至夜转清迥,萧萧北风厉。沙边雁鹭泊,宿处兼葭蔽。圆月逗前浦,孤琴又摇曳。泠然夜遂深,白露沾人袂。①

诗中的西山在鄂州,又称樊山。② 诗歌描写自黄昏至夜深泛舟湖中,纵览湖光山色的各种变化,刻绘细致,意象绵密,但较之《题破山寺后禅院》的以少胜多,略显逊色。其《第三峰》云:"西山第三顶,茅宇依双松。"诗亦当作于隐居鄂渚时。又《湖中晚霁》云:"湖广舟自轻,江天欲澄霁。是时清楚望,气色犹霾曀。踟蹰金霞白,波上日初丽。烟虹落镜中,树木生天际。杳杳涯欲辨,蒙蒙云复闭。言乘星汉明,又睹寰瀛势。……岂念客衣薄,将期永投袂。迟回渔父间,一雁声嘹唳。"诗也作于鄂渚,其写法、用韵、风格,皆同于《西山》。还有《渔浦》、《燕居》、《戏题湖上》,也很可能是在鄂渚作的山水诗。

4. 李颀 李颀登第前曾隐于颍阳(今河南登封市西南颍阳镇),即所谓"十载隐田园"(《无尽上人东林禅居》)、"十年闭

---

① 《全唐诗》卷一四四,第1457页。
② 见傅璇琮《唐代诗人丛考》,中华书局1980年版,第83页;又参见《方舆胜览》卷二八。

户颍水阳"(《缓歌行》)。第二章第一节谈到，李颀开元二十三年（735）进士及第，约天宝五载（746）任新乡（望县）尉，天宝九载秩满离任守选；他任新乡尉前，曾当过一任紧县尉，时间不详；假设他开元二十四年为紧县尉，则二十八年（740）当秩满离任，自离任后至为新乡尉前，也处于守选期。诗人前后两次守选时，皆隐于颍阳，写过一些田园诗，如《不调归东川别业》：

  寸禄言可取，托身将见遗。惭无匹夫志，悔与名山辞。绂冕谢知己，林园多后时。葛巾方濯足，蔬食但垂帷。十室对河岸，渔樵祗在兹。青郊香杜若，白水映茅茨。昼景彻云树，夕阴澄古逵。渚花独开晚，田鹤静飞迟。且复乐生事，前贤为我师。清歌聊鼓楫，永日望佳期。①

这首诗写田园风光和田园生活，当作于作者守选隐居期间，只是它到底作于哪次守选时，已很难确断。调者，选也。《汉书·张安世传》云："有郎功高不调。"颜师古注："调，选也。"不调，即不选，这里指不得参加吏部铨选。因为根据规定，文职六品以下前资官任职期满后，须先守选若干年，才允许再次参加吏部的铨选，所以诗人秩满后，便辞别知己，归东川别业隐居。所谓东川，当指颍阳城东之水，岑参《寻巩县南李处士别居》："先生近南郭，茅屋临东川。"东川即指城东河流。李颀《晚归东园》（五古）："出郭喜见山，东行亦未远。夕阳带归路，霭霭秋稼晚。"又《晚归东园》（五律）："荆扉带郊郭，稼穑满东菑。倚杖寒山暮，鸣梭秋叶时。"《篱笋》："东园长新笋，映日复穿篱。"以上三首都是在颍阳写的田园诗，细玩诗意，东园当在颍阳东郊，与

---

① 《全唐诗》卷一四三，第1345页。

作者所居的东川别业应为一地。李颀的田园诗数量不多，内容多表现田园景色与隐逸情趣。

5. 岑参　岑参曾隐于终南山，其《终南双峰草堂作》云：

> 敛迹归山田，息心谢时辈。昼还草堂卧，但见双峰对。兴来恣佳游，事惬符胜概。著书高窗下，日夕见城内。曩为世人误，遂负平生爱。久与林壑辞，及来松杉大。偶兹精庐近，数预名僧会。有时逐樵渔，尽日不冠带。崖口上新月，石门破苍霭。色向群木深，光摇一潭碎。缅怀郑生谷，颇忆严子濑。胜事犹可追，斯人邈千载！①

这首诗所描写的隐居，是不是属于"休假隐居"？作者说，自己从前为世人所误，进入仕途，背弃了平生的山林之好，如今辞别了当代名士，回归山中田园：平时或白天对着山峰高卧，或尽情游赏山水，或在高窗下著书，或参与名僧的聚会，或追随渔人、樵夫，和他们一起砍柴打鱼。最后表达自己要像历史上著名的隐士郑朴、严光那样，过隐逸生活。根据诗中的这些话，诗人的隐居终南，不大像是短期的"休假隐居"。又《太一石鳖崖口潭旧庐招王学士》云："骤雨鸣淅沥，飕飗溪谷寒。碧潭千馀尺，下见蛟龙蟠。石门吞众流，绝岸呀层峦。幽趣倏万变，奇观非一端。偶逐干禄徒，十年皆小官。……君子满清朝，小人思挂冠。酿酒漉松子，引泉通竹竿。……此地可遗老，劝君来考槃（指隐居）。"太一即终南山，"石鳖崖口"即上一诗之"崖口"，所以两诗皆当作于隐居终南时；又，岑参自天宝五载春授官至天宝十二三载，前后历时八、九年，约举成数正可谓之"十年"，所以此诗当作于天宝十二、三载。②另外，据"十年皆小官"、"小人思挂冠"之

---

① 《岑参集校注》修订本，上海古籍出版社2004年版，第153页。
② 参见拙作《岑参年谱》，载《岑参集校注》修订本第559页。

语，能否说明当时作者是亦官亦隐呢？应该说，根据这两句话，能说明当时作者不是弃官（挂冠）隐居，却不能说明他当时不是守选隐居。因为守选隐居者仍然保有官籍，守选期限一到，即可到吏部参选授官，并不是从此就没有官做了，所以当诗人离职守选时，回顾入仕以来的经历，自己发牢骚说"十年皆小官"，也很自然，不能由此证明他当时就是亦官亦隐。再从守选制的角度来考察，岑参天宝八载冬入安西节度使高仙芝幕府为僚佐（初次入幕，一般先任低级职务），带朝衔右威卫录事参军（正八品上），十载八月，仙芝入朝为右羽林大将军，岑参也随之解除幕职，入朝为右威卫录事参军（因未被荐为六品以下常参官，故入朝后仍任此职），到了十二载冬，四年的任期已满，所以便离任守选①，这同诗中"十年皆小官"的话正好相合。岑参天宝十三载夏末又受辟入北庭封常清幕府，则他在终南守选隐居的时间只有八、九个月。在终南隐居期间，岑参还写了《题华严寺环公禅房》、《终南东溪口作》等山水田园诗。他的山水田园诗擅长描摹景色，如"崖口"四句，写出了幽美的终南月色，其中"破"字、"碎"字，工于锤炼，极富有表现力，显露出语求奇警的特色。

6. 钱起　钱起天宝十载（751）登进士第，"释褐秘书省校书郎"（《旧唐书·钱徽传》），后迁蓝田（畿县）县尉。或谓钱起迁蓝田尉在天宝十四载，这种说法不正确。因为根据唐代制度，新及第进士还要到吏部参加铨选才能授官，未必当年登第当年就能授官；又钱起任校书郎秩满后，还须守选数年，才能再次参加吏部铨选以获得新职，估计他守选的期限还没到，长安及京畿地区就被安禄山军攻占了（天宝十五载六月）。钱起迁蓝田尉的时间约在乾元二年（759）②，其《初黄绶赴蓝田县作》云："蟠木无匠伯，终年弃山樊。苦心非良知，安得入君门？忽忝英达顾，宁窥

---

① 见《岑参年谱》，载《岑参集校注》修订本第555—558页。
② 参见《王维论稿》，第35页。

造化恩。萤光起腐草,云翼腾沉鲲。"这首诗作于诗人初授蓝田尉赴任之时,诗中说自己受"英达"眷顾擢为蓝田尉前,犹如一棵终年被弃于山边的"蟠木",由此也可见,他官蓝田尉前,有一段不短的去职闲居(守选)时间。蓝田县多山水胜景,钱起任蓝田尉时,曾在蓝溪(即蓝谷水,流经蓝田东南二十里蓝谷)①建别业,每于公馀闲暇,回别业居住。钱起任蓝田尉约于广德元年(763)秩满(四年秩满),这以后他即离职守选,归蓝溪别业隐居。《赠东邻郑少府》云:"谁谓结绶来,得陪趋府后。小邑蓝溪上,卑栖惬所偶。忘言复连墙,片月亦携手。……秩满归白云,期君访谷口。"玩诗意,郑少府当时应与钱起同为蓝田县尉(唐制,畿县设尉二人),诗中明言,自己秩满后当归蓝溪别业隐居(谷口,西汉郑子真隐居处,此处兼指蓝溪别业所在的蓝谷谷口)。又《罢官后酬元校书见赠》:"心期怅已阻,交道复何如?自我辞丹阙,惟君到故庐。忘机贫负米,忆戴出无车。……宦名随落叶,生事感枯鱼。临水仍挥手,知音未弃余。"元校书即元载长子伯和②,钱起又有《奉和王相公秋日戏赠元校书》诗,王相公指王缙,他广德二年正月至八月为相(《新唐书·宰相表中》),钱起这两首诗大致即作于广德二年,诗题"罢官后"当指作者任蓝田尉去职之后,其时间正好与上面所说钱起任蓝田尉秩满的时间相衔接。后来钱起入朝为拾遗,于是沿着本书第二章第二节介绍过的一条快捷的路线升进:校书郎——畿县尉——拾遗、员外郎——郎中(五品以上官)。郎士元《送钱拾遗归兼寄刘校书》:"墟落岁阴暮,桑榆烟景昏。蝉声静空馆,雨色隔秋原。归客不可望,悠然蓝上(原作'林外',据《文苑英华》校语改)村。终当报芸阁,携手醉柴门。"③钱拾遗指钱起,他约于大历前期为拾

---

① 见《类编长安志》卷六、《大清一统志》卷一七八。
② 参见陶敏《全唐诗人名汇考》,辽海出版社2006年版,第427、496页。
③ 《全唐诗》卷二四八,第2790页。

遗，大历后期为祠部、司勋员外郎，建中（780—783）年间官考功郎中①。或称此诗乃送钱起去官归隐之作，恐怕不对，因为其一，郎士元诗中无一语述及钱起去官事，其二，钱起好不容易才成为拾遗，进入摆脱守选的六品以下常参官系列，不可能轻易去官，如果钱起为官仅止于拾遗，那么倒有可能是去职，然而他后来的官位又继续升进，所以不大可能在拾遗任上弃官。诗题所谓"归"，盖指归蓝溪别业（蓝上指蓝溪上，钱起又有《蓝上采石芥寄前李明府》诗），系休假隐居性质。钱起后来在朝为员外郎、郎中，也每于休假时归蓝溪别业居住。如《蓝溪休沐寄赵八给事》云："虫鸣归旧里，田野秋农闲。即事敦夙尚，衡门方再关。"赵八给事为赵涓，大历九、十年任给事中②，当时钱起当官员外郎。又《同程九早入中书》说："汉家贤相重英奇，蟠木何材也见知。不意云霞能自致，空惊鹓鹭忽相随。"或谓此诗非钱起作，理由是钱起未尝入中书。按，此说误。③ 唐中书省置右拾遗二人，钱起当时盖任右拾遗。第二章第二节我们谈到，拾遗等六品以下常参官的任命，由宰相进拟，而后报皇帝批准，诗中自称为宰相所擢，正与此相合。钱起从任蓝田尉秩满去职守选，到擢为右拾遗，大约历时四年上下。

钱起在蓝田县，写过不少山水田园诗，其中有一部分是休假隐居时写的，有一部分则是守选隐居时作的；这两部分诗，有的我们可以分辨出来，有的则难以分辨判别。如《谷口新居寄同省朋故》："种黍傍烟溪，榛芜兼沮洳。亦知生计薄，所贵隐身处。橡栗石上村，莓苔水中路。萧然授衣日，得此还山趣。汲井爱秋泉，结茅因古树。闲云与幽鸟，对我不能去。寄谢鸳鹭群，狎鸥拙所慕。"这首诗无疑是九月放授衣假回到蓝溪别业时所作。又如

---

① 以上参见《唐才子传校笺》第五册，陶敏笺证，第168—169页。
② 见《全唐诗人名汇考》，第421页。
③ 参见蒋寅《大历诗人研究》，中华书局1995年版，第741页。

《山园栖隐》:"守静信推分,灌园乐在兹。且忘尧舜力,宁顾尚书期?晚景采兰暇,空林散帙时。卷荷藏露滴,黄口触虫丝。三径与嚣远,一瓢常自怡。情人半云外,风月岂相思?"《蓝田溪与渔者宿》:"独游屡忘归,况此隐沦处。濯发清泠泉,月明不能去。更怜垂纶叟,静若沙上鹭。一论白云心,千里沧洲趣。芦中夜火尽,浦口秋山曙。叹息分枝禽,何时更相遇?"蓝田溪即蓝溪。细玩诗意,以上二诗大抵是诗人在蓝田守选隐居时所作。大致说来,属于休假隐居者较易辨别,属于守选隐居者则不易辨别。钱起在蓝田所写的不少山水诗,究竟是属于休假隐居之作,还是守选隐居之作,同样很难辨别。如《登秦岭半岩遇雨》云:

  屏翳忽腾气,浮阳惨无晖。千峰挂飞雨,百尺摇翠微。震电闪云逻,奔流翻石矶。倚岩假松盖,临水羡荷衣。不得采苓去,空思乘月归。且怜东皋上,水色侵荆扉。①

像这样的作品,实在难以找到用以辨别的依据。总的说来,钱起的山水田园诗,多表现山林隐逸情趣,绘景工细,造语新巧,境界清幽。他的《蓝田溪杂咏二十二首》,是仿效王维《辋川集》而作的,如其中的《戏鸥》云:"乍依菱蔓聚,尽向芦花灭。更喜好风来,数片翻晴雪。"《衔鱼翠鸟》云:"有意莲叶间,瞥然下高树。擘波得潜鱼,一片翠光去。"往往选择一个片段、一个场景予以细描,非常生动传神,但较之王维的自然平淡,略逊一筹。

  7. 耿湋 根据有关记载,耿湋宝应二年(763)进士及第,新出土侯钊《耿湋墓志铭》云:"进士擢第,奏左卫率府仓曹。改盩厔尉,则相国第五公钦百行而荐之;迁左拾遗,则相国王公

---

① 《全唐诗》卷二四八,第 2611—2612 页。

喜五言而达之。於戏！黄金见铄，百辞谁辩？贬许州司仓。①"本书第一章第三节我们谈到，新及第进士的守选制，大抵形成于肃宗、代宗之际，估计耿湋及第时，新及第进士的守选制尚未确立，所以他及第后不久即释褐；至于他被相国第五公荐授盩厔尉的时间，当在大历元年（766）春，任盩厔尉四年秩满的时间，为大历五年（770）春，耿湋《得替后书怀上第五相公》说："谁语恓惶客，偏承顾盼私。应逾骨肉分，敢忘生死期。山县唯荒垒，云屯尽老师。庖人宁自代，食檗谬相推。黄绶名空罢，青春鬓又衰。还来扫门处，犹未报恩时。独立花飞满，无言月下迟。不知丞相意，更欲遣何之？"细玩诗意，这首诗应是作者为盩厔尉（盩厔为山县）任职期满已来了接替者后所作；第五相公及墓志之相国第五公，即第五琦，他乾元二年（759）三月为相，同年十一月贬出为外官，大历元年正月，为户部侍郎兼充京畿、关内等道转运、盐铁等使，与户部尚书刘晏分掌天下财赋，大历五年五月，贬为括州刺史②；此诗写春景，最晚当作于大历五年春，又《资治通鉴》大历五年二月载："戊戌，（山南西道节度使）李抱玉徙镇盩厔。"③ 这一记载与诗中所说"云屯尽老师（疲惫之师）"恰好相合，可见称此诗作于大历五年春，当可以成立；另外，诗中自称蒙受第五琦的"顾盼私"，正指第五琦荐举自己任盩厔尉（畿县尉），大历元年春，第五琦正在京畿转运、盐铁等使任上，盩厔就在他的辖区内，荐举耿湋自然是易事，所以前面说作者为盩厔尉在大历元年春，也应该是可以成立的；又，诗末二句意谓，不知离任后，丞相将如何安排自己？含有希求荐举之意，然而不久第五琦即遭贬，所以耿湋也就只好守选并隐居了。下面谈耿湋被相

---

① 参见胡可先《新出土"大历十才子"耿湋墓志及其学术价值》，载《文学遗产》2018年第6期。
② 见《旧唐书·代宗纪》，第282、296—297页；又见《唐刺史考》，第1878页。
③ 《资治通鉴》，第7211页。

国王公擢拔为左拾遗（六品以下常参官）的时间。相国王公即王缙，他于大历五年归朝为相，大历十二年三月得罪，贬括州刺史①，则耿湋为左拾遗，应在大历五年至十二年之间。考大历九年（774）秋，耿湋曾以拾遗充括图书使赴江淮，卢纶有《送耿拾遗湋充括图书使往江淮》诗，李端有《送耿拾遗湋使江南括图书》诗；十年七月，耿湋完成括图书使命，自湖州归京，仍官拾遗②，这么看来，他始任拾遗的时间，大约在大历九年春，而从离盩厔尉任到官拾遗之间的守选时间，约为四年。

耿湋离任守选期间，最初就在盩厔隐居。其《屏居盩厔》云：

> 百年心不料，一卷日相知。乘兴偏难改，忧家是强为。县城寒寂寞，峰树远参差。自笑无谋（一作媒）者，只应道在斯。③

这首诗写在盩厔的隐居生活。屏居即隐居，《史记·魏其武安侯列传》："魏其谢病，屏居蓝田南山下数月。"王维《酬诸公见过》："屏居蓝田，薄地躬耕。"末二句说，自笑"无媒"，道路就只该在此了，也说明当时诗人正在盩厔隐居；前四句说，自己或乘兴出游，或每日读书，忧虑家中生计，只能勉强而为，写出了生活的艰难。《东郊别业》云：

> 东皋占薄田，耕种过馀年。护药栽山刺，浇蔬引竹泉。晚雷期稔岁，重雾报晴天。若问幽人意，思齐沮溺贤。④

---

① 参见《旧唐书·王缙传》、《新唐书·宰相表中》。
② 以上参见陶敏等撰《唐五代文学编年史·中唐卷》，辽海出版社1998年版，第276、286页。
③ 《全唐诗》卷二六八，第2980页。
④ 《全唐诗》卷二六八，第2980页。

"东郊"当指长安东郊,估计耿湋后来又迁到这里置田园、别业,过隐居躬耕生活。正因为这样,所以大历七年七月检校礼部尚书蒋涣赴东都留守任时,耿湋得以为他送行,写了《奉送蒋尚书兼御史大夫东都留守》诗①。耿湋守选隐居时,还写了其他一些田园诗,如《春日即事二首》其一:"诗书成志业,懒慢致蹉跎。圣代丹霄远,明时白发多。浅谋堪自笑,穷巷忆谁过?寂寞前山暮,归人樵采歌。"其二:"数亩东皋宅,青春独屏居。家贫僮仆慢,官罢友朋疏。强饮沽来酒,羞看读了书。闲花开满地,惆怅复何如?"他的这类诗,多刻画隐逸生活的贫困、寂寥,诗风朴实。

8. 司空曙 司空曙曾任拾遗,约于大历十三年(778)自拾遗贬为长林县(今湖北荆门西北)丞②,四年秩满后当守选,便就近在长林隐居。其《江园书事寄卢纶》云:

> 种柳南江边,闭门三四年。艳花那胜竹,凡鸟不如蝉。嗜酒渐婴渴,读书多欲眠。平生故交在,白首远相怜。③

长林县虽在长江之北,但也是水乡,《闻春雷》说:"水国春雷早,阗阗若众车。自怜迁逐者,犹滞蛰藏馀。"诗盖贬居长林时作,诗中即称长林为"水国";"水国"与"江园"意合,诗又云"白首",当晚年在长林时作。又《江村即事》云:"钓罢归来不系船,江村月落正堪眠。纵然一夜风吹去,只在芦花浅水边。"《闲园即事寄陈公》云:"欲就东林寄一身,尚怜儿女未成人。柴门客去残阳在,药圃虫喧秋雨频。近水方同梅市隐,曝衣多笑阮家贫。深山兰若何时到,羡与闲云作四邻。"《田家》:"田家喜雨

---

① 参见《唐五代文学编年史·中唐卷》,第250页。
② 参见《唐五代文学编年史·中唐卷》,第324、325页。
③ 《全唐诗》卷二九三,第3330页。

足，邻老相招携。……呼儿催放犊，宿客待烹鸡。搔首蓬门下，如将轩冕齐。"三诗疑皆隐居长林时所作。这类表现隐居生活的诗，大多有真情实感，风格质朴自然。司空曙为长林丞秩满后再守选四年，已到了贞元二年（786），后来在贞元三年或四年，入剑南西川节度使韦皋幕府为僚佐。

下面谈第六种类型。本书第一章第三节已经论述过，新及第进士的守选制，大抵形成于肃宗、代宗之际，在这个制度形成以后，新及第进士都要守选一定的年限才能授官；在这个制度形成以前，新及第进士也未必登第当年即能授官，有时须待选一定时间才能授官。第六种类型的隐逸，就是在这种背景下产生的。下面举若干诗人的例子加以说明。

1. 陈子昂　陈子昂于永淳元年（682）进士及第，未授官，因还故乡射洪待选，并隐于山林中学道。其《晖上人房饯齐少府使入京府序》云："永淳二年，四月孟夏，东海齐子，宦于此州。……属乎銮驾巡方，诸侯纳贡，将欲对扬天子，命我行人，执玉帛而当朝，拥骓骖而戒道，指途河渭，发引岷嶓。粤以丙丁之日，次于晖公别舍，盖言离也。……嗟乎！朝廷子入，期富贵于崇朝；林岭吾栖，学神仙而未毕。"① 据序文所言，永淳二年四月，作者已在故乡栖林岭、学神仙了，则他登第后不久，便还故乡待选。在他隐居待选期间，写了《酬晖上人夏日林泉见赠》、《酬晖上人秋夜山亭有赠》、《酬晖上人秋夜独坐山亭有赠》等诗，其中多有写景之笔，如《秋夜山亭有赠》云："皎皎白林秋，微微翠山静。禅居感物变，独坐开轩屏。风泉夜声杂，月露霄光冷。多谢忘机人，尘忧未能整。"② 写出了秋夜的静寂，是格调高古的山水诗，只是诗人这期间的山水诗，留存下来的不多。文明元年（684）春，子昂又赴洛京，上书谏灵驾西还，武后召见，拜秘书

---

① 彭庆生《陈子昂集校注》卷七，黄山书社2015年版，第1192页。
② 《陈子昂集校注》卷二，第304页。

省正字,这样子昂待选隐居的时间,大约为两年。①

2. 岑参　岑参天宝三载(744)春登第后,待选两年,至天宝五载春方释褐②,其《初授官题高冠草堂》云:"三十始一命,宦情都欲阑。自怜无旧业,不敢耻微官。涧水吞樵路,山花醉药栏。祗缘五斗米,孤负一渔竿。"这首诗说明,诗人登第后、授官前,曾在终南山高冠谷隐居。又《高冠谷口招郑鄠》云:"谷口来相访,空斋不见君。涧花然暮雨,潭树暖春云。门径稀人迹,檐峰下鹿群。衣裳与枕席,山霭碧纷氲。"此诗似是作者居高冠时探访也曾在高冠隐居的故人之作。这两首诗皆以写景见长,描绘了安谧恬静、充满生意的山间春色,其中"吞"字、"醉"字、"然"字、"暖"字,皆工于烹炼,构思别具一格。

3. 施肩吾　施肩吾是睦州分水(在今浙江桐庐西北)人,元和十五年(820)春登第后,随即东归(张籍有《送施肩吾东归》诗),退隐于洪州西山(在今江西南昌市新建县),《唐摭言》卷八"及第后隐居"条云:"施肩吾,元和十年(按,作十年误)及第,以洪州之西山,乃十二真君羽化之地,灵蹟具存,慕其真风,高蹈于此,尝赋《闲居遣兴诗》一百韵,大行于世。"③ 何光远《鉴诫录》卷八:"施肩吾先辈为诗奇丽,冠于当时,著《百韵山居诗》,才情富赡。如'荷翻紫盖摇波面,蒲莹青刀插水湄。'又'烟黏薜荔龙须软,雨压芭蕉凤翅垂。'"④ 按,施肩吾登第后的确退居于洪州西山,终身不仕,但这里面存在两种可能,第一种可能是,他登第后因好仙道而隐于山中,决计终身不复求仕;第二种可能是,因为当时已实行新及第进士的守选制,登第后不能马上授官,所以便退归洪州西山,闲居守选,数年后守选

---

① 参见《陈子昂集校注·附录·陈子昂年谱》,第1522—1525页。
② 参见《岑参集校注》修订本,第552—554页。
③ 《唐摭言》,古典文学出版社1957年版,第92页。
④ 见《丛书集成初编》第2843册,第62页。

期满，诗人的初衷也发生改变，于是不复求仕。笔者认为第二种可能比较符合实际，理由是：首先，本书第一章第三节已对新及第进士的守选制作了论证，施肩吾作为新及第进士，必须守选，不可能有例外。其次，诗人多次应举，有求仕的初衷，不大可能甫一登第初衷即改变。施肩吾《上礼部侍郎陈情》云："晴天欲照盆难反，贫女如花镜不知。却向从来受恩地，再求青律变寒枝。"此乃肩吾应举落第后干谒主司之作。又《秋吟献李舍人》云："肠结愁根酒不消，新惊白发长愁苗。主司倘许题名姓，笔下看成度海桥。"李舍人即李程，元和十二年以中书舍人权知礼部贡举，诗即作于此年秋①，诗中极写落第之愁，并请求主司垂青拔擢。《下第春游》云："羁情含蘖复含辛，泪眼看花只似尘。"诗里充满下第的悲苦。《及第后过扬子江》云："忆昔将贡年，抱愁此江边。鱼龙互闪烁，黑浪高于天。今日步春草，复来经此道。江神也世情，为我风色好。"登第的喜悦溢于言表。据以上诗歌可以看出，肩吾应举的次数至少有三次；从诗中所写下第的悲苦与登第的喜乐的对比中，不难感受到诗人对仕宦的热衷，在得第的极为兴奋、喜悦之时，诗人怎么可能一下子作出终身不复求仕的决定？如果登第后可以立即授官（没有守选制），诗人或许会走上另外一条道路。从他今存的诗歌，多数表现世俗人情这一点上看，这种推测不为无据。第三，作于西山的《闲居遣兴诗》即《百韵山居诗》，在新及第进士的守选制实行后，及第后的"闲居"，大抵就是"守选"的同义语。据上述此诗残存的两联看，它应该是一首山水诗。肩吾今存的诗中，还有不少山居写景之作，其中多数与《闲居遣兴诗》一样，是在西山闲居守选时作的（说见下）。

　　从施肩吾今存的诗歌看，诗人登第前，除多次逗留长安及其近郊外，游踪遍及江南杭、越、明、湖、信、饶、袁、岳诸州，

---

① 参见《唐才子传校笺》第五册，陶敏笺证，第311页。

还到过云州、太原府、襄州等地，并非只是一个居于山林的隐者、道徒。张籍《送施肩吾东归》说："知君本是烟霞客，被荐因来城阙间。世业偏临七里濑，仙游多在四明山。早闻诗句传人遍，新得科名到处闲。"据肩吾《忆四明山泉》、《同诸隐者夜登四明山》、《宿四明山》、《寄四明山子》等诗，不难推知肩吾"仙游多在四明山"，是指他曾短期到四明山访道学仙，并非说他曾在那里长住；而"知君"句，则主要指诗人登第前曾在故乡睦州隐居读书，为应举作准备，应该说，这同他登第后的隐居西山，是不大一样的。肩吾的山居写景之作中，有一些含有仙道的内容，如《西山静中吟》、《经吴真君旧宅》、《闻山中步虚声》等，更多的则是比较纯粹的山水诗，如《秋山吟》："夜吟秋山上，裊裊秋风归。月色清且冷，桂香落人衣。"《幽居乐》："万籁不在耳，寂寥心境清。无妨数茎竹，时有萧萧声。"《寒夜》："三复招隐吟，不知寒夜深。看看西来月，移到青天心。"《秋夜山居二首》其二："去雁声遥人语绝，谁家素机织新雪。秋山野客醉醒时，百尺老松衔半月。"《春日餐霞阁》："洒水初晴物候新，餐霞阁上最宜春。山花四面风吹入，为我铺床作锦茵。"《讽山云》："闲云生叶不生根，常被重重蔽石门。赖有风帘能扫荡，满山晴日照乾坤。"《幽居》残句："空岩雨暴泉声乱，幽径苔深鸟迹重。"① 联系施肩吾并不复杂的经历来考察，上面列举的这些诗歌，大抵和《闲居遣兴诗》一样，为诗人在西山闲居守选时所作。这些诗都是绝句，多刻画清幽之境，语言简净、平易，想象奇特、新颖，很有特色。

4. 许浑　许浑大和六年（832）春登进士第，当时已实行新及第进士的守选制，所以他随即回到自己移家后的常居地——润州（今江苏镇江）城南三里"丁卯涧村舍"（许浑《乌丝栏诗自序》）守选。许浑《陪王尚书泛舟莲池》云："莲塘移画舸，泛泛

---

① 见《全唐诗逸》卷上。

日华清。水暖鱼频跃,烟秋雁早鸣。舞疑回雪态,歌转遏云声。客散山公醉,风高月满城。"王尚书即王璠,璠大和六年八月至大和八年十一月为检校礼部尚书、润州刺史、浙西观察使①,时许浑在润州闲居守选,故得陪游。又《闻州中有宴寄崔大夫兼简邢群评事》云:"箫管筵间列翠娥,玉杯金液耀金波。池边雨过飘帷幕,海上风来动绮罗。颜子巷深青草遍,庾君楼迥碧山多。甘心不及同年友,卧听行云一曲歌。"崔大夫谓崔郾,郾大和九年(835)七月至开成元年(836)十月为浙西观察使,带宪衔御史大夫,朝衔礼部尚书;时邢群为浙西从事,带大理评事衔,故得与宴,而许浑当时在润州闲居守选,未与宴,故作诗寄崔郾,并以居陋巷的颜回自喻②。邢群与许浑同年登第("同年友"),但邢群受崔郾之辟为幕府僚佐,不用守选,而许浑则须守选。又《将为南行陪尚书崔公宴海榴堂》云:"朝宴华堂暮未休,几人偏得谢公留。风传鼓角霜侵戟,云卷笙歌月上楼。宾馆尽开徐稚榻,客帆空恋李膺舟。谩夸书剑无归处,水远山长步步愁。"海榴堂在润州(见《全唐文》卷五一四李约《壁书飞白萧字赞》),尚书崔公也指崔郾,诗大抵作于开成元年秋冬之际,当时许浑准备入南海幕府(浑有《南海府罢南康阻浅行侣稍稍登陆……暮宿东溪》等诗)为僚佐,故诗题云"将为南行",又南海路远,所以诗中说"水远山长步步愁"。根据以上三诗,许浑自登第后至开成元年一直在润州闲居守选,但按照新及第进士的守选制,许浑应于大和九年守选期满,同年秋即可入京参加吏部铨选,开成元年春即当授官,估计是因为他有入幕府任职的打算,所以便放弃了赴京参加吏部铨选的机会。许浑在南海幕府待了约一年多时间,大概因为南海府主没有荐举他入朝任职,便于开成三年春(《南海府罢……》诗写春景)离开南海归润州(浑有《南海府罢归京口郊

---

① 参见《唐方镇年表》,中华书局1980年版,第756页。
② 以上参见《唐才子传校笺》第五册,陶敏笺证,第333—334页。

居……》诗），同年秋赴京参加吏部铨选，开成四年授当涂县尉之职。①

许浑《南海使院对菊怀丁卯别墅》说："何处曾移菊，溪桥鹤岭东。篱疏还有艳，园小亦无丛。……罢酒惭陶令，题诗答谢公。朝来数花发，身在尉佗宫。"据此诗，可知许浑在入南海幕府之前守选时，居于润州城南丁卯别墅。丁卯别墅即"丁卯涧村舍"，许浑诗中又称它"郊园"或"郊居"（因其地址就在润州州城丹徒近郊）。许浑登第后，大概有三次较长时间住在润州家中，第一次是大和六年至开成元年在润州闲居（依照唐人的观念，也可说是隐居）守选，第二次是约于会昌三年（843）至五年任润州司马，第三次是大中三年（849）至四年辞官在润州隐居。其《祗命许昌自郊居移就公馆秋日寄茅山高拾遗》云："一笛迎风万叶飞，强携刀笔换荷衣。潮寒水国秋砧早，月暗山城夜漏稀。……中年未识从军乐，虚近三茅望少微。"祗命许昌，谓奉命出使许昌，据"强携"句及"中年"句，诗人当时当任润州司马；郊居指丁卯别墅，公馆则指润州官衙，可见他官润州司马时，有时住在丁卯别墅，有时居于官衙。而他第一、第三次在润州时，则都居于丁卯别墅。诗人三次回润州期间，都有诗作留存。官润州司马时的诗作较易辨识，而两次居于丁卯别墅时的诗作则不易区分。下面我们试着区分一下，《村舍二首》其一："自剪青莎织雨衣，村南烟火是柴扉。莱妻早报蒸藜熟，通子遥迎种豆归。"其二："尚平多累自休难，一日深居一日安。山路有云收猎网，水亭无月挂渔竿。……三顷湖田秋更熟，北窗谁拂旧尘冠？""村舍"当指"丁卯涧村舍"，诗写居村舍自耕自织之乐，但其二末句谓不欲拂去旧官帽上的尘土，则诗人当时应已挂冠隐居，诗盖作于第三次居润州时。《夜归丁卯桥村舍》云："月凉风静夜，归客泊岩

---

① 关于许浑任当涂尉的时间，参见《唐才子传校笺》第五册，陶敏笺证，第334页。

前。桥响犬遥吠，庭空人散眠。紫蒲低水槛，红叶半江船。自有还家计，南湖二顷田。"诗或登第后还家守选时所作。又《村舍》云：

> 燕雁下秋塘，田家自此忙。移蔬通远水，收果待繁霜。野碓春粳滑，山厨焙茗香。客来还有酒，随事宿茅堂。①

"村舍"也指丁卯涧（桥）村舍。许浑第一次居润州的时间比起第二、第三次来都要长，留下的诗作也许会更多一些，像这首诗就很可能是第一次居润州时所作。又《郊园秋日寄洛中友人》：

> 楚水西来天际流，感时伤别思悠悠。一尊酒尽青山暮，千里书回碧树秋。日落远波惊宿雁，风吹轻浪起眠鸥。嵩阳亲友如相问，潘岳闲居欲白头。②

"郊园"指丁卯别墅，诗亦大抵是闲居守选时所作。又《孟夏有怀》："绿树荫青苔，柴门临水开。簟凉初熟麦，枕润乍经梅。鱼跃海风起，鼍鸣江雨来。佳期今已晚，日夕上高台。"诗也当作于丁卯涧。诗人在丁卯涧守选时写的诗，有的抒写村舍风光和田家的耕织生活，这些诗绘景工细，偶对精切，诗风清丽；有的表现思友、咏怀等内容，作者擅长在这类诗中插入写景之笔，并善于融情入景，使诗歌富有意趣。

上述实例，说明守选制对唐代隐逸之风的形成和山水田园诗的创作，具有不可忽视的作用。上文还结合守选制的背景，对若干诗人的生平事迹作了一些新的探索，得出了一些新的认识；同时，上述实例，也是对本书第一章中关于守选制的论述的一个印

---

① 《全唐诗》卷五二八，第6043页。
② 《全唐诗》卷五三六，第6121页。

证。当然，文中对唐诗人生平事迹进行的改写，还只是局部的和初步的，但相信随着其他研究者的加入和研究的深化，这种改写还会有新的成果出现。至于唐诗人在守选期间创作的山水田园诗有没有什么值得注意的特色，则留待以后再做进一步的研究。

第二节　守选制与漫游之风和山水行旅诗

本节谈守选制与漫游之风的形成和山水行旅诗的创作的关系。何谓山水行旅诗？《文选》诗歌"行旅"类中，收录了潘岳、陆机、谢灵运、谢朓等十一位六朝诗人的三十五首诗，它们大都作于旅行途中，而诗人们旅行的缘由，多是出任地方官（包括自地方离任）或因公务出差，诗的内容主要表现旅途中的所见所感，往往兼具写景与抒怀两个方面。上述诗歌中，有的以描写山水景物为主，兼有触景抒怀的内容，这就是我们所说的山水行旅诗，如谢灵运的《入彭蠡湖口》、谢朓的《晚登三山还望京邑》等；如果有的诗歌以抒怀为主，只是插入少量写景句子，我们一般就不算它是山水行旅诗。唐代山水行旅诗获得很大发展，它与反映隐逸生活情趣的山水田园诗，构成了唐代山水诗发展的两个主干。唐代山水行旅诗的发展，与当时漫游成为盛极一时的风尚关系密切。唐代士人，不论在出仕前还是出仕后，多有漫游的经历，而六朝时期的士人，则少有这样的经历。

根据漫游士人的不同身份，唐时的漫游，大致有以下三种类型：第一种是出仕前或获得出仕资格前的漫游。唐时国家统一，社会安定，形成"九州道路无豺虎"（杜甫《忆昔》），"虽行万里，不持兵刃"（《旧唐书·玄宗纪》）的境况；而经济的繁荣，又使得"公私仓廪俱丰实"（《忆昔》），"百姓殷富……行者不赍粮"（唐郑綮《开天传信记》），取给于路的景象；还有水陆交通畅达，遍布各地的驿站店肆，能为旅人提供食宿与交通工具的便利。上述这些条件，在唐代近三百年的时间内，大体具备（安史之乱时期和唐末的动乱时期除外），这就促成了唐代盛行的漫游之风。六朝时期由于不具备上述条件，没有官职的士人是不大可能外出漫游的。而唐时没有官职的士人不但可以外出漫游，漫游的地域还很广，几乎没有限制，如有的人远至北庭漫游；漫游的时间也很长，有的甚至长达数年。还有士人入京应举实际上也是一种漫游。这种类型的漫游，对山水行旅诗的发展产生了促进的作用。下面略举二例加以说明。如诗人孟浩然，早年曾漫游湘、赣，写下了《夜渡湘水》《宿武陵即事》《下赣石》等描写旅途中所见所感的山水行旅诗。开元十六年（728）春孟浩然在长安应举落第后，于同年初冬赴洛阳，十七年"自洛之越"，先到越州（今浙江绍兴）一带游览；十八年春游定山、渔浦，四月，自临安出发赴天台山，秋，至杭州，又回越州，冬，溯浙江西上赴桐庐、建德，又东南行沿永嘉江（今瓯江）至温州；十九年春，由温州泛海至越州，夏，由越州返襄阳。① 诗人这次漫游历时两年多，先后写下了不少山水行旅诗，如《济江问同舟人》《耶溪泛舟》《早发渔浦潭》《舟中晓望》《寻天台山》《与颜钱塘登樟楼望潮作》《宿桐庐江寄广陵旧游》《建德江宿》《东陂遇雨率尔贻谢甫池》《晚泊浔阳望庐山》等，这些诗多写作者畅游越中山水之所见，与他当时的心情，其中有多首是唐代山水诗中的名作，历来传诵不绝。又如李白，他一生长期游历各地，飘忽无定。开元十三年（725），诗人出蜀东游，经江陵、江夏，游洞庭，十四年上襄阳，又南游庐山、金陵、扬州。仅只这次漫游，他就写下了不少描写山水风景、反映漫游生活的诗歌，如《渡荆门送别》《秋下荆门》《黄鹤楼送孟浩然之广陵》《望庐山瀑布二首》《望庐山五老峰》《金陵城西楼月下吟》《登瓦官阁》《横江词六首》《洗脚亭》《秋

---

① 以上参见陈铁民《王维孟浩然诗选》，中华书局2005年版，第6、7页。

夜板桥浦泛月独酌怀谢朓》《夜下征虏亭》《秋日登扬州西灵塔》等①，其中不乏脍炙人口的名篇。由此可见，漫游对于山水行旅诗的创作具有重要的作用。

第二种是仕宦期间的漫游。这同前面说的六朝官员仕宦期间的旅行大致相同，这也就是说，唐时官员们旅行的缘由，是出任地方官或自地方离任，以及奉命出使、赴京参加吏部铨选等。但是，唐时的这种宦游，比起六朝来也有不同，这主要表现在，宦游的次数更多，地域更广。赖瑞和《唐代基层文官》说："形成宦游的主因是，唐人不能像汉代官员那样，可以留在自己的故乡做官，而需遵守'本籍回避'的规定，到外地或京师任官。"② 笔者认为，还有另外一个主因更为重要：即唐代实行任期制，一般地方文官皆四年秩满，建中三年（783）还颁布新规定，除刺史四年秩满外，其他州县官皆三年秩满（参见第二章第二节），唐代六品以下文官秩满后都需离任守选，守选期满后还要到吏部参加铨选才能获得新的官职，这种制度造成唐代文官的迁转非常频繁；唐时授官的权力主要由朝廷掌握，朝廷一般根据官吏编制中的缺员来授官，而有官缺的地方自然在全国各地（包括边地），这样授官的地域也就很广，加上唐后期方镇大增，其主帅有权自辟僚佐，于是游幕之风大盛，这一切便形成唐代文官一生中往往有许多次离乡背井、宦游四方的情况。这对于山水行旅诗的创作，能够产生促进的作用。下面略举二例加以说明。例如初唐诗人宋之问，因谄附张易之兄弟，于神龙元年（705）谪为泷州（今广东罗定）参军，次年遇赦北归，在自洛阳赴泷州及由泷州北归的旅途中，写作了不少山水行旅诗，如《途中寒食题黄梅临江驿寄崔融》《题大庾岭北驿》《度大庾岭》《早发大庾岭》《早发始兴江口至虚

---

① 以上参见詹锳《李白诗文系年》，作家出版社1958年版，第4—9页。
② 《唐代基层文官》，第296页。

氏村作》《入泷州江》《初承恩旨言放归舟》①《自湘源至潭州衡山县》《渡汉江》等，后来诗人在贬越州、流钦州（今广西钦州东北）途中，也写了不少山水行旅诗，他的上述这些诗，精细刻绘异俗殊方的山水风貌，抒发窜逐南荒时内心的痛楚，可以视为唐代山水诗走向繁荣的一个开端。又如开元宰相张九龄，曾于开元十四年（726）奉命出使祭南岳、南海，十五年出为洪州刺史，十八年转桂州刺史兼岭南按察使，十九年还朝为秘书少监，在这几年的往返旅途中，写下了约三十首山水行旅诗，如《江上遇疾风》《湘中作》《彭蠡湖上》《入庐山仰望瀑布水》《江上使风呈裴宣州耀卿》《自豫章南还江上作》《自湘水南行》《耒阳溪夜行》《自彭蠡湖初入江》《湖口望庐山瀑布泉》《赴使泷峡》《浈阳峡》《春江晚景》《奉使自蓝田玉山南行》《西山夜行》等，都着重描绘旅行途中所见山水风光，其境界或雄奇，或清幽，这些诗的创作，对盛唐山水诗的繁荣，有着推进的作用。总的说来，宦游同山水行旅诗创作的关系，也非常密切。

第三种是低层文官在守选或待选期间的漫游。前一节我们谈过，唐代文人入仕后，在两个职务、任期之间，须守选或待选数年，而不能连续为官；还有文人登第后，未能立即授官，而守选或待选一段时间。在这一守选或待选期间，他们外出漫游，这就是我们所说的第三种类型的漫游。这种类型的漫游与守选制的关系密切，对山水行旅诗的创作也有作用，过去很少有人涉及，所以本节就以它作为论述的重点。下面举若干诗人的例子加以说明：

1. 王勃　初唐诗人王勃麟德三年（666）应制举及第，为沛王府侍读，总章二年（669）春，因诸王斗鸡，王勃戏为檄周王鸡文，被高宗斥出沛王府。《唐律疏议》卷三云："免官者，三载之后，降先品二等叙。"知王勃自被免官至获得新职，中间当相隔三

---

① 此诗本为逸诗，见陶敏等《沈佺期宋之问集校注》下册，中华书局2001年版，第438—439页。

年。王勃被免官后，于总章二年五月离京赴蜀漫游，咸亨二年（671）秋，自蜀还京，是冬，参加吏部铨选，三年春末，授虢州参军①，自出沛王府至授虢州参军，相隔正好三年。因当时尚未实行前资官的守选制，所以我们可以说这三年是王勃的待选时间。

王勃《入蜀纪行诗序》："总章二年五月癸卯，余自常安（即长安）观景物于蜀，遂出褒斜之隘道，抵岷峨之绝径。……嗟乎！山川之感召多矣，余能无情哉？爰成文律，用宣行唱，编为三十首，投诸好事焉。②"所编三十首诗，今已大部佚失。王勃入蜀，盖自长安西行，经今陕西兴平、扶风，在眉县西南入斜谷，复沿谷西南行，至旧褒城北出褒谷，抵汉中，然后经四川剑阁，至今绵阳、三台，又在今中江、金堂、德阳、广汉、成都、什邡、彭州一带盘桓，最远到过嘉州（今四川乐山）东北四十里的麻平、泥溪③，返程则经今四川绵竹至梓橦，过今陕西凤县、大散故关回京。诗人待选期间游蜀达两年多时间，先后写作了不少诗歌，今存约三十馀首，其中有若干山水行旅之作。如《易阳早发》云：

饬装侵晓月，奔策候残星。危阁寻丹嶂，回梁属翠屏。云间迷树影，雾里失峰形。复此凉飙至，空山飞夜萤。④

蒋清翊注曰："诗非易县风景，疑亦入蜀纪行之作。"按，易阳为汉县名，唐曰临洺，在今河北永年县，诗中所写，确与永年的风景不合，"易阳"二字疑有误。危阁，指山中阁道，也即栈道；回梁，回转于山间的桥，也即山桥、阁道，这首诗真切地写出了凌晨出发在入蜀的栈道上艰难行进的情状，蒋清翊的说法不无道理。

---

① 以上参见张志烈《初唐四杰年谱》，巴蜀书社1992年版，第121—156页。
② 蒋清翊注《王子安集注》，上海古籍出版社1995年版，第226—227页。
③ 见曹学佺《蜀中广记》卷十一。
④ 《王子安集注》，第91页。

第三章 守选制与唐代文人的生活风尚和诗歌创作

又《长柳》云：

> 晨征犯烟磴，夕憩在云关。晚风清近壑，新月照澄湾。郊童樵唱返，津叟钓歌还。客行无与晤，赖此释愁颜①。

长柳为村名，在今汉中附近。诗歌绘出了一幅傍晚山村充满生意的美丽图画，它就是作者入蜀途中的借宿之地。又《散关晨度》云："关山凌旦开，石路无尘埃。白马高谭去，青牛真气来。重门临巨壑，连栋起崇隈。即今扬策度，非是弃繻回。"此诗作于出蜀途中，前八句描写散关的险峻雄伟，后二句说自己轻快地策马过关，不像终军那样有追求显赫功名的企图，所以心情平静。诗人入蜀、出蜀途中，创作的诗歌还有《始平晚息》《扶风昼届离京浸远》《普安建阴题壁》《晚届凤州》等，皆可读。王勃漫游蜀中各地时，也写作了不少山水行旅诗，如《山中》：

> 长江悲已滞，万里念将归。况属高风晚，山山黄叶飞。②

这首诗写连山秋色，用眼前只见黄叶满山遍野随风飞落，映衬出了游子的无尽归思乡愁。又《深湾夜宿》云："津途临巨壑，村宇架危岑。堰绝滩声隐，峰交树影深。江童暮理楫，山女夜调砧。此时故乡远，宁知游子心！"细致地描画了江村的夜色和生活图景，表现了诗人的思乡之情。又《麻平晚行》云："百年怀土望，千里倦游情。高低寻戍道，远近听泉声。涧叶才分色，山花不辨名。羁心何处尽，风急暮猿清。"写出了"晚行"的景物特点和凄惋的羁旅之思。《临江二首》其二："去骖嘶别路，归棹隐寒洲。江皋木叶下，应想故城秋。"也以景物刻划抒写乡思。诗人的

---

① 《王子安集注》，第89页。
② 《王子安集注》，第101页。

蜀中漫游诗尚有数首，如《圣泉宴》《游梵宇三学寺》《泥溪》《羁春》等，都值得一读。游蜀中期间，王勃还有不少送别、唱和之什。如《重别薛华》："明月沈珠浦，秋风濯锦川。楼台临绝岸，洲渚亘长天。旅泊成千里，栖遑共百年。穷途惟有泪，还望独潸然。"《别人四首》其二："江上风烟积，山幽云雾多。送君南浦外，还望将如何？"这类诗多抒旅思别情与身世感慨，常常插入写景之笔，使诗歌增色不少。总的说来，王勃入蜀漫游，是从宫苑走向江湖山野，走向广阔大自然，这使他扩大视野，壮大胸怀，诗歌的境界也因之变得开阔；他的山水行旅诗多采用五律、五绝的形式，虽仍有齐梁馀风的影响，但不假雕饰，感情真挚，语言平易，情景相谐，对唐代山水诗的发展，作出了自己的贡献。

2. 王维　王维曾游蜀，由其诗歌可知。前一节我们已谈过，自开元十九年（731）至二十二年，为王维的守选时间；二十二年秋，王维赴洛阳，寻隐于嵩山，二十三年春，出为右拾遗，其后他的行迹仕履历历可考，故王维的游蜀，大抵当在开元二十一年以前闲居长安守选的数年内。① 诗人游蜀期间，写下了数首山水行旅诗，如《自大散以往深林密竹蹬道盘曲四五十里至黄牛岭见黄花川》云："危径几万转，数里将三休。回环见徒侣，隐映隔林丘。飒飒松上雨，潺潺石中流。静言深溪里，长啸高山头。望见南山阳，百日霭悠悠。青皋丽已净，绿树郁如浮。曾是厌蒙密，旷然消人忧。"由这首诗可知，王维入蜀所走的路线为：在今陕西宝鸡西南出大散关，经凤县，过北栈道，抵汉中，与王勃游蜀的返程所走路线一样。这首诗真切地表现了作者入蜀途中亲眼见到的景色，以及随着景色的变化诗人情绪的变化。又《青溪》云："言入黄花川，每逐青溪水。随山将万转，趣途无百里。声喧乱石中，色静深松里。漾漾泛菱荇，澄澄映葭苇。我心素已闲，清川

---

① 参见《王维集校注》修订本，第93—95页。

澹如此。请留盘石上，垂钓将已矣。"黄花川在凤县东北，此诗也作于入蜀途中，它表现了诗人路上遇见的令人流连忘返的美景。其中"声喧"句，以乱石中淙淙的流水声衬托环境的静谧，所用手法与"蝉噪林逾静，鸟鸣山更幽"同；"色静"句，说幽深松林的颜色引起宁静之感，这是突破了一般经验的感觉，有着深细、独到的体会，所以用一个静字，看似平常，却能够收到新颖、奇妙之效。诗人入蜀途中写的诗，还有《纳凉》、《戏题盘石》二首。又《晓行巴峡》云：

> 际晓投巴峡，馀春忆帝京。晴江一女浣，朝日众鸡鸣。水国舟中市，山桥树杪行。登高万井出，眺迥二流明。人作殊方语，莺为旧国声。赖多山水趣，稍解别离情。①

巴峡泛指长江自今重庆至涪陵一段的山峡，这大概是王维入蜀后到过的最远地方。诗中真切地写出了诗人所见巴蜀的新异、独特景色与风土人情。其中"山桥"句，宗白华先生认为带有浓厚的画意，是融中国画"移远就近"的空间意识和画法入诗（参见《艺境·中国诗画中所表现的空间意识》）。可以说，王维的山水行旅诗虽然不多，但写得同他擅长的山水田园诗一样出色。

3. 岑参　前一节我们谈过，岑参天宝三载（744）春登第后，待选两年，至天宝五载春方释褐，他登第后、释褐前，除了曾在终南山高冠谷隐居外，还曾外出漫游。诗人约于天宝三载末自长安出发，游绛州（今山西新绛）、晋州（今山西临汾东北），翌年二月，即经蒲津关（在今陕西大荔东黄河西岸）还京②。《骊姬墓下作》："骊姬北原上，闭骨已千秋。……蛾眉山月落，蝉鬓野云愁。欲吊二公子，横汾无轻舟。"骊姬墓在绛州，这是作者游绛州

---

① 《王维集校注》修订本，第96—99页。
② 参见《岑参集校注》修订本，第552—553页。

时写的一首怀古诗。又《题平阳郡汾桥边柳树》:"此地曾居住,今来宛似归。可怜汾上柳,相见也依依!"平阳郡即晋州,这首诗是作者游晋州时所作。又《宿蒲关东店忆杜陵别业》:"关门锁归路,一夜梦还家。月落河上晓,遥闻春树鸦。长安二月归正好,杜陵树边纯是花。"《入蒲关先寄秦中故人》:"秦山数点似青黛,渭水一条如白练。京师故人不可见,寄将两眼看飞燕。"这两首诗是作者游绛、晋返程经蒲津关时所作。以上三诗皆写作者旅途中见到的景色和当时的心情。诗人很善于用简净的笔墨描摹对所见景物的感觉印象,语言虽然明白如话,蕴含的感情却颇丰富。他这次待选期间的漫游,时间、行程都短,留下的诗作不多;然而实际上,岑参是写作山水行旅诗的行家,他获得出仕资格(登第)前曾两次漫游(一次游河朔,一次游滑州、汴州等地),仕宦期间曾三次漫游(一次赴安西,一次赴北庭,一次入蜀),写下了许多山水行旅诗,他这方面的成就,值得我们加以研究。

4. 韦应物 应物于广德元年(763)为洛阳丞,永泰元年(765),"以扑挟军骑",见讼于东都留守。二年春(766)请告,不久即离职(唐制,职事官请假满百日,即合停官)闲居。洛阳丞是六品以下官,四年秩满,这也就是说,应物为洛阳丞要到大历二年(767)才秩满,他是提前一年离任。按照唐代制度的规定,他离任后需要等待相当于完成四年任期的时间,然后再守选数年,才能获得新职(参见上一节"王维"条);诗人约于大历六年新授河南府兵曹参军[①],这样自大历二年至六年,他大约守选了四年时间。在这个守选期间,诗人曾于大历四年秋,赴扬州漫游[②],并写下若干首山水行旅诗。如《自巩洛舟行入黄河即事寄府县僚友》云:

---

① 以上可参见陶敏、王友胜《韦应物集校注·附录六简谱》,上海古籍出版社1998年版,第660—662页。

② 参见《韦应物集校注·附录六简谱》,第661页。

夹水苍山路向东，东南山豁大河通。寒树依微远天外，夕阳明灭乱流中。孤村几岁临伊岸，一雁初晴下朔风。为报洛桥游宦侣，偏州不系与心同①。

作者赴扬州，盖自长安东行至洛阳，而后沿洛水入黄河，诗即作于洛水入黄河处。此诗刻画舟行途中所见景物，纯用白描，而细致逼真，是被历代诗评家称道的七律名篇。又据《将发楚州经宝应县访李二忽于州馆相遇月夜书事因简李宝应》诗，知应物此行又自黄河沿通济渠入淮水，顺淮水至楚州（治今江苏淮安），而后沿邗沟东南行抵扬州。其《淮上即事寄广陵亲故》云："前舟已眇眇，欲渡谁相待？秋山起暮钟，楚雨连沧海。风波离思满，宿昔容鬓改。独鸟下东南，广陵何处在？"此诗亦作于楚州，是先寄给在广陵（扬州）"相待"的亲故的，"独鸟下东南"既是即景，也隐喻自己独自前往广陵。全诗写得情景交融，清新自然，洵为佳制。应物到扬州后，曾写下多首诗，因不是山水行旅之作，这里就不多说了。《发广陵留上家兄兼寄上长沙》云："拜言不得留，声结泪满裳。漾漾动行舫，亭亭远相望。离晨苦须臾，独往道路长。萧条风雨过，得此海气凉。感秋意已违，况自结中肠。"据诗中所言，诗人当于大历五年秋自扬州启程北归。又《淮上遇洛阳李主簿》云：

结茅临古渡，卧见长淮流。窗里人将老，门前树已秋。寒山独过雁，暮雨远来舟。日夕逢归客，那能忘旧游②？

此诗当作于自扬州北归途经楚州时。这也是一首好诗，在极浅近的语言中蕴含着对友人的深情，还很善于用眼前之景来烘托自己

---

① 见《韦应物集校注》，第81页。
② 见《韦应物集校注》，第356页。

的感情。韦应物以擅长山水田园诗著称，创作的山水行旅诗虽然数量不多（他数次宦游途中还写过其他一些山水行旅诗），质量还是很高的，值得我们注意。

5. 欧阳詹　欧阳詹贞元八年（792）登进士第，十五年（799）释褐为国子监四门助教①，他登第后实际守选的时间长达七年。根据新及第进士的守选制，詹当于贞元十一年守选期满，可以参加十一年冬至十二年春的吏部铨选，他也确实在东都参加了这个期间的吏部铨选。② 欧阳詹《上董相公东风诗启》云："某启……昨以赴调（即赴选）东周，又聆相公此方（指东周）镇安之美，陪舆人诵，作《东风》诗二首，既咏诸途，辄尘左右。"③《东风二章》序曰："《东风》，美陇西公也。贞元十二年，相国东都守陇西董公牧于浚（浚仪，汴州治所）……既去凶渠，黎甿以苏……作《东风》诗二章。"④ 按，董相公、陇西董公即董晋，晋于贞元十二年三月充东都留守，七月为检校左仆射、同中书门下平章事、汴州刺史、宣武军节度使（见《旧唐书·德宗纪下》）；《东风二章》当作于贞元十二年七月之后，而所谓"赴调东周"，盖指詹在东都参加十一年冬至十二年春的吏部铨选。欧阳詹《上郑相公书》说自己"四试于吏部，始授四门助教"⑤，则他自贞元十二年至十五年，接连四年参加吏部铨选，到十五年春才释褐。在这七年的守选时间里，欧阳詹曾一度回故乡泉州闲居，又曾于贞元十三年入蜀漫游，并写作了多首山水行旅诗。

欧阳詹《别柳由庚序》说："贞元十三年七月十六日，绵州

---

① 见韩愈《欧阳生哀辞》，屈守元等《韩愈全集校注》，四川大学出版社1996年版，第1490—1492页。
② 当时西京与东都同时置选，参见《唐会要》卷七五"东都选"。
③ 见《全唐文》，中华书局1983年影印本，第6026页。
④ 《全唐诗》，第3898页。
⑤ 《全唐文》，第6025页。

紫极宫黄籙斋场别。"① 绵州在今四川绵阳，可见詹入蜀在贞元十三年。他这次入蜀所走的路线是，首先自长安启程至兴元府（梁州，治所在今陕西汉中东），他的《述德上兴元严仆射》说："推车阃外主恩新，今日梁川草遍春。玉色据鞍双节下，扬兵百万路无尘。"又同题诗云："何幸腐儒无一艺，得为门下食鱼人？"严仆射指严震，他自兴元元年（784）至贞元十五年为尚书左仆射、兴元尹、山南西道节度使（见《旧唐书》本传），二诗应该作于贞元十三年春，作者当是在参加了当年的吏部铨选失利后随即入蜀的；他入蜀的目的，除了漫游外，还带着寻找出仕门径的意图（如入幕），所以写了这两首干谒诗。诗人在兴元府略作停留后，又南行至利州，其《益昌行》云："驱马至益昌，倍惊风俗和。……乃知良二千，德足为国华。"益昌，郡名，即利州（治所在今四川广元），这首诗颂扬了利州刺史的治绩。《与林蕴同之蜀途次嘉陵江认得越鸟声呈林林亦闽中人也》说："正是闽中越鸟声，几回留听暗沾缨。伤心激念君深浅，共有离乡万里情。"利州濒嘉陵江，此诗亦当作于利州一带。接着，诗人又西南行至剑门，其《蜀门与林蕴分路后屡有山川似闽中因寄林蕴蕴亦闽人也》云："村步如延寿，川原似福平。无人相共识，独自故乡情。"自注："延寿，蕴之别墅；福平，余之别墅。"蜀门，即剑门；林蕴贞元四年明经及第，《新唐书·儒学传下·林蕴》云："林蕴世通经，西川节度使韦皋辟推官。"第一章第四节我们谈过，唐代新及第明经的守选时间长，所以林蕴自及第后至贞元十三年仍未授官，他这次与欧阳詹同行入蜀的原因，是受韦皋之辟入西川幕，所以到剑门后，便与詹分路而直奔成都。又《新都行》云：

缥缈空中丝，蒙笼道旁树。翻兹叶间吹，惹破花上露。

---

① 《全唐文》，第6027页。

> 悠扬丝意去，苒蒻花枝住。何计脱缠绵，天长春日暮。①

新都即今四川新都，在成都北。此诗系作者南行到新都时所作，它描摹清晨在旅途中所见景物，可谓细致入微。后来诗人又到成都，写了两首干谒诗，一首《咏德上韦检察》献给韦皋之弟韦肇，一首《蜀中将回留辞韦相公》献给西川节度使韦皋。② 十三年七月，诗人到了绵州（见前），不久即出剑门，其《出蜀门》云："北客今朝出蜀门，翛然领得入时魂。游人莫道归来易，三不曾闻古老言。"首二句写剑门之险，用语极简，却能引发人们的想象。诗人出剑门后，即往兴元府，《自南山却赴京师石臼岭头即事寄严仆射》云："鸟企蛇盘地半天，下窥千仞到浮烟。因高回望沾恩处，认得梁州落日边。"《方舆胜览》卷六六谓石臼岭在兴元府，据诗中所写，它当在梁州治所东。又《与洪孺卿自梁州回途中经骆谷见野果有闽中悬壶子即同采摘因呈之洪亦闽人》："青苞朱实忽离离，摘得盈筐泪更垂。上德同之岂无意，故园山路一枝枝。"知诗人到梁州后，又东北行，在今陕西洋县北入骆谷道，并沿之返京。又《题秦岭》云："南下斯须隔帝乡，北行一步掩南方。悠悠烟景两边意，蜀客秦人各断肠。"诗写巍巍秦岭断开秦蜀两地，形成两种截然不同的风景，当作于入蜀或出蜀途中。诗人游蜀的时间大约为半年，估计十三年秋他又回到长安，以准备参加十四年的吏部铨选。今存诗人游蜀期间写的诗共十三首，其中山水行旅诗七首。这七首诗各有特色，其中三首写旅行途中所见相似于闽中的景物，触发了无尽的乡思，皆语浅情深，是较好的山水行旅之作。

6. 孟郊 孟郊贞元十二年（796）进士及第，十七年春释褐为溧阳尉，登第后守选的时间为五年。或谓孟郊贞元十六年春释

---

① 《全唐诗》，第3901页。
② 以上参见陶敏《全唐诗人名汇考》，第694—695页。

褐（见第一章第三节），依照唐代的守选制度，孟郊是可以在十五年冬赴选，十六年春释褐的，但他因故未能在十五年冬赴选，延至下一年冬方赴选，所以十七年春才释褐。下面就这个问题略作考证。韩愈《贞曜先生墓志铭》："先生讳郊，字东野。……年几五十，始以尊夫人之命来集京师，从进士试，既得，即去。间四年，又命来选，为溧阳尉。"① 登第后隔四年，即贞元十六年，这年参加吏部铨选，则得官自然只能在十七年春了。又韩愈《送孟东野序》："东野之役于江南也，有若不释然者，故吾道其命于天者以释之。"② 溧阳属宣州，地在江南，所谓"役于江南"，即指孟郊就要到溧阳赴任。韩愈《将归赠孟东野房蜀客》又云："君门不可入，势利互相推。……倏忽十六年，终朝苦寒饥。宦途竟寥落，鬓发坐差池。"③ 顾嗣立《昌黎先生年谱》贞元十七年云："公在京师从调选，三月，东还。公自去年冬参调，竟无所成而归，今年冬再往。"有《将归赠孟东野房蜀客》诗。贞元十八年云："春，始有四门博士之授。"④ 按，顾说是，韩愈此诗与《送孟东野序》皆作于贞元十七年春，时孟郊也在长安。韩愈与孟郊同年参加吏部铨选，只是韩愈在长安参选，结果落选；孟郊在洛阳参选（有《初于洛中选》诗），一举中选。那么，孟郊既在洛阳参选，为什么又去了长安呢？《唐会要》卷七五"东都选"云："开耀元年（681）十月，崇文馆直学士崔融议选事曰：关外诸州，道里迢递，洛河之邑，天地之中，伏望诏东西二曹，两京都分简（选也），留放既毕，同往京师。"⑤ 则东都选被留者（中选者），还要同往京师，所以孟郊又到了长安。另，《贞曜先生墓志铭》又云："（孟郊）去尉二年，而故相郑公尹河南，奏为水陆运

---

① 《韩愈全集校注》，第 2025—2026 页。
② 《韩愈全集校注》，第 1464—1465 页。
③ 《韩愈全集校注》，第 103 页。
④ 以上见《韩愈年谱》，中华书局 1991 年版，第 115 页。
⑤ 《唐会要》，第 1368 页。

从事，试协律郎。""故相郑公"即郑馀庆，他于元和元年（806）十一月为河南尹（见《旧唐书·宪宗纪上》、《新唐书·宰相表中》），由元和元年上推二年，即贞元二十年（804），为孟郊任溧阳尉秩满离任的时间。关于唐代官员的任期，建中三年（783）规定，刺史四考，其馀州县官皆三考（见第二章第二节），孟郊《北郭贫居》也说："三年失意归，四向相识疏。"所以孟郊始任溧阳尉的时间，当为贞元十七年，同我们前面的考证结论相合。

在登第后守选的五年里，孟郊先是归家，接着又于贞元十三年至汴州，依宣武军行军司马陆长源。后在贞元十五年二月汴州军乱、陆长源遇害前，离开汴州，漫游越中。韩愈《此日足可惜赠张籍》云："闻子高第日，正从相公丧。……从丧朝至洛，还走不及停。……行行二月暮，乃及徐南疆。……仆射南阳公，宅我睢水阳。……闭门读书史，窗户忽已凉。……我友二三子，宦游在西京。东野窥禹穴，李翱观涛江。"① 此诗作于贞元十五年夏秋之际，参见方成珪《昌黎先生诗文年谱》②；禹穴在越州（今浙江绍兴），涛江指钱塘江，诗盖谓孟郊、李翱是时正游越中。又李翱《拜禹言》云："贞元十五年六月二十九日，陇西李翱敬再拜于禹之堂下。"③ 也说明李翱确于贞元十五年游越。孟郊漫游越中时，写作了数首山水行旅诗，如《越中山水》云：

日觉耳目胜，我来山水州。蓬瀛若仿佛，田野如泛浮。碧嶂几千绕，清泉万馀流。莫穷合沓步，孰尽派别流？越水净难污，越天阴易收。气鲜无隐物，目视远更周。举俗媚葱蒨，连冬撷芳柔。菱湖有馀翠，茗圃无荒畴。赏异忽已远，

---

① 《韩愈全集校注》，第54—55页。
② 《韩愈年谱》，第135页。
③ 《全唐文》，第6433页。

探奇诚淹留。永言终南色,去矣销人忧。①

此诗即漫游越中期间所作,它从多方面描摹越中山水草木之美,并流露了诗人的愉悦之情。又《桐庐山中赠李明府》前二联云:"静景无浊氛,清雨零碧云。千山不隐响,一叶动亦闻。"桐庐即今浙江桐庐,第二联渲染山中静境,可谓神来之笔。《春集越州皇甫秀才山亭》云:"嘉宾在何处?置亭春山巅。……视听日澄澈,声光坐连绵。晴湖泻峰嶂,翠浪多萍藓。"亦善于细致地勾画景物形象。诗人还有几首描写衢州(今浙江衢州)境内古迹、名胜的诗,如《烂柯石》、《姑蔑城》、《峥嵘岭》等。又《喷玉布》云:"去尘呎尺布,山笑康乐岩。天开紫石屏,泉缕明月帘。仙凝刻削迹,灵绽云霞纤。悦闻若有待,瞥见终无厌。俗玩讵能近,道嬉方可淹。……赠君喷玉布,一濯高巀嶭。"康乐岩疑即永嘉(今浙江温州)之谢客岩,诗或游永嘉时所作,它描写瀑布,很善于用形象化的譬喻突出所要刻绘的对象。上述这些诗歌,写来都较平易、明快,没有孟郊诗中常见的那种盘空硬语和怪奇之景。又,诗人登第之前,还曾漫游过朔方、楚湘等地,也写下若干首山水行旅之作,值得我们加以研究。

7. 章孝标　第二章第一节我们谈过,章孝标元和十四年(819)登第,二月间放榜后旋即归乡守选;在守选期间,曾于元和十五年到蜀地漫游。他这次游蜀走的路线是,在盩厔(今陕西周至)西南入骆谷道,先抵兴元府,其《骆谷行》云:"扪云袅栈入青冥,羁马铃骡傍日星。仰踏剑棱梯万仞,下缘冰岫杳千寻。山花织锦时聊看,涧水弹琴不暇听。若比争名求利处,寻思此路却安宁。②"诗的前六句描写骆谷中山高谷深的险途,与不时耳闻目遇的佳景,末二句笔峰一转,深寓仕途坎坷的感慨。又《诸葛

---

① 《全唐诗》,第 4213—4214 页。

② 《全唐诗》,第 5757 页。

武侯庙》云:"木牛零落阵图残,山姥烧钱古柏寒。七纵七擒何处在?茅花枥叶盖神坛。"诸葛亮庙在今陕西勉县西南定军山(其地有八阵图、诸葛亮墓),系诗人自兴元府入蜀途中所经。入蜀后,诗人先到梓州(今四川三台),作《蜀中上王尚书》,献给剑南东川节度使王涯;又到成都,作《上西川王尚书》,献给剑南西川节度使王播,这两首干谒诗的写作,说明孝标游蜀,还带着摆脱守选、寻求入幕机会的意图,可惜这一意图没能实现。在成都时,诗人还写了《题上皇观》、《蜀中赠广上人》二诗。章孝标有诗名,但今存诗仅只一卷,他游蜀时写的山水行旅诗,现今留存下来的也很少,不过他在守选期间曾漫游蜀地这一点,是没有疑问的。

8. 郑谷　郑谷光启三年(887)春登第,乾宁元年(894)春释褐为鄠县尉①,登第后守选的时间长达七年。其《擢第后入蜀经罗村路见海棠盛开偶有题咏》云:"上国休夸红杏艳,深溪自照绿苔矶。……手中已有新春桂,多谢烟香更入衣。"罗村在陕西宁强东,系作者自长安入蜀途中所经;由于唐代制度规定,登第后必须守选数年才能授官,所以作者便在登第的当年春天离开长安入蜀(自880年黄巢攻陷长安后,郑谷即流寓蜀中,首尾六年,估计当时其家属仍在蜀)。后来蜀中军阀内乱,郑谷便在守选期间,约于龙纪元年(889)沿江东下,出峡漫游,先到荆州(今湖北荆州),后游湖湘,再游吴越,而后自吴越归京,在两年左右的旅行途中,写作了不少山水行旅诗。

郑谷《荆渚八月十五夜值雨寄同年李屿》云:"共待辉光夜,翻成黯澹秋。正宜清路望,潜起滴阶愁。棹依袁宏渚,帘垂庾亮楼。……明年佳景在,相约向神州。"诗写八月十五夜遇雨,无月可赏,玩诗意,当时作者系在东游途中,暂时停船于荆州;称

---

① 以上参见《唐才子传校笺》第四册,第152—167页。

"同年",则时已登第,称明年"向神州",如此诗作于龙纪元年,则明年为大顺元年(890),是时诗人与同年及第后守选已满三年,允许于是冬在长安参加吏部铨选,故称。又《漂泊》云:"槿坠蓬疏池馆清,日光风绪澹无情。……十口漂零犹寄食,两川消息未休兵。黄花催促重阳近,何处登高望二京?"诗亦写秋景,当与上诗同作于出峡东游途中;剑南东西川的战乱要到大顺二年王建陷成都,执剑南西川节度使陈敬瑄等,以及景福二年(893)王建攻东川,东川节度使顾彦晖求和后,才可算休兵,所以龙纪元年正是两川"未休兵"之时。又《江际》云:

  杳杳渔舟破暝烟,疏疏芦苇旧江天。那堪流落逢摇落,可得潸然是偶然?万顷白波迷宿鹭,一林黄叶送残蝉。兵车未息年华促,早晚闲吟向沪川①?

此诗写秋景,抒发世乱中漂泊的痛楚和思念朝廷之情,皆与上二诗一致,当亦作于沿江东游途中。《远游》云:"江湖犹足事,食宿戍鼙喧。久客秋风起,孤舟夜浪翻。乡音离楚水,庙貌入湘源。"湘源,唐永州有湘源县,在今广西全州西南,临湘水,此诗也写秋景,则诗人过荆州后,即沿长江入洞庭,复循湘水至永州;郑谷之父郑史当过永州刺史,谷七岁曾随父居永州,此次"入湘源"乃故地重游。又《南游》云:"凄凉怀古意,湘浦吊灵均。故国经新岁,扁舟寄病身。山城多晓瘴,泽国少晴春。"《望湘亭》云:"湘水似伊水,湘人非故人。登临独无语,风柳自摇春。"二诗皆写春景,又曰"新岁";望湘亭在今湖南湘潭湘江边,则第二年(890)春天,诗人又自永州循湘水回到长沙附近。《江行》云:"漂泊病难任,逢人泪满襟。关东多事日,天末未归

---

① 《全唐诗》,第7741页。

心。夜雨荆江涨，春云鄂树深。殷勤听渔唱，渐次入吴音。"此诗写春景，又云"病难任"（上二诗有病身之语），写作时间当与上二诗接近，盖诗人又自长沙北经洞庭抵长江，而后沿江东下游吴越，故云"渐次入吴音"。《登杭州城》云：

> 漠漠江天外，登临返照间。潮来无别浦，木落见他山。沙鸟晴飞远，渔人夜唱闲。岁穷归未得，心逐片帆还。①

此诗即游越时所作，诗云"岁穷"，当作于大顺元年岁末。诗写登杭州城所见，并抒思归之情，其中"潮来"一联，写景高妙自然，堪称佳句。又《送进士许彬》云："泗上未休兵，壶关事可惊。流年催我老，远道念君行。残雪临晴水，寒梅发故城。何当食新稻，岁稔又时平。"按，"泗上未休兵"，指汴州宣武军节度使朱全忠攻徐州武宁军节度、徐泗濠观察使时溥事，《旧唐书·时溥传》谓"自光启至大顺六七年间，汴军四集"，进攻时溥辖区；"壶关事可惊"，指宰相张濬统率官军讨李克用大败事。壶关，唐潞州属县，在今山西壶关；大顺元年五月，张濬出师，与李克用军战于泽（今山西晋城）潞（今山西长治）晋（今山西临汾东北）一带，九月，李克用军陷潞州，十一月，围晋州，张濬逃遁，全军失亡殆尽。② 此诗写早春景象，当作于张濬败绩事发生后的第二年（大顺二年）初春；又许彬为睦州桐庐（今浙江桐庐）人，郑谷《闻进士许彬罢举归睦州怅然怀寄》曰："桐庐归旧庐，垂老复渔樵。"前一诗送许彬应进士举，则其出发地与作者的送别地，皆当在越中（诗中有"食新稻"语，也说明送别地在江南），是时诗人亦尚在越中。又《淮上与友人别》云：

---

① 《全唐诗》，第 7717 页。
② 以上所述，可参见《唐才子传校笺》第四册，第 164—165 页。

> 扬子江头杨柳春,杨花愁杀渡江人。数声风笛离亭晚,君向潇湘我向秦。①

此诗作于自越返京途中,时间当在大顺二年(891)或景福元年(892)春。诗歌情文并美,景情交融,是不可多得的佳制。《淮上渔者》:"白头波上白头翁,家逐船移浦浦风。一尺鲈鱼新钓得,儿孙吹火荻花中。"或与上诗作于同时。《再经南阳》云:"平芜漠漠失楼台,昔日游人乱后来。寥落墙匡春欲暮,烧残官树有花开。"此诗亦作于自越返京途中,时间为暮春,稍晚于上诗。郑谷至京后,并未授官,因又于景福二年春自长安入蜀,拜望谪为泸州(今四川泸州)刺史的座师柳玭,这年秋天诗人尚在泸州②,估计不久即返京,参加是冬之吏部铨选,所以在乾宁元年春释褐。诗人这次漫游江南,是在时世动乱的背景下进行的,因此所作山水行旅诗情调悲凉凄清。又,他的山水行旅诗,大多清新婉丽,精炼匀称,浅近通俗,而又馀韵不尽,很值得一读。

根据上述实例,可以说守选制对唐代漫游之风的形成和山水行旅诗的创作,具有一定的促进作用。上文还结合守选制的背景,对若干诗人的生平事迹作了一些新的探索,得出了一些新的认识;同时,上述实例,也是对本书第一章中关于守选制的论述的一个印证。当然,文中对唐诗人生平事迹进行的改写,还只是局部的和初步的,但相信随着其他研究者的加入和研究的深化,这种改写还会有新的成果出现。

前面我们谈过,唐代的漫游有三种类型,就今存山水行旅诗的数量来看,第二种类型的漫游(宦游)期间创作的山水行旅诗数量最多,第一种类型的漫游期间创作的山水行旅诗数量次之,第三种类型的漫游期间创作的山水行旅诗数量最少,其原因之一

---

① 《全唐诗》,第7731页。
② 参见《唐才子传校笺》第四册,第165—166页。

是，要判断某诗人的山水行旅诗是否作于其守选期间，是相当困难的，所以对第三种类型的漫游期间创作的山水行旅诗，我们还需要作进一步的挖掘、考证，相信经过大家的挖掘、考证，这类诗的数量当会有所增加。

第三节 守选制与入使府之风和使府诗歌

本章第一、二节，都从唐代文人守选期间的行为方面着笔，本节则从唐代文官摆脱守选的途径方面着笔。第二章第六节我们谈过，入使府是唐代文官摆脱守选的途径之一，盛唐时期，入边幕为僚佐，已成为文士进身的一条途径，而到了唐代后期（"安史之乱"后），尤其是德宗以后，入使府为僚佐，更成为唐代官员升迁的一条最为重要的途径；入使府为僚佐之所以能够摆脱守选、快速升进，是因为无论守选制形成之前或之后，文人应辟入使府，都无需待选或守选，而可以连续为官，而且成为使府僚佐，往往有机会因受府主荐举或朝廷征召，入朝为监察御史、拾遗等摆脱守选的六品以下常参官，另外也还有机会在使府内受府主提拔自下僚渐升为上佐，然后再迁为州刺史或节度使，从而摆脱守选、升为高官。正因为如此，文士竞趋使府，成为当时尤其是唐代后期相当普遍的一种社会风气。这种风气的形成，是使府诗歌创作发展、繁荣的社会基础。

下面，笔者拟通过若干文人入使府的实例，来讨论唐代各个时期文人入使府与摆脱守选的关系，以及他们在使府中的诗歌创作。

先谈初唐时期。初唐时期只有根据征战的需要临时设置的将军幕府，称行军幕府，也置僚佐。征战结束，幕府即撤销，僚佐亦四散（或升任新职，或回归本位）。行军幕府之僚佐，实行府主自行辟署与朝廷选派相结合的制度。初唐时期虽未实行守选制，但任职期满的低层文官待选的现象已相当普遍,因为行军幕府可为卑官和待选的官员以及未入仕者提供进身的机会,所以初唐时期应辟入幕府的文人并不算少。① 又,这个时期内乱少,征战多为边境地区的对外战争,所以入幕文人所创作的诗歌,多为边塞诗。例如,初唐四杰之一的骆宾王,约于乾封元年(666)为奉礼郎,兼东台详正学士,后因事获罪免职,遂于咸亨元年(670)春献诗吏部侍郎裴行俭(诗曰《咏怀古意上裴侍郎》),求从军自效②;前一节王勃条我们谈过,唐代制度规定,被免职者自被免职起至获得新职,中间至少应相隔三年,所以可以说到咸亨元年,骆宾王尚处于待选中,这时候他求从军边塞,正是为了摆脱待选的处境,寻找进身的机会。李峤《送骆奉礼从军》云:"玉塞边烽举,金坛庙略申。羽书资锐笔,戎幕引英宾。……笛梅含晚吹,营柳带馀春。"(《全唐诗》卷六一)骆奉礼即骆宾王,玩诗意,他当于咸亨元年暮春赴西域,所任乃管记一类官职。史载这年四月,吐蕃攻陷西域十八州及安西都护府,唐罢安西四镇,朝廷因命薛仁贵为逻娑道行军大总管,领兵五万击吐蕃,七月(据《旧唐书·高宗纪下》),薛仁贵等率兵至大非川、乌海(均在今青海东部),为吐蕃所袭,大败,死伤略尽,因此有人认为,骆宾王此次赴西域,乃入薛仁贵的行军幕府。按,此说非是,说详彭庆生《初唐诗歌系年考》。③ 骆宾王西域诗中提及的地名有玉门关、蒲类津(今新疆巴里坤湖)、天山、交河(在今新疆吐鲁番西)、轮台(唐庭州属县,今乌鲁木齐)等,由此可知,他此行当出玉门关,经伊州(今哈密)、西州(今吐鲁番东南),过天山,赴庭州(今新疆吉木萨尔),所入"戎幕"当即在庭州。庭州贞观二十年置,唐初为防御突厥侵扰,当驻有边防部队,其统帅应该就由庭

---

① 参见石云涛《唐代幕府制度研究》,第65—67页。
② 参见张志烈《初唐四杰年谱》,第128—129页。
③ 彭庆生《初唐诗歌系年考》,北京大学出版社2012年版,第128—129页。

州刺史兼任,《旧唐书·来济传》:"(显庆)五年(660),徙庭州刺史。龙朔二年(663),突厥入寇,济总兵拒之……没于阵。"《新唐书·王方翼传》:"未几,徙方翼庭州刺史……永淳初(682),十姓阿史那车簿啜叛,围弓月城,方翼引军战伊丽河,败之,斩首千级。"皆可证。宾王从军西域约一年多,所作边塞诗今存虽只有十一首,其内容却颇为丰富,开启了唐代边塞诗复杂多样主题的先河。其《从军行》云:

> 平生一顾重,意气溢三军。野日分戈影,天星合剑文。弓弦抱满月,马足践胡尘。不求生入塞,唯当死报君。①

诗歌意气豪迈,表露了以死报国的决心。《夕次蒲类津》云:"二庭归望断,万里客心愁。……晚风连朔气,新月照边秋。灶火通军壁,烽烟上戍楼。龙庭但苦战,燕颔会封侯。莫作兰山下,空令汉国羞。"《边城落日》云:"壮志凌苍兕,精诚贯白虹。君恩如可报,龙剑有雌雄。"虽流露了羁旅之愁,却仍充满着立功的渴望与报国的豪情。《晚度天山有怀京邑》:"忽上天山路,依然想物华。云疑上苑叶,雪似御沟花。……旅思徒漂梗,归期未及瓜。宁知心断绝,夜夜泣胡笳。"抒发了浓烈的思乡之情。《在军中赠先还知己》:"蓬转俱行役,瓜时独未还。魂迷金阙路,望断玉门关。献凯多惭霍,论封几谢班。风尘催白首,岁月损红颜。落雁低秋塞,惊凫起暝湾。胡霜如剑锷,汉月似刀环。别后边庭树,相思几度攀。"军功未立、壮志难酬的悲叹与思乡、思友的哀伤交织在一起。《从军中行路难二首》其二,更将唐军出征的声威和征途的遥远、艰苦,以及思妇的哀怨和战士的豪情熔为一炉。宾王的边塞诗常插入写景片段,如:"季月炎初尽,边亭草早枯。层阴

---

① 《全唐诗》,第 840 页。

笼古木，穷色变寒芜。海鹤声嘹唳，城乌尾毕逋。葭繁秋色引，桂满夕轮虚。"(《久戍边城有怀京邑》)写出了塞外的独特景色。总的说来，宾王的边塞诗苍凉悲壮，骨力遒劲，多数为成功之作。

又如，"文章四友"之一的崔融，垂拱二年（686）为泾州州佐；三年十二月，朝廷命宰相韦待价为安息道行军大总管，以击吐蕃，崔融因于此时应辟入韦幕，为掌书记；垂拱四年，韦待价军迟疑不进，逗留于河西一带；永昌元年（689）五月，诏令进击，七月，韦军至寅识迦河，与吐蕃战，大败[①]。按，据《通鉴》卷二〇四胡三省注，寅识迦河在弓月城西南，其地靠近碎叶（安西四镇之一，今吉尔吉斯斯坦托克马克），则唐此次出师，应是为了收复安西四镇（四镇咸亨元年陷于吐蕃）；崔融入幕前所任为州佐的卑官，他入幕的目的，当是为了寻找进身的机会，然而此次出师败绩，所以事后他也未能升迁，仍然当了州佐（魏州司功参军）的官[②]。崔融此次入幕所作边塞诗，今存有五首，如《关山月》云："月生西海上，气逐边风壮。万里度关山，苍茫非一状。汉兵开郡国，胡马窥亭障。夜夜闻悲笳，征人尽南望。"《西征军行遇风》云："北风卷尘沙，左右不相识。飒飒吹万里，昏昏同一色。马烦莫敢进，人急未遑食。……及兹戎旅地，忝从书记职。兵气腾北荒，军声振西极。坐觉威灵远，行看氛祲息。"《塞上寄内》云："旅魂惊塞北，归望断河西。春风若可寄，暂为绕兰闺。"这些边塞诗真切地表现了诗人万里从戎的所见所感，写景逼真生动，述情真挚感人，不是亲历其境的人很难写出这样的作品。

再如，提倡风骨和兴寄的陈子昂，曾两度入行军幕府，第一次在垂拱二年（686），这年春，同罗、仆固等叛，命将军刘敬同发河西兵讨伐，敕左补阙乔知之摄侍御史监护其军，子昂与知之情谊深笃，因随之北征，五月，至居延海（在今内蒙古额济纳

[①] 以上参见《初唐诗歌系年考》，第193—194页，211—212页。
[②] 参见《唐五代文学编年史》初盛唐卷，第318页。

旗），七月，独自南还。① 子昂入幕前官麟台正字（正九品下），还朝后仍居此职。这次北征取得了胜利，从征者理应升迁，子昂未得升迁的原因，其诗中有所透露，《题祀山烽树上乔十二侍御》云："汉庭荣巧宦，云阁薄边功。可怜骢马使，白首为岁雄？"《题居延古城赠乔十二知之》："还汉功既薄，逐胡策未行。徒嗟百日暮，坐对黄云生。桂枝芳欲晚，薏苡谤谁明？"则未得升迁的原因，一是朝廷轻战功，二是知之不仅献策未被用，还受到诽谤，这自然会影响到子昂。第二次在万岁通天元年（696）至二年，元年五月，契丹首领李尽忠等叛，攻陷营州，九月，以建安郡王武攸宜为清边道行军大总管，以讨契丹，子昂受朝廷委派（卢藏用《陈氏别传》谓"时敕子昂参谋帷幕"），为攸宜幕府参谋；二年三月，前军战败，将军王孝杰阵亡，举军震恐，不敢进，子昂进谏，攸宜不纳，又进计，攸宜怒，徙署军曹，子昂知不合，不复言，遂游燕都，登蓟北楼，慷慨悲歌，七月，契丹平，子昂还朝，官右拾遗如故②。此次入幕子昂亦未得升迁，其原因当是与武攸宜不合，受其压制。子昂这两次入幕所作边塞诗，今存有二十多首。这些边塞诗内容丰富，如《感遇》其三十五云：

  本为贵公子，平生实爱才。感时思报国，拔剑起蒿莱。西驰丁零塞，北上单于台。登山见千里，怀古心悠哉。谁言未亡祸？磨灭成尘埃。③

此诗作于第一次入幕时，抒发了诗人感时报国的豪情，具有昂扬壮大的气势。其三十四云："自言幽燕客，结发事远游。……每恨胡兵入，常为汉国羞。"《答韩使同在边》："虏入白登道，烽交紫

---

① 参见彭庆生《陈子昂集校注·附录·陈子昂年谱》，第1527—1528页。
② 以上参见《陈子昂集校注·附录·陈子昂年谱》，第1543—1547页。
③ 见《陈子昂集校注》卷二，第137页。

塞途。……当取金人祭，还歌凯入都。"展现的爱国情怀，令人感奋。《感遇》其三："苍苍丁零塞，今古缅荒途。亭堠何摧兀，暴骨无全躯。黄沙漠南起，白日隐西隅。汉甲三十万，曾以事匈奴。但见沙场死，谁怜塞上孤？"描绘了西北边塞的荒凉凄惨景象和连年不断的边塞战争带给人民的苦难。其三十七："朝入云中郡，北望单于台。……籍籍天骄子，猖狂已复来。塞垣无名将，亭堠空崔嵬。咄嗟吾何叹？边人塗草莱。"揭示了突厥的猖狂、边患的严重、边民的不幸和边帅的无能。《还至张掖古城闻东军告捷赠韦五虚己》："纵横未得意，寂寞寡相迎。负剑空叹息，苍茫登古城。"《西还至散关答乔补阙知之》："功业云台薄，平生玉佩捐。"《感遇》其三十四："何知七十战，白首未封侯。"表达了对朝廷不赏边功的苦闷和不平。《蓟丘览古赠卢居士藏用七首》、《登幽州台歌》等，抒写了在武攸宜军中壮志难酬的悲愤。《度峡口山赠乔补阙知之王二无竞》、《居延海树闻莺同作》等，描画了奇异的边塞风光和诗人的思乡之情。总的说来，子昂的边塞诗，现实性强，思想深刻，情调昂扬激越，其成就为初唐写边塞诗者之冠。

上述初唐入幕文士的边塞诗，内容丰富，有真情实感，展现了边塞征战生活的各个方面，是盛唐边塞诗繁荣的先声；它们比起南朝以来的那些沿用乐府旧题写作的内容抽象贫乏、题材和语言陈陈相因的边塞诗，已不可同日而语。这两者的根本差别就在于，前者是有边塞生活直接体验的产物，后者则多是未亲历边塞者的虚拟之作。

再谈盛唐时期。这个时期唐玄宗在边地设置了十个节度使：安西节度使（治所在今新疆库车）、北庭节度使（治所在今新疆吉木萨尔）、河西节度使（治所在今甘肃武威）、陇右节度使（治所在今青海乐都）、朔方节度使（治所在今宁夏灵武西南）、河东节度使（治所在今山西太原）、范阳节度使（治所在今北京城西南）、平卢节度使（治所在今辽宁朝阳）、剑南节度使（治所在今四川成都)、岭南五府经略使（治所在今广东广州）①。这十个边镇使府是常设的，每个使府都有长驻部队和各种文职武职僚佐。由于十个边镇使府是常设的，其僚佐为固定的实职，而非临时职务，加以僚佐员额较初唐时扩大，所以盛唐时期入边幕的文人也就比初唐时增多；也由于边镇使府是常设的，所以使边的文官和游边的文人，亦较初唐时增多。文人入幕、使边、游边的三种趋向，形成了盛唐时期文人出塞的一股不大不小的潮流，这就为边塞诗的繁荣和取得突破前人的成就，创造了必要的条件。②

下面，笔者拟通过若干文人入边幕的实例，来讨论盛唐时期文人入边幕与摆脱守选的关系，以及他们在幕府中的边塞诗创作。

先以王维为例。开元二十五年（737），王维以监察御史的身份出使河西节度，后又应辟入河西幕府，为河西节度判官。监察御史是六品以下常参官，说明王维入幕前，已摆脱守选，但监察御史（正八品下）毕竟是卑官，入幕能够为王维提供进一步升进的机会。王维于开元二十六年秋自河西归朝，二十七年或二十八年，升任殿中侍御史（从七品下）③，说明入幕对他的晋升还是有利的。王维居河西幕府的时间约一年多，在这里写了若干边塞诗，今存有十馀首。如《使至塞上》云：

单车欲问边，属国过居延。征蓬出汉塞，归雁入胡天。大漠孤烟直，长河落日圆。萧关逢候骑，都护在燕然。④

这首诗借边塞风光的描绘，抒发了诗人的出塞豪情。《出塞作》云："居延城外猎天骄，白草连天野火烧。暮云空碛时驱马，秋日

---

① 参见《通鉴》卷二一五，第6847—6851页。
② 参见陈铁民《关于文人出塞与盛唐边塞诗的繁荣》，见《唐代文史研究丛稿》，第9—29页。
③ 以上参见《王维集校注》修订本，中华书局2018年版，第1448—1452页。
④ 《王维集校注》修订本，第146页。

平原好射雕。护羌校尉朝乘障，破虏将军夜渡辽。玉靶角弓珠勒马，汉家将赐霍嫖姚。"此诗通过敌我双方的对比描写，鲜明有力地表现了唐军将士不畏强敌的英雄气概和昂扬斗志。《从军行》云："吹角动行人，喧喧行人起。笳悲马嘶乱，争渡金河水。日暮沙漠垂，战声烟尘里。尽系名王颈，归来报天子。"诗歌用极省净的语言，绘出了一幅有声有色的战斗图画，展现了战士们争先赴敌的英姿。《陇西行》云："十里一走马，五里一扬鞭。都护军书至，匈奴围酒泉。关山正飞雪，烽戍断无烟。"反映边关军情的紧急和征戍的艰苦。《陇头吟》写老将身经百战却不得封赏，从一个侧面揭示了社会的不公平现象。《老将行》刻画了一个屡立军功反遭弃置而又壮心不已的老将形象，非常感人。《凉州郊外游望》："野老才三户，边村少四邻。婆娑依里社，箫鼓赛田神。洒酒浇刍狗，焚香拜木人。女巫纷屡舞，罗袜自生尘。"描写了唐代凉州地区赛田神的民情风俗。《凉州赛神》则表现了军中战斗获胜后赛主骑射之神的情景。王维的这些边塞诗富于生活实感，大多写得气势充沛，笔力劲健，豪迈雄壮，鲜明地反映了蓬勃向上的盛唐时代精神。

比起初唐边塞诗，王维的边塞诗在题材内容、艺术表现上都作了多方面的开拓。如《凉州郊外游望》，就像一幅边地乡村风俗图，具有浓厚的乡土气息和民俗文化情调，是初唐边塞诗中未见的别具一格之作；又如王维是山水诗的艺术大师，很善于通过壮丽边塞景色的描画，来烘托自己的出塞豪情，如"大漠孤烟直，长河落日圆"，仅用十字就勾画出了一幅雄奇壮美的边塞风光图，从这图中，我们分明可以感受到诗人的豪迈情怀、阔大胸襟，而且这联诗中"直""圆"二字的锻炼，亦堪称千古独绝。再如他的边塞诗多着眼于写人，很善于运用各种不同的表现手法，把人物的精神世界展现出来，像《从军行》主要通过人物行动来揭示战士们的精神面貌，而写人物行动，又主要依仗于听觉形象的刻绘，这种写法在盛唐边塞诗中，是自成一格的；《老将行》主要采用叙事手法来勾勒老将的内心世界；《陇头吟》则构思巧妙，空际振奇，选取陇关这样一个边防要塞作为背景，将长安少年与关西老将联系到一起，用长安少年反衬老将，突出了他的悲愤，使揭露朝廷赏罚不明的主题增加了深度。王维的边塞诗艺术表现手段丰富多样，艺术感染力很强，较之初唐边塞诗，可以说已有了相当大的超越。

再以高适为例。天宝八载（749）六月，高适应制举有道科中第，授陈留郡（汴州）封丘县尉（从九品上），初秋即赴任；十载冬，自封丘赴清夷军送兵，十一载春，南还封丘，由于厌倦县尉的生活，当即辞去封丘尉职。根据唐代制度，高适为封丘尉当于天宝十二载秩满，这即是说，他任期未满即辞官，本章第一节我们谈过，按照唐代的守选制，高适提前离职，还需在相当于完成封丘尉的四年任期后，再守选若干年，才可以再一次参加吏部的铨选以获得新职。为了摆脱守选，寻求进身的机会，高适于是设法进入边幕。天宝十二载五、六月间，高适受到陇右节度判官田梁丘的推荐，入河西、陇右节度使哥舒翰幕府为掌书记，带朝衔左骁卫兵曹。哥舒翰曾携高适入朝，"盛称之于上前"（《旧唐书·高适传》）。十四载二月，哥舒翰入朝，道得风疾，遂留京师；十一月，安禄山反，十二月，玄宗强令病废在家的哥舒翰出任兵马副元帅，率兵守潼关，擢高适为左拾遗，转监察御史，佐哥舒翰守潼关。这样，高适就通过入幕，升进为摆脱守选的六品以下常参官。

高适在河西幕府期间，写了不少诗，今存有二十三首。如《塞下曲》云：

> 结束浮云骏，翩翩出从戎。且凭天子怒，复倚将军雄。万鼓雷殷地，千旗火生风。日轮驻霜戈，月魄悬雕弓。青海

阵云匝，黑山兵气冲。战酣太白高，战罢旄头空。万里不惜死，一朝得成功。图画麒麟阁，入朝明光宫。大笑向文士，一经何足穷。古人昧此道，往往成老翁。①

作此诗时，高适已是河西幕府的一员，他感到为国安边的理想可以实现，因此精神振奋；诗中刻画了从戎者的矫健身姿和他们挥戈出征的壮观场面，抒发了热烈向往边功的慷慨豪情。此诗格调高昂，在诗人这次入幕期间写的诗中，颇具有代表性。在河西幕府期间，高适写过《九曲词三首》等多首歌颂主帅哥舒翰战功的诗歌；又在《武威作二首》、《部落曲》中，表达了对吐蕃侵扰不已，边患难以根除的忧虑；还写过《入昌松东界山行》、《金城北楼》、《无题》等一些写景抒怀之作。此外，幕府中无事时，常有饮宴游乐，高适写过一些饮宴游乐场合的唱和之作，如《陪窦侍御灵云南亭宴诗》等，这类诗歌，在初唐行军幕府文人的创作中很少见。

高适入河西幕府前，曾两次赴东北边塞，一次在开元十九年（731）至二十一年，北游幽蓟，希求入幕而未果，一次赴清夷军送兵（见前）。这两次出塞，高适的身份是布衣和县尉，怀才不遇，处境、心情均与入河西幕府时不一样；这两次出塞时写的边塞诗，今存约三十首，其内容、情调，也与在河西时写的边塞诗不一样。这两次出塞时的边塞诗，皆冷峻直面现实，敢于揭露边事的真相。如《塞上》云："东出卢龙塞，浩然客思孤。亭堠列万里，汉兵犹备胡。边尘满北溟，虏骑正南驱。……常怀感激心，愿效纵横谟。倚剑欲谁语，关河空郁纡！"写出了当时幽蓟一带的严重边患，慨叹自己空有安边的壮志和谋略却无人理睬。《蓟门五首》其五："黯黯长城外，日没更烟尘。胡骑虽凭陵，汉兵不顾

---

① 孙钦善《高适集校注》，上海古籍出版社1984年版，第242页。

身。古树满空塞，黄云愁杀人。"《自蓟北归》："驱马蓟门北，北风边马哀。……五将已深入，前军只半回。"二诗反映都山之败的惨烈。开元二十一年，契丹首领引突厥兵来犯，郭英杰等五将在都山迎敌失利，郭英杰战死，馀众六千多人力战不降，壮烈牺牲。天宝十载秋，范阳等三镇节度使安禄山诬称契丹准备叛唐，发三镇兵共六万出击，结果惨败，诗人在送兵期间作的《赠别王十七管记》中，无情地揭露了安禄山妄启边衅、骄矜轻敌、惨败后又谎传"捷报"的丑行，也辛辣地讽刺了唐玄宗对败将安禄山的备极恩宠。《答侯少府》云："北使经大寒，关山饶苦辛。边兵若刍狗，战骨成埃尘。"对安禄山之视边兵若刍狗，随意将他们驱赶到战场上去送死以邀取荣宠，也予以揭露。在这两次出塞时的诗中，诗人还关注戍卒的生活和心声，如《蓟门五首》其二："戍卒厌糟糠，降胡饱衣食。关亭试一望，吾欲涕沾臆。"其三："羌胡无尽日，征战几时归！"又，高适"喜言王霸大略"（《旧唐书》本传），心怀安边的壮志和韬略，常在诗中议论边策得失，如《塞上》云："边尘满北溟，虏骑正南驱。转斗岂长策，和亲非远图。惟昔李将军，按节临此都。总戎扫大漠，一战擒单于。"这一内容可以说是陈子昂精神的继承和发扬。开元二十六年（738），诗人创作出了千古传诵的边塞诗名篇《燕歌行》，这首诗是以他北游幽蓟时积累的边塞生活体验为基础写作的。诗歌以高度的艺术概括，深刻地表现了当时边塞征战生活的广阔场景和多种矛盾，既有对男儿自当驰骋沙场、杀敌立功的英雄气概的表彰，也有对战争给征人家庭带来痛苦的深切同情；一方面描写了敌人的凶猛和战斗的危险、艰苦，揭露了军中苦乐的悬殊，另一方面也展示了战士们复杂的内心世界，颂扬了他们奋勇杀敌、情愿以死报国的精神，并对将帅的腐化无能和不恤士卒，给予了有力的鞭挞。全诗深广厚实，慷慨悲壮，艺术上也很成功，这样高水平的杰作，初唐的边塞诗里还没有出现过。高适这两次出塞时写的边塞诗，成就高于其入河西幕府期间写的边塞诗。

下面以岑参为例。本章第一节我们谈过，岑参曾两次入边镇幕府，天宝八载（749）冬入安西节度使高仙芝幕府为僚佐，带朝衔右威卫录事参军，十载八月，仙芝入朝为右羽林大将军，岑参也随之解除幕职，入朝为右威卫录事参军，到了十二载（753）冬，录事参军的四年任期已满，所以便离任守选。为了摆脱守选，他于天宝十三载夏末又受辟入北庭封常清幕府，为支度副使，带朝衔大理评事（从八品下），宪衔监察御史（正八品下），至德二载（757）还朝，升任右补阙（从七品上），[1] 成为摆脱守选的六品以下常参官。

岑参在两次入边镇幕府期间，写作了不少边塞诗，今存约八十首。他的边塞诗内容丰富，有的反映了当时的边疆战争。如《走马川行奉送出师西征》：

> 君不见走马川行雪海边，平沙莽莽黄入天！轮台九月风夜吼，一川碎石大如斗，随风满地石乱走。匈奴草黄马正肥，金山西见烟尘飞，汉家大将西出师。将军金甲夜不脱，半夜军行戈相拨，风头如刀面如割。马毛带雪汗气蒸，五花连钱旋作冰，幕中草檄砚水凝。虏骑闻之应胆慑，料知短兵不敢接，车师西门伫献捷。[2]

此诗为送封常清出师西征而作，诗里描写了唐军将士艰苦而豪迈的征战生活，以西北荒漠狂风怒吼、飞沙走石的恶劣环境的描绘，有力地衬托出了唐军将士不畏艰险、英勇顽强的精神面貌。《轮台歌奉送封大夫出师西征》也是为送封常清出师西征而写的，诗里热烈地渲染和歌颂了唐军出征时军容的壮盛和士气的高涨，表现

---

[1] 参见《岑参年谱》，载《岑参集校注》修订本，第559—564页。
[2] 《岑参集校注》修订本，第178页。

了将士们不畏严寒、不怕牺牲的英雄气概。《献封大夫破播仙凯歌六章》赞美了封常清的战功。这些诗格调高昂，气势雄壮，读了令人振奋。岑参有些诗，抒发了自己为国安边的抱负，如《初过陇山途中呈宇文判官》："万里奉王事，一身无所求。也知塞垣苦，岂为妻子谋。"《武威送刘单判官赴安西行营便呈高开府》："男儿感忠义，万里忘越乡。"《送人赴安西》："小来思报国，不是爱封侯。"有些诗描写了从军士人的不遇和苦闷，如《北庭贻宗学士道别》："万事不可料，叹君在军中。读书破万卷，何事来从戎？……两度皆破胡，朝廷轻战功。十年只一命，万里如飘蓬。容鬓老胡尘，衣裘脆边风。"诗人还写了不少怀乡诗，如《逢入京使》："故园东望路漫漫，双袖龙钟泪不干。马上相逢无纸笔，凭君传语报平安。"《西过渭州见渭水思秦川》："渭水东流去，何时到雍州？凭添两行泪，寄向故园流。"皆情真意切，有很强的感染力。

岑参一向擅长写景，他的边塞诗，以善于刻画西域的独特风光著称。如前所述，初唐时的骆宾王到过庭州，崔融到过安西，他们的边塞诗中插入过写景片断，较好地描摹了西域的风光，但并不像岑参的边塞诗那样，多方面地描绘出了西域风光的奇异。如《过碛》："黄沙碛里客行迷，四望云天直下底。"写出了沙漠的辽阔无涯。《题铁门关楼》："桥跨千仞危，路盘两崖窄。"表现了铁门关的险峻。《经火山》："火山今始见，突兀蒲昌东。赤焰烧虏云，炎氛蒸塞空。……我来严冬时，山下多炎风。人马尽汗流，孰知造化功？"描写了初次见到火山的惊喜。《热海行送崔侍御还京》："侧闻阴山胡儿语，西头热海水如煮。海上众鸟不敢飞，中有鲤鱼长且肥。岸旁青草常不歇，空中白雪遥旋灭。"歌咏了热海的神奇瑰丽。特别值得注意的是，西域本是人们视为畏途的荒寒之地，而在诗人的笔下，那里的风光却常常显得格外引人入胜。如："君不见走马川行雪海边，平沙莽莽黄入天！""北风卷地白草折,胡天八月即飞雪。忽如一夜春风来,千树万树梨花开。"(《白雪歌送武判官归京》)将茫茫的沙漠、无边的积雪,写得何等壮丽奇伟!如果不是诗人把西域视为自己实现壮志的场所,如果他没有开朗的胸襟和豪迈的情怀,是不可能做到这样的。诗人还将自己的笔触,扩展到边庭幕府日常生活的各个方面,如《首秋轮台》:"秋来唯有雁,夏尽不闻蝉。雨拂毡墙湿,风摇毳幕膻。"写出了西域的风习之异。《奉陪封大夫宴》:"座参殊俗语,乐杂异方声。"《与独孤渐道别长句兼呈严八侍御》:"军中置酒夜挝鼓,锦筵红烛月未午。花门将军善胡歌,叶河蕃王能汉语。"描写了幕府主帅的宴席充满异域情调。《赵将军歌》:"九月天山风似刀,城南猎马缩寒毛。将军纵博场场胜,赌得单于貂鼠袍。"反映了西域军中汉将与蕃王和洽相处的情况。《田使君美人如莲花舞北旋歌》写边地的音乐舞蹈亦别具一格,令人陶醉。上述这类描写,给人以新鲜奇特之感,是初唐边塞诗中没有的,同时代人的边塞诗中,也很少见。

高适与岑参并称高岑,都是公认的盛唐边塞诗的杰出代表,王维在边塞诗的创作上也取得了突出的成就。他们的边塞诗,比起初唐的边塞诗来,无论是在题材内容上,还是在艺术表现上,都有了大的开拓和突破。他们取得这一重要成就的契机是,都曾入边幕或出塞,边塞生活的直接体验很丰富和充实。正是在他们的带动和影响下,盛唐边塞诗的创作,呈现出繁荣的局面,它是整个盛唐诗歌繁荣的一个最为鲜明的标志。

下面谈中晚唐时期。安史之乱以后,使府的设置发生了两个大的变化。第一个大的变化是边镇使府有大的增减,盛唐时期的十个边镇使府中,四个西北边塞使府安西、北庭、河西、陇右,先后为吐蕃所占据,两个东北边塞使府范阳、平卢,范阳改名幽州,平卢在宝应元年(762)平卢节度使侯希逸引兵而南后,为奚人所据①，又，剑南分为西川、东川二节度；河西、陇右陷落后，京兆府的西边、北边，变成了受到吐蕃威胁的边地，所以先后在这里新增设了六个使府：凤翔节度使（治所在今陕西凤翔）、邠宁节度使（治所在今陕西彬县）、泾原节度使（治所在今甘肃泾川北）、鄜坊节度使（治所在今陕西黄陵东南）、夏绥节度使（治所在今陕西靖边北白城子）、振武节度使（治所在今内蒙和林格尔西北）。第二个大的变化是在内地遍设方镇幕府（包括财政使府），详见第二章第六节。这个时期入使府的文人，根据其所入使府所在地的不同，在诗歌的创作上也存在差异。

先谈入边地幕府的文人与摆脱守选的关系，以及他们在幕府中的诗歌创作。试以李益为例。根据新发现的崔郾《李益墓志铭》②，李益大历四年（769）进士及第，六年应制举登科，授河南府参军，转华州郑县主簿，秩满赴选，为渭南县尉。其后"首为卢龙军观察支使……辞不就命。后山南东道洎鄜畤（指鄜坊节度）、邠郊（指邠宁节度）皆以管记之任请焉，由监察、殿中历侍御史，自书记、参谋为节度判官。……周旋累祀，再丁家难。……复为幽州营田副使，检校吏部员外郎，迁检校考功郎中，加御史中丞。……章武皇帝（宪宗）嗣统元年，征拜都官郎中"。知李益入使府为僚佐前，当了三任未能摆脱守选的低层州县官，所以他入使府的目的，主要是为了摆脱守选，寻找升进的机会。《墓志》称李益首次入幕的使府为山南东道，但在其今存的诗中，未见有作于山南东道的作品，可能他入山南东道使府的时间很短。李益《从军诗序》云："君虞（李益字）……出身二十年，三受末秩。……自建中初，（从）故府司空巡行朔野；洎贞元初，又忝今尚书之命，从此出上郡、五原四五年，荏苒从役。……时左补

---

① 见《通鉴》卷二二二，第 7118、7126 页。
② 此墓志见于王胜明《新发现的崔郾佚文〈李益墓志铭〉及其文献价值》，载《文学遗产》2009 年第 5 期。

阙卢景亮见知于文者，令余辑录，遂成五十首赠之。"① 所谓"三受末秩"，正与《墓志》所说李益入使府前当了三任低层州县官相合；据"出身二十年"语，《序》当作于贞元四年（788），又《新唐书·卢景亮传》云："张延赏节度荆南，表为枝江尉，掌书记。入迁右补阙。……景亮志义宰然……书数上，鲠毅无所回。宰相李泌劾景亮等尝众会，漏所上语言，引善在己，即有恶归之君。帝怒，贬为朗州司马……废抑二十年。"《新唐书·宰相表中》载，李泌贞元三年六月拜相，五年三月卒于位，说明卢景亮贬朗州之时间与《序》之作年皆当在贞元四年（但《序》作于四年景亮贬朗州前），时李益已离开边地使府回到长安。据《序》所述，贞元四年以前，李益曾两次入幕，第一次是从"故府司空巡行朔野"，卞孝萱、陶敏指出，司空指崔宁，他于大历十四年（779）十一月至建中二年（781）七月为朔方节度使，李益即于建中元年入朔方幕，曾随崔宁巡行朔野，到过夏州、丰州等地，崔宁罢幕后，李益也离开朔方②，这一说法是正确的；第二次为贞元元年至四年，也入朔方幕。《序》中"故府司空"与"今尚书"（即今府尚书，府字省略）对举，"故府司空"指从前的朔方节度使，"今（府）尚书"当然应该指现任的朔方节度使。又，《序》中提到的上郡、五原，皆唐郡名，上郡即绥州，治所在今陕西绥德，五原即盐州，治所在今陕西定边，两地当时都是朔方节度使辖区。《序》之"今（府）尚书"盖指杜希全，他自兴元元年（784）至贞元九年为朔方节度使（见《唐方镇年表》卷一），任朔方节度使前，曾"加检校户部尚书"（《旧唐书·杜希全传》）。据《墓志》，李益第三次入幕当为贞元四年入鄜坊幕。李益《再赴渭北使府留别》云："故府旌旗在，新军羽校齐。报恩身未死，

---

① 见范之麟注《李益诗注》附录一，上海古籍出版社1984年版，第145页。
② 以上参见卞孝萱《李益年谱稿》（《中华文史论丛》第八辑）、陶敏等《唐五代文学编年史》中唐卷，第348—350、365、366页。

识路马还嘶。"渭北节度即鄜坊节度，崔宁任朔方节度使时，兼任鄜坊节度使（见《旧唐书·崔宁传》），李益既入崔宁幕，当曾至鄜坊（当时崔宁的治所就设在坊州），故诗云"再赴"；此诗"故府""新军"对举，说明它当作于新旧两任节度使交接之后不久，史载论惟明贞元二年七月为鄜坊节度使，三年十一月卒于任，四年正月王栖耀继任鄜坊节度使（王贞元十八年卒于任）①，所以此诗当作于贞元四年，李益入鄜坊幕也即在此时（离朔方幕后随即入鄜坊幕）。李益第四次入幕当是贞元六或七年入邠宁幕。李观贞元七年（791）游邠州，作《邠宁庆三州节度飨军记》云："朗宁郡王张公（献甫）……牧我邠荒……观布衣来游，宾公之筵。宗盟兄侍御史益，有文行忠信，而从朗宁之军。"知贞元七年李益已在邠宁幕②，据《墓志》所述，他当时在幕中曾任节度判官，带宪衔侍御史，官职已较前有所升进。后他"丁家难"离职守丧，但具体的时间已难考知。李益第五次入幕是贞元末入幽州刘济幕，此时他任营田副使，带朝衔考功郎中，宪衔御史中丞，官职又有进一步升进，到元和元年（806），他终于被征入朝，直接成为摆脱守选的五品郎中。

　　如前所述，李益前后五次进入的幕府，全都是边地幕府。他在幕府中创作的边塞诗，今存有近五十首，其中可确定为前两次入朔方幕时写的边塞诗，有约二十五首。这也就是说，李益抄录赠给卢景亮的五十首从军诗，估计有一半左右保存了下来。李益的边塞诗内容丰富，有的抒写抵御侵扰、为国安边的豪情，如《从军有苦乐行》云："秉笔参帷幄，从军至朔方。边地多阴风，草木自凄凉。……北逐驱獯虏，西临复旧疆。……寄语丈夫雄，苦乐身自当。"表达了不畏艰苦、决心为国收复失地的抱负。《夜发军中》云："边马枥上惊，雄剑匣中鸣。半夜军书至，匈奴寇六

---

① 参见《唐方镇年表》，第85、86页。
② 参见《唐五代文学编年史》中唐卷，第475、476页。

城。……今日边庭战,缘赏不缘名。"刻画了为抗击吐蕃来犯而慷慨出征的豪迈气概。《塞下曲》云:"伏波惟愿裹尸还,定远何需生入关。莫遣只轮归海窟,仍留一箭定天山。"抒发了立功报国、不惜牺牲的壮烈情怀。有的反映戍边将士的生活和他们的心声,如《暖川》:"塞外征行无尽日,年年移帐雪中天。"《五城道中》:"五城鸣斥堠,三秦新召募。天寒白登道,塞浊阴山雾。仍闻旧兵老,尚在乌兰戍。笳箫汉思繁,旌旗边色故。寝兴倦弓甲,勤役伤风露。来远赏不行,锋交勋乃茂。未知朔方道,何年罢兵赋?"写出了戍边将士生活的艰苦,以及他们久戍不归、远戍不赏的痛苦和希求过上和平生活的愿望。表现边防将士思念故乡,是李益边塞诗的一个重要主题,如《夜上受降城闻笛》云:

> 回乐烽前沙似雪,受降城下月如霜。不知何处吹芦管,一夜征人尽望乡。①

又《从军北征》云:"天山雪后海风寒,横笛遍吹行路难。碛里征人三十万,一时回首月中看。"两诗都写由乐声引发的浓烈思乡之情,是至今仍脍炙人口的边塞诗名篇。李益还写过一些描绘塞上自然风光的诗,如《度破讷沙二首》其一:"眼见风来沙旋移,经年不省草生时。莫言塞北无春到,总有春来何处知?"精到准确地写出了塞外沙漠的荒凉。《过五原胡儿饮马泉》云:"绿杨著水草如烟,旧是胡儿饮马泉。几处吹笳明月夜,何人倚剑白云天。从来冻合关山路,今日分流汉使前。莫遣行人照容鬓,恐惊憔悴入新年。"诗中不仅有塞外春日泉水边的自然风光画面,还有活动在这画面中的有声有色的人物,以及作者的性情、思绪于字里行间的自然流露,所以诗歌非常耐人寻味。另外,诗人的《登夏州

---

① 《全唐诗》卷二八三,第3229页。

城观送行人赋得六州胡儿歌》、《城傍少年》、《夜宴观石将军舞》等，描摹了边塞游牧民族的风习、歌舞，富于民族风情，是岑参类似诗作的承续。总的说来，李益的边塞诗贴近社会实际，富有生活气息，情调豪迈慷慨，回荡着盛唐边塞诗的馀响，只是受时代的制约，增添了一些感伤悲凉的色调。就边塞诗的成就而言，在中晚唐的诗人中，是无人能同李益匹敌的，这与他曾五次进入边地幕府，在那里生活了近二十年，边塞生活的直接体验很丰富和充实，有着极密切的关系。

再以武元衡为例。武元衡建中四年（783）登第，《旧唐书·武元衡传》："元衡进士登第，累辟使府，至监察御史（当指所带宪衔）。后为华原县令。"因为登第后不能立即授官，必须先守选数年，所以元衡便于兴元元年（784）入鄜坊节度使府为掌书记①。在鄜坊期间，有《秋晚途次坊州界寄崔五员外》云："崎岖崖谷迷，寒雨暮成泥。征路出山顶，乱云生马蹄。望乡程杳杳，怀远思凄凄。欲识分麾重，孤城万壑西。"描写坊州山路之难行，抒发了自己的怀乡之愁。诗人又曾入河东幕府，《石州城》："丈夫心爱横行，报国知嫌命轻。楼兰轻百战，更道戍龙城。"《度东径岭》："又过雁门北，不胜南客悲。"石州（今山西离石）、雁门（即代州，今山西代县）均为河东幕府所辖。又《单于晓角》："胡儿吹角汉城头，月皎霜寒大漠秋。三奏未终天便晓，何人不起望乡愁？"单于即单于都护府，在今内蒙和林格尔西北，为唐振武节度使治所。《单于罢战却归题善阳馆》："单于南去善阳关，身逐归云到处闲。曾是五年莲府客，每闻胡虏哭阴山。"善阳为唐朔州治所（今山西朔州），时属河东节度，或作者曾以河东从事的身份，赴单于都护府协助抗敌，罢战后又南归河东。据诗中所说，自兴元元年算起，诗人入边幕已满五年。又《塞上春怀》云：

---

① 参见《唐才子传校笺》第五册，陶敏补正，第201—203页。

"东风河外五城喧，南客征袍满泪痕。愁至独登高处望，蔼然云树重伤魂。""河外五城"同于李益诗中的"五城"（见前），即丰安军、定远军、三受降城，其地皆在今宁夏、内蒙的黄河之北，故云"河外"，五城都属朔方节度所辖，则元衡又曾入朔方幕。元衡还有数首作于西北边幕的诗，只是难于确定具体作于何地，如《出塞作》云："凤驾逾人境，长驱出塞垣。边风引去骑，胡沙拂征辕。……虽云风景异华夏，亦喜地理通楼烦。白羽矢飞先火炮，黄金甲耀夺朝暾。要须洒尽龙沙净，归谒明光一报恩。"抒发了出塞的豪情和报国的壮志。楼烦，古部族名，此处与华夏对举，当泛指异族。《岁暮送舍人》云："边城岁暮望乡关，身逐戎旌未得还。欲别临歧无限泪，故园花发寄君攀。"表现了别友与思乡的哀伤。据权德舆《武就墓志铭》，元衡父武就贞元六年（790）十一月卒，时元衡官监察御史（与《旧传》所载合）[①]；则元衡离边幕回乡守丧的时间为贞元六年岁末，这样他至少有三次入西北边地幕府，历时共六年多，他在这里写的边塞诗，今存有十馀首，其内容主要是抒写报国豪情与思乡愁绪，这些诗有一定的成就，很善于在景物的描写中融入诗人的情致。

据《旧传》，元衡离开边地幕府之后，官华原县令（畿县令，正六品上），虽然官位晋升了，却并没有成为摆脱守选的六品以下常参官。贞元后期，"德宗知其才，召授比部员外郎"（《旧传》），一下子成为六品常参官，从此进入升进的快捷通道。元和元年（806）拜相，二年至八年为剑南西川节度使。西川节度也是边地幕府，负有"西抗吐蕃"的职责。元衡在西川期间，也写了一些边塞诗，如《幕中诸公有观猎之作因继之》："刀州城北剑山东，甲士屯云骑散风。旌旆遍张林岭动，豺狼驱尽塞垣空。……为报府中诸从事，燕然未勒莫论功。"《兵行褒斜谷作》："注意奏凯赴

[①] 参见《唐才子传校笺》第五册，陶敏补正，第203页。

都畿，速令提兵还石坂。三川顿使气象清，卖刀买犊消忧患。"表现了作为西川主帅，决心安边报国的情怀。

因为学界对中晚唐边塞诗的研究比较薄弱，故下面顺便就中晚唐时期边塞诗创作的情势，作一些分析和说明。这个时期的边塞诗创作，虽然仍有一定数量，但就其总体成就而言，呈逐渐下降趋势。这个时期有十首以上边塞诗留存者，除李益、武元衡外，还有戎昱、卢纶、王建、令狐楚、王涯、张籍、姚合、马戴、刘驾、许棠、张蠙等十一人，他们大致能作为中晚唐时期写作边塞诗者之代表。其中王建、令狐楚、马戴三人曾入边地幕府，戎昱、卢纶、王涯、姚合四人曾入内地幕府，张籍、刘驾、许棠、张蠙四人则未曾入幕。又，这十一人中，前六人是中唐诗人，姚合是跨越中、晚唐两界的诗人，后四人则是晚唐诗人。我们先谈谈三个曾入边地幕府的诗人。王建未曾登第，为了进入仕途，曾多次受辟入幕，其中贞元时所入幽州节度使刘济幕，可说是边地幕府。王建的边塞诗多用乐府旧题，多表现战争给人民带来的痛苦，未见到李益诗中常有的那种报国豪情。他的边塞诗与幽州地区有关的只有《幽州送申稷评事归平卢》、《辽东行》、《渡辽水》、《塞上》四首，其馀多写他未曾到过的西北边地，或只说是塞上，未道出具体地域。然而这类诗也并非都是虚拟，如《凉州行》描写已被吐蕃占领的凉州地区的情形："凉州四边沙皓皓，汉家无人开旧道。边头州县尽胡兵，将军别筑防秋城。万里征人皆已没，年年旌节发西京。多来中国收妇女，一半生男为汉语。蕃人旧日不耕犁，相学如今种禾黍。"所写颇具有现实内容。又如《古从军》写戍卒之苦："来时高堂上，父母亲结束。回面不见家，风吹破衣服。金疮在肢节，相与拔箭镞。闻道西凉州，家家妇女哭。"诗里有真实的细节描写，显然融入了诗人在边地的生活体验。令狐楚贞元七年登第，为了摆脱守选，八年即入桂管观察使幕，接着入河东节度使李说、郑儋、严绶幕，在河东凡十二年，元和五年

（810）被朝廷征召入京为右拾遗，这才成为摆脱守选的六品以下常参官。令狐楚的边塞诗多用乐府旧题，多表现士卒久戍不归、思念家乡以及闺妇想念征夫等传统边塞诗内容，仅有一首反映当时的社会现实："未收天子河湟地，不拟回头望故乡。"（《少年行四首》其三）其体裁全是五、七言绝句，涉及的地名有辽西、临洮、玉门关、青海、白山（天山），都不在河东节度辖区内。令狐楚精通音乐，这些边塞诗估计是为音乐机构撰写的歌词，同他曾入河东幕府的关系不大。马戴会昌四年（844）登第，为了摆脱守选，约于会昌末入河东幕府为掌书记，后又曾入凤翔幕府，然而终生皆任卑职，未能摆脱守选。晚唐时期，唐西北边地的形势已发生了变化。长庆时，吐蕃国力日衰，请求与唐和盟，二年（822），唐与吐蕃订立盟约，唐承认吐蕃占有河西、陇右，吐蕃保证不再侵犯唐的边境，从此西北边境的局势趋于平静。马戴的边塞诗大致可分为两类，一类是用乐府旧题写的诗，或描写艰苦、惨烈的沙场征战，或表现长年的战争给征戍者及其家属带来的苦难，其中有虚拟成分，如《关山曲二首》其二："木落防河急，军孤受敌偏。犹闻汉皇怒，按剑待开边。""开边"早已成为历史，现实是大片唐土被侵占却无力收复。另一类是实写在边地之所见所感的诗歌，如《边城独望》："聊凭危堞望，倍起异乡情。霜落蒹葭白，山昏雾露生。……独树残秋色，狂歌泪满缨。"《旅次夏州》："锁郡云阴暮，鸣笳烧色来。霜繁边上宿，鬓改碛中回。怅望胡沙晓，惊蓬朔吹催。"《汧上劝旧友》："斜阳高垒闭，秋角暮山空。雁叫寒流上，萤飞薄雾中。坐来生白发，况复久从戎。"都成功地描写了秋日的边地景色，并在景中融入了诗人的感情。马戴的诗精于字句的锤炼，由上引诗句即可看到这一点。

再谈谈四个曾入内地幕府的诗人。戎昱未第，曾历佐多个内地使府。他的边塞诗多用乐府旧题，多表现西北边塞战争的残酷、凄惨，如《塞下曲六首》其一："惨惨寒日没，北风卷蓬根。将军领疲兵,却入古寒门。回头指阴山,杀气成黄云。"其三:"塞北无草木,乌鸢巢僵尸。……战卒多苦辛,苦辛无四时。"其四:"晚渡西海西,向东看日没。傍岸沙砾堆,半和战兵骨。"其五:"城上画角哀,即知兵心苦。试问左右人,无言泪如雨。"诗人不曾进入过西北边地幕府,上述描写,是安史之乱爆发后,吐蕃侵占河陇进逼京畿、唐军不断败退之情势在诗人那里留下的心理阴影的反映。卢纶亦未第,贞元年间曾入河中浑瑊幕府为判官。卢纶的边塞诗《和张仆射塞下曲》其二云:"林暗草惊风,将军夜引弓。平明寻白羽,没在石棱中。"其三云:"月黑雁飞高,单于夜遁逃。欲将轻骑逐,大雪满弓刀。"表现了将军的勇武、豪迈,是中唐边塞诗的名篇。《从军行》云:"二十在边城,军中得勇名。卷旗收败马,占碛拥残兵。覆阵乌鸢起,烧山草木明。塞闲思远猎,师老厌分营。"似是描写小股败逃的唐军困守沙漠一隅的窘状,在唐代边塞诗中很少见。卢纶还有数首送人赴边诗,如《送颜推官游银夏谒韩大夫》:"才子尊前画,将军石上铭。猎声云外响,战血雨中腥。"写出了战争的血腥味,有独特之处。卢纶虽未曾进入边地幕府,但内地幕府也掌兵,所以诗人同样有军营生活的切身体验,这一点从他的边塞诗中不难看出来。王涯长庆后曾当过两任内地节度使,他的边塞诗与令狐楚的边塞诗同载于《三舍人集》,① 其中用乐府旧题创作的《塞上曲》、《闺人赠远》、《从军词》、《塞下曲》,是令狐楚、张仲素同题诗的和作,内容、体裁皆同于令狐楚的边塞诗。这些边塞诗的创作,同诗人曾任使府主帅的关系也不大。姚合元和十一年登第,按唐代制度的规定,登第后必须守选数年才能授官,所以诗人便于元和十三年入魏博田弘正幕府。其《从军行》云:"滥得进士名,才用苦不长。……六义虽粗成,名字犹未扬。将军俯招引,遣脱儒衣

---

① 参见《唐诗纪事》卷四二,上海古籍出版社 1987 年版,第 640—647 页。

裳。……昨来发兵师，各各赴战场。顾我同老弱，不得随戎行。……从军不出门，岂异病在床？……鹰鹘念搏击，岂贵食满肠？"此诗先写登第后应将军田弘正之辟入魏博幕；"发兵师"指元和十三年七月，朝廷令魏博等五镇之兵进讨淄青节度使李师道，诗里为这次战斗自己不能随军出征，感到很遗憾。此诗从题目上看，像是边塞之作，实际写的却是征讨叛镇之事。姚合的有些边塞诗，反映了长庆以后西北边地局势趋于平静的事实，如《穷边词二首》其二："箭利弓调四镇兵，蕃人不敢近东行。沿边千里浑无事，唯见平安火入城。"四镇指朔方、泾原、凤翔、河东四节度。《送邢郎中赴太原》也说："如今并州北，不见有胡兵。"这一点在以前的边塞诗中尚未见到。

最后谈四个未曾入幕的诗人。张籍虽未曾入幕，却留下了二十多首边塞诗。这些诗可分为乐府诗（包括旧题、新题）与非乐府诗两类，乐府诗多表现战争给人民带来的痛苦，比较偏重于边塞诗的传统内容。如《征妇怨》："夫死战场子在腹，妾身虽存如昼烛。"《从军行》："万里犹防塞，三年不见家。"《关山月》："可怜万国关山道，年年战骨多秋草。"非乐府诗主要反映京畿一带的外患和人们要求收复河陇失地的愿望。如《西州》："羌胡据西州，近甸无边城。山东收税租，养我防塞兵。胡骑来无时，居人常震惊。嗟我五陵间，农者罢耕耘。边头多杀伤，士卒难全形。……所愿除国难，再逢天下平。"《送防秋将》："重收陇外地，应似汉家时。"《凉州词三首》其三："边将皆承主恩泽，无人解道取凉州。"这类诗比较真实地反映了当时的社会现实。大中时，河陇百姓乘吐蕃内乱发动起义，大中元年（847），沙州民众首领张义潮收复瓜、伊等十州；三年，民众又举秦、原、安乐三州及石门等七关归唐，这是当时的一个重大事件，刘驾《唐乐府十首》即歌咏此事。诗中赞颂"河湟父老地，尽知归明主"（《吊西人》）的胜利，表达继续收复失地、让百姓过上和平生活的愿望。如云："莫但取河湟，河湟非边疆。愿今日入处，亦似天中央。"（《献贺觞》）"刀剑作锄犁，耕田古城下。"（《田西边》）"在乡身亦劳，在边腹亦饱。父兄若一处，任向边头老。"（《乐边人》）许棠的边塞诗多作于游边途中，他自称"远梦亦羞归海徼，贫游多是滞边陲"（《秦中遇友人》），曾自秦中西出陇关到秦州（今甘肃秦安北），这是大中时新收复的失地；又曾北至河东节度的辖地雁门关，夏绥节度的辖地夏州（今陕西靖边北白城子）、绥州（今陕西绥德）、银州（今陕西米脂）、乌延（今陕西横山南），朔方节度的辖地盐州（今陕西定边），振武节度的治所单于都护府（今内蒙和林格尔西北土城子），上述这些地方，从前都是抵抗吐蕃侵犯的前线，不便游历，长庆以后西北边地形势的变化，为诗人游历这些地方创造了条件。许棠的边塞诗多写在游边途中的所见所感，如《题秦州城》云："大荒收虏帐，遗土复秦风。乱烧迷归路，遥山似梦中。此时怀感切，极目思无穷。"描写了秦州归唐后的新貌，抒发了自己的感慨。又如《出塞门》云："山多曾战处，路断野行人。暴雨声同瀑，奔沙势异尘。片时怀万虑，白发数茎新。"抒写经多年战争后边地的荒凉和诗人的感叹。许棠的边塞诗多写景之笔，如"残日沉雕外，惊蓬到马前"（《塞外书事》）、"河遥分断野，树乱起飞尘"（《雁门关野望》）、"滴梦关山雨，资餐陇水鱼"（《陇上书事》）、"马行高碛上，日堕迥沙中"（《边城晚望》）等，皆境界奇特，工于锻炼字句。张蠙除有数首送人赴边诗外，其他边塞诗也多为游边时所作，他漫游过幽州、河东、朔方、振武、泾原等节度的辖地，留下了若干首边塞诗，如《登单于台》："边兵春尽回，独上单于台。白日地中出，黄河天外来。沙翻痕似浪，风急响疑雷。欲向阴关度，阴关晓不开。"《古战场》："荒骨潜销垒已平，汉家曾说此交兵。如何万古冤魂在，风雨时闻有战声。"两诗都堪称佳篇，但他类似的诗作不多。

据以上所述，不难看出，盛唐边塞诗充满为国安边的浪漫豪情,而在中晚唐的边塞诗中,这种浪漫豪情已日渐减弱;中晚唐边塞诗的总体成就,较之盛唐边塞诗,也日渐降低。究其原因,一是"安史之乱"平定后,社会形成了藩镇割据、宦官专权、政治腐败混乱的局面,内乱对唐王朝的威胁,比起外患更严重,所以人们的关注焦点,便由外患转向内忧,这样边塞诗创作的热潮逐渐消退,也就很自然了。二是安史之乱后,唐在内地增置节镇达四十多个,内地幕府的数量大大超过边地幕府,加上内地幕府生活条件既优越,又没有多少危险,所以希求通过入幕摆脱守选、快速升进的文士,多以进入内地幕府为首选。三是中晚唐时,唐国力下降,在边地皆取守势,不思收复失地,因此士人通过立边功获得升进的机会也减少(通过征讨叛镇而获得升进的机会反而更多些)。这后两点,导致情愿进入边地幕府的文士减少,这对于边塞诗的创作,自然是不利的。

下面谈中晚唐时期入内地幕府的文人与摆脱守选的关系,以及他们在幕府中的非边塞诗创作。在内地幕府文人的诗歌创作,大致可分为个人创作与群体创作两类。先谈个人创作。

试以姚合为例。前面我们谈过,姚合登第后,为了摆脱守选,于元和十三年入魏博田弘正幕府。他在魏博幕府的时间约两年多,写下了多首诗歌,其中《闻魏州破贼》云:"生灵苏息到元和,上将功成自执戈。……旗回海眼军容壮,兵合天心杀气多。从此四方无一事,朝朝雨露是恩波。"写元和十三年田弘正领兵破李师道事,与前引姚合《从军行》涉及的内容相合。《从军乐二首》其一:"每日寻兵籍,经年别酒徒。……僮仆惊衣窄,亲情觉语粗。"其二:"贫贱依前在,颠狂一半无。身惭山友弃,胆赖酒徒扶。"皆写在魏博军中的感受。《军城夜会》:"军城夜禁乐,饮酒每题诗。坐隐吟难尽,寒多醉较迟。"描写军中夜饮题诗的情景。《假日书事呈院中司徒》是一首献给府主田弘正的诗,诗里自述心境说:"学佛宁忧老,为儒自喜贫。海山归未得,芝术梦中春。"

《寄狄拾遗时为魏州从事》是一首寄赠友人自述志向的诗："主人树勋名，欲灭天下贼。愚虽乏智谋，愿陈一夫力。人生须气健，饥冻缚不得。……古人不惧死，所惧死无益。"还有《九日寄钱可复》："上国名方振，戎州病未瘥。……惆怅东门别，相逢知几年？"《寄绛州李使君》："戎客无因去，西看白日曛。"皆寄赠友人，抒写思友之情。《喜贾岛至》："布囊悬蹇驴，千里到贫居。……军吏衣裳窄，还应暗笑余。"则表现友人千里来访的欣喜。以上这些诗，总的说来，反映了诗人在军幕中的生活与思想感情。再以杜牧为例。杜牧大和二年（828）进士及第，同年又制举登科，授校书郎；唐时制举登科即可立即授官，不必守选，然而任校书郎秩满后，还得守选，所以诗人便在授校书郎的当年（大和二年）年末，应江西观察使沈传师之辟，为江西团练巡官，四年（830），沈传师迁任宣歙观察使，杜牧又随其入宣歙幕；七年，入淮南节度使牛僧孺幕为掌书记，九年（835），入朝为监察御史，分司东都，终于成为摆脱守选的六品以下常参官。今存杜牧在江西、宣歙幕府的诗歌颇少，这里只谈他在淮南幕府的诗作。其中《牧陪昭应卢郎中在江西宣州佐今吏部沈公幕罢府周岁公宰昭应牧在淮南縻职叙旧成二十韵用以投寄》、《送杜颢赴润州幕》，是在淮南（扬州）写的寄赠、送别友人之作。扬州是一个安定富庶的大镇，唐代第一繁华的商业都市，多历史遗迹，《扬州三首》即写出了诗人所体验到的扬州的这一风貌，如其一云："炀帝雷塘土，迷藏有旧楼。谁家唱水调，明月满扬州。……喧阗醉少年，半脱紫茸裘。"其二云："秋风放萤苑，春草斗鸡台。金络擎雕去，鸾环拾翠来。蜀船红锦重，越橐水沉堆。"其三云："街垂千步柳，霞映两重城。天碧台阁丽，风凉歌管清。纤腰间长袖，玉佩杂繁缨。柂轴诚为壮，豪华不可名。"扬州倡楼妓馆遍布，杜牧有贵公子习气，好声色之娱，每于公余闲暇出入其间，故其《遣怀》云："落魄江南载酒行，楚腰肠断掌中轻。三年一觉扬州梦，占得青楼薄幸名。"又《赠别二首》其一:"娉娉袅袅十三馀,豆蔻梢头二月初。春风十里扬州路,卷上珠帘总不如。"其二:"多情却似总无情,唯觉樽前笑不成。蜡烛有心还惜别,替人垂泪到天明。"这是诗人离开扬州时的赠妓诗,写得情韵缠绵,似有一番怜香惜玉的真情在其中。唐代曾入内地幕府的诗人很多,其诗歌的内容也很复杂,限于篇幅,这里只能举出以上二例略作说明。下面讨论一个问题:这类诗人在内地幕府创作的诗歌,是否具有地域特征呢?关于诗歌的地域特征,目前学界尚缺少深入的研究,我们且以姚合、杜牧为例略作分析,姚合在魏州幕府的诗歌,可以看出具有军中生活的色调,却找不到魏州的地域特征;又杜牧在扬州幕府的诗歌,表现了扬州的历史遗迹、繁华风貌,如果说它具有一些扬州的地域特征,那也是浅层次的,总之这个问题目前不易说清,留待以后再作进一步研究吧。

  接下谈幕府的群体诗歌创作。这类群体创作,主要指在宴集、游乐、送别等场合进行的唱和以及联句活动,主持唱和、联句活动的人,大多是府主,参与唱和、联句活动的人,主要是幕僚,还有当地的地方官吏、文士以及出差路过幕府的官员等。例如,大历年间鲍防等的浙东联唱。鲍防早有诗名,自宝应元年(762)至大历五年(770),为浙东节度使薛兼训的行军司马[①],行军司马唐时多以为储帅,在幕府中的地位很高,加上薛兼训是武人,把幕府的事务都交给鲍防办理,因此他便成为幕府的实际主事之人和唱和活动的主持者。当时参与唱和的有严维、刘全白、朱迪、吕渭、丘丹、谢良辅、谢良弼、贾弇、吴筠、章八元等近四十人,其身份大抵为浙东幕府僚佐、越州地方官吏和士人、流寓江南的士人等。据贾晋华《唐代集会总集与诗人群研究》的钩稽考证,浙东幕府唱和活动的次数不少,唱和的题目共有十七个,其中

---

① 参见《唐才子传校笺》第五册,陶敏补正,第96—98页。

《忆长安十二咏》、《状江南十二月每月须一物形状》、《秋日宴严长史宅》等是宴集时的唱和题目，《经兰亭故池联句》、《自云门还泛若耶入镜湖寄院中诸公》、《入五云溪寄诸公联句从一字至九字》等，则是游赏越州的山水胜地时的唱和题目①。又如，大中年间山南东道节度使（治襄阳）徐商幕府的唱和。大中十三年（859），温庭筠入徐商幕府为巡官，段成式离处州刺史任，闲居襄阳，两人是好友，又都有诗名，相聚在襄阳即赋诗唱和，襄阳幕府府主徐商及其僚佐温庭皓、余知古、韦蟾、王传、元繇也参与唱和，他们的唱和诗什，由段成式编集成《汉上题襟集》一书。此书虽已佚，但上述诸家的唱和诗作，仍有一部分保存了下来。如徐商作《贺襄阳副使节判同加章绶》，段成式有《和徐商贺卢员外赐绯》，王传有《和徐商贺卢员外赐绯鱼》；段成式作《观山灯献徐尚书三首》，温庭筠、韦蟾皆有《奉和观山灯献徐尚书三首》；段成式作《光风亭夜宴妓有醉殴者》，韦蟾有同题和作等②。安史之乱以前边地幕府的群体诗歌创作也有一些（如高适、岑参在边幕有少量唱和诗什），但总的说来不多见；安史之乱以后，内地幕府，尤其是南方幕府，群体诗歌创作活动渐次增多，这些幕府群体唱和诗歌的主要内容是，描写幕府文人公馀闲暇的娱乐生活，例如宴饮，观赏乐舞，与妓女往还，游赏当地的山水胜景等，这类唱和诗歌，除有些送别诗外，多缺少真性情，其总体成就，不能与内地幕府的个人诗歌创作相比。

唐初，太宗朝的君臣唱和活动就很盛，今存的唱和诗作不少，大历以后，长安、洛阳的官员和文人的唱和活动亦连续不断，那么，上述内地幕府的唱和诗歌，与京都及州郡的唱和诗歌，有没有什么不同呢？幕府唱和诗歌与京都唱和诗歌的不同，首先表现

---

① 参见贾晋华《唐代集会总集与诗人群研究》，北京大学出版社2001年版。第279—294页。

② 以上参见《唐代集会总集与诗人群研究》，第438—456页。

在幕府唱和诗歌,常以当地的风物形胜为吟唱对象,给人以新鲜感,多少具有某些地域的特征,如浙东联唱中的《状江南十二月每月须一物形状》等;其次幕府的环境较宽松自由,禁忌少,所以幕府诗歌创作的娱乐色彩、游戏化倾向较突出,还作了一些诗体创新的尝试,如浙东联唱中的从一字至九字诗等,这种游戏诗风和游戏诗体很快传入京师,形成了中唐诗歌的游戏风尚,并影响到晚唐。至于幕府唱和诗歌与州郡唱和诗歌,则没有多少不同,如浙东联唱和大历时以颜真卿为核心的湖州联唱,其特色就相当一致。

综上所述,通过以上列举的近二十个具体事例,不难看出:文人入边地或内地幕府,是为了或摆脱守选和待选,或寻求进身的机会,入幕文人,有的能实现自己的目的,但也有一些人未能实现自己的目的,终生于卑职中徘徊;不管在唐代的哪个时期,文人入边地幕府,体验边地的征战生活,对于边塞诗的创作,都具有重要的作用。

第四节 守选制与干谒之风和干谒诗

本节也主要从唐代文官摆脱守选的途径方面着笔。唐时干谒之风大盛,这一点已有不少论著谈及,此不赘述。主要从干谒的目的考虑,大致可将干谒分成以下五类:

(一)为登科第(主要指进士与科目选之中第)而干谒。这类干谒的首要对象是主考官(开元二十四年以前为考功员外郎,开元二十五年以后为礼部侍郎),干谒的主要手段是投献诗文。唐代选官,主要有科举、以门荫入仕和流外入流三种途径,科举在这三种途径中的地位,盛唐比初唐时已有不少提高,到了中晚唐时代,进士出身的官吏,更成为高级官员的主要来源;又,到盛唐时，进士科以诗赋取士的格局已确立①，以上这两点，导致盛唐时为登科第而干谒的风气形成，中晚唐时这种风气大盛。从今存的诗歌看，初唐时还没有干谒主司的诗歌出现。今存最早的干谒主司的诗歌是皇甫冉的《上礼部杨侍郎》："郢匠抡材日，辕轮必尽呈。放言当一干，徒欲隶诸生。末学惭邹鲁，深仁录弟兄。馀波知可挹，弱植更求荣。绩愧他年败，功期此日成。方因旧桃李，犹冀载飞鸣。"杨侍郎指礼部侍郎杨（一作阳）浚，掌天宝十二至十五年贡举，皇甫冉于天宝十五年（756）登进士第，这是他在这年的应考日投献给杨浚的干谒诗。又刘长卿《杂咏八首上礼部李侍郎》之《古剑》云："铁衣今正涩，宝刃犹可试。倘遇拂拭恩，应知剸犀利。"《旧井》云："素绠久未垂，清凉尚含洁。岂能无汲引，长讶君恩绝。"《白鹭》云："幽姿闲自媚，逸翮思一骋。如有长风吹，青云在俄顷。"礼部李侍郎指李希言，至德二载（757）以礼侍知江东贡举②，《杂咏》诗采用比兴手法，托物寄意，希求希言擢拔自己；长卿当于这年登第，同年即被江淮选补使崔涣选授为长洲尉。③ 中晚唐时干谒主司的诗歌大增，如崔子向《上鲍大夫防》："行尽江南塞北时，无人不诵鲍家诗。东堂桂树何年折，直至如今少一枝。"按鲍防（曾官御史大夫）曾以礼侍连掌兴元元年（784）、贞元元年（785）、二年三年贡举，玩诗意，崔子向投献此诗时，应进士举已有多次，诗中直截了当地请求鲍防录取自己。又如《唐摭言》卷四"与恩地旧交"载："刘虚白与太平裴公早同砚席，及公主文，虚白犹是举子。试杂文日，帘前献一绝句曰：二十年前此夜中，一般灯烛一般风。不知岁月能多少，犹着麻衣待至公。"太平裴公指裴坦，大中十四年（860）以中书舍人权知礼部贡举，刘虚白即在这年献诗裴坦后

---

① 参见拙作《梁珣墓志与进士科试杂文》，载《北京大学学报》2006年第6期。
② 参见《全唐诗人名汇考》，第224页。
③ 参见《全唐文》卷三四六刘长卿《祭崔相公文》。

登第。

唐时的投行卷和纳省卷,是为登科第而干谒的另一种方式,它也形成于盛唐时,大盛于中晚唐时。关于纳省卷,天宝元年韦陟以礼部侍郎知贡举,"仍令举人自通所工诗笔,先试一日,知其所长,然后依常式考核"(《旧唐书·韦陟传》),这大概是纳省卷的开始;天宝十二载元结入京应举,"会有司考校旧文,作《文编》纳与有司。"所纳文卷受到礼部侍郎杨浚的赏识,遂登十三载进士第①。《文编》是元结自编的诗文集,当时举子须在考试前向礼部交纳这类文卷,大概已成为礼部的一项正式规定。所谓行卷,是指举子在考试前向达官贵人或诗文名家投献诗文,以期获得他们的推荐(向主司或与主司关系密切的人推荐)或延誉,从而对主司的录取产生有利影响。例如白居易《与陈给事书》云:"正月日,乡贡进士白居易谨遣家僮奉书献于给事阁下……居易鄙人也,上无朝廷附离之援,次无乡曲吹煦之誉,然则孰为而来哉?盖所仗者文章耳,所望者主司至公耳。……而居易之文章可进也,可退也,切不自知之,欲以进退之疑取决于给事。……谨献杂文二十首,诗一百首,伏愿俯察悃诚,不遗贱小,退公之暇,赐精鉴之一加焉。"居易贞元十六年正月献此行卷与给事中陈京,同年二月即被权知礼部侍郎高郢录取,可见行卷是产生了作用的。又如朱庆馀临近考试前,作《近试上张籍水部》云:"洞房昨夜停红烛,待晓堂前拜舅姑。妆罢低声问夫婿,画眉深浅入时无?"张籍因作《酬朱庆馀》答之:"越女新妆出镜心,自知明艳更沉吟。齐纨未是人间贵,一曲菱歌敌万金。"《云溪友议》卷下"闺妇歌"条称,庆馀因张籍此诗,"名流于海内矣";又称张籍将庆馀新制篇什吟改后只留二十六章,"置于怀抱而推赞之,清列以张公重名,无不缮录而讽咏之,遂登科第"。上述为登科第而投献诗文

---

① 参见《全唐文》卷三八一元结《文编序》、卷三四四颜真卿《元结表墓碑铭》。

干谒，只行于进士科，不行于明经科，因为明经不试诗赋，不重文词，录取标准不同，故无须投献诗文干谒。制举试策，由天子亲试和临时指定考策官，也不常有投献诗文干谒者①。而科目选中之博学宏词，试诗、赋、论各一篇，也重文词，故有投献诗文干谒者。如韩愈《应科目时与人书》、《上考功崔虞部书》（当作《上考宏词官崔虞部书》）②，皆愈应博学宏词试时所献干谒文。

此外，乡贡进士、明经为获得参加尚书省礼部（或吏部）试的资格，将应制举者为寻求举荐以便入京应试，常要干谒州、府长官等，这类事例在初唐时已很常见。

（二）为铨选授官而干谒。本书第一章我们谈过，六品以下文官的铨选，由吏部负责（侍郎主之）；唐时举、选分途，新及第进士、明经，还必须参加吏部的铨选，才能授官；唐代官员实行任期制，任职期满，须先离任，而后再次参加吏部的铨选，才能获得新职。又，守选制实行以前，选人多官缺少的矛盾突出，参加铨选的人往往落选，守选制实行以后，守选期满再次参加铨选的人，也仍有少数不能得官者，同时官职有好有赖，所以参加铨选的人，为了避免落选或获得佳职，往往要干谒吏部长官或其他贵官。干谒的手段也是投献诗文。如本章第二节谈到，咸亨二年（671）秋，王勃自蜀还京，是冬，参加吏部铨选，作《上吏部裴侍郎启》，进呈主持铨选的吏部侍郎裴行俭，并投献"《古君臣赞》十篇并序"以为行卷③，遂授虢州参军。又骆宾王有《上吏部侍郎帝京篇并启》云："宾王启：昨引注日，垂索鄙文，拜手惊魂，承恩累息。"④引注者，铨选时注拟官职也，则诗必上于吏部铨选时；吏部侍郎也指裴行俭，他自总章二年（669）至仪凤四年

---

① 也有个别投献文章干谒者，如王勃为应制举，曾向朝廷投献《宸游东岳颂》等。
② 参见《韩愈全集校注》，第1188—1189、1180—1182页。
③ 见《王子安集注》，上海古籍出版社1995年版，第128—133页。
④ 见《骆临海集笺注》，上海古籍出版社1985年版，第1—16页。

(679) 为吏侍①，宾王当于仪凤三年冬母丧服阕后参加吏部铨选②，当时行俭向他索要诗文，宾王因呈上旧作《帝京篇》以为行卷。此诗是宾王的代表作，《旧唐书》本传说"当时以为绝唱"。宾王此次参选的结果是获得长安主簿之职。

再如，王昌龄《上李侍郎书》云："昌龄拜手奉书吏部侍郎李公座右……天生贤才，必有圣代用之，用之于天子，先自铨衡，则明公主司天下、开塞天下之所由也，可不慎之！……明公昔未居此任，岂不曰伊人也，弃正任巧，我为宗臣，必将革之，操持升降，正在今日，伏愿密运心镜，俾无逃形，振拔非常，以资天轴。……昌龄久于贫贱，是以多知危苦之事，天下固有长吟悲歌，无所投足，天工或阙，何惜补之？……昌龄请攘袂先驱，为国士用，棼丝之务，最急之治，实所甘心。……每思力养不给，则不觉独坐流涕，啜菽负米，惟明公念之。……昌龄常在暇日，著《鉴略》五篇，以究知人之道，将俟后命，以黩清尘。"③ 按，"铨衡"指吏部侍郎主持的铨选，这是昌龄登第之后才可以参加的；"明公"以下十一句，提出对李侍郎主持铨选的希望：能够"振拔非常"，革除"弃正任巧"的弊端；下面说，代天履行职事的官吏（天工）有缺员，为何舍不得补充？自己愿为侍郎所用，乱丝般的急务也甘心担负；最后说进献《鉴略》五篇以为行卷。此《书》显然是作者参加铨选时献给吏部李侍郎的干谒文。自开元十五年昌龄登第之后至开元末年的李姓吏部侍郎，只有李林甫一人，他于开元二十年至二十一年首次任吏侍④，这与《书》中"明公昔未居此任"之语合；昌龄登第后官校书郎，作此《书》时，当已秩满离任，正在守选，故《书》云"力养不给"；本书第一章

---

① 见《唐仆尚丞郎表》卷一〇，第548页。
② 参见《初唐诗歌系年考》，第160页。
③ 《全唐文》卷三三一，第3352—3353页。
④ 见《唐仆尚丞郎表》卷一〇，第576页。

第二节谈过，开元十八年开始实行裴光庭提出的前资官守选制，则作此《书》时，昌龄的守选期限当尚未满，不能参加吏部铨选，但裴光庭开元二十一年卒，中书令萧嵩与光庭不合，奏请罢除守选制，玄宗即于这一年六月下诏同意，虽然终唐之世，守选制一直实行着，但这一年暂停实施有极大可能，估计《书》即作于这一年冬，所以昌龄虽然守选期限未满，也能够参加铨选，正因为这年暂停实施守选制，参加铨选者大增，所以昌龄只好献书干谒李林甫以期获得新职。估计二十二年春吏部注拟时，昌龄还是落选，为了摆脱守选，他便于同年冬参加博学宏词试①，结果中第，授汜水尉。又，萧颖士开元二十三年（735）登第，二十四年为桂州参军，二十六年丁父忧去职，二十八年冬服阕，赴长安参加吏部铨选，二十九年三月，选事将毕，吏部注拟颖士某地方官，颖士不满意（唐代制度规定，吏部铨选时注拟三次，以供选人选择，如三次选人皆不满意，听下一年铨选时再参加注拟），于是作《赠韦司业书》自述志向和愿望："仆不揆，顾尝有志焉，思欲依鲁史编年，著历代通典，起于汉元十月，终于义宁二年，约而删之，勒成百卷。……尝愿得秘书省一官，登蓬莱，阅典籍，冀三四年内，绝笔之秋，使孟浪之谈，一朝见信。……校理是司（指秘书省），于今绝望，刊削之志事（指修史之事），即都损矣。圣朝官人，宜求称职，使道皆适务，时无弃能，何须铨衡枉分如此！……杂诗五首，谨以奉投，聊用代情，不近文律耳。"所投杂诗，《全唐诗》作《仰答韦司业五首》，其三云："晋代有儒臣，当年富辞藻。……不遇庾征西，云谁展怀抱？士贫乏知己，安得成所好。"其四云："临难俟解纷，独知祁大夫。举雠且不弃，何必论亲疏。夫子觉者也，其能遗我乎？"韦司业指韦述，开元二十七年至二十九年任国子司业；颖士所投赠的《书》和杂诗（实为

---

① 此年博学宏词试在冬天举行，参见《登科记考补正》，第315页。

行卷），表达了自己对未能获得"秘书省一官"的不满，流露了希冀韦述提携、荐引之意。后来颖士大概真得到了韦述的推荐，当了秘书省正字的官职①。

下面再举一例：崔峒《扬州选蒙相公赏判雪后呈上》云："自得山公许，休耕海上田。惭看长史传，欲弃钓鱼船。穷巷殷忧日，芜城雨雪天。此时瞻相府，心事比悬旌。"这是一首干谒诗，"扬州选"指特殊情况下在扬州举行的铨选，《新唐书·选举志下》说，唐有东选、南选，又"江南、淮南、福建大抵因岁水旱，皆遣选补使即选其人。而废置不常，选法又不著，故不复详焉。""扬州选"就是在淮南举行的铨选。或谓诗中之"相公"指崔涣，按，《旧唐书·肃宗纪》谓至德元载（756）十一月，"诏宰相崔涣巡抚江南，补授官吏"，同书《崔涣传》则谓"时未复京师，举选路绝，诏涣充江淮选补使，以收遗逸"，而《新唐书·肃宗纪》、《宰相表中》皆谓涣是时之官职为"江南宣慰使"，《通鉴》卷二一九亦称："上命崔涣宣慰江南，兼知选举。"考至德二载二月李白系寻阳（今江西九江）狱，"前后经宣慰大使崔涣及臣（宋若思）推覆清雪"（李白《为宋中丞自荐表》），同年八月崔涣因在江南选补官吏过滥而被罢职，就近转任馀杭太守（《通鉴》卷二一九），皆可证崔涣是时应在江南巡视并选授官吏，而非在扬州掌选。诗中的"相公"当指崔圆，圆曾拜相，上元二年（761）二月至大历三年（768）六月为扬州大都督府长史、淮南节度使②，崔峒此诗当作于上元二年冬（诗写冬景）。崔涣奉命置选江南，是由于当时两京为安史叛军所据，举选路绝；崔圆置选扬州，则由于自乾元二年（759）九月至宝应元年（762）十月洛阳及其附近地区为史思明、史朝义所据（《新唐书·肃宗纪》），江淮选人赴京参选极为不便。崔圆置选扬州事，史传失载，崔峒此诗可

---

① 以上参见拙作《萧颖士系年考证》，载《文史》第37辑，中华书局1993年出版。
② 见《旧唐书·肃宗纪》、《代宗纪》。

补史传记载之缺。据此诗，崔峒参选所试判词已获崔圆赞许，但尚未注拟，这首诗里，表现了诗人希求出仕和等待注拟的不安心情。崔峒曾登进士第，但具体时间不详，据此诗，可知他上元年间已登第。

（三）为获得荐举而干谒。所谓荐举，是指官员向朝廷举荐各种适合当官的人员。第二章第五节我们谈过，荐举是文官摆脱守选和快速升进的一条重要途径；这类干谒者的干谒对象，是具有荐举资格的人（举主），即京官五品以上和六品以下常参官，以及地方长吏，还有能向举主推荐自己的人。而举主的荐举对象，一般是有官职的人（包括现任官和前资官）。干谒的手段与前两种类型一样，也是投献诗文。下面举例说明，如陶翰《晚出伊阙寄河南裴中丞》云："退无偃息资，进无当代策。冉冉时将暮，坐为周南客。……家本渭水西，异日同所适。秉志师禽尚，微言祖庄易。一辞林壑间，共系风尘役。交朋忽先进，天道何纷剧。岂念嘉遁时，依依偶沮溺。"诗中"河南裴中丞"当指裴宽，宽开元二十七年（739）为河南尹（中丞为其所带宪衔）①；作者开元十八年（730）登进士第，十九年为华阴丞，后任大理评事，天宝时拔萃登科，迁太常博士（六品以下常参官），官终礼部员外郎②。陶翰开元年间所任，皆六品以下非常参官，任期一满即当守选，开元二十七年，他大概正值离职守选之时，故诗云"退无偃息资"；诗中回忆起从前曾与裴宽一起隐居林壑的经历，最后说，朋友忽然先登上高位，祈望念及共隐时相互依恋的情分。裴宽是地方长吏，具有荐举资格，陶翰寄诗给他，明显含有希望他汲引、荐举自己之意。又如李白开元二十二年投献《与韩荆州书》，以布衣的身份请求荆州长史、山南东道采访使韩朝宗向朝廷荐举自己。前面我们说过，举主的荐举对象，一般是有官职的人，但也有个别白身

---

① 见《全唐诗人名汇考》，第209页。
② 以上参见《唐才子传校笺》第五册，第54—56页。

人因受荐而成为朝官的,本书第二章第五节提到的张镐就是一例。李白心高志大,自负自信,不愿走一般人走的科举入仕的常道,而为自己设计了一条高官荐举、皇帝征聘的进身之途,所以一生四处干谒当路①。又岑参《秋夕读书幽兴献兵部李侍郎》:"年纪蹉跎四十强,自怜头白始为郎。……惊蝉也解求高树,旅雁还应厌后行。览卷试穿邻舍壁,明灯何惜借馀光。"此诗作于广德元年(763)秋,时作者初为郎官(祠部员外郎),"兵部李侍郎"即李进,时官兵部侍郎;唐时尚书六部,吏部、兵部为前行,礼部、工部为后行,诗中作者表示不愿在礼部(祠部为礼部四司之一)为郎,希望李进提携、荐引自己。当时岑参已成为摆脱守选的六品以下常参官,但仍需干谒贵官,以期获得他们的荐举,继续升进。

再如,钱起《过王舍人宅》云:"入门花柳暗,知是近臣居。大隐心何远,高风物自疏。……彩笔有新咏,文星垂太虚。承恩金殿宿,应荐马相如。"按,"王舍人"指中书舍人王维;本章第一节说过,钱起天宝十载(751)登进士第,释褐秘书省校书郎,秩满离任守选,乾元二年(759)授蓝田(畿县)县尉,考王维为中书舍人在乾元元年春夏间,则作此诗时,钱起正在守选,诗的末句用杨得意荐司马相如事,请求王维荐举自己。钱起《初黄绶赴蓝田县作》称自己受"英达"眷顾擢为蓝田尉,大概指的就是受到王维的荐举成为畿县尉。又张祜《投韩员外六韵》云:"见说韩员外,声华溢九垓。……后学无人誉,先贤亦自媒。还闻孔融表,曾荐祢衡才。""韩员外"谓韩愈,元和六年为职方员外郎,具有荐举资格;张祜屡举进士不第,四处干谒,诗中请求韩愈像孔融上表荐祢衡那样,向朝廷荐举自己。又赵嘏《十无诗寄桂府杨中丞》其八云:"孔融襟抱称名儒,爱物怜才与世殊。今日

---

① 参见拙作《李白与高适的人生设计》,载《中国典籍与文化》2002年第2期。

宾阶忘姓字，当时省记荐雄无？"诗以孔融喻杨中丞；"荐雄"指汉成帝时，有人荐扬雄文似司马相如，帝诏雄待诏承明之庭。其九云："尊前为问神仙伴（桂府从事，代指桂府），肯向三清（喻指朝廷）慰荐（推荐）无？"杨中丞指桂管观察使、御史中丞杨汉公，会昌五年（845）至大中元年（847）在桂管任①；赵嘏会昌四年登进士第，作此诗时尚未授官，正在守选，故献诗杨汉公求他向朝廷荐举自己。

（四）为入使府而干谒。本章第三节已说过，入使府为僚佐也是摆脱守选和快速升进的一条重要途径。这一类干谒者（包括现任官、前资官、获得出身者和白身人）的干谒对象，是使府府主（唐时府主有权自辟僚佐），还有能向府主推荐自己的人，干谒的手段也是投献诗文。盛唐时期已有为入边镇使府而干谒的事例，如开元十九年（731），高适未第，北游幽蓟，寻找入幕机会，二十年春，朝廷以信安王李祎为河东、河北道行军副元帅，率兵伐奚、契丹，高适在幽蓟遇李祎幕下诸公，献《信安王幕府诗》求援引，其序曰："开元二十年，国家有事林胡，诏礼部尚书信安王总戎大举。时考功郎中王公、司勋郎中刘公……咸在幕府。诗以颂美数公，见于词，凡三十韵。"《诗》在"颂美数公"之后说："直道常兼济，微才独弃捐。曳裾诚已矣，投笔尚凄然。作赋同元叔，能诗匪仲宣。云霄不可望，空欲仰神仙。"写出了自己遭弃的处境和从戎的愿望，希求幕下诸公荐引自己入幕。又如杜甫入仕无门，天宝十载（751）献三大礼赋，玄宗"奇之"，命"送隶有司，参列选序"（等于已获得出身），但直到天宝十三载，授官的事仍无下文，于是作《投赠哥舒开府翰二十韵》献给河西、陇右节度使哥舒翰，诗末云："几年春草歇，今日暮途穷。……防身一长剑，将欲依崆峒。"仇注："剑依崆峒，欲参翰军谋也。"即请

---

① 参见《唐刺史考》卷二五七、《全唐诗人名汇考》第 1061 页。

求入幕。上述高、杜二人求入幕皆未成功。

中晚唐时期,入使府之风大盛,为入使府而干谒的现象很普遍。例如章孝标《蜀中上王尚书》云:"自古名高闲不得,肯容王粲赋登楼?"本章第二节我们说过,章孝标元和十四年春(819)登第后即归乡守选,元和十五年入蜀漫游,诗即作于漫游期间,"王尚书"指剑南东川节度使王涯;诗之末句以赴荆州依刘表的王粲自况,表达想入王涯幕府之意,但未能达到目的。又张祜《投魏博李相国三十二韵》云:"宁越身犹贱,冯谖胆未呈。……宁依刘表死,不接贾充荣。阻辙羞偏毂,蟠泥渴一泓。应怜望尘眼,歧路拜双旌。"①"魏博李相国"谓李愬,元和十五年(820)至长庆元年(821)为同中书门下平章事、魏博节度使②;张祜在这诗里自述困窘,表达了渴求入李愬幕之意,然也未能成功。又,前面谈到赵嘏守选时作《十无诗寄桂府杨中丞》,干谒桂管观察使杨汉公,我们知道,杨汉公既具有荐举资格,又拥有自辟僚佐的权力,所以赵嘏的这组诗里,既有上述请求杨汉公向朝廷荐举自己的内容,又有希望杨辟署自己为桂管幕僚的内容,如其四云:"日暮江边一小儒,空怜未有白髭须。马融已贵诸生老,犹自容窥绛帐无?"其五云:"一种吟诗号孔徒,沧江有客独疏愚。初筵尽辟知名士,许到风前月下无?"诗中寻问可否允许自己进入杨的门下,也即希求入幕之意。又第二章第一节谈过,朱庆馀宝历二年(826)进士及第后归故乡越州守选,途经汴州,作《上汴州令狐相公》诗云:"恭闻长与善,应念出身迟。"委婉地表达了作者请求汴州宣武军节度使令狐楚辟用自己为幕僚之意。

(五)直接干谒宰相和皇帝。直接干谒宰相和皇帝,也是摆脱守选和快速升进的一条途径。先谈直接干谒宰相。本书第二章

---

① 此诗《全唐诗》不载,见《增订注释全唐诗》,文化艺术出版社2001年版,第三册第1167页。

② 参见《唐刺史考》卷九八。

一节我们谈过，唐代五品以上官员和六品以下常参官的选授不由吏部，盖由宰相进拟，而后报皇帝批准，所以有现任官或前资官，通过干谒宰相直接成为六品以下常参官的；也有已获得出身尚未授官者，甚至于白身人，通过干谒宰相而直接（不经由吏部铨选）授官的，但这种情况，一般只能授给六品以下非常参官。此种干谒的手段也是投献诗文。例如，王泠然《论荐书》云："将仕郎守太子校书郎王泠然谨再拜上书相国燕公阁下……是仆亦有文章，思公见也，亦未富贵，思公用也，此非自媒自衒，恐不道不知。……仆之思用，其来久矣，拾遗补阙，宁有种乎！仆虽不佞，亦相公一株桃李也。此书上论不雨，阴阳乖度，中愿相公进贤为务，下论仆身求用之路。……其善也必为执事所哂，其恶也必为执事所怒，倘哂既怒罢方解，则仆当持旧文章而再拜来也。"① 这是开元十一年（723）王泠然（王于开元九年释褐为太子校书郎）投献给宰相张说的一篇自荐文②，投献此文的目的，是要求宰相进用自己。文中所论政事以及此次干谒所持"旧文章"，都是为了表现自己的才干，以为进用的资本；"拾遗补阙"（六品以下常参官），则是王泠然想获得的官职，虽然当时尚未实行前资官的守选制，但官员秩满待选的现象已很普遍，如果他真获得拾遗这类职务，那也就是说可以摆脱待选，连续为官了。不过他这次干谒未能达到目的。又如，王维《上张令公》云："贾生非不遇，汲黯自堪疏。学《易》思求我，言《诗》或起予。尝从大夫后，何惜隶人馀。"这诗作于开元二十二年秋，当时作者以正在守选的前资官的身份，献诗中书令张九龄请求汲引（参见本章第一节）；第二年春，王维被张九龄擢拔，出为右拾遗，这样，他便成为摆脱守选的六品以下常参官了。再如，韩愈贞元八年（792）进士及第后，在接下的三年守选期间，连应三次博学宏词试皆失利，于是

---

① 见《全唐文》卷二九四，第 2980—2983 页。
② 参见《唐才子传校笺》第一册，第 180—185 页。

在贞元十一年春，接连三次上书宰相（并录文若干首交纳）求一"九品之位"，但都无回音，这是一个以"已获得出身者"的身份干谒宰相而未成功的例子（参见第一章第三节）。又王建《上张弘靖相公》云："卑散自知霄汉隔，若为（如何）门下赐从容（谓盘桓逗留）？"《上崔相公》云："开阁覆看祥瑞历，封名直进薜萝人。应怜老病无知己，自别溪中满鬓尘。"按，张弘靖元和九年（814）六月至十一年正月为相；崔相公即崔群，元和十二年七月至十四年十二月为相。① 考王建约于元和八年为昭应丞（正八品下），按照当时朝廷的规定，畿县丞的任期为三年（参见第二章第二节），所以他作《上张弘靖相公》时，应仍在昭应丞任，故自称官位"卑散"，当时王建盖以现任官的身份，请求宰相擢拔自己；王建作《上崔相公》时，当已秩满离昭应丞任，正在守选，所以在这首干谒诗中，特别提到"封名直进薜萝人"，王建约于元和末升任太府寺丞（从六品上），这或许是受到崔群提拔的结果。

下面谈直接干谒皇帝。第二章第一节我们谈过，皇帝有时也直接任命中、低层官吏，因此有通过干谒皇帝而授官的；唐代还有一种献书拜官的进身途径，《封氏闻见记》卷三《制科》云："常举外复有通五经、一史及进献文章，并上著述之辈，或付本司，或付中书考试，亦同制举。"② 这一种干谒的手段也是投献诗文。投献者的身份，计有白身人、获得出身者、现任官，以及正在守选或待选的前资官。投献的渠道，大致有投匦以献、诣阙呈献以及由高官上表代为进献（如令狐楚自草表荐张祜，以其诗三百首献于朝廷）等三种。下面举几个例子加以说明。如员半千《陈情表》云："臣贫穷孤露……闻陛下封神岳，举英才，货卖以充粮食，奔走而归帝里。……投匦进款，奉敕送天官，捧以当心，似悬龙镜。……于今立身，未蒙一任。……若使臣七步成文，一

---

① 以上参见《新唐书·宰相表中》。
② 《封氏闻见记校注》卷三，第19页。

定无改，臣不愧子建。……陛下何惜玉阶前方寸地，不使臣披露肝胆，抑扬辞翰？……望陛下收臣才，与臣官。"① 按，唐高宗于麟德二年（665）冬封泰山（见《旧唐书·高宗纪》），《表》当即作于此年，《新唐书·员半千传》谓《表》作于"咸亨中"，非是；这是员半千投献给皇帝的一篇自荐、求官表，据《新唐书》本传，员半千此前曾应童子举及第，则他上《表》时的身份，为已获得出身而尚未授官者。员半千这次上《表》求官没有成功（《新唐书》本传称"书奏，不报"），直到上元三年（676）他应八科举（制举）及第，方授武陟尉。② 又如陈子昂《谏灵驾入京书》云："梓州射洪县草莽愚臣陈子昂谨顿首冒死献书于阙下……。"本章第一节提过，子昂于永淳元年（682）及第，未授官，因还故乡射洪待选，嗣圣元年（684）复入东京求官，适值高宗辞世，因诣阙上书，谏灵驾西还，武后奇其才，授予秘书省正字。③ 子昂《书》的内容与员半千《表》异，他盖以已获得出身者的身份上书论政，显示出政治才能，因而受到武后的赏识而直接授官（不经由吏部铨选）。又，前面提到，杜甫天宝十载投匦献三大礼赋，十四载授右卫率府胄曹参军，它是以白身人的身份进献文章得到官职的一个例子。再如李群玉《进诗表》云："草泽臣群玉言：臣宗绪凋沦，丘山贱品，幽沉江湖，分托渔樵……以至年踰不惑，疴恙暴侵，但虑……瞑目黄壤，虚谢文明，是以徒步负琴，远至辇下，谨捧所业歌行、古体、今体七言、今体五言四通等合三百首，谨诣光顺门（在长安大明宫集贤殿书院之西）昧死上进。"④ 按，大中八年（854）⑤，李群玉以白身人的身份诣阙进诗的同时，又得到宰相裴休、令狐绹的荐举，遂获得弘文馆

---

① 《全唐文》卷一六五，第1682页。
② 见《旧唐书·员半千传》、《登科记考》卷二。
③ 参见《陈子昂集校注》，第1522—1525页。
④ 《全唐文》卷七九三，第8317、8318页。
⑤ 据《郡斋读书志》卷一八。

校书郎之职。① 又,《旧唐书·李揆传》云:"开元末,举进士,补陈留尉。献书阙下,诏中书试文章,擢拜右拾遗。"李揆到底是以现任官的身份,还是以前资官的身份"献书阙下",由于史传记事过于简略,已无法弄清了。

下面,我们讨论一下唐代的干谒之风是如何形成的?唐人对它的态度怎样?首先,可以说干谒是唐代的制度造成的,是制度所允许的。从为登科第而干谒的角度来看,唐代进士科试诗赋,考试从出题、阅卷到录取,都由主考官一人全权负责,由于单凭试卷上的一诗一赋,很难判断考生的真实水平,所以就有纳省卷的规定,主考官也允许考生向自己投献诗文;又由于每年考生有数百人,主考官收到的文卷"几千万言",阅读起来"疲耗""目眩"②,因此为了避免遗才,主考官只得请他人帮忙举贤,这样考生向达官贵人或诗文名家投行卷,以期获得他们的推荐或延誉,就是顺理成章的事了;另外,主考官的姓名是不保密的,考试期间也不锁宿隔离,这使得干谒得以进行;还有,考生的试卷不糊名,不誊录,这使得试卷成绩与干谒诗文和他人举贤得以联结在一起,因此干谒也就能够产生作用。所以可以说,这第一种类型的干谒,是唐代的科举制度造成的,是这种制度所允许的。又,从为铨选授官而干谒的方面看,唐代的铨选制度,允许吏部选人干谒吏部长官,以期获得佳职和避免在铨选中落选;从为获得荐举而干谒的方面看,荐举是唐代选拔官吏的一种途径、一项制度,它有助于突破吏部铨选的局限,这一制度同样允许有官职、有出身的人以及白身人,干谒具有荐举资格的官员,以求得到自己想得到的职务;再从为入使府而干谒的方面看,使府制度以及使府僚佐辟署制的建立,是这一类型的干谒得以进行的前提条件;还

---

① 见《全唐文》卷七五九令狐绹《荐处士李群玉状》、卷七九三郑处约《李群玉守弘文官校书郎敕》。
② 参见《柳宗元集》卷二三《送韦七秀才下第求益友序》。

有，直接干谒宰相和皇帝，也是唐代的选官制度所允许的。

上面我们强调过，五种类型的干谒所用的手段，都是投献诗文，唐代制度所允许的，就是这种投献诗文式的干谒。干谒者投献诗文所起的作用，就相当于向干谒对象自荐，向干谒对象显示自己的才能。当然，允许干谒的结果，也会产生一些难以避免的弊病，如权要请托，甚至行贿等，但这是国家法制所不允许的，败露后是要受到惩处的，如长庆元年（821）钱徽知贡举，因受请托取士非才而遭到贬逐。① 大抵说来，政治较清明的朝代，请托、贿赂的事较少出现，出现了也会受到惩处；而政治腐败混乱的朝代，则往往请托、贿赂公行，根本制止不了。

正因为投献诗文干谒是唐代制度所允许的，所以唐人并不以这种干谒行为为非，相反认为它是合理的，必要的。高适《行路难二首》其二云："有才不肯学干谒，何用年年空读书！"道出了不肯干谒，就永难出头的事实。韩愈《与凤翔邢尚书书》云："布衣之士身居穷约，不借势于王公大人则无以成其志；王公大人功业显著，不借誉于布衣之士则无以广其名。是故布衣之士，虽甚贱而不谄；王公大人，虽甚贵而不骄。其事势相须，其先后相资也。"② 此《书》作于贞元八年作者登第后，正在守选之时，《书》中揭示了干谒者与被干谒者关系的实质是相互需要、相互借助，这样干谒者的行为就不是什么丢脸的事，而是光明正大的了；被干谒者也要礼贤下士，不能以富贵骄人。韩愈在《应科目时与人书》中，曾以涸辙之鲋自喻，云："烂死于沙泥，吾宁乐之；若俛首帖耳、摇尾而乞怜者，非我之志也。"③ 表明自己不为有失尊严的摇尾乞怜式干谒。李白一方面自称"不屈己，不干人"④，同

---

① 参见《旧唐书·钱徽传》，第 4383—4384 页。
② 《韩愈全集校注》，第 1191 页。
③ 《韩愈全集校注》，第 1188 页。
④ 李白《代寿山答孟少府移文书》。

时又四处干谒当路,这两者似乎矛盾,实则在李白看来,自己投献诗文干谒,不过是向干谒对象自荐,使之获得举贤的机会,并没有丧失自尊自信,谈不上什么屈己干人。总的说来,唐人对于自己和他人的干谒行为,大都不以为非。当然,也有以自己的干谒行为为耻的人,例如杜甫曾说:"以兹误生理,独耻事干谒"(《自京赴奉先县咏怀五百字》)、"艰危作远客,干请伤直性"(《早发》),但事实上杜甫也曾频繁献诗干谒贵官,求其荐引,尤其是在十年旅食京华时期。这个时期他求仕无成,贫病交迫,困窘已极,不得不卑词乞怜于干谒对象,然而诗人又是一个志向远大、自视甚高、自尊心很强的人,内心不免会对这种卑词乞怜行为感到羞耻,所以"独耻事干谒"的话,带着杜甫个人思想的色彩,不一定具有普遍性。

下面谈谈对唐代干谒诗的评价问题。唐人投献诗文干谒,一般包括两项内容,一项是书信一封(或以诗代书),其主要内容是颂扬干谒对象,介绍自己的情况,表达对干谒对象的希望和要求。另一项是抄录诗文旧作若干,用以展示自己的才能。干谒者所抄录的,一般都是自己的具有代表性的佳作,往往无干求内容,因此不在本节所当讨论的范围之内。这里只就第一项内容中的干谒诗,作一些论析。

前面我们说过,从干谒的目的考虑,可将干谒分成五类,这说明干谒都带着一定的目的,有极强的功利性。由于干谒诗的这种功利性,必然给它带来模式化的弊病。因为干谒的目的,是让干谒对象或荐举自己,或录取自己,或授给自己官职,所以诗里首先就要取悦于干谒对象,对他恭维、赞美,即便不是出于真心的,因为只有这样,才能使干谒对象对自己有好感,干谒的目的才有可能实现;接下为自述窘状,无非是累举不第,或长期守选,年已老大,一事无成,生计无着,困厄穷愁,等等;最后是提出希望和要求,请求对方怜悯。这是一种三段模式,其中哪一段放在前,哪一段置于后,或有不同,也有仅取两段搭配的,尽管这样,都不能因此而否认它存在模式化的问题。

干谒诗中的自述窘状,并非都是无病呻吟。如杜甫《奉赠韦左丞丈二十二韵》云:

> 纨绔不饿死,儒冠多误身。……骑驴三十载,旅食京华春。朝扣富儿门,暮随肥马尘。残杯与冷炙,到处潜悲辛。主上顷见征,欻然欲求伸。青冥却垂翅,蹭蹬无纵鳞。①

这首诗作于天宝九载(750)②,韦左丞即尚书左丞韦济,当时诗人还是白身,求仕的愿望极其急切,所以寄希望于韦济的荐引。诗中直抒隐衷,真实地写出了诗人旅食京华时的辛酸、屈辱、凄苦,对于我们认识唐代贫穷士子求仕的坎坷遭遇,富有价值。又如刘得仁《省试日上崔侍郎四首》其一、其二云:

> 衣上年年泪血痕,只将怀抱诉乾坤。如今主圣臣贤日,岂致人间一物冤?
> 如病如痴二十秋,求名难得又难休。回看骨肉须堪耻,一着麻衣便白头。③

这是两首大中时进士试日献给礼部侍郎的干谒诗,作者虽出身贵族(公主之子),但"中朝亲旧稀"(《上翰林丁学士》其二),一生求仕无成,二十年屡试屡败,诗中真切地抒写了他失败后的悲凄、苦涩心境。虽然如此,诗人还是要屡败屡试,真是"其有老

---

① 《杜诗详注》,中华书局1979年版,第73—79页。
② 参见拙作《由新发现的韦济墓志看杜甫天宝中的行止》,载《文学遗产》1992年第2期。
③ 《全唐诗》,第6304页。

死于文场者，亦无所恨，故有诗曰：'太宗皇帝真长策，赚得英雄尽白头。'"① 这类诗反映了科举制度对士子精神的禁锢，富有认识价值。

干谒诗由于具有功利性强、模式化严重的弊病，因此佳作不多。但也不是没有佳作，例如孟浩然《望洞庭湖赠张丞相》：

> 八月湖水平，涵虚混太清。气蒸云梦泽，波撼岳阳城。欲济无舟楫，端居耻圣明。坐观垂钓者，空有羡鱼情。②

此诗作于开元二十五年秋，当时浩然在荆州大都督府长史张九龄府中为从事③。诗的前四句，写八月洞庭的浩瀚景象，气势雄壮，尤其三、四句，是可与杜甫《登岳阳楼》中"吴楚东南坼，乾坤日夜浮"一联相比美的千古名句；后四句由湖水的浩渺，引发了"欲济无舟楫"的叹息，由水边的垂钓者，引生了"空有羡鱼情"的感慨，景与情的联系是紧密和自然的，诗里虽蕴含求汲引之意，但"不露干乞之痕"（纪昀《瀛奎律髓刊误》卷一）。我们知道，浩然是以白身人的身份进入荆州府为从事的，张九龄当时是地方长吏，有荐举资格，如果他向朝廷荐举浩然，那么浩然就有可能获得出身和官籍，这大概就是浩然作这首干谒诗的真实意图。这首诗突破了干谒诗的三段模式，仅只有其中的一段，而且表达得非常委婉含蓄，这或许是这首干谒诗能够成为公认的名篇的一个原因。又如章孝标《归燕词辞工（当作礼）部侍郎》云：

> 旧垒危巢泥已落，今年故向社前归。连云大厦无栖处，

---

① 《唐摭言》卷一"散序进士"，第4、5页。
② 《全唐时》，第1633页。
③ 参见拙作《王维孟浩然诗选》，第238—240页。

更望谁家门户飞①?

《云溪友议》卷下说:"(孝标)元和十三年下第,时辈多为诗以刺主司,独章君为归燕诗,留献庾侍郎承宣。小宗伯得诗,展转吟讽,诚恨遗才,仍候秋期,必当荐引。庾果重秉礼曹,孝标来年擢第。"这首诗全用比兴,以燕辞危巢比喻自己下第后只得离京,又以京城有连云大厦,燕子却无处栖息,今后更不知飞向何处,比喻自己下第后的前途非常渺茫,全诗具有较强的艺术感染力,也突破了干谒诗的三段模式。再如前面提到的朱庆馀《近试上张籍水部》,前两句以第二天清晨就要拜见舅姑的新妇的忐忑比喻自己临考时的不安心情,后两句假借新妇的问询口吻,向夫婿(喻张水部)求助,全诗构思巧妙,富于情韵。总的说来,减弱干谒诗的功利性,增强其艺术品味,以及突破干谒诗习见的模式,是干谒诗创作取得成功的两项必备条件。

第五节　守选制与交友之风和表现友情的诗

本节也主要从唐代文官摆脱守选的途径方面着笔。第二章第五节和本章第四节,我们都已谈过,荐举是唐代文官摆脱守选和快速升进的一条重要途径,而交友,则与荐举的关系非常密切。上一节我们从干谒的目的考虑,将干谒分成五类,这里不妨先就这五类,谈一谈交友在其中的作用。就第一类而言,如果有某未登科第者,其友人为主司,或与主司关系密切的人,或能向主司或与主司关系密切的人推荐自己的人,那么他应科举考试时,得中的机会就会增加。就第二类而言,如果有某新及第进士、明经,或正在守选或待选的前资官,有友人是主持吏部铨选的人,或能

---

① 《全唐诗》,第 5752 页。

向主持吏部铨选的人推荐自己的人，则他参加铨选时，就不大可能落选，并有可能获得佳职。就第三类而言，如果有某现任官和正在守选或待选的前资官，其友人为具有荐举资格的人（举主），或能向举主推荐自己的人，那么他就有可能获得举主的荐举，从而摆脱守选，快速升进。就第四类而言，如果有某现任官、前资官、获得出身者甚至白身人，其友人为使府府主，或能向使府府主推荐自己的人，那么他就有可能通过入使府的途径摆脱守选，快速升进或出仕（参见第二章第六节）。就第五类而言，如果有某白身人或获得出身者，其友人为贵官，能够由他上表天子代献自己的诗文，那么此人直接得到官职的可能性就会大增。以上所述，都是实际存在的情况，这里就不举例详细说明了。

接下我们再从交友的角度，来探讨它与荐举的关系。下面拟将交友分成上交、下交、平交三类，分别各举出若干例子，来说明它们与荐举的关系。先谈上交。上交指地位低的人与地位高的人结交，此事古已有之，不是唐代才有的。《易·系辞下》云："子曰……君子上交不谄，下交不渎。"扬雄《法言·修身卷》云："（君子）修其身而后交，……上交不谄，下交不骄，则可以有为矣。"① "不谄"是古人对上交者的品德要求。下面举几个例子，说明上交与荐举的关系。例如孟浩然，唐王士源《孟浩然诗集序》云："丞相范阳张九龄、侍御史京兆王维……率与浩然为忘形之交。"② 指出孟浩然与张九龄为不拘行迹的友人。孟浩然《送丁大凤进士赴举呈张九龄》："吾观鹡鸰赋，君负王佐才。惜无金张援，十上空归来。弃置乡园老，翻飞羽翼摧。故人今在位，岐路莫迟回。"③ 此诗当作于张九龄为相时，诗中称张九龄为"故人"，与王士源《序》的说法一致。张九龄谪为荆州长史时，即

---

① 见汪荣宝《法言义疏》，中华书局1987年版，第90页。
② 见佟培基《孟浩然诗集笺注·附录》，上海古籍出版社2000年版，第432页。
③ 《全唐诗》，第1621页。

辟署浩然为从事（见两《唐书·孟浩然传》），这应与他们是旧交有关。又前一节我们谈过，浩然为荆州从事时，曾献诗张九龄求汲引、荐举，后来，浩然未能被张九龄荐举入朝，可能与他背疽发作，于开元二十六年或二十七年即回到故乡襄阳养病有关。又如萧颖士，《旧唐书·萧颖士传》云："当开元中，天下承平，人物骈集，如贾曾、席豫、张垍、韦述辈，皆有盛名，而颖士皆与之游，由是缙绅多誉之。"《新唐书·萧颖士传》云："天宝初，颖士补秘书正字。于时裴耀卿、席豫、张均、宋遥、韦述皆先进，器其材，与钧礼，由是名播天下。"上述两《唐书》本传都谈到颖士与韦述相交事，韦述比起颖士来，既是前辈，官位也高得多，所以可以说是颖士上交韦述。前一节我们谈过，开元二十九年（741）正月，颖士在长安参加吏部铨选时，国子司业韦述尝累次下访颖士，颖士当时曾作《赠韦司业书》、《仰答韦司业垂访五首》求韦述荐引，韦述也作《答萧十（颖士）书》云："述白：忽枉书问，词高理博，寻玩反覆，罔知厌倦。……谨当扫陋巷之庭宇，望君子之轩车，博约之道，以俟会面。"说明韦述和颖士相交，确乎是"与钧礼"的。前一节谈过，就在开元二十九年，颖士得到了韦述的推荐，当了秘书省正字的官；天宝十载（751），韦述官工部侍郎，兼知史事，《新唐书·萧颖士传》说："史官韦述荐颖士自代，召诣史馆待制，颖士乘传诣京师。"唐代的荐举制度中，有一种"举人自代"的形式[①]，韦述即利用它，荐举颖士为史官，然而由于受到宰相李林甫的阻挠，颖士待制史馆一年多，一直未叙官。[②]

再如杜甫，他长期求仕无成，生活困窘，曾上交韦济。韦济长杜甫二十四岁，天宝七载（748）官河南尹时，杜甫曾作《奉寄河南韦尹丈人》说："有客传河尹，逢人问孔融：'青囊仍隐

---

① 参见宁欣《唐代选官研究》，第69—72页。
② 以上参见拙作《萧颖士系年考证》。

逸，章甫尚西东？'"诗题下自注："甫故庐在偃师，承韦公频有访问，故有下句。"天宝九载，韦济迁尚书左丞，杜甫写了《赠韦左丞丈济》、《奉赠韦左丞丈二十二韵》送给韦济，后一诗说："甚愧丈人厚，甚知丈人真。每于百僚上，猥诵佳句新。窃效贡公喜，难甘原宪贫。"以上诗歌，说明韦济有下交布衣、推奖后进的高行。① 在《奉赠韦左丞丈二十二韵》中，杜甫无论倾吐"纨绔不饿死，儒冠多误身"的不平，诉说"朝扣富儿门，暮随肥马尘"的悲辛，还是自述才气学问、人品抱负之高，都肆言无忌，略不隐讳，可见是把韦济当作知交来对待的。杜甫这三首诗，无疑有请求韦济汲引、荐举之意，但那时候的朝廷，李林甫专权，杨国忠受宠，政治日益腐败，韦济如果荐举了（是否荐举，史传失载），能否使杜甫获得一官半职，也很难说。《通鉴》天宝七载十一月载："三人（指杨贵妃姐韩国、虢国、秦国夫人）皆有才色，上呼之为姨，出入宫掖，并承恩泽，势倾天下。……虢国尤为豪荡，一旦，帅工徒突入韦嗣立（韦济之父）宅，即撤去旧屋，自为新第，但授韦氏以隙地十亩而已。"韦济身为大臣（河南尹从三品），竟也受杨氏之欺，如果荐举杜甫，只怕亦难以实现目的。下面再以钱起为例。本章第一节我们论证过，钱起乾元二年（759）官蓝田尉前，有一段不短的去职守选时间；本章第四节我们说过，王维乾元元年春夏间为中书舍人（正五品上）时，正在守选的钱起作《过王舍人宅》诗献给王维，请求他荐举自己，后来真的在王维的荐举下，钱起成为蓝田（畿县）尉。钱起上交王维的事，从两人的诗里也可以看出。《过王舍人宅》云："入门花柳暗，知是近臣居。"说自己登门拜访王维，估计在此之前，钱起与王维已经有交往。乾元二年王维为给事中（正五品上）时，与钱起有相互酬答之作：维赋《春夜竹亭赠钱少府归蓝田》，起作

---

① 以上参见拙作《由新发现的韦济墓志看杜甫天宝中的行止》，载《文学遗产》1992年第4期。

《酬王维春夜竹亭赠别》；维另赋《送钱少府还蓝田》，起又作《晚归蓝田酬王维给事赠别》。《晚归蓝田酬王维给事赠别》云："霄汉时回首，知音青琐闱。"把王维这位诗坛前辈视为自己的知音。王维卒后，钱起有《故王维右丞堂前芍药花开凄然感赋》诗云："芍药花开出旧栏，春衫掩泪再来看。主人不在花长在，更胜青松守岁寒。"由此不难想见，钱起与王维的交谊之深。在诗歌创作上，钱起也受到王维较大的影响。

下面谈下交。下交指地位高的人与地位低的人结交，此事也是古已有之。所谓"下交不渎（不傲慢）"、"不骄"，是古人对下交者的品德要求。历史上有不少不耻下交、虚心下士的贵人，一直受到人们的称颂。如战国信陵君下交魏大梁夷门监者侯嬴、屠者朱亥、赵处士博徒毛公、卖浆者薛公，太史公曰："信陵君之接岩穴隐者，不耻下交，有以也。"（《史记·魏公子列传》）对信陵君的不耻下交给以热烈赞扬。唐人对不以富贵骄人的下交者，也予以表扬，如李白《赠潘侍御论钱少阳》："君能礼此最下士，九州拭目瞻清光。"王维《与工部李侍郎书》："宿昔贵公子（指李侍郎遵），常下交布衣，尽礼髦士……故夙著问望，为孟尝平原之俦。①"下交与荐举的关系也很密切，第二章第五节我们谈过，在唐代，具有荐举资格的人（举主）都有向朝廷举荐官员的责任和义务，唐天子还常下诏令臣下荐举人才，又唐时还有举人自代和冬荐（参见第二章第六节）的制度，所以举主有时即便无意荐举，也不得不荐举。《通鉴》太宗贞观元年（627）正月载："上令封德彝举贤，久无所举，上诘之，对曰：'非不尽心，但于今未有奇才耳。'上曰：'君子用人如器，各取所长……正患己不能知，安可诬一世之人！'德彝惭而退。"宰相封德彝没有尽到举贤的责任，受到太宗的诘责。然而自唐初即有举主与受举者连坐的规定，如

---

① 《王维集校注》修订本，第1138、1139页。

果举主举非其人,是要受到处罚的(参见第二章第五节),如天宝三载(744),韩朝宗因官京兆尹时所荐长安令柳升犯赃罪,自高平太守贬为吴兴郡别驾①,所以举主荐举时,会谨慎从事。《唐会要》卷五三"举贤"载:"大历十四年闰五月,以河南少尹崔祐甫代常衮为门下侍郎、平章事。先是……常衮当国……非词赋登科者,莫得进用,贿赂虽绝,然无所甄异,而贤愚同滞。及祐甫代衮,荐延推举,无复凝滞,作相未逾年,除吏八百员,多称允当。上尝谓曰:'有人谤卿,所除授人,多涉亲故,何也?'祐甫曰:'频奉圣旨,以所任庶官,必须谙其才行者,臣与相识,方可粗谙,若平生未相识,何由知其言行?获谤之由在此。'上深然之。"指出避免误举的方法,是与受举者相识相交,知其言行。所以可以说,下交是避免误举的一条重要途径。随着唐后期荐举在选官制度中的重要性的增大,举主们下交的必要性也增大了。

下面举一些例子,说明下交与荐举的关系。前面举出的四个上交的例子,实际也可作为下交的例子。如钱起与王维的关系,从钱起的角度说,是上交;从王维的方面看,则是下交:王维下交钱起,荐举他任蓝田尉。又如,第二章第五节我们谈过,萧昕天宝末官刑部员外郎时,与布衣张镐结交,表荐之,玄宗因擢镐为拾遗,一下子成为六品以下常参官。再如,李德裕下交刘三复,据两《唐书·刘邺传》载,三复少孤贫,长庆中为金坛尉②,以所业文干谒浙西观察使李德裕,德裕阅其文,"倒屣迎之",辟为掌书记;德裕三镇浙西,又徙镇义成、西川、淮南,三复皆随之为从事,大和七年(833),德裕入相,荐三复为员外郎,开成五年(840),德裕复入相,又荐三复为谏议大夫,迁给事中,拜刑部侍郎。三复始终追随李德裕,德裕也视三复为知交,《旧唐书·李德裕传》云:"有刘三复者,长于章奏,尤奇待之。自德裕始镇

---

① 见王维《韩朝宗墓志铭》及注,《王维集校注》修订本,第983—992页。
② 见《唐语林校证》卷三"赏誉",第279、280页。

浙西，迄于淮甸，皆参佐宾筵。军政之馀，与之吟咏终日。①"《旧唐书·刘邺传》云："邺（三复子）六七岁能赋诗，李德裕尤怜之，与诸子同砚席师学。"由此可以看出，两人极其亲密的交谊。

下面谈平交。平交指与平辈结交。此事也是古已有之，春秋时的管鲍之交，就是平交的著名范例。平交比起上交、下交来，是一种更为普遍和常见的交友趋向。钱起《客舍赠郑贲》："结交意不薄，匪席言莫违。……先鸣誓相达，未遇还相依。"②"先鸣"二句，可视作唐人对平交双方的品德要求：如果都未遇，要相互依靠，相互帮助；如果有一方先取得功名，立誓要相互荐引、提携。达，荐达，推荐，《孔子家语·贤君》："吾闻鲍叔达管仲。"即此义。

《汉书·王吉传》："吉与贡禹为友，世称'王阳（吉字子阳）在位，贡公弹冠'，言其取舍同也。"师古注："弹冠者，且入仕也。"《汉书·萧望之传》附《萧育传》："育为人严猛尚威……少与陈咸、朱博为友，著闻当世。往者有王阳、贡公，故长安语曰：'萧朱结绶，王贡弹冠。'言其相荐达也。"此即汉时"先鸣誓相达"的两个突出例子。下面举一些唐代的例子，说明平交与荐举的关系。如前一节我们谈过，陶翰与裴宽是旧交，从前与裴宽曾有一起隐居林壑的经历，开元末裴宽官河南尹时，陶翰还只是当到了从八品下的华阴丞或大理评事，所以在守选时，寄诗裴宽请求荐举自己。又如张九龄与严挺之相交，两人皆中宗神龙年间入仕，都是正臣，《旧唐书·张九龄传》云："（九龄）又与中书侍郎严挺之、尚书左丞袁仁敬……结交友善。挺之等有才干，而交道始终不渝，甚为当时之所称。"《新唐书·张九龄传》亦云："与严挺之、袁仁敬……善，世称其交能终始者。"据《旧唐书·

---

① 见《旧唐书》，第 4528 页。
② 《全唐诗》卷二三六，第 2610 页。

严挺之传》载,九龄入相(在开元二十一年十二月),荐引挺之为尚书左丞,知吏部选;又"欲引挺之同居相位",但未能成功。

再如,杜甫与严武相交,杜甫《奉赠严八阁老》云:"扈圣登黄阁,明公独妙年。……客礼容疏放,官曹可接联。新诗句句好,应任老夫传。"严八即严武,《杜诗详注》:"顾注:武父挺之,与公友善,故称武为妙年,而自称老夫。"① 这是今存杜甫、严武交往诗中最早的一首,它至德二载(757)作于凤翔,时杜甫为左拾遗(从八品上),严武官给事中(正五品上),两人的交往最晚即在此时;严武的官位虽比杜甫高不少,但年龄却比杜甫小十多岁,顾注称武父挺之,与甫友善,不为无据,《旧唐书·杜甫传》说:"武与甫世旧,待遇甚隆。"《新唐书·杜甫传》也说:"武以世旧,待甫甚善,亲入其家。"称武与甫有世交旧谊,应指甫与严挺之有交谊,史载挺之"素重交结,有许与"(《旧唐书·严挺之传》),杜甫旅食京华的十年中,广泛干谒、结交贵官,这期间他与严挺之有交往,大有可能;杜甫诗说"客礼容疏放",谓武待己以客礼,容许自己放纵不受约束,这应该是指由于是世交,严武不端着官高的架子,而以平辈对待杜甫。又,杜甫、严武都是所谓"房琯之党",杜甫"与房琯为布衣交"(《新唐书·杜甫传》),至德二载五月,房琯罢相,杜甫上疏反对,肃宗大怒,命三司推问,甫几遭刑宪;乾元元年(758)六月,严武因属"琯党",被贬为巴州刺史②,这一点,增强了他们之间的密切关系。今存杜甫与严武交往的诗作达三十二首,在这些诗里,他或称严武为"故人"、"旧好"③,或称严武为"知己"④,由此亦可见他们之间关系的密切。广德二年(764)春,严武为剑南节度使,杜

---

① 《杜诗详注》,第379、380页。
② 以上可参见《王维论稿》,第144—148页。
③ 见《寄岳州贾司马六丈巴州严八使君两阁老五十韵》。
④ 见《遣闷奉呈严公二十韵》。

甫当时闲居蜀中，生计无着，严武遂"奏为节度参谋、检校尚书工部员外郎，赐绯鱼袋"（《《旧唐书·杜甫传》》）。其中节度参谋为严武辟署杜甫入幕所任的实职，其地位低于幕府上佐（副使、行军司马、判官），《通典》卷二四说参谋的职掌是"参议谋划"，无员数（可置可不置），然而幕府赖以参议谋划者，实际主要是上佐，所以参谋几乎成为可有可无的闲职。① 这时杜甫已五十三岁，当个闲职对他来说可能更合适，正因为当的是闲职，杜甫才能够经常告假回草堂休息。检校工部员外郎（从六品上），是严武向朝廷奏请授予杜甫的朝官虚衔，唐代的幕府上佐，有带郎中衔的，也有带员外郎衔的，杜甫以参谋而带员外郎衔，应该说还是尽量就高不就低的。所带朝官衔虽是虚设，却是品秩地位的标识（唐幕职无品秩），也是以后受荐入朝任职的资历依据，唐时未带朝衔或宪衔的幕僚，是难以受荐入朝任职的（以上参见第二章第六节）。赐绯鱼袋的意思是赐绯服、佩银鱼袋，唐制，散官四、五品服绯（例兼银鱼袋），如散官官阶不及五品，有赐绯之特典②，赐绯应该也是严武为杜甫奏请的，唐代幕府的上佐，一般赐绯，杜甫以参谋而赐绯，也可以说是严武对世交的优礼。从严武为杜甫奏请朝衔等事看，他已为奏荐杜甫入朝为官做好了准备，然而严武最终又为什么没有奏荐杜甫入朝呢？这也许是因为时间来不及（武出镇剑南的次年四月即卒于任），也许是因为杜甫无意入朝，具体情况，现在已很难弄清了。杜甫《八哀诗·赠左仆射郑国公严公武》云："空馀老宾客，身上愧簪缨。"《杜诗详注》："老宾客，向为幕僚。愧簪缨，感其荐拔。"③ 杜甫对严武辟署自己入幕，还是铭感于心的。

下面再举三个例子。例一，陆贽与韦皋相交，陆贽大历八年

---

① 参见《唐代幕府制度研究》，第94、95页。
② 参见岑仲勉《金石论丛》，第461—466页。
③ 《杜诗详注》，第1383—1390页。

(773)登第,贞元初官中书舍人时,"丁母忧,东归洛阳……藩镇赆赠及别陈饷遗,一无所取;与韦皋布衣时相善,唯西川致遗,奏而受之。"(《旧唐书·陆贽传》)按,韦皋贞元元年(785)拜剑南西川节度使,镇蜀凡二十一年,屡破吐蕃,以功加检校司徒、中书令,封南康郡王(见两《唐书》本传)。陆贽后于贞元八年(792)拜相,因受佞臣裴延龄谗毁,十年罢为太子宾客,十一年贬为忠州别驾,前后在忠州十年,"韦皋数上表请贽代领剑南,帝犹衔之,不肯与。"(《新唐书·陆贽传》)韦皋这是企图利用"举人自代"的制度来救助陆贽,令其摆脱遭窜逐的逆境,虽未能成功,却显示出真挚友情的价值。例二,孟郊与韩愈相交,孟郊贞元十二年(796)登第,韩愈贞元八年登第,孟郊比韩愈大十多岁,《旧唐书·韩愈传》说:"少时与洛阳人孟郊、东郡人张籍友善。二人名位未振,愈不避寒暑,称荐于公卿间。"《孟郊传》说:"韩愈一见以为忘形之契,常称其字曰东野,与之唱和于文酒之间。"贞元八年,韩、孟同应进士试,韩登第,孟下第,两人始交当在此时,韩愈《长安交游者赠孟郊》即作于此时。九年春,孟郊东归,愈作《孟生诗》云:"孟生江海上,古貌又古心。……作诗三百首,窅默咸池音。骑驴到京国,欲和薰风琴。……奈何从进士,此路转岖嵚。……顾我多慷慨,穷檐时见临。清宵静相对,发白聆苦吟。……我论徐方牧,好古天下钦。……既获则思返,无为久滞淫。卞和试三献,期子在秋砧。"① 诗中建议孟郊趁东归之时,到徐州谒见徐泗濠节度使张建封(徐方牧),以期获得他的推荐或延誉,再返回参加下一年的进士试;诗中还赞扬了孟郊的为人和诗作,并述及两人的交谊。约于贞元十四年(孟郊登第后的守选期间),韩愈作《醉留东野》云:"东野不得官,白首夸龙钟。韩子稍奸黠,自惭青蒿倚长松。……吾愿身为云,东野

---

① 《韩愈全集校注》,第6—11页。

变为龙。四方上下逐东野，虽有离别无由逢。"贞元十七年（801），孟郊赴溧阳尉任（参见本章第二节），韩愈作《送孟东野序》云："大凡物不得其平则鸣。……孟郊东野，始以其诗鸣，其高出魏晋，不懈而及于古，其他浸淫乎汉氏矣。"皆对孟郊及其诗歌大加赞誉，堪称孟的知音。元和元年（806）九月（孟郊离溧阳尉任后的守选期间），愈作《荐士》诗荐孟郊于故相郑馀庆，十一月，郑馀庆为河南尹，因辟孟郊为河南水陆运从事，带朝衔协律郎。例三，李翱与孟郊相交，李翱贞元十四年登第，小孟郊二十多岁，两人相交，应是由韩愈介绍的。李翱《祭吏部韩侍郎文》云："贞元十二，兄佐汴州，我游自徐，始得兄交，视我无能，待予以友。"① 知李翱是在贞元十二年游汴州时与韩愈相识相交的，李翱十三年仍在汴州②，十四年登第后守选时复还汴州；韩愈于贞元十二年七月至十五年二月为汴州宣武军节度使董晋的观察推官；孟郊登第后守选，于贞元十三、十四年寄居汴州，依宣武军行军司马陆长源，因得以与韩愈、李翱往还。贞元十四年秋末，孟郊准备自汴州南归，作有《与韩愈李翱张籍话别》诗，然迁延至十五年正月仍未成行，尚在汴州与韩愈、李翱共作《远游联句》诗。③ 十五年夏秋间，李翱、孟郊相继游越中（参见本章第二节），并在苏州相会。④ 十六年，韩愈在徐州作《与孟东野书》云："李习之（翱）娶我亡兄之女，期在后月，朝夕当来此。……冀足下一来相视也。自彼至此虽远，要皆舟行可至，速图之，吾之望也。"李翱要在徐州结婚，韩愈特请孟郊前来相视，足见三人的交谊之深。李翱曾作《荐所知于徐州张仆射书》云："翱再拜……陇西李观，奇士也，伏闻执事知其贤，将用之未

---

① 《全唐文》卷六四〇，第6466页。
② 见《全唐文》卷六三八李翱《高愍女碑》，第6443、6444页。
③ 参见《唐五代文学编年史》中唐卷，第554页。
④ 见《全唐文》卷六三九李翱《故处士侯君墓志》，第6456、6457页。

及,而观病亡。昌黎韩愈,得古人之遗风,明于治乱根本之所由,伏闻执事又知其贤,将用之未及,而愈为宣武军节度使之所用。……兹有平昌孟郊,贞士也,伏闻执事旧知之,郊为五言诗,自前汉李都尉、苏属国及建安诸子、南朝二谢,郊能兼其体而有之。……郊穷饿不得安养其亲,周天下无所遇。……呜呼!人之降年,不可与期,郊将为他人之所得,而大有立于世,与其短命而死,皆不可知也,二者卒然有一于郊之身,他日为执事惜之,不可既矣,执事终不得而用之矣,虽恨之,亦无可奈何矣!①"细玩文意,此《书》盖荐孟郊于徐泗濠节度使张建封,求其辟孟郊入徐州幕府,时孟郊登第而未授官,正在守选;《书》约作于李翱登第之后,即贞元十四年韩、孟、李三人都在汴州时。

以上我们着重论述了唐时交友与荐举的密切关系。古人极重交友,交友的风尚绵延不绝,《册府元龟》卷八八一《总录部·交友一》总述云:"交友之道,其来尚矣!自天子至于庶人,未有不须友以成者也,故传有三益之训,《易》著断金之象。"②认为交友是任何人成事的必备条件,则其作用自然要比求得友人的荐举大得多。所以我们拟扩大研究范围,探讨一下交友在唐诗中的表现。交友以及表现友情,是唐诗的一大主题,可以说,这一主题的诗歌,在唐诗中占有相当大的比重。

下面,拟先谈谈唐诗中对于交道(交友之道)的表述。唐人常感叹交道难,骆宾王《咏怀》云:"少年识事浅,不知交道难。"李白《古风》其五十九:"世途多翻覆,交道方崄巇。"卢仝《门箴》:"思其人,惧其人,其交其难,敢告于门。"按,《后汉书·王丹传》云:"交道之难,未易言也。……张、陈(张耳、陈馀)凶其终,萧、朱(萧育、朱博)隙其末,故知全之者鲜矣。"认为交道之难,在于难以"全交",即友谊不能始终得到保

---

① 见《全唐文》卷六三五,第6416—6418页。
② 《册府元龟》,第11册,第10432页。

全、维护；唐人也有类似说法，如卢仝所谓"思其人"，谓思得友也，所谓"惧其人"，谓惧友"凶其终"也。钱起《下第题长安客舍》："世事随时变，交情与我违。"皇甫冉《寄刘方平》："世人易合复易离，故交弃置求新知。"卢仝《感古四首》其三："万世金石交，一饷如浮云。"白居易《伤友》："平生同门友，通籍在金闺。曩者胶漆契，迩来云雨睽。"都就交情不能始终不渝发出感叹。唐人有的指出，交道之难又在于选择结交对象难，白居易《寓意诗五首》其三："乃知择交难，须有知人明。莫将山上松，结托水上萍。"那么，应该选择怎样的结交对象呢？王建《求友》："常慕正直人，生死不相离。"认为应选择正直人作为结交对象。孟郊《求友》："求友须在良，得良终相善。求友若非良，非良中道变。"《结交》："结交远小人……小人多是非。"《择友》："好人常直道，不顺世间逆。恶人巧谄多，非义苟且得。若是效真人，坚心如铁石。……面无吝色容，心无诈忧惕。君子大道人，朝夕恒的的。"认为应选择良善之人、君子作为结交对象。这些说法都有道理，然而如何识别是否为正直人或君子呢？这正如白居易所说，还"须有知人明"。但知人不易，所以唐人又有关于"贫贱之交"的论述，认为贫贱之交交情较为牢固。高适《赠任华》："丈夫结交须结贫，贫者结交交始亲。……君不见管仲与鲍叔，至今留名名不移。①"认为只有像管、鲍那样的贫贱之交，才能做到相亲相依，始终不渝。杜甫《贫交行》："翻手作云覆手雨，纷纷轻薄何须数。君不见管鲍贫时交，此道今人弃如土。"慨叹今人结交眼睛朝上，抛弃贫交如粪土。不过贫贱之交也并非都能做到交情始终不渝，白居易《伤友》云："昔年洛阳社，贫贱相提携。今日长安道，对面隔云泥。"不能做到交情始终不渝的原因是，相交者为势利所左右，诸葛亮说："势利之交，难以经

---

① 据《唐诗纪事》卷二四，《全唐诗》无此首。

远。"① 唐人也赞成此说，并对势利之交予以谴责，李白《赠友人三首》其二："廉夫唯重义，骏马不劳鞭。人生贵相知，何必金与钱？"提倡不被金钱制约的交谊。高适《邯郸少年行》："君不见今人交态薄，黄金用尽还疏索。"慨叹现今世人交情淡薄，一旦金钱用尽交情即变冷漠。又《别韦参军》："世人遇我同众人，唯君于我最相亲。且喜百年有交态，未尝一日辞家贫。"赞扬韦参军与自己的交情始终如一，未曾有一日因自己家贫而嫌弃。皇甫冉《送张南史》："风波杳未极，几处逢相识？富贵人皆变，谁能念贫贱？"张南史"位下""家贫"②，作者担心他此去遇不到真正的朋友，因为世风浇薄，人一旦富贵脸就变，谁能念及贫贱者？从上述诗歌不难看出，人们向往一种没有势利之想、始终如一的纯真交谊。唐代历史上有不少这种交谊的范例，如前面我们谈过的张九龄、严挺之之交，就"交道始终不渝"；又如《旧唐书·卢藏用传》云："少与陈子昂、赵贞固友善，二人并早卒，藏用厚抚其子，为时所称。"《旧唐书·韩愈传》："愈性弘通，与人交，荣悴不易。"《旧唐书·柳宗元传》："元和十年，例移为柳州刺史。时朗州司马刘禹锡得播州（今贵州遵义）刺史，制书下，宗元谓所亲曰：'禹锡有母年高，今为郡蛮方，西南绝域，往复万里，如何与母偕行？如母子异方，便为永诀。吾于禹锡为执友，胡忍见其若是？'即草章奏，请以柳州授禹锡，自往播州。"这是一些不计个人利害得失始终忠于友情的实例，长期以来，一直为人们所称道，为历史所铭记。

唐人表现友情的诗歌，主要保存在离别（包括送别、留别）、赠答这两类作品中。先谈离别类诗歌中以表现友情为主题的作品。初唐诗人王勃《送杜少府之任蜀川》云："城阙辅三秦，风烟望五津。与君离别意，同是宦游人。海内存知己，天涯若比邻。无

---

① 见王应麟《困学纪闻》卷一三，注云："出《太平御览》引《要览》。"
② 见《送张南史》诗，《全唐诗》第2813页。

为在歧路，儿女共沾巾。"表达了作者与友人之间的真挚情谊，全诗意态轩昂，不落送别诗常见的套路，历来为人们所称赏。陈子昂"尤重交友之分"（卢藏用《陈氏别传》），其《春夜别友人二首》其一云："银烛吐青烟，金樽对绮筵。离堂思琴瑟，别路绕山川。明月隐高树，长河没晓天。悠悠洛阳道，此会在何年？"抒写了诗人将赴洛阳与蜀中友人依依惜别的深情，是陈子昂表现友情的诗中最为出色的一篇。王维也是个重友情的人，在他的集子里，表现友情的诗歌数量不少，内容多述朋友间相思别离之情与相互关怀体贴、敦励慰勉之意。《送杨少府贬郴州》云："明到衡山与洞庭，若为秋月听猿声。愁看北渚三湘近，恶说南风五两轻。青草瘴时过夏口，白头浪里出渝城。长沙不久留才子，贾谊何须吊屈平！"对远谪郴州的友人，给予理解、同情和宽慰，感情的抒发深曲委婉。又《送元二使安西》云："渭城朝雨浥清尘，客舍青青柳色新。劝君更尽一杯酒，西出阳关无故人。"此诗为送友人出使安西而作，后两句写对远行友人的惜别真情和关怀体贴之意，含蕴非常丰富，至今犹脍炙人口。《送沈子福归江东》云："杨柳渡头行客稀，罟师荡桨向临圻。唯有相思似春色，江南江北送君归。"由无处不在的春色，联想到送别者的相思深情，非常耐人寻味。李白离别诗中，也有不少表现友情之作，《黄鹤楼送孟浩然之广陵》云："故人西辞黄鹤楼，烟花三月下扬州。孤帆远影碧空尽，唯见长江天际流。"此诗为送别诗人心仪的"故人"孟浩然而作，后二句写浩然已乘舟东下，诗人犹伫立在江边目送，直到孤帆消失于水天相接的尽处；这两句诗在一幅壮美的长江图卷的刻画中，寄寓着作者对故人的深挚情谊。又《金陵酒肆留别》云："风吹柳花满店香，吴姬压酒劝客尝，金陵子弟来相送，欲行不行各尽觞。请君试问东流水，别意与之谁短长？"以极平易自然的语言，抒写了惜别的绵绵情意，属兴到神会之作。李颀《送魏万之京》云："朝闻游子唱离歌，昨夜微霜初渡河。鸿雁不堪愁里听，云山况是客中过。关城曙色催寒近，御苑砧声向晚多。莫见长安行乐处，空令岁月易蹉跎。"先写秋日惜别的愁绪和旅人客中的凄寂，结句以勿虚度光阴相勉励，足见友情之深挚；全诗声韵响亮整肃，下语精妙妥贴，是不可多得的七律佳制。高适《别董大二首》其一："千里黄云白日曛，北风吹雁雪纷纷。莫愁前路无知己，天下谁人不识君！"前两句极力渲染离别时气候的严酷恶劣，透露出对友人旅途艰辛的担忧；后两句笔锋突转，以豪迈达观的话语宽慰友人，堪称一首蕴含盛唐精神的送别名作。岑参《送王大昌龄赴江宁》云："对酒寂不语，怅然悲送君。明时未得用，白首徒攻文。泽国从一官，沧波几千里。群公满天阙，独去过淮水。……穷巷独闭门，寒灯静深屋；北风吹微雪，抱被肯同宿。君行到京口，正是桃花时；舟中饶孤兴，湖上多新诗。潜虬且深蟠，黄鹤飞未晚。惜君青云器，努力加餐饭！"开元二十八年（740），著名诗人王昌龄谪官江宁县丞，岑参在长安置酒送别，写了这首诗。诗中先写设酒饯别，怅然悲送，对友人的怀才不遇和远谪，表示了深切的同情；"穷巷"四句述行前作者邀友人同宿话别，最后数句是对友人的诚挚慰勉，盛唐诗人之间的这种纯真情谊，多么令人向往！中唐诗人刘长卿也善写别情，其《送灵澈上人》云："苍苍竹林寺，杳杳钟声晚。荷笠带斜阳，青山独归远。"诗歌勾勒出一幅奉送高僧归山的鲜明图画，从这幅图画里，我们可以感受到诗人同高僧的真挚友情。司空曙《云阳馆与韩绅宿别》云："故人江海别，几度隔山川。乍见翻疑梦，相悲各问年。孤灯寒照雨，湿竹暗浮烟。更有明朝恨，离杯惜共传。"此诗将与友人久别后意外相逢以及乍逢又别的曲折、复杂的心理活动，真切、细腻地表现了出来，有一唱三叹之致。薛涛《送友人》："水国蒹葭夜有霜，月寒山色共苍苍。谁言千里自今夕，离梦杳如关塞长。"作者是女诗人，诗的前两句写别景，后两句抒别情，景情妙合无垠，具有较强的艺术感染力。韦庄《送日本国僧敬龙归》

云:"扶桑已在渺茫中,家在扶桑东复东。此去与师谁共到?一船明月一帆风。"此诗前三句极写日本僧归途之遥,并询问其旅途是否孤单,流露出作者对日本友人的关切和担忧,末句是对航海者的祝祷之词,有语浅情深之长。表现友情的离别诗还有不少,这里只是略举数例,以见一斑。

下面谈赠答类诗歌中以表现友情为主题的作品。孟浩然《宿桐庐江寄广陵旧游》云:"山暝闻猿愁,苍江急夜流。风鸣两岸叶,月照一孤舟。建德非吾土,维扬忆旧游。还将两行泪,遥寄海西头。"诗写客中思友,前四句善用白描手法写景,而客中的孤寂感渗透景中,后四句直抒思友之情,语淡情浓,深挚动人。李白《闻王昌龄左迁龙标遥有此寄》云:"杨花落尽子规啼,闻道龙标过五溪。我寄愁心与明月,随君直到夜郎西。"作者因闻王昌龄远谪龙标而作此诗,首句写暮春之景,景中见情,末二句写托月寄意,以奇幻之语,表达了对友人关怀、慰藉的真情。高适《人日寄杜二拾遗》云:"人日题诗寄草堂,遥怜故人思故乡。柳条弄色不忍见,梅花满枝空断肠。身在南蕃无所预,心怀百忧复千虑。今年人日空相忆,明年人日知何处!一卧东山三十春,岂知书剑老风尘!龙钟还忝二千石,愧尔东西南北人。"这是高适晚年赠给老友杜甫的一首诗,前四句写杜甫留寓蜀中的思乡之苦,堪称体贴入微;中四句自述苦闷和人日思友之情,最后说自己虽然仕途不顺,还有蜀州刺史的禄位,甚感愧对四处漂泊的老友,诗人披露胸怀,非常真诚。全诗表现了作者与杜甫至老弥笃的交情,读了令人感动。杜甫《赠卫八处士》云:"人生不相见,动如参与商。今夕复何夕,共此灯烛光?少壮能几时,鬓发各已苍。访旧半为鬼,惊呼热中肠。焉知二十载,重上君子堂。昔别君未婚,儿女忽成行。怡然敬父执,问我来何方?问答未及已,驱儿罗酒浆。夜雨剪春韭,新炊间黄粱。主称会面难,一举累十觞。十觞亦不醉,感子故意长。明日隔山岳,世事两茫茫。"乾元二年

(759)春,杜甫因事赴洛阳后复返华州(时甫任华州司功参军)途中,与阔别多年的老友卫八处士意外相逢,写下了这首诗。从表面上看,这首诗写来质朴平易,层次井然,似乎毫不费力,实际内中却激荡着感情的波澜,这里有老友重逢的悲喜交集,时世乱离的感慨,对老友深情厚谊的赞叹,感情内涵很丰富、复杂,具有寓沉郁顿挫于自然浑朴之中的特点。韦应物《寄全椒山中道士》云:"今朝郡斋冷,忽念山中客。涧底束荆薪,归来煮白石。欲持一瓢酒,远慰风雨夕。落叶满空山,何处寻行迹?"诗人由自己在郡斋中的寒冷之感,想到山中道士生活的清冷孤寂,想拿一瓢酒相慰,又考虑到落叶满山,难寻其踪;全诗以极清淡自然之笔,写出了诗人对山中友人的深情思念和见不到友人的无限怅惘,真有"一片神行"之妙。又《秋夜寄丘二十二员外》云:"怀君属秋夜,散步咏凉天。山空松子落,幽人应未眠。"丘二十二员外即丘丹(丘为之弟),贞元初归隐山中。诗的前二句写自己秋夜无眠,散步庭除,思念友人,吟诗寄远;后二句悬想幽居寂静山中的友人,也应未眠,正在思念自己。此诗词近意远,写出了与友人情同一心的深厚情谊,洵为五绝精品。王建《十五夜望月寄杜郎中》云:"中庭地白树栖鸦,冷露无声湿桂花。今夜月明人尽望,不知秋思落谁家?"前二句写深秋月圆之夜一片静寂的景象,为后二句的望月思友制造了氛围,后二句说,今夜人们都望月,不知各自的思念又落在谁家?问而不答,耐人寻绎,馀味不尽。白居易《问刘十九》云:"绿蚁新醅酒,红泥小火炉。晚来天欲雪,能饮一杯无?"作者因思友而赠诗邀友人共饮,诗写得极其亲切自然,洋溢着一种令人无法拒绝的真情。在白居易那里,平常小事皆成诗料,不是深于诗者很难做到这点。李商隐《宿骆氏亭寄怀崔雍崔衮》云:"竹坞无尘水槛清,相思迢递隔重城。秋阴不散霜飞晚,留得枯荷听雨声。"前二句写骆氏亭清幽绝尘,夜宿其中惹动思友之情,后二句"秋阴不散"引致雨来,秋霜延迟从而

"留得枯荷"，而"听雨声"则暗藏相思不绝，永夜无眠。古人评此诗曰："寄怀之意，全在言外。"甚是。又《夜雨寄北》云："君问归期未有期，巴山夜雨涨秋池。何当共剪西窗烛，却话巴山夜雨时？"此为诗人滞留东川幕府时寄酬京中友人之作，前二句写归期无日的愁绪，巴山夜雨的景象，其中蕴含着凄伤、寂寥的情味；后二句遥想他日与友人重逢，今宵巴山夜雨的愁思，将成为剪烛夜话的主题，足见当下怀友之愁的刻骨铭心。全诗语浅情浓，婉曲含蓄而又自然流畅，可谓诗之高者。表现友情的赠答诗还有不少，限于篇幅，这里就不多说了。

另外，悼友、怀友一类诗中，也有不少表现友情的作品。如张说《还至端州驿前与高六别处》云："旧馆分江日，凄然望落晖。相逢传旅食，临别换征衣。昔记山川是，今伤人代非。往来皆此路，生死不同归。"长安三年（703），张说与司礼丞高戬（高六）遭张易之兄弟诬构，说配流钦州，戬贬岭南，两人行至端州而别[①]；及说召还，行至两人分别处，写了这首诗。诗中追忆两人流放途中共食与临别换衣的真挚情谊，最后哀悼难友死于贬所，凄婉动人。孟浩然《夏日南亭怀辛大》云："山光忽西落，池月渐东上。散发乘夕凉，开轩卧闲敞。荷风送香气，竹露滴清响。欲取鸣琴弹，恨无知音赏。感此怀故人，中宵劳梦想。"这是一首怀友之作，诗的前六句写夏夜南亭纳凉的闲适，其中五、六句营造了一个极清幽的境界，透露出诗人闲静自得的情趣。后四句转入怀友：佳境逗人清兴，于是想到弹琴和引发知音不在的孤独感，诗歌也就自然地过渡到怀友的主题。全诗词近意远，清雅别致，耐人寻味，是最能反映孟浩然性情面目的佳作之一。王维《哭孟浩然》云："故人不可见，汉水日东流。借问襄阳老，江山空蔡洲。"襄阳诗人孟浩然卒于开元二十八年，这年秋冬之际，王维知

[①] 参见张说《端州别高六戬》诗、《通鉴》长安三年九月。

南选赴岭南，途经襄阳，写下了这首悼念孟浩然的诗，首句脱口说出"故人不可见"，话中含着吃惊、痛惜之意，次句说望着汉水不停东流，语里带着逝者如斯无由复返的悲哀，后二句抒发故人已逝，只有山川依旧的感慨。全诗仅二十字，笔墨简净，而含蕴却很丰富。高适《哭单父梁九少府》云："开箧泪沾臆，见君前日书。夜台今寂寞，犹是子云居。……青云将可致，白日忽先尽。唯有身后名，空留无远近。"这是一首哀悼亡友的五言古诗，诗中回忆了自己与亡友的密切往来和深挚情谊，其中首四句当时已被梨园伶官谱曲传唱①，俨然成为一首独立的绝句。这首准绝句的头两句写睹物思友、人亡物在的感伤，凄楚动人；后两句谓亡友泉下寂寞，还是生前门庭冷落的样子，话里含着对其不遇的深切同情和哀伤。这四句诗语言自然、平易，感情真挚、深沉，确属值得谱曲传唱的佳句。元稹《闻乐天授江州司马》云："残灯无焰影幢幢，此夕闻君谪九江。垂死病中惊坐起，暗风吹雨入寒窗。"元和十年（815）三月，元稹贬为通州司马；八月，白居易谪官江州司马，元稹在通州得知这个消息，写下了这首抒发与白居易深厚情谊的诗歌。首句写残灯影暗的夜境，二句点题，三句用病卧中"惊坐起"的动作，将自己闻知至友遭谪后的惊愕与悲愤表现了出来，末句以风雨烘托气氛，寄寓愁惨凄恻之情。全诗悲惋之至，以强烈、深挚的感情动人。上述这类诗也还有不少，这里只是略举数例，以见一斑。

综上所述，唐人虽然认为交道难，感叹"今人交态薄"，但社会中既有不少交情始终不渝的范例，诗歌里也有许多表现真挚友情的作品。这类作品所表现的真挚友情，应该说是人类最普遍的美好感情的一个部分，所以直到今天，仍然可以引起我们的强烈共鸣。虽然我们前面列举的表现友情的诗歌不算多，但已足以令

---

① 见唐薛用弱《集异记》卷二"王之涣"条。

我们惊异于此类诗歌的杰出和纯熟，其中有不少脍炙人口的佳作，在艺术上取得了高度的成就，是中国传统文化中的精品，很值得我们进一步深入研究，并加以继承和发扬，以为我们创造新文化的借鉴。

第六节　结束语：守选制与文人终生学文和唐诗的繁荣

这里说的"文人终生学文（包括诗赋）"，大抵可分为入仕前学文与入仕后学文两个方面，入仕前学文随科举考试的内容而定。唐代的科举考试有多种科目，最主要的是进士、明经两科，尤其是进士科，一直为时人所崇尚，唐代后期，更成为高级官吏的主要来源，所以其考试内容，便成为士子学习的主课。进士科唐初只试策，至高宗永淳元年（682），才改为两个试项（先试杂文两首，后试策）。至开元二十五年（737）又加帖经，成为三个试项。又制举始终是只试策，进士、制举两科策文的录取标准，大抵一样。从今存的初唐策文看，全用骈体，其总趋向是华靡浮艳、精致工丽，内容则多绕开现实问题，以堆砌典故、征引经书敷衍成文，当时衡量策文高低的标准，主要是词采；到了盛唐时，玄宗倡导对策应切合当世事务，一味追求词采的倾向受到抑制，文体也多变为骈、散相间；而中晚唐时，社会形成了藩镇割据、宦官专权、经济遭到破坏、政治腐败混乱的局面，这时候有太多的社会政治问题急需解决，于是便有人出来呼吁改革取士制度，选拔具有政治才能的人，这反映在进士录取标准上，便是试策在录取中的地位提高，策文的录取标准变成政事文学兼顾、文质并重，纠正了从前片面注重词采的弊病，文体也多随之变为古文。在这种情况下，举子要想被录取，必须博览经史和诸子百家，关注社会现实，已远非初唐时"惟诵旧策，共相模拟"① 就能够应付的。关于进士科试杂文，徐松《登科记考》卷二说："按杂文两首，谓箴铭论表之类。开元间，始以赋居其一，或以诗居其一，亦有全用诗赋者，非定制也。杂文之专用诗赋，当在天宝之季。"按，根据笔者的研究，自进士科开始试杂文的 682 年至先天元年（712），按规定应有杂文试题六十个（每年两个），然可考知的却只有四个（赋二、诗一、铭一），根据这样的资料，显然难以得出 712 年以前进士试的"杂文两首，谓箴铭论表之类"的结论；又开元年间应有杂文试题五十八个，可考知的只有二十二个（赋十、诗八、颂二、箴一、表一），其中诗赋达十八个；天宝时应有杂文试题三十个，可考知的只有四个（诗二、赋二），可见自 682 年至开元年间，诗赋在杂文试题中已占多数，居于主导的地位，而且早在武后垂拱二年（686），已出现试杂文用一诗一赋的例子（《登科记考》称试杂文用一诗一赋，始于开元二十二年，非是），所以徐松称"杂文之专用诗赋，当在天宝之季"，应为时过晚②。与盛唐时诗赋已在进士科杂文试题中居于主导的地位相应，这时为登进士第而投献诗文干谒主司以及达官贵人或诗文名家的风气已经形成（参见本章第四节），这也说明，学文（包括诗赋）对于为进入仕途而奋斗的文人说来，具有何等重要的意义。又王勃《上吏部裴侍郎启》云："伏见铨擢之次，每以诗赋为先，诚恐君侯器人于翰墨之间，求材于简牍之际，果未足以采取英秀，斟酌高贤者也。"③ 吏部裴侍郎即裴行俭，此文作于咸亨二年（671）作者参加吏部铨选时④；我们知道，唐时铨选只试判，不试诗赋，那么又为什么说铨选"每以诗赋为先"呢？笔者认为，这指的应

---

① 永隆二年八月诏，参见《登科记考补正》卷二，第 84 页。
② 以上参见拙作《梁珦墓志与唐进士科试杂文》，载《北京大学学报》2006 年第 6 期。
③ 《王子安集注》，第 128—133 页。
④ 参见《初唐四杰年谱》，第 150 页。

该是吏部在铨选时，每参考选人的诗赋声名，以决定弃取和授给什么官职，这一点说明，早在进士科加试杂文以前，诗赋水平在选官中的作用，已经相当大了。又张九龄《上封事书》云："每岁选者，动以万计……就中以一诗一判，定其是非，适使贤人君子，从此遗逸。"（《全唐文》卷二八八）此书作于开元三年（715）①，所称铨选以诗定是非，意思当同王勃《启》一样，可相互印证。广德元年（763）杨绾所上《条奏贡举疏》说："近炀帝始置进士之科，当时犹试策而已。至高宗朝，刘思立为考功员外郎，又奏进士加杂文，明经加帖经，从此积弊浸而成俗。幼能就学，皆诵当代之诗，长而博文，不越诸家之集，递相党与，用致虚声，六经则未尝开卷，三史则皆同挂壁。"（《全唐文》卷三三一）指出自进士科加试杂文后，诗赋便成为士子学习的主要内容。

下面谈入仕后学文（包括诗赋）。我们知道，唐代入仕者（包括科举出身者、门荫出身者等）都要从八、九品官做起，在守选制形成以后，六品以下文官不能连续为官，必须在任某职期满后，离任守选若干年，才允许再次参加吏部的铨选，以获得新的官职；在守选制形成以前，由于官缺少选人多的矛盾，六品以下文官任某职期满后，也往往要待选若干年，才可以再次参加吏部的铨选以获新职。上述这种守选的制度与待选的情况，使唐代大多数文官（包括贵官子弟），一生都只能在低层的官职之中流转，并且长时间休官，没有希望成为中、高层官员。然而，凡进入仕途的人，总希望成为中、高层官员，不会甘心仅在六品以下的官职之中流转，所以朝廷也就为他们设计了若干摆脱守选以成为中、高层官员的途径。不过任何文官若想走通这些途径，必须具备一项重要的先决条件，就是入仕后继续学文，具有文才，否则，是没有希望成为中、高层官员的。

---

① 据《唐会要》卷七四"论选事"，第1338页。

第二章第三节我们谈到，科目选是文官摆脱守选的途径之一，不管有出身人和前资官守选的期限是否已到，都允许他们参加科目选，如果考中的话，不仅可以马上授官，而且还能"得美仕"。在诸种科目选中，数博学宏词和书判拔萃最为时人所重，它们在唐代文官摆脱守选的科目选途径中起的作用也最大。其中博学宏词试文三篇（诗、赋、论各一），每年只录取三人，考中的难度很大，应选者若无文才和诗赋功底，很难走通这条路。第二章第四节我们谈到，制举也是文官摆脱守选的途径之一，制举任何身份的人（包括白身人、现任官）都可以应，登第后即可立即授官，不必守选，并能"得美仕"；本节前面谈过，制举只试策，策文的录取标准，初、盛唐时重词采，中、晚唐时文质并重，所以应举者如不学文，没有一定的文才，也不易走通这条路。第二章第五节我们谈到，荐举和科目选、制举一样，都是唐代文官摆脱守选、快速升进的一条途径。虽然无法做出可靠的统计，但大致说来，走荐举途径升迁的人，多于走科目选或制举途径升迁的人；荐举的受荐者，一般说来，都是有官职者（包括现任官和前资官），他们受荐后，即可立即授官、连续为官，不必守选。本章第四节我们谈过，荐举与干谒的关系密切，为获得荐举而干谒的干谒对象，主要是具有荐举资格的人（举主），而干谒的手段，就是投献诗文。尚有已摆脱守选的官员，为了继续升进，仍干谒贵官，向其投献诗文者。如元稹《上兴元权尚书启》云："元和以来，贞元而下，阁下主文之盟，馀二十年矣。某亦盗语言于经籍，卒未能效互乡之进，甚自羞之。自陛下以环梁十六州之地授阁下……则某实为环内之州司马，而又移疾谒医在阁下治所，私心欢欣，愿改前耻。……方创新词以须供贽，不幸疮痍暴侵，手足沉废……因用官通已来所作诗及常记忆者，共五十首；又文书中得《迁庙议》、《移史官书》、《戡难纪》，并在通时《叙诗》一章，次为卷轴，封用上献。"① 权尚书指山南西道节度使、兴元尹权德舆，当时为一方大员，掌十七州（含通州）军政，握有荐举大权；而元稹时任通州司马（从五品下），为德舆下属，他主动致书德舆并向其呈献诗文，求投身门下，虽未明言所求，但干谒求荐之心，还是感觉得出来的。又如杜牧《上刑部崔尚书状》："某比于流辈……唯好读书，多忘，为文，格卑。十年为幕府吏，每促束于簿书宴游间。刺史七年，病弟孀妹，百口之家，经营衣食，复有一州赋讼，私以贫苦焦虑，公以愚恐败悔。……书不得日读，文不得专心，百不逮人。……今者欲求为贽于大君子门下，尚可以为文而为其礼，《诗》所谓'有靦面目，视人罔极'者也。谨敢缮写所为文凡二十首，伏地汗赧，不知所云。"② 此《状》作于大中二年（848），崔尚书即刑部尚书（正三品）崔元式，他也握有荐举大权；此时杜牧为睦州刺史（从三品），《状》中先自述僻居东南小州，于私于公皆陷窘境，后说献文为贽，并引《诗》表达期待相见之意。《状》虽未明言所求，但希望崔尚书荐举自己入朝为官的意愿还是明显地流露了出来。大抵可以说，希求走荐举途径升进的人，也要具有一定的文才，是否具有一定文才，是能不能走通这条路的一个重要的必备因素。第二章第六、七节我们谈过，自盛唐时代开始设置边镇使府之后，入使府为僚佐，就成为文士升进的一条途径；到了中晚唐时期，入使府更成为文官摆脱守选、快速升进的一条最为重要的途径。唐时，无论是新及第进士、明经，还是前资官、现任官受辟入使府，都无须守选，可以连续为官。本章第四节我们谈过，入使府与干谒的关系密切，为入使府而干谒者的干谒对象，是使府府主（唐时府主有权自辟僚佐），还有能向府主推荐自己的人，干谒的手段也是投献诗文。所以可以说，希求走入使府途径升进的人，也要具有一定的文才，

---

① 《元稹集编年笺注》（散文卷），三秦出版社2008年版，第249—252页。
② 吴在庆《杜牧集系年校注》，中华书局2008年版，第991页。

情况正与希求走荐举途径升进的人一样。综上所述，凡希望走通上述四条摆脱守选的途径继续升进的文士，都必须在入仕后继续学文。如白居易就向自己的堂弟新及第进士白敏中传授经验说："转于文墨须留意，贵向烟霄早致身。莫学尔兄年五十，蹉跎始得掌丝纶。"（《喜敏中及第偶示所怀》）指出登第后求快速进身，还须继续学文。

唐朝诸帝多喜好诗歌，在他们的提倡下，从唐初始，宫中君臣作诗唱和的风气就很盛行。如贞观十五年（641），唐太宗作《正日临朝》诗（《全唐诗》卷一），应诏奉和的有颜师古、魏徵、岑文本、杨师道、李百药（五诗今皆存）；又如景龙三年（709）正月晦日，中宗幸昆明池赋诗（诗已佚），群臣应制奉和百馀篇（今仅存苏颋、李乂、沈佺期、宋之问各一篇），中宗命上官昭容定其高下，结果沈、宋获胜①。沈、宋屡次在宫廷赛诗中获胜，成为宫廷诗苑的宠儿，这对其仕途的升进，或许多少有些好处。再如贞元四年（788）重阳节，德宗赐群臣百僚宴于曲江亭，帝赋《重阳日赐宴曲江亭赋六韵诗用清字》（《全唐诗》卷四），"仍敕中书门下简定有文辞士应制，同用清字。上自考其诗，以刘太真、李纾等四人为上等，鲍防、于邵等四人为次，张蒙、殷亮等二十三人为下，李晟、马燧、李泌三宰相诗不加考第。"② 群臣的应制诗今仅有李泌的一首留存了下来（见《全唐诗》卷一〇九）。又，唐时朝中大臣宴集赋诗，赠答唱和的风气也很盛行，如贞观年间，于志宁、令狐德棻、封行高、杜正伦、岑文本、刘孝孙、许敬宗七人在长安于志宁宅宴集，各赋诗一首（今皆存，见《全唐诗》卷三三、三五）；又如，约于贞观十七年（643），岑文本、刘洎、褚遂良、杨续、许敬宗、上官仪、李百药等于安德郡公杨师道园池宴集，同赋《安德山池宴集》诗（今皆存，俱见《全唐诗》）。

---

① 参见彭庆生《初唐诗歌系年》，第325、326页。
② 见《唐会要》二九"节日"，第543、544页。

文官们为了能够参加上述这类上层社会的诗歌活动，以提高自己的社会声誉与身价，也很需要在入仕后继续学文。

另外，"唐朝文士例能诗"①，诗歌渗透到社会生活的各个方面。本章第五节我们谈到，唐人极重交友，交友与荐举的关系密切，唐人往往用诗歌作为交友的工具，如萧颖士结交韦述，即以赠诗为手段，杜甫结交韦济、严武，也以诗歌为媒介。不管是入仕前还是入仕后，文人每用诗歌作为交友的工具，从这样一个不大的方面，也能够说明学诗的价值。

上面我们就"文人终生学文"（包括入仕前学文与入仕后学文）作了分析、论述，根据前述杨绾的说法，自进士科加试杂文后，诗赋便成为士子学习的主要内容，至于入仕后文官学文，诗赋的学习也当在其中占有重要的位置。正是上述这种现实，形成了社会上浓厚的重文风气。关于这种风气，唐人自己有过一些论述。独孤及《顿丘李公（诚）墓志》云："开元中，蛮夷来格，天下无事，搢绅闻达之路惟文章。"②《通典》卷一五云："开元以后，四海晏清，士无贤不肖，耻不以文章达。"③ 同上引礼部员外郎沈既济曰："（武）太后颇涉文史，好雕虫之艺，永隆（680—681）中始以文章选士。及永淳（682）之后，太后君临天下二十馀年，当时公卿百辟无不以文章达，因循浸久，寖以成风。以至于开元、天宝之中……家给户足，人无苦窳，四夷来同，海内晏然……故太平君子唯门调户选，征文射策，以取禄位，此行己立身之美者也。父教其子，兄教其弟，无所易业，大者登台阁，小者仕郡县，资身奉家，各得其足，五尺童子，耻不言文墨焉。"④ 以上三文都指出，开元、天宝之时，社会安定，天下无事，士人

---

① 苏辙《题韩驹秀才诗卷一绝》。
② 《全唐文》卷三九一，第3979、3980页。
③ 《通典》卷一五《选举三·历代制下》，第357页。
④ 见《通典》卷一五《选举三·历代制下》，第357、358页。

凭借学文（包括诗赋）应举以取禄位，已成为他们"行己立身"的最好选择，这样便形成五尺童子以"不言文墨"为耻的重文风气。沈文还认为，自进士科加试杂文起，这种重文风气就逐渐形成。三文都谈到"以文章达"的问题，事实上应举及第只是入仕的开始，还做不到"达"的程度，要做到"达"，还须入仕后继续学文，所以三文的说法，与本节前面的论述大抵一致。这种重文的风气，在安史之乱后仍然延续着，因为那时进士科试诗赋的制度没有变，守选的制度也没有变，所以重文的风气也不可能有根本的改变。

重文（包括诗赋）的社会风气，往往导致人们观念的变化，这一点唐诗里有所反映。如唐人常把诗的作用抬得很高，司空图《争名》："争名岂在更搜奇，不朽才消一句诗。"方干《赠李郢端公》："别得人间上升术，丹霄路在五言中。"杜荀鹤《春日闲居即事》："道合和贫守，诗堪与命争。"郑谷《转正郎后寄献集贤相公》："平昔苦心何所恨，受恩多是旧诗篇。"韦庄《览萧必先卷》："名因五字得，命合一言通。"李频《感怀献门下相公》："谁云郎选不由诗，上相怜才积有时。"认为一句诗即可不朽，高升之路就在诗中，诗好能改变命运，有诗名就当得高官或得官。然而在现实中，诗好者却未必能得高官或得官，如刘禹锡《郡斋书怀寄河南白尹兼简分司崔宾客》："谩读图书三十车，年年为郡老天涯。一生不得文章力，百口空为饱暖家。"抱怨一生读书学文，却不能成为高官。孟郊《懊恼》："恶诗皆得官，好诗空抱山。"张籍《送从弟删东归》："诗价已高犹失意，礼司曾赏会成名。"李频《眉州别李使君》："一生从此去，五字有谁怜？"皆抱怨诗好却不能得官。在这类抱怨背后起作用的，还是诗好就应该得官的观念。唐代确有一些人苦心学诗而入仕无门、贫困潦倒，但却无怨无悔，如曹松《崇义里言怀》："平生五字句，一夕满头丝。把向侯门去，侯门未可知。"杜荀鹤《秋日怀九华旧居》：

"吾道在五字,吾身宁陆沉。……烛共寒酸影,蛩添苦吟声。"又《喜从弟雪中远至有作》云:"昼短夜长须强学,学成贫亦胜他贫。"这种人在其他朝代很少见。

下面谈文人终生学文与唐诗繁荣的关系。严羽《沧浪诗话·诗评》说:"或问:'唐诗何以胜我朝?'唐以诗取士,故多专门之学,我朝之诗所以不及也。"① 自严羽此言一出,唐进士科以诗赋取士,是否是唐诗繁荣的原因,就成为人们不断讨论的一个题目。这里应该指出,唐诗繁荣的原因,是复杂多元的,笔者在《唐代文学史》上编第一章《唐代文学总论》中,谈到唐诗繁荣的原因时曾说,文学的发展表现出特别明显的继承性,先唐诗歌创作经验的丰富积累,为唐诗的繁荣准备了条件。唐人正是在充分继承前人成果的基础之上,又作了新的创造,才把诗歌的发展,推上高潮的。但是,诗歌的继承和革新,并不是在任何时候任何情况下都能够顺利完成的,只有在一定的历史时期,由于具备了适宜的条件,人们才有可能在前代积累的成果的基础上,进行继承和革新,使诗歌的发展出现新高潮。接下书中论述了唐代为诗歌的继承与革新任务的完成,所创造的适宜条件:包括经济的繁荣,社会的安定,文化的相对普及,科举制的实行与大批寒素家庭出身的士人走上政坛和文坛,士人昂扬乐观精神的形成,还有比较自由、宽松的政治思想环境等。② 总之,唐诗繁荣的原因是复杂的,弄清了这一点,我们才能明白以诗赋取士不是唐诗繁荣的主要原因,更不是唯一原因,才能正确估计以诗赋取士到底在唐诗繁荣的诸多原因中,居于什么样的位置。

下面讨论一下以诗赋取士对于唐诗的繁荣是否具有促进的作用。前面我们谈到,徐松认为,杂文之专用诗赋,当在天宝之末,

---

① 郭绍虞《沧浪诗话校释》,人民文学出版社1961年版,第136页。
② 以上参见《唐代文学史》上编,人民文学出版社1995年版,第4—20页。

傅璇琮先生即从这一点出发，提出："可见以诗赋作为进士考试的固定格局，是在唐代立国一百馀年以后。而在这以前，唐诗已经经历了婉丽清新、婀娜多姿的初唐阶段，正以璀璨夺目的光彩，步入盛唐的康庄大道。在这一百馀年中，杰出的诗人已经络绎出现在诗坛上，写出了历世经久、传诵不息的名篇。这都是文学史上的常识。应当说，进士科在八世纪初开始采用考试诗赋的方式，到天宝时以诗赋取士成为固定的格局，正是诗歌的发展繁荣对当时社会生活广泛影响的结果。"① 前面我们已说过，自永淳元年（682）至开元年间，诗赋在杂文试题中已占多数，居于主导的地位，徐松的说法同客观的事实并不符合，是由他自己对杂文概念的理解推出的②。因此从徐松的说法里引出的结论，也就难以成立了。前面我们说过，在太宗、武后、中宗的倡导下，初唐时代重诗的社会风气已逐渐形成，进士科之加试诗赋，应与此有关；但不是先有唐诗的发展繁荣，才有进士科的加试诗赋，事实上这两者是同步进行的。

对于严羽的说法，王世贞、杨慎等人都表示反对，理由是"凡省试诗类鲜佳者"、"今所传省题诗多不工"③。傅璇琮先生也认为，省试诗"由于内容的限制和形式格律的拘牵，不容易产生好的作品"；又认为，省试诗讲求声病对偶，祖尚浮华，"还对文学的发展起过一定消极的作用"④。应该说，省试诗确实"不容易产生好的作品"，然而不仅省试诗如此，自古至今的所有限定时间、内容与形式的考试文体，都产生不出足以传之后世的佳作。我们说，进士科试诗赋，对唐诗的繁荣有一定的促进作用，不是因为省试诗中出了什么好作品，而是因为这种制度，会把士人的

---

① 《唐代科举与文学》，陕西人民出版社1986年版，第170页。
② 参见拙作《梁珣墓志与唐进士科试杂文》。
③ 参见《沧浪诗话校释》，第137页。
④ 以上参见《唐代科举与文学》，第408—413页。

注意力引向诗歌，造成他们普遍重诗、学诗、作诗的风气，即所谓"幼能就学，皆诵当代之诗，长而博文，不越诸家之集"；这种诗歌的大普及，对于士人写诗技巧的培养、诗歌艺术经验的积累和创作水平的提高，以及诗歌高潮的到来，明显都具有一定的促进作用。况且进士科考试能否被录取，往往不是只根据试卷的成绩，还根据应举者的诗赋声名，以及达官贵人和诗文名家的推荐，还有应举者的自荐（纳省卷与向主司投行卷），所以录取名单和被录取者的名次，有时考试前就已经拟定；而应举者赖以获得声名的作品，和用以纳省卷和投行卷的诗文，自然都是他自己的具有代表性的佳作，而不可能是试帖诗赋，所以即便试帖诗赋具有一些消极的作用，其不良影响也是很有限的。另外，笔者在《唐代文学总论》中曾指出，唐诗的繁荣，主要表现在以下三个阶段：玄宗开元年间至代宗大历初，德宗贞元至穆宗长庆年间，敬宗宝历初至宣宗大中年间，这就是说，唐代诗歌形成了一种持续繁荣的局面，而不是仅只在盛唐时代出现繁荣的局面，因此就算进士科试诗赋形成固定的格局，是在天宝之末，进士科试诗赋对中晚唐诗歌的繁荣，也不可能没有起到一点促进的作用。

  以上我们谈的实际上都是入仕前学文（包括诗赋）对于唐诗发展繁荣的作用，尚未涉及入仕后学文与唐诗发展繁荣的关系。前面我们谈过，唐代守选制实行以后的守选情况，以及守选制实行以前的待选现象，使得唐代大多数的文官，一生都只能在低层的官职之中流转，并且长时间休官，摆脱守选、快速进入中、高层官员行列的需要，促使文士们在入仕后继续学文（包括诗赋），还有参与上层社会诗歌活动和交友求荐的需要，也促使他们在入仕后继续学文，在唐代，诗歌并不是登第后即可抛弃的敲门砖。正是入仕前学文与入仕后继续学文的这一现实，形成了社会上浓厚的重文风气，并对唐代诗歌的繁荣发展，产生了一定的促进作用。文士入仕后继续学文，对于唐诗发展繁荣的作用，以前学术界还没有人提出过，现在笔者提出来，希望能够引起大家的注意，并作进一步研究。

后　　记

这个《守选制与唐代文人的诗歌创作研究》的课题自 2000 年 8 月确定，开始搜集资料，到现在最终成书，前后历时十九年，是我的所有著作中，拖延时间最长、写起来最感费力的一部。虽然在这十九年里，我还完成了多项出版社交给的写作任务，这个研究课题是断断续续进行的，但这并不能说明，这个课题对我来说，没有多少难度，只有经历了整个研究过程，才能体会到其中的艰难，所谓甘苦自知也。

这个课题对我来说之所以难，首先是因为研究的对象是唐代守选制。我们知道，守选制是直到 2000 年前后才有学者涉及的研究课题，研究的历史很短，有关的历史记载又极其简略，制度的详情与细节不得而知（参见本书《导言》），想研究这样一个连史学界也未能弄清的难题，对我这样一个古典文学研究者说来，当然难度极大，真有点不自量力，犹如当年我们搞《增订注释全唐诗》，有学者知道后表示惊讶，那潜台词也是有点不自量力一样。我在《导言》里说过，本书所采用的研究方法，是有关当时典章制度的直接记载加上间接材料与具体事例三者结合相互印证的方法，有唐史专家对归纳事例用以说明问题的方法不认同，但我还是不得不采用它，因为有些守选问题，当时的典章制度里未见有直接、明确的记载，或根本就没有任何记载，所以只好通过对若干具体事例的分析来寻找答案。其实，我在研究中感到最为困难的，恰恰是寻找能够说明守选制真实存在以及其详情和细节的事例，根据笔者的粗略统计，本书中所引用的具体事例，有五百个以上，它们都是从两《唐书》的列传、《全唐文》里的人物传记（包括行状）、墓志以及近世出土的大量墓志中爬梳、勾稽出来的，找到这些事例固然不易，但更为困难的事还在于，这些列传、墓志中，极少有一一记录传主或墓主的官历及其任职时间的，更没有谈到他们何时曾守选过，还有一些人物，连传记或墓志也没有，其事迹是根据他们今存的诗文及其他零散的材料进行考掘获得的，因此类似这样的事例，还必须下一番艰苦的考证功夫，才能用它来说明与守选制有关的一些问题。历史研究不就是追求从未可知中求可知吗？作守选制研究，如果舍不得下这种艰苦的考证功夫，也就等同于放弃从未可知中求可知的追求了。

其次，这个课题之难还在于，要找到唐代守选制与诗歌创作的内在联系极为不易。近三十年来，各种唐代制度与文学的研究著作繁富，各有其成绩，但也存在一些明显的不足，正如有的学者所归纳的那样，"从'与文学'的角度来考量，既没有文学现象的梳理，也没有揭示'制度与文学'的内在关联，而仅仅停留于相关制度的考述，究其实质只不过是历史学层面的研究，'与文学'徒具形式而已"[①]。存在这种不足的原因很简单，就是要弄清制度与文学的内在联系，难度相当大，不经过长期的潜心研究，是不易弄清这个问题的。

这个研究课题虽然难度很大，但自己既然对它有兴趣，也就决心搞下去，不再顾及别的了。经过长期的坚持研究，时断时续的写作，这个课题终于完成。现在呈现在读者面前的这部专著，

---

① 吴夏平《唐代制度与文学研究述论稿》，齐鲁书社2008年版，第7页。

共分三章，第一章在《唐代铨选与文学》等已有成果的基础上，讨论唐代守选制的形成与发展，提出了先有前资官的守选制，而后才有及第进士、明经的守选制，及第进士、明经的守选制大抵形成于肃宗、代宗之际，还有应区分守选与待选等与《唐代铨选与文学》不同的新见解；又论及前资官守选制成立以后的发展变化，还有门荫与流外出身的选人的待选问题，以及新及第进士铨选授官的机制和关试开始实行的时间等，大抵都是他人尚未曾研究过或谈论过的。这一章写出后，曾以论文的形式发表于《文史》2011年第2辑，先发表的目的，是想听一听学界的意见，这次收入本书中，又作了若干修改。第二章探讨唐代文官摆脱守选的途径，本章中涉及的科目选、制举、荐举、入使府为僚佐等，学界虽然已有不少的研究成果，但笔者是从守选制的视角来对它们进行研究的，是将它们作为唐代文官摆脱守选的四种途径来论证的，此外，还论述了在唐代的不同时期，这四种途径的作用，各有其消长变化，这些内容以及本章第一、二节所述，大抵在别的论著里都还没有见到。另外，本章还就博学宏词、书判拔萃的设置时间，文士连应制举与否的原因等，发表了自己的见解。第三章谈守选制与唐代文人的生活风尚和诗歌创作，力图弄清守选制与诗歌创作的内在联系，弥补如吴夏平所说的那种学界研究上的不足。本章中从文士守选或待选期间的隐居和漫游，联系到唐代山水田园诗和山水行旅诗的创作，从文官摆脱守选的途径联系到唐代的边塞诗、干谒诗、交友与表现友情诗的创作，又从摆脱守选的途径联系到文人终生学文（包括诗赋）与唐诗的繁荣，以上内容，都是别的研究者很少涉及的。此外，守选制的研究，与唐代诗人生平事迹的考证关系密切，如文士登第后的释褐时间，两任官职间的迁转时间，都直接与守选制有关；本章结合守选制的背景，对不少诗人的生平事迹进行了新的考证，提供了若干结合守选制做这类考证的例子，或许会对他人有所启发。

笔者的上述研究和看法，不一定都能够成立，欢迎文史专家和广大读者提出批评意见。

陈铁民
2019年6月于北京西三旗寓所